清代學術名著叢刊

爾雅義疏

上

［清］郝懿行 撰
楊一波 校點

上海古籍出版社

圖書在版編目(CIP)數據

爾雅義疏 /（清）郝懿行撰;楊一波校點. —上海：上海古籍出版社，2023.5
（清代學術名著叢刊）
ISBN 978-7-5325-8148-1

Ⅰ.①爾… Ⅱ.①郝… ②楊… Ⅲ.①《爾雅》—注釋 Ⅳ.①H131.2

中國版本圖書館 CIP 數據核字(2016)第 142192 號

清代學術名著叢刊
爾雅義疏
（全三册）
［清］郝懿行 撰
楊一波 校點
上海古籍出版社出版發行
（上海市閔行區號景路 159 弄 1-5 號 A 座 5F 郵政編碼 201101）
（1）網址：www.guji.com.cn
（2）E-mail：guji1@guji.com.cn
（3）易文網網址：www.ewen.co
上海展强印刷有限公司印刷
開本 850×1168 1/32 印張 48 插頁 17 字數 852,000
2023 年 5 月第 1 版 2023 年 5 月第 1 次印刷
印數：1—1,500
ISBN 978-7-5325-8148-1
H·145 定價：258.00 元
如有質量問題，請與承印公司聯繫
電話：021-66366565

皇清經解卷一千二百五十七　學海堂

爾雅義疏　棲霞郝戸部懿行著

釋詁弟一　釋者說文云解也从采取其分別物也詁者說文云訓故言也从古聲古故也从十口識前言者也釋文引張揖雜字云詁者古今之異語也然則詁之爲言故也故之爲言古也詁通作故亦通作古釋文詁兼古故二音是也又引樊光李巡本釋詁作釋故詩周南釋文亦云樊孫等爾雅本皆爲釋故說文言部引詩曰詁訓漢書藝文志作故訓詩烝民云古訓是式蓋古訓卽故訓故訓亦卽詁訓竝字異而義通矣此篇自始也以下終也以上皆舉古言釋以今語其閒文字重複展轉相通蓋有諸家增益用廣異聞釋言釋訓以下亦猶是焉　郭璞注

初哉首基肇祖元胎俶落權輿始也　尙書曰三月哉生魄詩曰令終有俶又曰俶載南畝又曰訪予落止又曰胡不承權輿胎未成亦物之始也其餘皆義之常行者耳此所以釋古今之異言通方俗之殊語　此釋始之義也說文云始女之初也釋名云始息也言滋息也按始與治通書云在治忽史記夏紀作來始滑漢書律厤志作七始詠是始治通也初者裁衣之始哉者草木之始基者築牆之始肇者開戸之始祖者人之始胎者生之始也每

皇清經解卷千二百五十七郝戸部爾雅義疏　一　庚申補刊

《清經解》本《爾雅義疏》（上海圖書館藏）書影

咸豐六年刻《爾雅義疏》（上海圖書館藏）書影

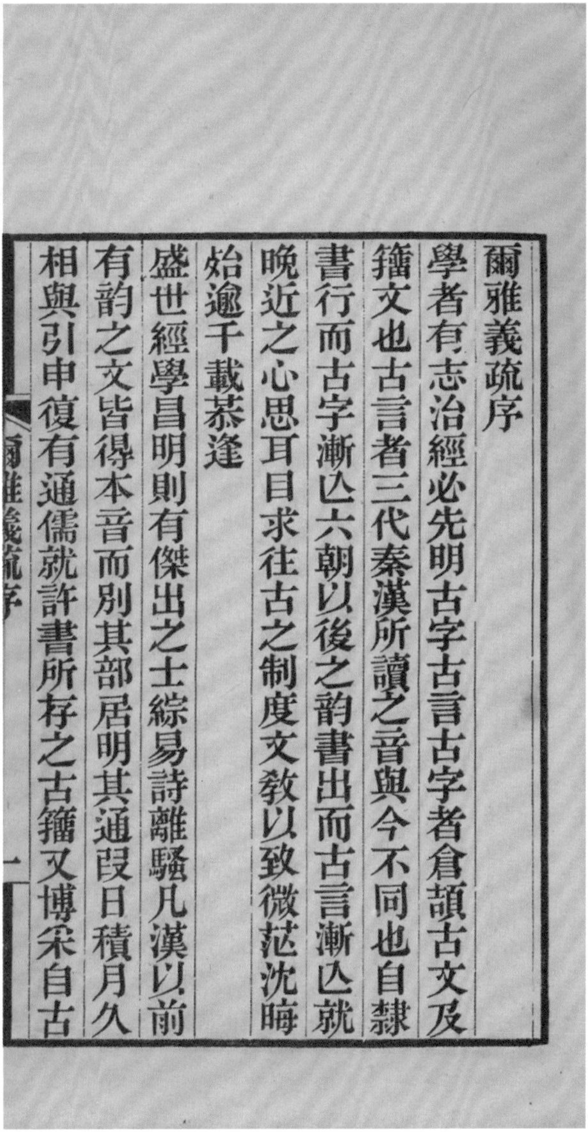

爾雅義疏序

學者有志治經必先明古字古言古字者倉頡古文及籀文也古言者三代秦漢所讀之音與今不同也自隸書行而古字漸亾六朝以後之韵書出而古言漸亾就晚近之心思耳目求往古之制度文教以致微茫沈晦始逾千載恭逢

盛世經學昌明則有傑出之士綜易詩離騷凡漢以前有韵之文皆得本音而別其部居明其通叚日積月久相與引申復有通儒就許書所存之古籀又博采自古

家刻本《爾雅義疏》（上海圖書館藏）書影一

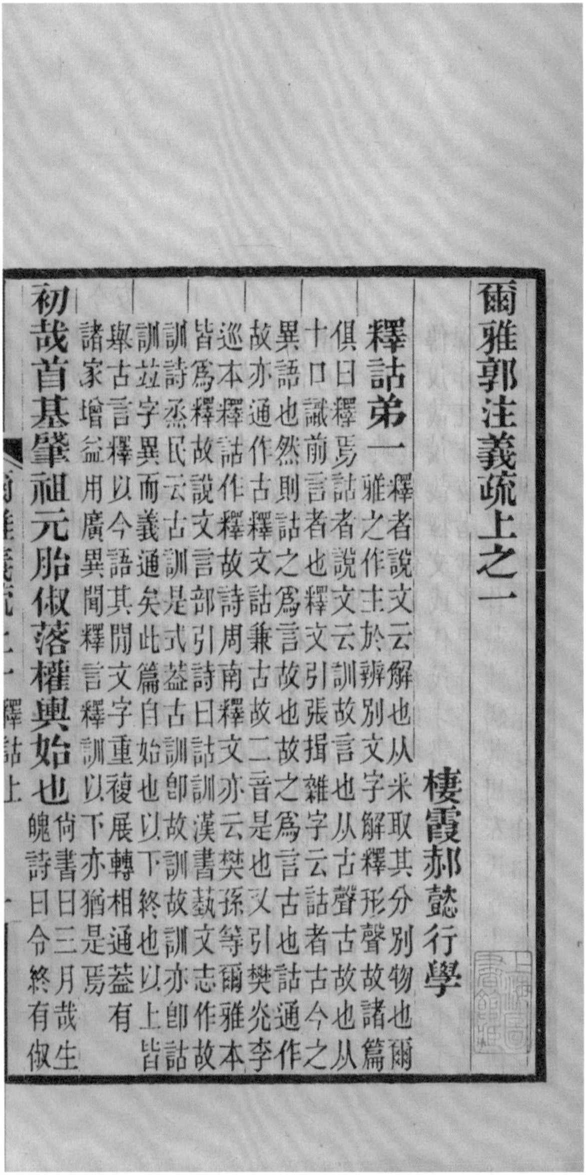

爾雅郭注義疏上之一

棲霞郝懿行學

釋詁弟一 釋者說文云解也从釆取其分別物也爾雅之作主於辨別文字解釋形聲故諸篇俱曰釋焉詁者說文云訓故言也从古聲古故也从十口識前言者也釋文引張揖雜字云詁者古今之異語也然則詁之爲言故也故之爲言古也詁通作故亦通作古釋文詁兼古故二音是也又引樊光李巡本釋詁作釋故詩周南釋文亦云樊孫等爾雅本皆爲釋故說文言部引詩曰詁訓漢書藝文志作故訓詩烝民云古訓是式蓋古訓郎故訓亦郎詁訓訓茲字異而義通矣此篇自始也以下終也以上皆舉古言釋以今語其閒文字重複展轉相通蓋有諸家增益用廣異聞釋言釋訓以下亦猶是焉

初哉首基肇祖元胎俶落權輿始也 尚書曰三月哉生魄詩曰令終有俶

家刻本《爾雅義疏》（上海圖書館藏）書影二

序

《爾雅》是我國現存最早的一部專釋古漢語詞彙的書，迄今仍具有重要應用價值。關于《爾雅》之名，劉熙《釋名》云：「爾，昵也；昵，近也。雅，義也；義，正也。」張晏《漢書注》也説：「爾，近也；雅，正也。」那麽，「爾雅」就是「近正」的意思。阮元《與郝蘭皋户部論〈爾雅〉書》又云：「《爾雅》一書，皆引古今天下之異言以近于正言。夫曰近者，明乎其有異也。正言者，猶今官話也。近正者，各省土音近于官話者也。」黄侃《爾雅略説》進一步云：「雅之訓正，誼屬後起，其實即『夏』之借字。」其實，「夏官」「正言」意思不異，都指中原華夏民族的雅正之言。所以，「爾雅」的本義，就是「引古今天下之異言以近于正言」，也就是以正言釋異言；《爾雅》，就是一部專門以正言（包括當時之今言、官話）釋異言（包括當時之古言、俗語）的書。

關于《爾雅》的作者，最早認爲是周公始作一篇，後由孔子等人增補而成。這種説法，完全没有依據。周公作爲政治家，無意也無暇作此，是可以肯定的，而且文獻也没有任何相關的原始記録，所以不可信。同樣，文獻不僅没有孔子作《爾雅》的記載，反而有孔子之時其書已經流行的文字：《大戴禮・小辨》載：「哀公曰：『寡人欲學小辨以觀于政，其可乎？』孔子曰：『《爾雅》以(可以)觀于古，足以辨言矣。』」説明孔子時已有《爾雅》存在。有人不承認這裡的「爾雅」是書名，没有道理。哀公欲學「小辨」以觀政，所以孔子給他推薦了《爾雅》這部書，教其辨言。因爲《爾雅》是專釋古詞語及名物制度的書，所以能夠「觀于古(古書)」，能夠區辨文詞。如果説這裡的「爾雅」不是書名，首先從文字上是講不通的：「爾雅以觀于古」，「爾(邇、近)」的什麽「雅」？觀的什麽「古」，「古」指什麽？所以，這裡的「爾雅」，一定得是書名。

《爾雅》最早成書，一定是在孔子之前。這一點，也可以由早在叔向時代已有成熟的訓詁作爲旁證：《國語・周語下》載晉國大夫叔向評單靖公，其中有這樣一段話：

且其(指單靖公)語説(悦)《昊天有成命》，《頌》之盛德也。其詩曰：「昊天有成命，二后受之。成王不敢康，夙夜基命宥密。於緝熙單厥心，肆其靖之。」是道成王之德也。成王能明文昭，能定武烈者也。夫道成命者而稱昊天，翼其上也。二后受之，讓于德也。成王不敢康，敬百姓也。夙夜，恭也。基，始也。命，信也。宥，寬也。密，寧也。緝，明也。熙，廣也，厚也。肆，固也。靖，和也。其始也，翼上德讓而敬百姓；其中也，恭儉信寬，帥歸于寧；其終也，廣厚其心，以固和之。始于德讓，中于信寬，終于固和，故曰成。單子儉敬讓諮，以應成德……

毫無疑問，這是標準的訓詁（順釋古代書面語言），其中含有釋詞。此事發生在周靈王二十二年，即西元前五五〇年，早于孔子誕生。叔向能夠輕易地對舊詩作出訓釋，不僅説明他在這方面修養有素，也説明當時有訓詁的風氣。在此環境之下，有人將之綴集成書，也就不無可能。所以我們説，《爾雅》最早出現在孔子之前。這一點，也可以由前面所引阮元所説的「猶今官話」之類得到印證。因爲「官話」，顯然只能是就中央政府而言。這就説明，《爾雅》之成書及得名，很可能要早到西周，至遲也應在春秋時期，絶不會晚到戰國時代。因爲戰國時代諸侯國各自爲政，東周王朝勢同小國，已無所謂雅正，無所謂官話。

但是我們也必須知道，《爾雅》最早雖然出現在孔子之前，但不等于今本就是孔子之前的原書。孔子之後，由于其推崇提倡，門人子夏之徒或其後學在學習過程中陸續有所增補甚至改編，都有可能。這一點，由其篇名就可以知道。比如《釋詁》《釋言》，其「釋」是動詞，「詁」「言」都是名詞；而《釋訓》之「訓」，從根本上説是順的意思，屬于動詞。可見其編者對此已經不甚明瞭，説明其完成較晚。至于説其書完全由秦漢間經師們綴集舊文而成，則是不可能的，不過也不排除有零星或部分增補的可能。所以即使書中偶有時代較晚的詞語，也不奇怪。總之《爾雅》最早出現于孔子之前，孔子以後遞有補益整理，但也不會很晚。

傳世歷史上最早的完整《爾雅》注，是晉代人郭璞所作，所以後世雅學皆以郭注爲宗。清代邵晉涵作《爾雅正義》，開創了雅學研究的新局面。郝懿行《爾雅義疏》後出，爲其一生力作。此書與邵書的主要不同，按其作者自己的話説，主要有以下兩點：一是「邵氏《正義》蒐輯較廣，然聲音訓詁之原，尚多壅閡，故鮮發明。今余作《義疏》，于字借聲轉之處，詞繁不殺，殆欲明其所以然」。二是「余田居多載，遇草木蟲魚有弗知者，必詢其名，詳察其形，考之古書，以徵其然否。今茲疏中，其異于舊説者，皆經目驗，非憑胸臆，此余書所以別乎邵氏也」。可見其不僅在邵氏基礎上多有發明，而且對異於舊説者還經過目驗。另外，其書還吸收或辯駁了諸如顧炎武、戴震、臧琳、王念孫、段玉裁、馬瑞辰等稍早或同時代衆多著名學者的見解，實可謂後出轉精，代表了清代《爾雅》研究的最高水準。

現在呈現在各位面前的這部整理本《爾雅義疏》，原是楊一波博士讀碩士期間學習訓詁學的課後練習。讀博期間及工作以後，又陸續作了加工。正式出版之前，出版社方面又提出了進一步完善提高的建議，使之終成完璧。相信這部書的出版，不僅會給愛好古學及雅學的研究者帶來便利，也會對改變眼下整個學術界古學研究水準下行的趨勢有所俾助。從這個意義上說，我們應當感謝其整理者及出版社方面！

黄懷信

二〇二三年一月二十五日

于西安西咸新區寓所

點校前言

《爾雅》是我國古代儒家典籍十三經之一，同時也是十三經中性質特殊的一種，其既不同於《詩》《書》等經典，亦不同於《公羊》《禮記》等傳記，更不同於《論語》《孟子》等記録言行之作，乃是我國古代解釋古書疑難字詞，詮釋所見名物概念的第一部百科詞典。漢劉熙《釋名·釋典藝》對《爾雅》書名作如下解釋：「《爾雅》，爾，昵也；昵，近也；雅，義也；義，正也。五方之言不同，皆以近正爲主也。」[一]魏張晏《漢書音釋》云：「爾，近也；雅，正也。」[二]唐陸德明《經典釋文·序録》云：「爾，近也；雅，正也。言可近而取正也。」[三]清阮元《與郝蘭皋户部論〈爾雅〉書》釋《爾雅》名義則更清楚：「《爾雅》者，近正

[一] [漢]劉熙撰，[清]畢沅疏證，[清]王先謙補《釋名疏證補》，北京：中華書局，二〇〇八年，第二一四頁。
[二] [漢]班固《漢書》，北京：中華書局，一九六二年，第一七一九頁。
[三] [唐]陸德明撰，吴承仕疏證《經典釋文序録疏證》，北京：中華書局，二〇〇八年，第一四五頁。

也。正者，虞、夏、商、周建都之地之正言也。近正者，各國近于王都之正言也。」〔一〕「爾」之所以釋爲「近」者，因「爾」通作「邇」。「爾」「邇」古音同，俱脂部日紐字，可相假借。《説文解字》云：「邇，近也。」《論語・陽貨》篇云：「邇之事父，遠之事君。」孔安國注曰：「邇，近也。」〔二〕「邇」與「遠」相對，即是「近」義。關於「雅」字的解釋，黄侃先生《爾雅略説》認爲：「『雅』之訓『正』，誼屬後起，其實即『夏』之借字。《荀子・榮辱》篇云：『越人安越，楚人安楚，君子安雅。』《儒效》篇云：『居楚而楚，居越而越，居夏而夏。』二文大同，獨『雅』『夏』錯見，明『雅』即『夏』之假借也。明乎此者，一可知《爾雅》爲諸夏之公言，二可知《爾雅》皆經典之常語，三可知《爾雅》爲訓詁之正義。」〔三〕又清王引之曰：「古者『雅』『夏』二字互通，故《左傳》『齊大夫子雅』，《韓子・外儲説右》篇作『子夏』。」〔四〕「雅」，古音屬魚部疑紐；「夏」，古音屬魚部匣紐。二字疊韵，且疑、匣俱在牙音，故當可通假。《説文》云：「夏，中國之人

〔一〕［清］阮元《揅經室集》，北京：中華書局，一九九三年，第一二四頁。
〔二〕［魏］何晏集解，［宋］邢昺疏《論語注疏》，北京：北京大學出版社，二〇〇〇年，第二七〇頁。
〔三〕黄侃《黄侃論學雜著》，北京：中華書局，二〇〇六年，第二五七頁。
〔四〕［清］王念孫《讀書雜志》，上海：上海古籍出版社，二〇一四年，第一六七一頁。

也。」段玉裁注曰：「以别于北方狄、東北貉、南方蠻、西方羌、西南焦僥、東方夷也。」〔一〕「中國」即中原。人處中原以别於六方蠻夷，故其「人」有「正」義；就其所語之言，亦當有「正」義，即阮元所謂「虞、夏、商、周建都之地之正言也」。可見，「雅」之所以釋爲「正」者，因「雅」與「夏」假借，而「夏」又有「正」義。綜上可知，《爾雅》即爲「邇夏」，即近於雅正、規範之意，其名義當依劉熙之言，訓爲「近正」，並當依阮元之意，理解爲「近於正言」。

《大戴禮記·小辨》篇載孔子之言云：「是故循弦以觀于樂，足以辨風矣；爾雅以觀于古，足以辨言矣。」〔二〕張揖《上〈廣雅〉表》以此爲據，認爲孔子所語的「爾雅」即今《爾雅》。《大戴》所載，蓋《爾雅》之名首見於篇籍。《漢書·藝文志·六藝略》在「《孝經》家」下列「《爾雅》三卷，二十篇」。〔三〕《漢志》所記，蓋《爾雅》之名首著於目録。此後歷代官私目録皆將《爾雅》置於經部，或列於《論語》類，或列於訓詁類，或列於小學類。自漢文帝時《爾雅》立傳記博士以來，《爾雅》備受歷代學者之重視，被譽爲閲讀經書之「户牖」「要津」「梯航」「襟帶」，被視爲治經學之必備工具。爲《爾雅》作注者，代不乏人，其著名注本有五：

〔一〕［清］段玉裁《説文解字注》，上海：上海古籍出版社，二〇〇〇年，第二七〇頁。
〔二〕黄懷信等《大戴禮記匯校集注》，西安：三秦出版社，二〇〇五年，第一一八〇頁。
〔三〕［漢］班固《漢書》，第一七一八頁。

晉郭璞《爾雅注》、唐陸德明《爾雅釋文》、宋邢昺《爾雅疏》、清邵晉涵《爾雅正義》和清郝懿行《爾雅義疏》(以下簡稱「郝疏」)。《爾雅》衆多注本中，最爲詳贍而流傳廣泛的非郝疏莫屬。

郝懿行(一七五五——一八二三)〔一〕，字詢九，一字尋韭，號蘭皋，世稱郝蘭皋先生，山東棲霞人，嘉慶四年進士，官至江南户部主事，道光三年卒，終年六十九歲。郝氏長於名物訓詁考據之學，是嘉道年間有名的經學家、小學家。其主要著作除《爾雅義疏》十九卷外，還有《易説》十二卷、《書説》二卷、《詩經拾遺》一卷、《鄭氏禮記箋》四十九卷、《春秋説略》十二卷、《春秋比》二卷、《汲冢周書輯要》一卷、《竹書紀年校正》十四卷、《荀子補注》二卷、《晉宋書故》一卷、《補晉書刑法志》《食貨志》各一卷、《山海經箋疏》十八卷、《宋瑣語》一卷、《寶訓》八卷、《蜂衙小記》一卷、《燕子春秋》一卷、《海錯》一卷、《證俗文》十九卷、《筆録》六卷、《曬書堂文集》十二卷等三十餘種。其妻王照圓(一七六三——一八五一)，字瑞

〔一〕或稱郝氏之生卒年爲一七五七至一八二五，亦終年六十九歲。《清史稿·列傳二百六十九》云郝懿行「道光三年卒」(〔清〕趙爾巽等《清史稿》，北京：中華書局，一九七七年，第一三三四五頁)，道光三年爲公元一八二三年，今據《清史稿》之説。

玉，亦博涉經史子集，其時有「高郵王父子，棲霞郝夫婦」之美稱。清臧庸《列女傳補注序》云：「歲庚午，庸再游京師，一時師友之盛，日以經史古義相研究。時有父子著述，一家兩先生者，王石渠觀察及嗣曼卿學士也；有夫妻著述，一家兩先生者，郝蘭臯户部暨德配王婉佺安人也。」[一]王氏撰有《列女傳補注》八卷（附《女録》一卷、《女校》一卷）、《詩説》一卷、《列仙傳校正》二卷、《夢書》一卷等著作，並與郝氏合著《詩問》七卷。郝疏中亦間取照圓之説。

《爾雅義疏》初名《爾雅略義》，全書共十九卷，凡三十九萬餘字。此書成於道光二年，次年懿行即卒，可言其凝結郝氏一生之精力。許維遹先生《郝蘭臯夫婦年譜附著作考》云：「（郝疏）始于嘉慶十三年戊辰，落成于道光二年壬午，歷時正十五年。中因養病廢業三年，具實數言，則云十二年也。」[二]著書所用「十二年」之説，實不確切。據嘉慶十三年郝氏《與孫淵如觀察書》云：「少愛山澤，流觀魚鳥，旁涉蘇條，靡不覃研鑽極，積歲經年。……兹書藏之敝簏，殆將十稔，比癸亥夏，重詣都門，而後有《山海經箋疏》之作。」由

[一]［清］王照圓《列女傳補注》，上海：華東師範大學出版社，二〇一二年，第一頁。
[二]許維遹《郝蘭臯夫婦年譜附著作考》，清華學報，一九三五年，第一期。

此可推知，郝氏於嘉慶四年左右就在撰寫《爾雅略義》，至八年，又撰《山海經箋疏》，至十三年，《箋疏》書成，復作《爾雅義疏》，於道光二年成書。據清陳奐《爾雅義疏跋》所言，道光二年郝懿行攜《爾雅義疏》手稿來其館中，「自道其治經之難，漏下四鼓者四十年」云云，又陸建瀛所言「以先生《爾雅疏》重修專刊爲家塾課讀，斯足慰先生四十餘年之攻苦」。道光二年上溯四十年即乾隆四十七年，「四十年」之説或是舉成數而言，又因《爾雅義疏》顯然是由《爾雅略義》擴充而成，即足證郝氏於乾隆五十年左右開始進行《爾雅》的疏解工作。郝氏在四十年的時間裡，不止撰寫了一部《爾雅義疏》，其各種著作所用的時間間雜交錯，無法計算，而其所撰的《證俗文》《海錯》《燕子春秋》《蜂衙小記》《寶訓》等書，又可以視作郝疏的準備工作。所以，不能簡單地説郝懿行撰寫《爾雅義疏》統共用多少年，而當注意其具體的成書過程。

郝懿行對《爾雅義疏》頗爲得意，與友人之書信中，曾多次提及。《與兩浙轉運使方雪浦書》云：「此書若成，自謂其中必多佳處。」《又與王伯申學使書》云：「其中亦多佳處，爲前人所未發。」《與孫淵如觀察書》中，郝氏將《爾雅義疏》與邵晉涵《爾雅正義》、西晉陸璣《毛詩草木鳥獸蟲魚疏》、宋陸佃《埤雅》和宋羅願《爾雅翼》比較，以爲己作尤其是「下卷」要高出他書一籌，其云：「《爾雅正義》一書足稱該博，猶未及乎研精。至其下卷，尤多影響。懿行不揆檮昧，創爲略義。不欲上掩前賢，又不欲如劉光伯之規杜過。用是自成一書，不相因襲。性喜簡略，故名之《爾雅略義》。嘗論孔門多識之學殆成絶響，唯陸元恪之《毛詩疏》剖析精微，可謂空前絶後。蓋以故訓之倫，無難鉤稽搜討，至乃蟲魚之注，非夫耳聞目驗，未容置喙。其間牛頭馬髀，强相附會，作者之體，又宜舍諸。少愛山澤，流觀魚鳥，旁涉蘇條，靡不覃研鑽極，積歲經年。故嘗自謂《爾雅》下卷之疏，幾欲追蹤元恪。陸農師之《埤雅》、羅端良之《翼雅》，蓋不足言。」宋翔鳳《爾雅義疏序》對郝疏給予極高評價：「迨嘉慶間，棲霞郝户部蘭皋先生之《爾雅義疏》最後成書。其時南北學者，知求於古字古言，於是通貫融會諧聲、轉注、叚藉，引端竟委，觸類旁通，豁然盡見。且薈萃古今一字之異、一義之偏，罔不搜羅，分別是非，必及根原，鮮逞胸肊。蓋此書之大成，陵唐礫宋，追秦漢而明周孔者也。」阮元《與郝蘭皋户部論〈爾雅〉書》稱讚郝氏以聲音通訓詁的方法。據《清史稿》記載：「懿行之於《爾雅》，用力最久，稿凡數易，垂殁而後成。於古訓同異，名物疑似，必詳加辨論，疏通證明，故所造較晉涵爲深。」〔一〕可見「郝勝於邵」之論，由來已久矣。

前賢對郝疏之褒贊已見，據本書的點校情況，郝疏之優點當有如下幾處。第一，注重

〔一〕［清］趙爾巽等《清史稿》，第一三二四五頁。

目驗。此爲郝疏最鮮明之特點與優點。胡培翬《郝蘭皋先生墓表》引郝氏曰：「今兹書中異於舊説者，皆經目驗，非憑胸臆。」如《釋草》「女蘿，菟絲」條下郝氏之言：「今驗菟絲初亦根生，及至蔓延，其根漸絶，因而附物以生，蓋亦寄生之類。」僅《釋草》一卷，「今驗」字樣就有近二十處。乾嘉學風崇尚實事求是，言必有據，不尚虚言。郝疏此優點正是此精神之具體體現。第二，多引方言、口語爲證。訓釋古詞語的過程中，郝疏除了大量使用諸多古籍的語言材料，也注重使用方言、口語等材料，且欲從中説明語言在時空中的傳承變化。今某地人謂某爲某，「蓋古之遺言也」之類的例子，於郝疏中比比皆是。第三，多引時賢之説。郝氏大量引述同時代學者們的學術成果。引爲證據者，必提及姓氏，不掠人之美；意見不同者，則申述己意進行辯難。所引者計約四十家。郝疏引邵晉涵《爾雅正義》三十餘條，持不同意見的有十餘條，非如某些文章所言，郝氏援用邵説便不明引，批判邵説便提及姓氏。第四，注重因聲求義的訓詁方法。郝氏《與王伯申學使書》云：「竊謂詁訓之學，以聲音、文字爲本，轉注、假借各有部居，疏通證明，存乎了悟。前人疏義但取博引經典以爲籍徵，不知已落第二義矣。鄙意欲就古音、古義中博其旨趣，要其會歸，大抵不外同、近、通、轉四科以相統系。先從許叔重書得其本字，而後知其孰爲假借，觸類旁通，不避繁碎，仍自條理分明，不相雜廁。」郝氏生長學習於乾嘉年間，深知聲音訓詁之理。

據上引文可知，郝氏將因聲求義之法作爲自己疏解《爾雅》的指導思想和主體方法。《爾雅》包含大量假借字，清代之前的學者由於對音韵學缺乏足夠瞭解，以致其諸多注解難以準確，郭注、邢疏均是如此。邵晉涵《爾雅正義》始較多運用因聲求義的方法，至郝疏更是充分運用該方法，以説明《爾雅》文字假借之處，且取得前人未有之成績。可見，郝氏自詡「其中亦多佳處，爲前人所未發」之言當不虛矣。

郝疏優點衆多，是《爾雅》注疏類文獻的扛鼎之作，但其若干缺點也是客觀存在且不容回避的。第一，聲音訓詁、因聲求義方面的水準不夠精深，故亦存在不當之處。此問題郝氏亦有認識。陳奐《爾雅義疏跋》中郝氏自稱：「訓詁必通聲音，余則疏於聲音，子盍爲我訂之。」此問題之具體表現，當詳參清王念孫《爾雅郝注刊誤》、清沈錫祚《爾雅義疏校補》等作。然須强調，郝疏因聲求義方面的失誤與該方面的成就相比是次要的。第二，材料引用不夠嚴謹。郝疏引書衆多，達四百餘種。如此龐大數量的書證，除去郝氏平日閲讀而較爲熟悉的書籍，還有很大部分是郝氏轉引《經籍籑詁》等其他書籍的。郝氏在使用這些材料的時候一仍其舊，很可能並未查閲原書，也就因襲了他書本身的錯誤，《經籍籑詁》書成衆手，其間錯誤猶重。本書校勘記中校出的幾處《左傳》年代錯誤，均因此類缺點而成。古籍整理本爲盡量恢復古書原貌，改正文獻流傳過程中産生的錯誤，不改文獻本身的錯誤。然而爲盡量避免閲讀中可能産生的不必要誤解，對此類明顯訛誤，皆改正並出校説明。另外，郝疏之體例問題也須注意。按照注疏體例，正文、注文均應疏解，先正文，後注文，前後不亂，邢昺《爾雅疏》、邵晉涵《爾雅正義》均是如此。郝疏卻只疏解正文，需要辨析郭注時就隨文敘述。若欲系統瞭解郝疏就郭注之研究成果，自不甚容易。

《爾雅義疏》之版本刊刻問題，王欣夫先生《蛾術軒篋存善本書録》有言：「蘭臯此書，初刻入阮氏《學海堂經解》，此爲第二刻（即陸建瀛單刻本）。世所謂簡本也。咸豐乙卯，高伯平得錢塘嚴鶴山鈔本，慫恿聊城楊至堂重刻，而胡心耘續成之，爲第三刻。同治丙寅，蘭臯孫聯薇據以覆刻入《郝氏遺書》，爲第四刻。光緒間，崇文書局又刻之，爲第五刻。世所謂足本也。」[一]郝疏版本分爲删節本與足本兩類。郝疏删節本分爲學海堂刊本（即《經解》本）與沔陽陸建瀛單刻本（即陸本）。道光四年十二月，學海堂落成，五年八月，《學海堂經解》開工刊刻，至九年九月，衆書刻畢。此即郝疏道光九年學海堂刊本。據《清史稿》記載：「高郵王念孫爲之點閲，寄儀徵阮元刊行。」[二]即可證此刻本以王念孫所删之本

[一] 王欣夫《蛾術軒篋存善本書録》，上海：上海古籍出版社，二〇〇二年，第四五頁。
[二] [清]趙爾巽等《清史稿》，第一三二四五頁。

爲底本。咸豐七年九月，英軍炮轟廣州文瀾閣，《學海堂經解》受損嚴重。咸豐十年閏三月，兩廣總督勞崇光倡議士紳捐資補刻《學海堂經解》，同治元年刻畢。該本書根有「庚申補刊」字樣。此爲《經解》本道光九年刻、咸豐十年補刻本。《學海堂經解》部頭太大，對普通學者來説很不易得。清胡珽《爾雅義疏跋》云：「沔陽陸制府慮學者之未能家有是書也，復單刻之。」道光二十九年，時任江蘇巡撫的陸建瀛將郝疏單刻行世。此即郝疏道光二十九年沔陽陸建瀛木犀香館刻本。陳奐《爾雅義疏跋》云：「適應陸立夫制軍召，委任校讎之役，遂與公子東漁影寫原稿，細意對治，全書大旨，悉依王先生定本。」即該本所據底本亦爲王念孫刪節本。胡珽《爾雅義疏跋》云：「惜其旋遭兵燹，書未盛行。」即陸刻本的流傳並不廣泛。郝疏足本分爲楊以增刻、胡珽續刻本（即楊胡本）與《郝氏遺書》本（即家刻本）。咸豐五年，高均儒從杭州嚴杰之子嚴鶴山處得到郝疏嚴鈔足本，即慫恿楊以增爲之刊刻，並聘胡珽校刻。據胡珽跋所言，「功方過半，至堂先生（楊以增）遽歸道山，珽因益資以蕆事焉。……咸豐六年丙辰七月仁和胡珽識於蘇城鮮谿定慧里」，又宋翔鳳序云：「是以河帥楊公得高君之本，而廣爲流播于時。剞劂僅半，而河帥即世。玆胡君心耘始續成之，而後郝氏一家之言遂有完書，誠盛事也。」可知該本由楊以增刻，胡珽續刻，咸豐六年於蘇州刻畢。此即郝疏咸豐六年楊以增刻、胡珽續刻本。據王欣夫《蛾術軒篋存善本書録》所稱，楊胡本刊於咸豐六年丙辰，至十年庚申，版亦毀。可見郝疏又因刻版被毁，而不得廣泛流傳。郝疏雖屢刊屢毁，然終未絶跡於人間。郝懿行夫婦孫聯薇以諸生捐納知縣，後升任順天府東路廳同知，其《解嘲》詩云：「古人來者兩茫然，豈有偏私故變遷。只因祖庭多著述，忍聽心血一時湮。」即決意刊行其祖之著作。郝聯薇《爾雅義疏跋》云：「歲乙丑二月，聯蓀有事濟南，晤陽湖汪叔明司馬，欣然以所藏楊氏足本相授，且任校讎之役。聯薇既刺涿州，謹節廉俸所入爲剞劂之資，閲月九而工始竣。」「歲乙丑」即同治四年，該本牌記爲「同治四年歲在乙丑沛上重刊」。此爲郝疏同治四年家刻本。其卷末有「歷邑中和堂鮑連元手刊」字樣，「歷邑」即濟南，該書當在濟南刊刻，舊時多有書目稱該本爲「東路廳刻本」，當因郝聯薇時任順天府東路廳同知而誤。

本書整理依據的版本包括郝疏的節本和足本，故附録一收入陸刻本的陸建瀛序、陳奂跋。《蜀南閣業書》所刻郝疏，後有黄茂《重刻爾雅義疏足本書後》，此文記郝疏校勘情況，頗多發明，亦收入附録一中。爲使讀者明晰郝疏版本收藏、刊刻流傳、内容得失等，附録二收入《越縵堂讀書記》《郎園讀書志》《卷盦書跋》《蛾術軒篋存善本書録》《續修四庫全書總目題要》的相關篇章。關於節本、足本的具體情況，可參看附録三所收拙作《〈爾雅義疏〉節、足本研究》。爲使讀者明晰節本、足本之間的差異、王念孫删改内容的原因等，附録四收入依據《續修四庫全書》影印東方學會刊本整理的《爾雅郝注刊誤》。此書由羅振玉子福頤所輯，羅振玉作序，東方學會刊印，收入羅氏《殷禮在斯堂叢書》。《續修四庫全書總目提要》中《爾雅郝注刊誤》的相關篇章也采入附録二中。

關於本次點校的標點，需要説明的是，學界就《爾雅》某些字句的點斷尚存争議，本書所點亦未盡同於前賢。而校勘方面，正如清段玉裁所言「校書如掃落葉，旋掃旋生」，本書雖極力欲將郝疏當校之處一一校出，奈何筆者資質中人又學力尚淺，心有餘而力不足，未臻完美，以致心中終日惴惴不安。倘有前賢諸師與讀者諸君不吝賜教，則幸甚矣！本書的整理在黄懷信先生的指導下完成，筆者謹在此對先生表達最誠摯的敬意與謝意。徐煒君先生、但誠先生、史楨英女士與上海古籍出版社徐卓聰編輯爲書稿審定與此書出版提出寶貴意見，付出辛勤勞動，在此表示衷心的感謝。

楊一波

二〇一三年一月二十七日於西安家中

二〇二二年十月改定

校點凡例

一、本編《爾雅》經文、郭璞注文、郝懿行疏文均以上海古籍出版社一九八九年版《訓詁學清疏四種合刊》影印清同治四年郝氏家刻本爲底本。

二、凡底本明顯之筆誤字，如「己、已、巳」，「夭、天」，「子、予」，「兔、免」之類，均徑作改正，不出校。

三、凡他本誤而底本不誤者，一般不出校。

四、凡底本確誤而他本不誤者改從他本，並出校記。

五、凡底本雖誤而可通者，一般均仍其舊，並出校記附列他本異文。

六、凡底本無校勘價值之異體字均徑改作正體字，不出校。

七、凡底本之缺筆避諱字，均補足末筆，不出校。凡底本因避諱改字，如「弘」作「宏」、「歷」作「歴」，均改回正字，不出校。

八、《爾雅》經文、郭璞注文對校以「《爾雅》宋刊十行本」，爲明晰版本嬗變，故不避繁瑣，異文皆出校説明。

九、據校舊本包括：

（一）《四部叢刊初編》影印上海涵芬樓借常熟瞿氏鐵琴銅劍樓藏宋刊本《爾雅》。該本僅有《爾雅》經文、郭璞注文。校記中簡稱「《爾雅》宋刊十行本」。

（二）中國書店一九八二年影印清咸豐六年楊以增刻、胡珽續刻本。校記中簡稱「楊胡本」。

（三）上海書店一九八八年影印清道光九年廣東學海堂刊本。校記中簡稱「《經解》本」。

（四）山東友誼書社一九九二年影印清道光三十年沔陽陸建瀛木犀香館刻本。校記中簡稱「陸刻本」。《經解》本與陸刻本同出一源，二本相同情況下，校記僅言《經解》本情況；相異則依需要言陸刻本情況。

十、凡經文斷句，一從郝疏。

十一、郝疏主要引文據原書核對，包括：

（一）《十三經注疏》，清乾隆四年校刊、清同治十年重刊武英殿本。校記中簡稱「《十三經注疏》本」。

(二)《韓詩外傳》,《四部叢刊初編》影印上海涵芬樓藏明沈氏野竹齋刊本。
(三)《大戴禮記》,《四部叢刊初編》影印上海涵芬樓借無錫孫氏小緑天藏明袁氏嘉趣堂刊本。
(四)《經典釋文》,《四部叢刊初編》影印上海涵芬樓藏通志堂刊本。
(五)《玉篇》,《四部叢刊初編》影印上海涵芬樓借印建德周氏藏元刊本。
(六)《廣韵》,《四部叢刊初編》影印上海涵芬樓借海鹽張氏涉園藏宋刊巾箱本。
(七)《方言》,《四部叢刊初編》影印上海涵芬樓借江安傅氏雙鑒樓藏宋刊本。
(八)《釋名》,《四部叢刊初編》影印上海涵芬樓借江南圖書館藏明嘉靖翻宋本。
(九)《説文解字》,《四部叢刊初編》影印上海涵芬樓借日本岩崎氏静嘉堂藏北宋刊本。
(十)《説文解字注》,浙江古籍出版社二〇〇六年影印經韵樓刻本。
(十一)《廣雅疏證》,上海古籍出版社一九八三年影印上海圖書館藏清嘉慶本。
(十二)《史記》,清光緒二十九年五洲同文局石印《武英殿二十四史》本。
(十三)《漢書》,清光緒二十九年五洲同文局石印《武英殿二十四史》本。
(十四)《逸周書》,《四部叢刊初編》影印上海涵芬樓借江陰繆氏藝風堂藏明嘉靖二十二年刊本。

(十五)《國語》,《四部叢刊初編》影印上海涵芬樓借杭州葉氏藏明金李刊本。

(十六)《荀子》,《四部叢刊初編》影印上海涵芬樓影印古逸叢書本。

(十七)《韓非子》,《四部叢刊初編》影印上海涵芬樓藏黄蕘圃校宋本。

(十八)《墨子》,《四部叢刊初編》影印上海涵芬樓影印明嘉靖三十二年刊本。

(十九)《淮南子》,《四部叢刊初編》影印上海涵芬樓影印劉泖生影寫北宋本。

(二十)《顔氏家訓》,《四部叢刊初編》影印上海涵芬樓借江安傅氏雙鑒樓藏明遼陽傅氏刊本。

(二十一)《白虎通義》,《四部叢刊初編》影印上海涵芬樓借江陰繆氏藝風堂藏元大德九年重刊宋監本。

(二十二)《風俗通義》,《四部叢刊初編》影印上海涵芬樓借常熟瞿氏鐵琴銅劍樓藏元大德間刊本。

(二十三)《山海經》,《四部叢刊初編》影印上海涵芬樓借江安傅氏雙鑒樓藏明成化六年刊本。

(二十四)《老子》,《四部叢刊初編》影印上海涵芬樓借常熟瞿氏鐵琴銅劍樓藏宋刊本。

（二十五）《莊子》，《續古逸叢書》影印上海涵芬樓影印宋刊本。

（二十六）《楚辭》，《四部叢刊初編》影印上海涵芬樓借江南圖書館藏明覆宋本。

（二十七）《毛詩草木鳥獸魚蟲疏》，《叢書集成初編》影印清同光年間《古經解匯函》刻本。

校記中提到上述諸書徑稱書名。

目録

爾雅義疏序

學者有志治經，必先明古字古言。古字者，倉頡古文及籀文也。古言者，三代、秦、漢所讀之音，與今不同也。自隸書行而古字漸亡，六朝以後之韵書出而古言漸亡。就晚近之心思耳目，求往古之制度文教，以致微茫沈晦，殆逾千載。恭逢盛世，經學昌明，則有傑出之士綜《易》《詩》《離騷》。凡漢以前有韵之文，皆得本音而別其部居，明其通叚。日積月久，相與引申，復有通儒就許書所存之古籀，又博采自古鍾鼎遺文，以始一終亥之義，依類而編之，分合而辯之。俗儒以爲模黏影響，而能一皆就理，悉合六書。有是二者，斯能訓故通而五經立。《爾雅》二十篇，本《漢志》。今《爾雅》十九篇。愚意以爲《釋詁》文多，舊分二篇。又《詩》正義引《爾雅・序篇》云：「《釋詁》《釋言》通古今之字，古與今異言也。《釋訓》言形貌也。」《詩》正義但疏「詁」「訓」二字之義，所引不全，則《爾雅》尚有《序篇》，今亡之矣。則訓故之淵海，五經之梯航也。然至唐代，但用郭景純之注，而漢學不傳。至宋邢氏作疏，但取唐人《五經正義》綴緝而成，遂滋闕漏。乾隆閒，邵二雲學士作《爾雅正義》，翟晴江進士作《爾雅補郭》，然後郭注未詳、未聞之説皆可疏通證明，而猶未至於旁皇周浹、窮深極遠也。迨嘉慶閒，棲霞郝户部蘭臯先生之《爾雅義疏》最後成書。其時南北學者，知求於古字古言，於是通貫融會諧聲、轉注、叚藉，引端竟委，觸類旁通，豁然盡見。且薈萃古今一字之異、一義之偏，罔不搜羅，分別是非，必及根原，鮮逞胸肊。蓋此書之大成，陵唐躒宋，追秦漢而明周孔者也。翔鳳昔在嘉慶辛未，滯迹京邸，始識先生。時接言論，每致商榷，輒付掌録，不以前脩而輕後生。時所簑《山海經箋疏》不涉荒怪，而惟求實是，已行於世。《爾雅》則未卒業。一官不達，九原難起。後於湘中得太傅阮公所輯《經解》，一再瀏覽，得其大端。後制府陸公單行其書，與阮本無異。嘉興高君又得足本，以校阮、陸兩本，多四之一。或云删去之文，出高郵王石渠先生手；或云他人所删，而嫁名於王。夫説一經之文，必合衆家之議，前此者未必是，後此者未必非，惟在學者求其本根，不立門户，同歸康莊。是以河帥楊公得高君之本，而爲流播。於時剞劂僅半，而河帥即世，兹胡君心耘始續成之。而後郝氏一家之言，遂有完書，誠盛事也。咸豐六年八月，後學長洲宋翔鳳謹記。

爾雅義疏跋〔一〕

郝蘭皋先生《爾雅義疏》，儀徵阮文達刊入《皇清經解》。沔陽陸制府慮學者之未能家有是書也，復單刻之。惜其板旋遭兵燹，書未盛行。然兩刻者，或謂皆據高郵王懷祖念孫觀察節本，或又謂阮刻《經解》，錢唐嚴厚民杰明經實總其成，是書蓋厚民所節。傳聞異辭，無由審也。歲乙卯，嘉興高伯平均儒文學得嚴鶴山厚民之子所鈔郝疏足本，以奉河帥楊至堂以增先生，讀而善之，郵書寄資，命爲校刻。功方過半，至堂先生遽歸道山，珽因益資以蕆事焉。預讐校者，元和徐稼甫立方徵君，吳縣葉調生廷琯、海鹽陳容齋德大兩明經，而用力尤多，則金匱江彤甫文煒茂才也。光陰彈指，倏已經年，手民戮功，坿識緜緒，世之欲覩郝氏全本者，其諸亦有樂於是與。時咸豐六年丙辰七月，仁和胡珽識於蘇城鮮谿定慧里。

〔一〕標題爲編者所加。

爾雅郭注義疏上之一

釋詁弟一

釋者，《說文》云：「解也。从釆〔一〕，取其分別物也。」《爾雅》之作，主於辨別文字，解釋形聲，故諸篇俱曰「釋」焉。詁者，《說文》云：「訓故言也。从古聲。古，故也。从十、口，識前言者也。」《釋文》引張揖《雜字》云：「詁者，古今之異語也。」然則詁之爲言故也，故之爲言古也。「詁」通作「故」，亦通作「古」。《釋文》「詁」兼「古」「故」二音，是也。又引樊光、李巡本，「釋詁」作「釋故」。《詩·周南》釋文亦云：「樊、孫等《爾雅》本皆爲《釋故》。」《說文·言部》引《詩》曰「詁訓」，《漢書·藝文志》作「故訓」。《詩·烝民》云：「古訓是式。」蓋古訓即故訓，故訓亦即詁訓，竝字異而義通矣。此篇自「始也」以下，「終也」以上，皆舉古言釋以今語。其閒文字重複，展轉相通，蓋有諸家增益，用廣異聞。《釋言》《釋訓》以下，亦猶是焉。

〔一〕釆，原誤「米」，據楊胡本、《經解》本改。

初、哉、首、基、肇、祖、元、胎、俶、落、權輿，始也。《尚書》曰：「三月哉生魄。」《詩》曰：「令終有俶。」又曰：「俶載南畝。」又曰：「訪予落止。」又曰：「胡不承權輿。」胚胎未成，亦物之始也。其餘皆義之常行者耳。此所以釋古今之異言，通方俗之殊語。

此釋「始」之義也。《說文》云：「始，女之初也。」《釋名》云：「始，息也，言滋息也。」按：「始」與「治」通。《書》云「在治忽」，《史記·夏紀》作「來始滑」，《漢書·律曆志》作「七始詠」。是「始」「治」通也。初者，裁衣之始。哉者，草木之始。基者，築牆之始。肇者，開户之始。祖者，人之始。胎者，生之始也。每字皆有本義，但俱訓始，例得兼通，不必與本義相關也。

初既訓始，《覲禮》及《檀弓》注又訓故者，故亦古也，古亦始也。「始」與「治」通，故下文又云：「治，故也。」

哉者，「才」之叚音。《說文》云：「才，艸木之初也。」經典通作「哉」。《尚書大傳》云：「儀伯之樂舞蘴哉。」《詩》云：「陳錫哉周。」鄭俱以「哉」爲始也。郭注下文「茂，勉」，引《大傳》「茂哉茂哉」，《釋文》：「或作茂才。」《書》云「往哉汝諧」，《張平子碑》作「往才汝諧」。「哉生魄」，《晉書·夏侯湛傳》作「才生魄」。是「才」「哉」古字通。又通作「載」。「陳錫哉周」，《左氏·宣十五年傳》作「陳錫載周」。《書》「載采采」，《史記·夏紀》作「始事事」。《詩》「載見辟王」，傳亦云：「載，始也。」是「載」「哉」通。《爾雅》釋文：「哉，亦作栽。」《中庸》：「栽者培之」，鄭注：「栽，讀如『文王初載』之『載』。栽或爲兹。」「兹」「栽」「哉」古皆音同字通也。

首者，與「鼻」同意。《方言》云：「鼻，始也。獸之初生謂之鼻，人之初生謂之首。」是「首」「鼻」其義同。特言此者，人生之始，首鼻居先也。

胎者，《一切經音義》一引《爾雅》舊注云：「胎，始養也。」《漢書·枚乘傳》云：「福生有基，禍生有胎。」服虔注：「基、胎，皆始也。」通作「殆」。《詩》：「殆及公子同歸。」傳：「殆，始也。」《釋文》「殆」作「迨」：「始也。」《爾雅》釋文：「胎，孫炎大才反，本或作台。」是「台」「迨」「殆」俱「胎」之叚音矣。

俶者，《説文》云：「始也。」又《土部》：「埱，一曰始也。」則其義同。《釋名》云：「荆豫人謂長婦曰孰。孰，祝也。祝，始也。」是「孰」與「俶」音義又同也。

落者，《詩》：「訪予落止。」《逸周書·文酌》篇云：「物無不落。」毛傳及孔晁注竝云：「落，始也。」落本隕墜之義，故云「殂落」。此訓始者，始終代嬗，榮落互根，《易》之消長，《書》之治亂，其道胥然。愚者闇於當前，達人燭以遠覽。落之訓死，又訓始，名若相反，而義實相通矣。

權輿者，《廣雅疏證》以爲「其萌虇蕍」之叚音，則與「才」「落」義皆相近。《詩》：「不承權輿。」《文酌》篇云：「一榦勝權輿。」《周月》篇云：「日月權輿。」《大戴禮·誥志》篇云：「百草權輿。」皆以「權輿」連文。

古書多叚借，今略爲標舉。如「基」「肇」「祖」三字俱訓爲始。《詩》「夙夜基命」，《禮·孔子閒居》「基命」作「其命」。《書》「丕丕基」，漢石經作「不不其」。《儀禮·士喪禮》注：「古文基作期。」是「期」「其」通「基」也。「肇」乃「肁」之叚音。《說文》：「肁，始開也。」《詩》「后稷肇祀」，《禮·表記》作「兆祀」。是「兆」「肇」通「肁」也。「祖」，古金石文字作「且」。《書》「黎民阻飢」，《史記集解》據今文《尚書》作「祖飢」，《索隱》據古文作「阻飢」。《詩》：「六月徂暑。」箋：「徂，猶始也。」是「徂」「阻」通「祖」矣。凡聲同之字，古多通用。

林、烝、天、帝、皇、王、后、辟、公、侯，君也。《詩》曰：「有壬有林。」又曰：「文王烝哉。」其餘義皆通見《詩》《書》。

《說文》云：「君，尊也。」《儀禮·喪服傳》云：「君，至尊也。」鄭注：「天子、諸侯及卿大夫有地者皆曰君。」《逸周書·謚法》篇云：「賞慶刑威曰君，從之成羣曰君。」《白虎通》云：「君，羣也，羣下之所歸心也。」然則君之言羣，凡羣衆所歸，皆謂之「君」矣。

林、烝者，衆也。又訓君者，衆之所歸，斯謂之君，與「君」「羣」義同也。林者，《詩》「有壬有林」，毛傳用《爾雅》。《楚辭·天問》篇云：「伯林雉經。」王逸注及《漢書·律曆志》竝云：「林，君也。」烝者，《釋文》云：「本又作蒸。」「蒸」「烝」古字通。《詩》：「文王烝哉。」毛傳「烝，君也」，《釋文》引《韓詩》云：「烝，美也。」「美」與「君」義亦近。凡臣子於君父，以美大之詞言之。故「皇」謂之大，亦謂之美，亦謂之君；「烝」謂之衆，亦謂之美，亦謂之君。凡有數義而皆通，斯《爾雅》諸文之例也。不明乎此，則窒矣。「林」亦盛大之詞，與「烝」同意。故《平都相蔣君碑》云：「於穆林烝。」以二字連文，其義與單文同也。

天與帝亦訓爲君者，天、帝俱尊大之極稱，故臣以目君焉。《易·説卦》云：「乾爲天，爲君。」《左氏·宣四年傳》云：「君，天也。」《鶡冠子·道端》篇云：「君者，天也。」是皆以「君」爲天之證。古者稱君，或言「昊天」，或言「天王」，或言「天子」，其名異，其實同也。《説文》云：「帝，諦也，王天下之號也。」《風俗通》引《書大傳》云：「帝者，任德設刑，以則象之。言其能行天道，舉錯審諦。」《謚法》篇云：「德象天地曰帝。」是「帝」本天之號，又爲王者之稱。故《詩》「上帝板板」，「上帝甚蹈」，毛傳皆以「上帝」爲王矣。

皇者，《説文》云：「大也。从自。自，始也。始皇者，三皇大君也。」《謚法》篇云：「静民則法曰皇。」《詩》：「有皇上帝。」毛傳：「皇，君也。」凡《詩》之「皇尸」「皇祖」，《士昏禮》之「皇舅」，《士虞禮·記》之「皇祖」，鄭皆以「皇」爲君也。

王者，《説文》云：「天下所歸往也。」《風俗通》引《書大傳》同。《謚法》篇云：「仁義所在曰王。」仁義所在，是即民所歸往也。「王」與「皇」同意。故《春秋繁露》云：「王者，皇也。」《書》「建用皇極」，《洪範五行傳》作「建用王極」。「皇」「王」其義同也。

后者，《説文》云：「繼體君也。」《周禮·量人》「營后宫」，《禮記·内則》「后王命冢宰」，鄭注竝云：「后，君也。」《釋文》引孫炎云：「后王，君王也。」

辟者，下文云：「法也。」此訓君者，君爲人所法也。人所法爲君，猶人所歸往爲王矣。《詩》内「辟」字，毛、鄭多訓爲君。《書》馬、鄭注義亦同也。

公、侯者，列國之君也。故《釋名》云：「公，君也。君，尊稱也。」《周禮·牛人》「掌公牛」，《巾車》「掌公車」，鄭注竝云：「公，猶官也。」《史記·孝文紀》索隱曰：「官，猶公也。」然則公亦爲官，官亦爲公，反覆相訓，義得兼通。「公」「官」又一聲之轉，故《廣雅》云：「官，君也。」是官亦稱君矣。侯者，《詩》云「洵直且侯」，「侯文王孫子」，「謹爾侯度」。毛、鄭竝云：「侯，君也。」《羔裘》釋文引《韓詩》云：「侯，美也。」又訓美者，與「烝」

同義。故「烝」「侯」，毛傳竝云「君」，《韓詩》竝云「美」。臣子於君父以美大之詞言之，亦其證也。公、侯皆有本義，《白虎通》言「公者，公正無私；侯者，候逆順」，皆其義。又訓君者，公、侯雖臣，於其國稱君也。然則伯、子、男亦列國之君，此不言者，舉尊以例卑。及卿大夫之有地者，亦得兼包焉。

弘、廓、宏、溥、介、純、夏、幠、厖、墳、嘏、丕、奕、洪、誕、戎、駿、假、京、碩、濯、訏、宇、穹、壬、路、淫、甫、景、廢、壯、冢、簡、菿〔一〕、昄、晊、將、業、席，大也。《詩》曰：「我受命溥將。」又曰「亂如此幠」，「爲下國駿厖」，「湯孫奏假」，「王公伊濯」，「訏謨定命」，「有壬有林」，「厥聲載路」，「既有淫威」，「廢爲殘賊」，「爾土宇昄章」，「緇衣之蓆兮」。廓落、宇宙、穹隆、至極，亦爲大也。「菿」義未聞。《尸子》曰：「此皆大，有十餘名而同一實。」

釋君之後，繼以大者，君亦大也。故《老子》云：「天大，地大，王亦大。」《說文》本之而云：「天大，地大，人亦大。」《尸子》本此而云：「天、帝、后、皇、辟、公，皆大也。」是皆君亦訓大之義。推此而言，林、烝亦有「大」意，公、侯亦兼「大」名，其義舉可見矣。

〔一〕 菿，《爾雅》宋刊十行本作「箌」。此條郭注同。

廓者，《方言》云：「張小使大謂之廓。」《一切經音義》九引孫炎云：「廓，張之大也。」《詩》云：「憎其式廓。」《文選·西京賦》云：「廓開九市。」毛傳及薛綜注竝云：「廓，大也。」《孟子》云：「知皆擴而充之。」趙岐注：「擴，廓也。」《釋名》云：「郭，廓也。廓落在城外也。」《公羊·文十五年傳》云：「恢郭也。」恢郭即恢廓。故《意林》引《風俗通》云：「郭，大也。」《詩·皇矣》釋文：「郭，本又作廓。」蓋《正義》本作「廓」，《釋文》本作「郭」，而音亦苦霍反。是「郭」「廓」通「擴」，義亦同矣。

宏者，《說文》云：「屋深響也。」《書》：「用宏茲賁。」《正義》引樊光曰：「《周禮》云：『其聲大而宏。』」《禮記·月令》「其器閎以奄」，《吕覽·孟冬紀》作「其器宏以弇」。《史記·司馬相如傳》云：「必將崇論閎議。」《漢書》「閎」作「竑」。《一切經音義》十七云：「宏，古文竤，同。」是「竤」「閎」俱與「宏」通。《逸周書·皇門》篇之「閎」，孔晁音「皇」；《詩·執競》篇之「喤」，徐邈又音「宏」。「宏」「皇」聲轉，皇亦大也，是音義又通矣。

溥者，經典與「普」通。《詩》「溥天之下」，《左氏·昭七年傳》及《孟子》竝作「普天之下」。《儀禮》鄭注：「普，大也。」是「普」「溥」通。又通「鋪」與「敷」。《詩》：「鋪敦淮濆。」《釋文》引《韓詩》「鋪」作「敷」，云：「大也。」《禮記·祭義》云：「溥之而橫乎四海。」

《釋文》：「溥，本亦作敷。」蓋「溥」「鋪」「敷」俱从甫聲，凡聲同者字亦通也。「溥」「旁」聲轉。《説文》云：「旁，溥也。」聲轉爲「旁薄」，又爲「旁魄」，又爲「彭魄」，又爲「旁勃」，又爲「盤礴」，竝以聲爲義矣。

介者，「夼」之叚借也。《説文》《方言》竝云：「夼，大也。」經典通作「介」。《逸周書·武順》篇云：「集固介德。」《離騷》云：「彼堯舜之耿介。」孔晁、王逸注竝云：「介，大也。」

純者，「奄」之叚借也。《説文》云：「奄，大也。讀若鶉。」經典通作「純」。《周語》云：「俾莫不任肅純恪。」《文選·魯靈光殿賦》云：「承蒼昊之純殷。」韋昭及張載注竝云：「純，大也。」又《方言》云：「純，好也。」《呂覽·士容》篇注：「純，美也。」《漢書》注：「純，善也。」純又訓善者，與「介」同意。故介訓善，又訓大；純訓大，又訓善也。好、美皆善矣。「純」通作「淳」。《鄭語》云：「黎爲高辛氏火正，以淳燿惇大。」韋昭注：「淳，大也。」是「淳」「純」通矣。

夏者，《方言》云：「大也。」《樂記》同。《説文》以「夏」爲中國之人，蓋有威儀備具之美。《周禮·染人》「秋染夏」及「夏采」，説者以「夏」爲五色之名。《爾雅》兼包二義，故訓爲大。《左傳》云：「能夏則大。」《書》云：「羽畎夏翟。」可知二義兼矣。

幠者，《説文》云：「覆也。」覆冒義亦爲大。故《方言》云：「幠，大也。」《詩》：「亂如此幠。」毛傳同。通作「膴」。《儀禮·公食大夫禮》及《周禮·腊人》鄭注竝云：「膴，大也。」「膴」義與「廡」同。韋昭《晉語》注云：「廡，豐也。」豐亦大也。《説文》云：「無，豐也。」引《商書》曰：「庶草繁無。」今《書》「無」作「廡」。是聲義又同矣。「幠」「荒」聲轉。《詩·天作》傳：「荒，大也。」凡聲同、聲近、聲轉之字，其義多存乎聲，皆此例也。

厖者，《説文》云：「石大也。」《方言》云：「深之大也。」「厖」「朦」聲近。故《方言》又云：「秦、晉之閒，凡大貌謂之朦，或謂之厖矣。」

墳者，《釋丘》云：「墳，大防。」《方言》云：「墳，地大也。青、幽之閒，凡土而高且大者謂之墳。」《詩》：「牂羊墳首。」《周禮》：「司烜共墳燭。」通作「賁」。《詩》：「賁鼓維鏞。」《書》：「用宏兹賁。」賁皆大也。又通作「頒」。《説文》云：「頒，大頭也。」引《詩》：「有頒其首。」《正義》據《釋詁》云：「頒與墳，字雖異，音義同。」此説是也。但古書多叚借，「頒首」之「頒」，則「頒」爲正體，「墳」乃叚借。《書》正義據樊光引《詩》作「有賁其首」，「賁」亦叚借矣。

椵者，《説文》云：「大遠也。」《郊特牲》云：「椵，長也，大也。」「長」「遠」與「大」義近，故《方言》云：「椵，大也。」通作「格」。《少牢饋食禮》云：「以椵于主人。」鄭注：「古文暇爲格。」《士冠禮》云：「孝友時格。」鄭注：「今文格爲暇。」又通作「假」。《詩》「鬷假無言」，《左氏·昭廿年傳》作「鬷暇無言」。《士冠禮》及《禮運》釋文竝云：「暇，本或作假。」蓋「暇」爲本字，「假」爲通借。「假」「格」古音相轉，故其字俱通矣。「假」古讀若「鼓」，「夏」古讀若「户」。故《鄉飲酒義》云：「夏之爲言假也。」皆以聲近爲義也。

丕者，《書》云「三苗丕敘」，《史記·夏紀》作「三苗大序」。《漢書·郊祀志》引《大誓》曰：「丕天之大律。」鄭注：「丕，大也。」張參《五經文字》云：「丕，石經作平，見《春秋傳》。」按：《左傳》「平鄭父」是也。《爾雅》本亦有作「平」者，故《釋文》云：「丕，字又作平。」通作「不」。戴氏震《毛鄭詩考正》云：「《書·立政》篇『丕丕基』，漢石經作『不不其』。凡《詩》中『不顯』『不承』『不時』『不寧』『不康』，皆當讀爲『丕』。」《詩》之「不顯不承」，即《書》之「丕顯」「丕承」也。

奕者，《詩》之「奕奕」，毛俱訓大。《文選·秋懷詩》注引《韓詩章句》云：「奕奕，盛貌。」「盛」「大」義亦近也。通作「亦」。《詩》「亦服爾耕」，「亦有高廩」，鄭箋竝云：「亦，大也。」「不顯亦世」，《後漢書·袁術傳》注及《魏書·禮志》作「不顯奕世」。是其字通矣。

洪者，水之大也。故《説文》云：「洪，洚水也。」「洚」與「洪」音義同。通作「鴻」。

《書》之「洪水」，《史記》俱作「鴻水」。《文選・四子講德論》云：「夫鴻均之世。」李善注：「鴻與洪古字通也。」

誕者，詞之大也。《詩》《書》誕皆訓大。「何誕之節兮」，毛傳：「誕，闊也。」闊亦大矣。

戎者，《詩・民勞》傳云：「大也。」《方言》云：「凡物盛多謂之寇。」盛多與「大」義亦近。是「寇」「戎」其義同。

駿者，《玉篇》云：「馬之美稱也。」「美」「大」義近。下文又云：「駿，長也。」「長」「大」義亦近。通作「峻」。《詩》「駿命不易」，「駿極于天」，《禮記・中庸》《大學》及《孔子閒居》竝引作「峻」。又通作「浚」。《書》：「夙夜浚明有家。」《釋文》引馬融注：「浚，大也。」《詩・噫嘻》釋文：「浚，本亦作駿。」又通作「俊」。《夏小正》云「時有俊風」，「初俊羔」，傳竝云：「俊者，大也。」《說文》云：「俊，才過千人也。」然則人之俊者爲大，馬之駿者亦爲大，山之峻者亦爲大，水之浚者亦爲大，字雖異而音義同矣。

京者，丘之大也。與「墳」同意。《釋丘》云：「絶高爲之京。」高亦大也。故《公羊・桓九年傳》云：「京者何？大也。」「京」「景」聲義同。故《白虎通》云：「景者，大也。」經典景俱訓大，而亦爲明。景从日，故訓明；从京聲，故又訓大矣。

碩者，《説文》云：「頭大也。」與「頒」同意。《小爾雅》云：「碩，遠也。」遠亦大也。通作「石」。《漢書·律曆志》云：「石者，大也。」《匈奴傳》云：「石畫之臣甚衆。」《文選·爲曹公作書與孫權》云：「明棄碩交。」李善注：「碩與石古字通。」

濯者，《方言》云：「大也。」《詩》「王公伊濯」，「濯征徐國」，毛傳竝云：「濯，大也。」「王公伊濯」，《釋文》引《韓詩》云：「濯，美也。」美亦大也。《説文》「美」从大，與「善」同意。故《詩·桑柔》箋云：「善，猶大也。」善訓大，知美亦訓大矣。

訏者，《詩》中「訏」字，毛傳竝訓爲大。通作「芋」。《方言》「訏」「芋」竝云：「大也。」郭注：「芋，猶訏也。」又云：「訏，亦作芋。」故《詩》云：「君子攸芋。」毛傳：「芋，大也。」又通作「盱」與「吁」。《詩·溱洧》釋文：「訏，《韓詩》作盱。」《斯干》釋文：「芋，或作吁。」《爾雅》釋文：「訏，本又作盱。」是皆以聲爲義也。凡从于之字，多訓大，于亦訓大。故《方言》云：「于，大也。」《檀弓》云：「于則于。」説者亦以爲廣大是矣。

宇者，亦从于，與「訏」同。《説文》云：「宇，屋邊也。」蓋屋檐四垂爲屋之四邊，天形象屋四垂，故曰「天宇」，亦曰「大宇」。《逸周書·寶典》篇云：「七寬弘。是謂寬宇。」《荀子·非十二子》篇云：「矞宇嵬瑣。」楊倞注：「宇，大也。」《莊子·齊物論》篇釋文引《尸子》云：「天地四方曰宇。」然則宇之爲大可知矣。

穹者，與「宇」同意。故穹隆、穹祟、穹蒼，其義皆謂天也。《漢書・司馬相如傳》云：「觸穹石。」張揖注：「穹石，大石也。」通作「空」。《詩》：「在彼空谷。」毛傳：「空，大也。」《文選》注引《韓詩》作「在彼穹谷」，薛君曰：「穹谷，深谷也。」然則「穹」蓋深之大矣。

壬者，《詩》：「有壬有林。」毛傳：「壬，大也。」通作「任」。「仲氏任只」，傳亦云：「任，大也。」《史記・律書》云：「壬之爲言任也。」是「任」「壬」聲義同。《説文》云：「壬，象人褢妊之形。」故訓爲大矣。

路者，《詩》「串夷載路」，「厥聲載路」，傳竝云：「路，大也。」經典凡言「路寢」「路車」「路馬」，義皆爲大，路本道路，可以通達，故謂之「大」。或借爲「輅」。《玉篇》云：「輅，大車。」《荀子・哀公問》篇注引舍人云：「輅，車之大也。」《後漢書・張湛傳》注引《曲禮》「式路馬」作「軾輅馬」，云：「輅，大也。」是「輅」「路」通矣。

淫者，浸淫，又久雨也。「浸」「久」有過度之意，故訓爲過，過有奓泰之意，故又爲大。《詩》：「既有淫威。」毛傳：「淫，大也。」《文選・七發》云：「血脈淫濯。」李善注：「淫濯，謂過度而且大也。」然則淫、濯俱訓大，本於《爾雅》也。

甫者，男子之美稱。「美」「大」義近，故又爲大。《詩》之「甫田」「甫草」及「魴鱮甫甫」，傅竝云：「大也。」《説文》云：「誧，大也。讀若逋。」《詩》「東有甫草」，《文選・東都賦》注引《韓詩》作「東有圃草」。薛君曰：「圃，博也，有博大茂草也。」《後漢書・班彪傳》注引薛君傳作「甫，博也」。「博」與「圃」「誧」俱从甫聲，故義皆爲大，而其字亦通矣。

廢者，「𡘋」之叚音也。《説文》云：「𡘋，大也。」《玉篇》作「㚕」，又作「𢎳」，同。通作「佛」。《詩》云：「佛時仔肩。」毛傳：「佛，大也。」孔穎達不知叚借之義，故云：「佛之爲大，其義未聞。」又通作「廢」。郭引《詩》：「廢爲殘賊。」《釋文》云：「廢，大也。」此王肅義。《列子・楊朱》篇云：「廢虐之主。」張湛注：「廢，大也。」《逸周書・官人》篇云：「華廢而誣。」是亦以「廢」爲大也。

壯者，與「奘」同，而聲近「將」，其義亦相通借。《禮記・射義》云：「幼壯孝弟。」鄭注：「壯，或爲將。」《詩》：「鮮我方將。」毛傳：「將，壯也。」是二字義同字通。《廣雅》云：「將，美也。」又云：「將，長也。」「長」「美」與「大」義亦近也。

冢者，與「墳」義同，與「京」義亦近。《説文》云：「冢，高墳也。」《方言》云：「冢，秦、晉之閒謂之墳。」《書》正義引舍人曰：「冢，封之大也。」蓋「冢」本封土爲名，而凡「大」亦皆稱「冢」。《書》之「友邦冢君」，冢亦大也。然則「大君」謂之「冢君」，「大宰」謂之「冢宰」，「大子」謂之「冢子」，「大祀」謂之「冢祀」，不但《詩》之「冢土」獨擅「冢」名矣。

簡者，疏節闊目之意，故亦爲大。《論語》：「可也簡。」孔安國注以「簡」爲大也。《淮南·説山》篇云：「周之簡圭，生於垢石。」高誘注：「簡圭，大圭也。」通作「閒」。《尚書大傳》云：「閒尾倍其身。」鄭注：「閒，大也。」又通作「閑」。《文選·魏都賦》注引薛君《韓詩章句》曰：「閑，大也，謂閑然大也。」又通作「蕑」。《詩·簡兮》釋文云：「簡，或作蕑。」是皆以聲爲義也。

菿者，《釋文》引《説文》云：「艸大也。」今《説文》本「菿」作「菣」，蓋形近誤衍「菣」字，而於「菿」下又妄加「艸木到」三字，竝誤矣。《玉篇》「菿」下引《韓詩》作「菿彼甫田」。《詩》釋文引作「箌」，从竹，亦非矣。《廣韵·四覺》「斲」紐下引《説文》「菿」从艸，與《爾雅》釋文合，今據以訂正焉。通作「倬」。《詩》「倬彼甫田」，《韓詩》作「菿」，云：「菿，卓也。」「卓」與「倬」同。《毛詩》作「倬」，《説文》云：「倬，箸大也。」引《詩》：「倬彼雲漢。」傳亦云：「倬，大也。」是「倬」「菿」音義同。

昄者，《説文》及《詩·卷阿》傳竝云：「昄，大也。」通作「反」。《詩》：「威儀反反。」《釋文》引《韓詩》作「昄昄」，云：「善貌。」「善」與「美」同意，「美」「大」義近。昄之爲言版也，與「業」同意。故《釋名》云：「板，昄也。昄昄，平廣也。」「廣」「大」義又近。是《韓詩》之「威儀昄昄」，本兼「善」「大」二義。故《玉篇》云：「昄，大也，善也。」

晊者，古本作「郅」。《史記・司馬相如傳》云：「爰周郅隆。」《索隱》引樊光云：「郅，可見之大也。」是樊本作「郅」。通作「晊」。《玉篇》云：「晊，之日切，大也，聲近臷。」《説文》云：「臷，大也。讀若《詩》『臷臷大猷』。」《玉篇》：「臷，雉慄切，與晊音同。」《釋文》：「晊，本又作至。」蓋郭本即作「至」，故云：「至極，亦爲大也。」至者，極也。極者，中也。屋之中極，至爲高大，故云：「至極亦大矣。」

業者，《説文》云：「大版也。」《詩》傳同。具[一]本《釋器》爲説也。「四牡業業」，毛云：「業業然壯也。」又云：「業業，言高大也。」高、壯亦皆爲大矣。

廗者，《説文》云：「廣多也。」廣、多亦皆爲大。故《詩・緇衣》傳：「廗，大也。」《釋文》引《韓詩》云：「廗，儲也。」儲積與廣大義亦近也。通作「席」。《漢書・賈誼傳》云：「非有仄室之埶以豫席之也。」應劭注：「席，大也。」郭引《尸子》曰：「此皆大，有十餘名而同一實。」邢疏引《尸子・廣澤》篇云：「天、帝、后、皇、辟、公、弘、廓、宏、溥、介、純、夏、幠、冢、晊、昄，皆大也。十有餘名而實一也。」今按：「大」字之訓，凡[二]三

[一] 具，楊胡本、《經解》本作「俱」。
[二] 凡，原誤「几」，據楊胡本、《經解》本改。

十有九名，《尸子》所稱才止十一。又天、帝、后、皇、辟、公亦俱訓大，與今本異。證知《爾雅》諸文，後人多有增益及竄改者。古書茫昧，千載無聲，編簡叢殘，遺文散落，夫孰從而辨之？

幠、厖，有也。二者又爲有也。《詩》曰：「遂幠大東。」

幠、厖既訓大，又訓有者，「有」「大」義近，故復爲有。有之爲言又也，亦言富也。《易·雜卦》云：「大有，衆也。」「有」與「大」皆豐厚之意，故其義相成矣。

幠者，覆也。覆者，撫而有之也。通作「撫」。《廣雅》云：「撫，有也。」《禮記·文王世子》云：「君王其終撫諸。」鄭注：「撫，猶有也。」《詩》：「則無膴仕。」毛傳：「膴，厚也。」「膴」「幠」「厚」「有」竝聲義近。《詩》「遂荒大東」，郭引作「遂幠大東」，「幠」「荒」聲轉也。

厖者，幪也。幪亦覆而有之也。《玉篇》云：「厖，有也，厚也。」《詩》：「爲下國駿厖。」毛傳：「厖，厚也。」《正義》引《釋詁》文。是「厚」「有」其義近。「厖」通作「蒙」。《荀子·榮辱》篇引《詩》：「爲下國駿蒙。」楊倞注：「蒙，讀爲厖，厚也。」是其字通之證。

迄、臻、極、到、赴、來、弔、艐、格、戾、懷、摧、詹，至也。齊、楚之會郊曰「懷」，宋曰「届」。《詩》曰：「先祖于摧。」又曰：「六日不詹。」「詹」「摧」皆楚語，《方言》云。

《説文》云：「至，鳥飛从高下至地也。从一。一猶地也。」《文選・長笛賦》注引《字林》曰：「至，到也。」《禮記》注：「至，來也。」《儀禮》及《國語》注竝云：「至，極也。」互相訓也。「至」通作「致」。《禮器》篇及《莊子・外物》篇釋文竝云：「致，本作至。」又通作「砥」。《聘禮・記》注：「今文至爲砥。」《詩・柏舟》傳：「之，至也。」《泮水》傳：「止，至也。」「止」「之」與「至」竝聲相轉也。

迄者，「訖」之叚音也。《説文》云：「訖，止也。」止亦至也。通作「迄」。《書》：「聲教訖于四海」，《漢書・蓺文志》「訖」作「迄」。《詩》「以迄于今」「迄用有成」「迄用康年」及《楚辭・天問》云：「吴獲迄古。」其義皆爲至也。又通作「汔」。《詩》「汔可小康」，《漢書・元帝紀》作「迄可小康」。

臻者，義詳下文「薦、摯，臻也」。

極者，《玉篇》云：「棟也，中也。又至也，盡也，遠也，高也。」按：「極」字凡有數義，皆緣棟而生。棟居屋之中，至爲高絶，故《爾雅》訓至。極又竟也，窮也，終也。「終」「窮」「竟」三義又緣「至」而生也。《魯語》云：「齊朝駕則夕極於魯國。」韋昭注：「極，至也。」《文選・東京賦》云：「是廓是極。」薛綜注：「極，致也。」致亦至也。《漢書・成帝紀》注：「極，止也。」《詩・鴇羽》箋：「極，已也。」已、止亦俱爲至矣。

赴者，《説文》云：「趨也。」《儀禮》注云：「赴，走告也。」走趨、相告義皆爲至。通作「訃」。《聘禮》《既夕・記》注竝云：「今文赴作訃。」聲又與「傅」近。《詩》：「亦傅于天。」鄭箋：「傅，至也。」《卷阿》箋：「傅，猶戾也。」戾亦至矣。

來者，《釋名》云：「來，哀也，使來入己哀之，故其言之低頭以招之也。」《詩・采薇》傳：「來，至也。」《吕覽・不侵》篇注：「來，猶致也。」通作「戾」。《公羊・隱五年傳》「登來之」，《禮記・大學》篇注引作「登戾之」。「戾」「來」聲同。故《詩》：「魯侯戾止。」毛傳：「戾，來也。」來亦爲戾，戾亦爲來，二字古音同之證也。下文又云：「戾，止也。」止亦至矣。

弔者，「䢲」之叚音也。《説文》云：「䢲，至也。」通作「弔」。《詩》「神之弔矣」，「不弔昊天」「不弔不祥」，傳、箋竝云：「弔，至也。」《書》云：「弔由靈。」《逸周書・祭公》篇云：「予維敬省不弔。」其義皆爲至也。《詩》「不弔昊天」，《書》「無敢不弔」，鄭箋及注竝云：「至，猶善也。」《考工記・弓人》云：「覆之而角至。」鄭注以「至」爲善。是「至」有「善」義，故「弔」兼「善」訓矣。

艐者，《説文》云：「船著不行也。」《方言》云：「艐，至也。」《史記·司馬相如傳》云：「蹋以艐路兮。」徐廣注本《爾雅》「艐，至也」；《漢書·張揖》注本《説文》「艐，著也」。「著」與「至」，義亦近。郭本孫炎以「艐」爲屆，注竟作「屆」，「屆」字誤也。郭注據《方言》「宋曰艐」，今誤作「屆」。證以《釋文》「艐，郭音屆。孫云『古屆字』」，可知孫、郭本竝非，改「艐」爲「屆」矣。《釋言》云：「屆，極也。」「極」「至」義同。張參《五經文字》以爲「艐，《爾雅》或作屆」，蓋自唐本已誤矣。

格者，「假」之叚音也。《説文》云：「假，至也。」通作「洛」。《方言》云：「洛，至也。」郭注：「洛，古格字。」《爾雅》釋文亦云：「格，字或作洛。」又通作「假」。《説文》引《虞書》曰「假于上下」，今《書》作「格于上下」。凡《書》之「來格」「格王」「格人」「格于皇天」之「格」，《史記》《漢書》俱作「假」。《儀禮》又通作「嘏」。《士冠禮》注：「今文格爲嘏。」又通作「恪」。《逸周書·小開武》篇云：「非時罔有恪言。」「恪」即古「格」字。格既訓至，《釋言》又云：「格，來也。」《小爾雅》又云：「格，止也。」止、來亦至矣。

懷者，下文云：「懷，止也。」《釋言》云：「懷，來也。」「來」「止」義俱爲至。《釋名》云：「懷，回也，本有去意，回來就已也。亦言歸也，來歸已也。」「歸」「回」義亦爲「至」矣。

摧者，《詩》：「先祖于摧。」《文選·東京賦》云：「五精帥而來摧。」毛傳及薛綜注竝云：「摧，至也。」摧近察，又近摵，「摵」讀若「蹙」。《尚書大傳》云：「察者，至也。」《方言》云：「摵，到也。」「摧」「察」「摵」竝一聲之轉也。

詹者，《方言》云：「至也。」《詩》「六日不詹」，「魯邦所詹」，毛俱訓至。《文選·思玄賦》云：「黄靈詹而訪命兮。」舊注：「詹，至也。」

如、適、之、嫁、徂、逝，往也。《方言》云：「自家而出謂之嫁，猶女出謂嫁。」

《釋名》云：「往，暀也，歸往於彼也。故其言之，卬頭以指遠也。」《説文》云：「徃，之也。」互相訓也。通作「迋」。《説文》云：「迋，往也。」案：古文「徃」作「㞷」。此「迋」即「㞷」字之省。故《左氏·襄廿八年傳》云「君使子展迋勞於東門之外」，《漢書·五行志》「迋」作「往」，是矣。

如者，《小爾雅》云：「如，適也。」亦互相訓也。《春秋經》凡〔一〕書「如晉」「如齊」「如盟」「如會」之類，皆以「如」爲往也。通作「于」。《詩》言「于歸」「于仕」「于狩」「于邁」之

〔一〕 凡，原誤「几」，據楊胡本、《經解》本改。

類，皆以爲往也。

適者，之也；之者，適也：亦互相訓，其義又皆爲往也。

嫁者，《説文》云：「女適人也。」《儀禮·喪服》注云：「凡女行於大夫以上〔一〕曰嫁，行於士庶人曰適人。」按：此亦對文耳。若散文則嫁亦爲適，適亦爲嫁。嫁、適俱訓爲往。故《方言》云：「嫁，往也。」《列子·天瑞》篇云：「子列子居鄭圃，將嫁於衛。」《趙策》云：「韓之所以内趙者，欲嫁其禍也。」是皆以「嫁」爲往也。

徂者，《説文》云：「退，往也。」或作「徂」。《方言》云：「徂，往也。」通作「且」。《詩》：「士曰既且。」《釋文》云：「且，音徂，往也。」又同「䢐」。《説文》云：「䢐，且往也。」《玉篇》作「𧻓」，同。是「𧻓」「且」俱「徂」之叚音矣。

逝者，之也，去也。通作「遰」。《説文》云：「遰，去也。」《夏小正》云：「遰鴻鴈。」《傳》云：「遰，往也。」《易·大有》釋文云：「晢，鄭本作遰，陸本作逝。」《史記·屈原賈生傳》云：「鳳漂漂其高遰兮。」《索隱》曰：「遰，音逝。」《漢書·賈誼傳》「遰」正作「逝」。是「逝」「遰」通。

〔一〕上，原誤「土」，據楊胡本、《經解》本改。

賚、貢、錫、畀、予、貺，賜也。皆賜與也。

《說文》云：「賜，予也。」《周禮·大府》云：「幣餘之賦，以待賜予。」此「賜」「予」連文。若單文，則賜亦爲予，予亦爲賜，賜、予互訓，其義俱通。賜之言施也，施亦賜也，予亦與也。

賚者，《說文》云：「賜也。」引《周書》曰：「賚爾秬鬯。」今《洛誥》作「予以秬鬯」。是賚爲賜，又爲予。故此云「賚，賜」，下云「賚，予」，「予」「賜」其義同也。「賚」通作「來」。《詩》：「賚我思成。」鄭箋：「賚，讀如往來之來。」《爾雅》釋文云：「賚，又力臺反。」此即「賚」讀爲「來」也。《少牢饋食禮》云：「來女孝孫。」鄭注：「來，讀曰釐。釐，賜也。」按：「釐」「來」古同聲，故「來」又通「釐」。《玉篇》引《蒼頡》曰：「釐，賜也。」《詩》：「釐爾圭瓚。」毛傳同。又通作「理」。《書》「予其大賚女」，《史記·殷紀》作「予其大理女」。《書序》云：「帝釐下土方。」《釋文》引馬融注：「釐，賜也，理也。」是「理」「釐」「來」竝音同字通。

貢者，「贛」之叚音也。《說文》云：「贛，賜也。」《淮南·要略》篇云：「一朝用三千鍾贛。」高誘注：「贛，賜也。」按：古人名字多依雅訓。孔子弟子名賜，字子贛，亦其證也。通作「貢」。今經典「贛」字，多借作「貢」矣。

畀者，予也。予亦畀也。竝見下文。

貺者，《詩》：「中心貺之。」毛傳及《儀禮》注竝云：「貺，賜也。」通作「況」。《魯語》云：「況使臣以大禮。」《晉語》云：「閒父之愛而嘉其況。」韋昭注竝云：「況，賜也。」《漢書・武帝紀》云：「遭天地況施。」《禮樂志》云：「寒暑不忒況皇章。」應劭及晉灼注竝云：「況，賜也。」《左氏僖十五年》釋文及《爾雅》釋文竝云：「貺，本作況。」按：「況」从兄聲，古止作「兄」。漢尹翁歸字子兄，兄即況也。故《詩・常棣》《出車》篇作「況」，而《桑柔》《召旻》篇作「兄」，傳、箋釋云「茲也」，「滋也」。滋、茲皆訓益，「益」與「賜」義近，故經典古作「兄」，通作「況」。今作「貺」，宜據《詩》之古文訂正焉。乃《常棣》釋文既云：「況，或作兄。」而又非之，蓋唐人陸德明已不知古音、古義，故妄加非議，今爲辨正於此。說又見《釋言》「矧，況」下。

儀、若、祥、淑、鮮、省、臧、嘉、令、類、綝、彀、攻、穀、介、徽，善也。《詩》曰：「儀刑文王。」《左傳》曰：「禁禦不若。」《詩》曰「永錫爾類」，「我車既攻」，「介人維藩」，「大姒嗣徽音」。「省」「綝」「彀」未詳其義，餘皆常語。

《說文》云：「譱，吉也。从羊。」與「義」「美」同意。《釋名》云：「善，演也，演盡物理也。」通作「繕」。《易略例》云：「善邇而遠至。」《釋文》：「善，又作繕。」《詩·鄭風》箋及《周禮》注竝云：「繕之言善也。」

儀者，「義」之叚借也。《周禮·肆師》注云：「故書儀爲義。」鄭衆注：「義，讀爲儀。」蓋古書「儀」作「義」。故《説文》云：「義，己之威儀也。」是「威儀」之「儀」，正作「義」，經典通借作「儀」耳。《詩》：「宣昭義問。」毛傳：「義，善也。」《禮·緇衣》云：「章義癉惡。」《釋文》引皇侃亦云：「義，善也。」是皆古書「儀」作「義」之證。餘皆作「儀」。《詩》「無非無儀」，「儀刑文王」及《逸周書·寶典》篇云「是謂四儀」，《王子晉》篇云「各得其所，是之謂儀」，儀皆訓善。《寶典》篇注誤作「儀，言也」，儀無訓言之理，蓋篆文「善」作「譱」，从言，缺脱其上，因爲言矣。

若者，《釋言》云：「順也。」順理爲善。故《逸周書·武順》篇云：「禮義順祥曰吉。」是其義也。《漢書·禮樂志》云：「神若宥之。」《韋玄成傳》：「欽若稽古。」《集注》竝云：「若，善也。」郭引《左傳》曰：「禁禦不若。」惠氏棟《左傳補注》引《東京賦》云：「『禁禦不若』，今《左傳》作『不逢不若』。此晉以後傳寫之譌，當從張衡、郭璞本作『禁禦不若』。」是矣。

祥者，《説文》云：「福也。一云善。」是「祥」兼「福」「善」二義。故《左氏·成十六年》正義引李巡曰：「祥，福之善也。」經傳「祥」俱訓善。《士虞禮·記》注：「祥，吉也。」吉亦善也。通作「詳」。《易》：「視履考祥。」《釋文》：「祥，本亦作詳。」「不詳也」，《釋文》又引鄭、王肅作「祥」。《逸周書·皇門》篇云：「作威不詳。」孔晁注：「詳，善也。」《左氏·成十六年傳》：「詳以事神。」《正義》曰：「詳者，祥也。古字同耳。」又通作「羊」。《說文》云：「羊，祥也。」蓋「美」「善」「義」「祥」之字，俱从羊，羊、祥俱訓善，二字既同義又同聲。故《考工記·車人》云「羊車」，鄭注：「羊，善也。」《左氏·昭十一年經》云「盟于祲祥」，《公羊》作「侵羊」，是其證。又《海内西經》「崑崙洋水」之「洋」，郭音「翔」，亦其例也。《爾雅》「洋、觀、裒、衆、那」，《釋文》云：「洋，音羊。」讀「羊」者，或爲「詳」非，蓋不知「羊」「詳」古同音，故以「羊」讀「詳」者爲非耳。

淑者，「俶」之叚音也。《說文》云：「俶，善也。」引《詩》：「令終有俶。」一曰始也。俶既訓始，又訓善者，始未有不善，終之爲難。故《詩》言「令終有俶」，以「俶」爲善，是必三家《詩》舊說，故許君依以爲釋。毛傳訓俶爲始，鄭箋訓俶爲厚，竝與舊說異也。「俶」通作「淑」。《詩》及《禮記》「淑」字，毛、鄭俱訓善。《聘禮》之「俶獻」，注：「古文俶作淑。」是皆「俶」之叚借爲「淑」也。《爾雅》此文亦借爲「淑」，於是俶善之訓，僅存於《說文》矣。

鮮者，「鱻」之叚音也。《説文》云：「鱻，新魚精也。」是「鱻」取生新爲義。凡鳥獸魚鼈之肉，皆新鱻者善，故訓善也。通作「鮮」。《方言》云：「鮮，好也。」好亦善也。《詩》「籧篨不鮮」，「鮮我方將」，「鮮我覯爾」，「度其鮮原」，鄭箋竝云：「鮮，善也。」《爾雅》釋文：「鮮，本或作尠。沈云：『古斯字。』郭《音義》云：『本或作尠。非古斯字。』案：《字書》『尠』先奚反，亦訓善。」按：陸引《字書》尠訓善，今無可攷。以意求之，「尠」與「斯」音義同，「斯」「鮮」古字通。故《詩》：「有兔斯首。」鄭箋讀「斯」爲「鮮」，而云：「鮮，齊、魯之閒聲近斯。」是「斯」「鮮」音轉字通。沈旋〔一〕以「尠」爲「斯」，而訓善，正得其義與其音。陸德明非之，謬矣。阮雲臺師曰：「《書》云：『惠鮮鰥寡。』又云：『知恤鮮哉。』《詩》云：『鮮民之生。』鮮皆斯字之叚借。僞孔傳訓鮮爲少，毛傳訓鮮爲寡，皆非也。」金鶚云：「『奚斯字子魚，斯亦鮮之叚借也。』『小山別大山，鮮』，『鮮』亦『斯』之叚借也。説見《釋山》下。

省者，察之善也。明察審視，故又訓善。《詩》云：「帝省其山。」《禮記·大傳》：「大夫、士有大事省於其君。」鄭箋及注竝云：「省，善也。」

〔一〕 旋，原誤「施」，據楊胡本、《經解》本改。

臧者，經典俱訓善。通作「藏」。「藏」，古作「臧」。故《易・繫辭》云：「藏諸用。」《釋文》：「藏，鄭作臧。」「知以藏往」，《釋文》：「藏，劉作臧。」竝云：「善也。」《詩》：「中心藏之。」鄭箋：「藏，善也。」是鄭本「藏」亦作「臧」。《莊子・應帝王》及《徐無鬼》篇釋文竝云：「藏，本作臧。」皆其證矣。又通作「戕」。《詩》曰：「予不戕。」《釋文》：「戕，王作臧。」孫毓評以鄭爲改字，是鄭易「臧」爲「戕」，今箋無此語，蓋脱去之。《説文》「臧，从戕聲」，故此二字可以通借。「臧」聲又近「將」。《廣雅》云：「將，美也。」「美」、「善」其義同。

嘉者，下文云：「美也。」美亦善。《漢書・郊祀志》云：「故神降之嘉生。」應劭注：「嘉，穀也。」穀亦善矣。

令者，靈之叚音也。《書》「弔由靈」及「丕靈承帝事」，「不克靈承于旅」，皆以「靈」爲善。《詩》：「靈雨既零。」鄭箋：「靈，善也。」省作「霝」。董逌《廣川書跋》載《叔䜌鼎銘》有「霝終」之文。《曼鼎銘》亦曰：「霝始霝終。」霝訓爲善，猶言善始善終也。通作「令」。《詩・既醉》箋：「令，善也。」又通作「泠」。《莊子・逍遥遊》篇云：「泠然善也。」是「泠」、「令」又同矣。

類者，法之善也。《方言》云：「類，法也。」「法」與「善」義近。《逸周書・芮良夫》篇云：「后作類。」《荀子·儒效》篇云：「其言有類。」孔晁及楊倞注竝云：「類，善也。」「類」與「戾」同。故《廣雅》云：「戾，善也。」又與「賴」同。《孟子》云：「富歲子弟多賴。」趙岐注：「賴，善也。」「賴」「戾」「類」竝一聲之轉也。

彀者，張弓之善也。射必至於彀，猶學必至於善，故「彀」有「善」義。「彀」「穀」古音同。《論語》云：「不至於穀。」孔安國注：「穀，善也。」《釋文》：「穀，公豆反。」則與「彀」同。《釋言》云：「穀，生也。」又云：「穀，禄也。」《廣雅》云：「禄，善也。」是展轉相訓，其義又同矣。

攻者，治之善也，又堅之善也。攻訓堅，又訓治，兼之爲善。《詩》：「工祝致告。」毛傳：「善其事曰工。」是「工」與「攻」聲義同。

介者，「价」之叚借也。《説文》云：「价，善也。」引《詩》：「价人維藩。」通作「介」。郭注及《漢書》注引《詩》「价人」，俱作「介」。「介」與「佳」同。《説文》及《廣雅》竝云：「佳，善也。」「佳」「介」又一聲之轉。

徽者，美也，善也。《書》之「慎徽」，馬融注：「徽，善也。」《詩》之「徽猷」、「徽音」，傳、箋竝云：「徽，美也。」「美」「善」義同。《禮器》云：「不麾蚤。」鄭注：「齊人所善曰麾。」是「麾」「徽」其義同。又近「禕」與「衛」。下文云：「禕，美也。衛，嘉也。」

舒、業、順，敍也。皆謂次敍。舒、業、順、敍，緒也。四者又爲端緒。

《説文》云：「敍，次弟也。」《書》：「惇敍九族。」鄭注：「敍，次序也。」「序」即「敍」字，經典「敍」皆通作「序」也。

舒者，《釋言》云：「緩也。」舒緩與次弟義近。舒之言徐也，「徐」與「敍」聲義同。故《詩》毛傳：「舒，徐也。」《常武》釋文：「舒，序也。一本作舒，徐也。」是「徐」「序」通。序即敍也。蓋陸德明本作「舒，序」，孔穎達本作「舒，徐」，陸據《爾雅》，其義爲長，《正義》乃據「舒，徐」之本，而以定本作「舒，序」爲非，謬矣。「舒」通作「荼」。《考工記·弓人》云：「斲目必荼。」鄭衆注云：「荼，讀爲舒。舒，徐也。」徐亦敍矣。

業者，大版，又篇卷也。版作鋸齒，捷業相承；篇有部居，後先相次，皆有「敍」義。《孟子》云：「有業屨。」趙岐注：「業，次業也。」蓋謂作之有次敍矣。

順者，《説文》云：「理也。」《釋名》云：「順，循也，循其理也。」通作「循」。《大射儀》云：「順左右隈。」鄭注：「今文順爲循。」又通作「訓」。《書》「于帝其訓」，《史記·宋世家》作「于帝其順」。《法言·問神》篇云：「事得其序之謂訓。」訓即順也。

緒者，與「敍」聲義同。《説文》云：「緒，絲耑也。」蓋有耑緒可以次敍，故敍又訓緒也。「緒」「敍」古通用。《莊子·山木》篇云：「食不敢先嘗，必取其緒。」《釋文》：「緒，次緒也。」次緒即次敘，是其字通矣。「舒」「業」「順」皆可以義求。下文云：「緒、業，事也。順、繹，陳也。」繹訓抽絲，與緒義相成。緒、業皆訓事，事有耑緒可陳敘，又與「敘」義合也。

怡、懌、悅、欣、衎、喜、愉、豫、愷、康、妉、般，樂也。皆見《詩》。悅、懌、愉、釋、賓、協，服也。皆謂喜而服從。

《釋名》云：「樂，樂也，使人好樂之也。」《一切經音義》二引《蒼頡篇》云：「樂，喜也。」喜、樂互相訓也。

怡者，「台」之叚音也。《說文》云：「台，說也。」《書》：「祇台德先。」鄭注：「敬悅天子之德既先。」《史記·自序》云：「虞舜不台。」《索隱》曰：「台，音怡，悅也。」又「諸呂不台」，徐廣注：「台，怡懌也。」通作「怡」。《說文》云：「怡，和也。」「和」「樂」義近，故《一切經音義》一引《爾雅》舊注曰：「怡，心之樂也。」《史記集解》徐廣引今文《尚書》作「舜讓于德不怡」，《索隱》引古文作「不嗣」，今文作「不怡」，「怡」與「夷」聲近。《釋言》云：「夷，悅也。」

懌者，《五帝紀》云：「舜讓於德不懌。」《詩》：「辭之懌矣。」《禮記·文王世子》云：

「其成也懌。」鄭注：「懌，悦懌。」《一切經音義》一引《爾雅》舊注曰：「懌，意解之樂也。」通作「繹」。《詩》：「庶幾説懌。」《釋文》：「懌，本又作繹，辭之懌矣。」《説苑·善説》篇作「辭之繹矣」。

悦者，古作「説」。《説文》「説釋」即悦懌也。經典「悦」「説」通用。故《顔氏家訓·書證》篇云：「以説爲悦。」通作「兑」。《文王世子》《樂記》《緇衣》鄭注竝云：「兑，當爲説。」《書·説命》釋文：「説，本亦作兑。」是「兑」「説」通。《易·説卦》云：「兑，説也。」蓋「兑」从㕣聲，與「説」相轉，此古音也，故古通用矣。

欣者，《説文》云：「笑喜也。」喜亦樂也。通作「訢」。《説文》云：「訢，喜也。」《樂記》云：「天地訢合。」鄭注：「訢，讀爲憙。」《釋文》：「訢，一讀依字，音欣。」是也。又通作「忻」。《史記·周紀》云：「姜原見巨人跡，心忻然説，欲踐之。」《爾雅·釋獸》釋文：「欣，本或作忻。」

衎者，《説文》云：「衎，喜皃。」《廣雅》云：「衎衎，和也。」「和」「樂」義近。通作「侃」。《論語》云：「侃侃如也。」孔安國注：「侃侃，和樂貌也。」

喜者，通作「憙」。《説文》云：「憙，説也。」《史記》《漢書》「喜」多作「憙」。《地理志》「聞喜」，《劉寬碑陰》作「聞憙」。又通作「僖」。《説文》云：「僖，樂也。」又通作「熙」。

《書》「庶績咸熙」，《文選・劇秦美新》作「庶績咸喜」。李善注：「喜與熙古字通。」又通作「嬰」。《説文》云：「嬰，説樂也。」

愉者，通作「媮」。《詩》「他人是愉」，《地理志》作「它人是媮」。《文選・諷諫詩》云：「我王以媮。」李善注：「媮，與愉同，樂也。」又通作「俞」。《聘禮・記》「愉愉」，《釋文》作「俞俞」。《廣雅》云：「喻喻，喜也。」《莊子・天道》篇釋文引作「俞俞，喜也」。聲近「娛」。《説文》云：「娛，樂也。」又近「虞」。《白虎通》云：「虞者，樂也。」

豫者，《一切經音義》十三引《蒼頡篇》云：「豫，佚也。」佚亦樂也。《易・雜卦》云：「豫，怠也。」《釋文》引虞翻作「豫，怡也」。通作「預」。《玉篇》云：「豫，或作預。」又通作「與」。《一切經音義》十九云：「豫，古文作與。」《儀禮》注云：「古文與作豫。」又通作「譽」。《吕覽・孝行》篇云：「天下譽。」高誘注：「譽，樂也。」

愷者，《説文》兩見。《豈部》云：「愷，康也。」《心部》云：「愷，樂也。」通作「凱」。《禮記》：「凱弟君子。」鄭注及《文選・吴都賦》注竝云：「凱，樂也。」又通作「豈」。《詩》「孔燕豈弟」，「豈樂飲酒」，傳、箋竝云：「豈，樂也。」《釋文》俱云：「豈，本亦作愷。」《孔子閒居》及《表記》釋文：「凱，本亦作愷，又作豈。」

康者，《逸周書・謚法》篇云：「康，安也。」「安」「樂」義相成。故又云：「豐年好樂曰康，安樂撫民曰康，令民安樂曰康。」通作「慷」。《文選·琴賦》云：「心慷慨以忘歸。」李善注引《爾雅》作「愷慷，樂也」。案：「慷」，《説文》作「忼」，云：「忼，慨也。」《文選注》引《爾雅》借作「愷慷」。然則「慷慨」倒轉即「愷康」矣。

妉者，《説文》作「媅」，云：「樂也。」通作「妉」。《華嚴經音義》上云：「《聲類》媅作妉。」《一切經音義》四云：「媅，古文妉，同。」又通作「湛」。《方言》云：「湛，安也。」安亦樂也。《詩》「子孫其湛」，「和樂且湛」，傳、箋竝云：「樂也。」《常棣》釋文引《韓詩》云：「湛，樂之甚也。」又通作「耽」。《一切經音義》二引《國語》注云：「耽，嗜也。」嗜亦樂。《詩》：「無與士耽。」《中庸》引《詩》：「和樂且耽。」毛、鄭竝云：「耽，樂也。」《鹿鳴》《常棣》釋文竝云：「湛，又作耽。」蓋「耽」「湛」「陸」俱都南反，「湛」亦音「沈」，「沈」亦音「耽」，竝古音通轉。故《史記·陳涉世家》云：「夥頤，涉之爲王沈沈者。」《文選·西京賦》及《魏都賦》竝作「耽耽」。李善注：「沈，與耽音義同。」《詩》「荒湛于酒」，《漢書·五行志》作「荒沈于酒」。皆其證也。

般者，「昪」之叚音也。《説文》云：「昪，喜樂皃。」省作「弁」。《詩·小弁》傳：「弁，樂也。」通作「般」。《詩·般》箋：「般，樂也。」又通作「槃」。《考槃》傳：「槃，樂也。」又作「盤」。《書》：「文王不敢盤于游田。」《文選·東都賦》及《鵾鷄賦》注竝引《爾雅》作

「盤，樂也」。

悦、懌、愉既訓樂，又訓服者，服之言伏也。喜樂之至，轉爲屈伏，義相成也。下文云：「服，事也。」通作「伏事」。故《文選·吴王郎中時從梁陳詩》云：「誰謂伏事淺。」李善注：「服，與伏同，古字通。」是其證矣。

悦訓服者，《孟子》所謂「中心悦而誠服」是也。《詩》：「我心則説。」毛傳：「説，服也。」

懌者〔一〕，《詩》云：「既夷既懌。」毛傳：「懌，服也。」

愉之爲言輸也，又言諭也。輸寫其誠，諭其志意，皆爲屈伏之至，故愉訓服矣。

釋者，《説文》云：「解也。」解散與輸寫義近。釋訓服者，梅《書·大禹謨》及《左氏·襄廿一年傳》竝云：「釋兹在兹。」釋宜訓服，與「念兹」義近。僞孔訓釋爲廢，杜預訓釋爲除，竝非也。且「念兹」「釋兹」與「名言」「允出」，文俱匹對，義分淺深，何故「釋兹」獨訓廢、除？文義俱舛。證知「釋，服」之訓，當從《爾雅》矣。

賓者，「嬪」之叚音也。《説文》云：「嬪，服也。」《釋親》云：「嬪，婦也。」婦亦服。故

〔一〕者，原誤「則」，楊胡本、《經解》本同，據疏文上下文意改。

《説文》云：「婦，服也。」通作「賓」。《周禮·太宰》注云：「嬪，故書作賓。」《説文》云：「賓，所敬也。」「敬」「服」義亦相成。故《易集解》虞翻注引《詩》曰：「莫敢不來賓。」賓即訓服。《楚語》云：「其不賓也久矣。」韋昭注：「賓，服也。」《史記·司馬相如傳》：「故遣中郎將往賓之。」《索隱》引賈逵云：「賓，伏也。」伏亦服也。《樂記》：「諸侯賓服。」注：「賓，協也。」協亦服矣。

協者，下文云：「和也。」「和」「説」義近，故亦訓服。

遹、遵、率、循、由、從，自也。自猶從也。遹、遵、率，循也。三者又爲循行。

《説文》云：「自，始也。」又云：「鼻也。」鼻亦始也。人生從鼻始，百體由之，故借爲自此至彼之義。自訓從也，由也，率也。從亦爲由，由亦爲率，率亦爲自，展轉相訓，其義俱通也。

遹者，《釋言》云：「述也。」「述」與「率」「循」義近，故皆訓自。《釋文》引孫炎云：「遹，古述字，讀聿，亦音橘。」按：「遹」有三音。音「橘」者，今未聞。「橘」「遹」竝从矞聲，或古音讀同也。讀「聿」者，「聿」「遹」古通用。《詩》「遹追來孝」，《禮記·禮器》作「聿追來孝」。又「聿來胥宇」，鄭箋：「聿，自也。」《正義》以爲《釋詁》文。是「聿」「遹」

通。又通作「吹」。《詩》「遹求厥寧」，《説文》引作「吹求厥寧」。「吹」从曰聲，「吹」又通「曰」，「曰」又通「聿」。故《詩》之「見晛曰消」，《釋文》引《韓詩》、劉向作「聿消」，是其證矣。孫炎以爲「古述字」者，蓋「遹」有「述」音。《匡謬正俗》引逸《禮記》曰：「知天文者冠鷸。」鷸字音聿，亦有術音。故《禮》之《衣服圖》及蔡邕《獨斷》謂爲『術氏冠』，亦因鷸音轉爲術字耳，非道術之謂也。」據顔此説，證以「鷸」「遹」俱从矞聲，可知「遹」之音爲「述」，亦猶「鷸」之音爲「術」也。「遹」音爲「述」，其訓亦述。故《詩》：「遹駿有聲。」鄭箋：「遹，述也。」「遹」音爲「聿」，聿亦訓述。故《詩》：「聿修厥德。」毛傳：「聿，述也。」

率者，「𨔼」之叚音也。《説文》：「𨔼，先道也。」通作「𧗿」。《玉篇》：「𧗿，循也，導也。」又通作「率」。《左氏・宣十二年傳》：「今鄭不率。」杜預注：「率，遵也。」「率」有「律」音。《釋言》：「律，述也。」《廣雅》：「率，述也。」是「率」「律」音義同。「率」之音爲「律」，亦猶「遹」之音爲「聿」也；率之訓爲述，亦猶遹之訓爲述也。《方言》「龜、律，始也」，《廣雅》作「龜、萃，始也」。「萃」「律」「率」俱字異音義同。然則率訓始，又訓自者，自亦始也，始亦自也，其義又通矣。

由者，《易》「由豫」「由頤」，虞翻注竝云：「由，自從也。」由又用也，行也。「行」「用」與「自」義亦近。

遹、遵、率三者，又俱爲循。循者，《説文》云：「行順也。」通作「順」。《詩・江漢》箋：「循流而下。」《釋文》：「循流，本亦作順流。」又通作「修」。《易・繫辭》云：「損德之修也。」《釋文》：「修，馬作循。」《莊子・大宗師》篇云：「以德爲循。」《釋文》：「循，本亦作修。」「修」「循」一聲之轉也。

遹者，通作「述」。《説文》云：「述，循也。」《詩》：「報我不述。」毛傳同。《漢書・蓺文志》注及《後漢書・曹褒傳》注竝云：「述，修也。」又通作「聿」。《後漢書・傅毅傳》注：「聿，循也。」

遵者，《説文》及《謚法》竝云：「遵，循也。」《詩》：「遵養時晦。」傳：「遵，率也。」率亦循也。

率者，《詩》《禮》内「率」訓循者非一。《書》：「罔不率俾。」鄭注：「率，循也。」率又行也，用也。《詩》：「帝命率育。」傳：「率，用也。」「用」「行」義亦爲「循」。《易・繫辭》云：「初率其辭。」《集解》引侯果曰：「率，循也。」「率」又音「律」，律訓爲述，述亦循矣。「率」通作「帥」。《詩》「率時農夫」，《文選・東都賦》注引《韓詩》作「帥時農夫」。《周禮》注：「故書帥爲率。」《儀禮》注：「古文帥爲率。」《禮記》注：「帥，循也。」《漢書・循吏傳》注：「帥，遵也。」遵亦循矣。然則由、從二字，亦當訓循。此不言者，可以意求之。

由亦從也，從亦順也，順即循也，其義又通矣。

靖、惟、漠、圖、詢、度、咨、諏、究、如、慮、謨、猷、肇、基、訪，謀也。《國語》曰「詢于八虞，咨于二虢，度于閎夭〔一〕，謀于南宮，諏于蔡、原，訪于辛、尹」，通謂謀議耳。「如」「肇」，所未詳，餘皆見《詩》。

《釋言》云：「謀，心也。」郭注：「謀慮以心。」《説文》云：「慮難曰謀。」按：「難」讀「難易」之「難」。故《詩》毛傳云：「咨事之難易爲謀。」蓋本《左傳》之文，而申釋其義也。謀本在心而从言者，凡事謀之於心，宣之於口。故《周禮·大卜》「四曰謀」，鄭衆注：「謀，謂謀議也。」蓋亦以計議爲謀也。通作「謨」。「謨」「謀」聲相轉也。

靖者，《方言》云：「思也。」靖思與謀心義近。下文又云：「靖，治也。」《説文》云：「靖，細皃。」精細、理治與謀義又近也。《詩》「靖共爾位」，「俾予靖之」，「實靖夷我邦」，「日靖四方」，毛、鄭竝云：「靖，謀也。」通作「静」。《書》「静言庸違」，《漢書·王尊傳》作「靖言庸違」。《管子·侈靡》篇云：「曲静之言不可以爲道。」尹知章注：「静，謀也。」

〔一〕夭，原誤「大」，據《爾雅》宋刊十行本、楊胡本、《經解》本改。

惟者，下文云：「思也。」《魯語》注云：「陳也。」思慮、陳敘竝與謀議義近。通作「維」。維訓度也，念也。念亦思也，度亦謀也。

漠者，「莫」之叚音也。《詩》：「聖人莫之。」毛傳：「莫，謀也。」莫訓謀者，莫本訓無，「無」古讀若「謨」，謨亦謀也。通作「漠」。《釋文》：「漠，孫音莫。舍人云：『心之謀也。』」《詩·巧言》釋文：「莫，又作漠，一本作謨。」《抑》釋文：「謨，本亦作漠。」是「漠」「謨」互通，「莫」之與「漠」又音同字通。《爾雅》多叚借，《毛詩》本古文，此則《爾雅》之「漠」，當依《毛詩》作「莫」矣。

圖者，畫之謀也。《説文》云：「圖，計畫難也。」《詩》「是究是圖」，「我儀圖之」，其義皆爲謀也。

詢、度、咨、諏四者，竝見《詩·皇皇者華》及《魯語》。毛傳俱本《左·襄四年傳》而爲説。

詢者，毛傳云：「親戚之謀爲詢。」《書》「詢于四岳」，《史記·五帝紀》作「謀于四嶽」。

度者，毛傳云：「咨禮義所宜爲度。」《詩》：「度其鮮原。」《禮·坊記》：「度是鎬京。」箋、注竝云：「度，謀也。」

咨者，毛傳云：「訪問於善爲咨。」《説文》：「謀事曰咨。」《詩》：「來咨來茹。」《周語》云：「而咨於故實。」《晉語》云：「而咨於二虢。」其義皆訓爲謀也。通作「諮」。「周爰咨諏」，《釋文》：「咨，本亦作諮。」《文選·魏都賦》注引《爾雅》亦作「諮謀」。按：「諮」从言，後人所加。《淮南·修務》篇云：「周爰諮謨。」亦作「諮」者，蓋後人追改也。

諏者，《説文》云：「聚謀也。」毛傳：「咨事爲諏。」《魯語》作「咨才爲諏」。韋昭注：「才，當爲事。」是也。通作「詛」。《特牲饋食禮》注：「今文諏皆爲詛。」

究者，《釋言》云：「窮也。」窮盡事理，與「謀」義近。《古微書》引《孝經援神契》云：「究者，以明審爲義。」然則明審與謀畫之義又近也。《詩》「不舒究之」，「爰究爰度」，傳、箋竝云：「究，謀也。」

如者，與「茹」同。《釋言》云：「茹，度也。」度亦謀也，茹亦如也，「如」與「猷」同意。故猷訓爲謀，亦訓爲若；如訓爲謀，亦訓爲若。「猷」通作「猶」，「如」通作「茹」，其意正同矣。

謨者，《説文》云：「議謀也。」《書》「謨明弼諧」，《史記·夏紀》作「謀明輔和」。《詩》：「訏謨定命。」毛傳：「謨，謀也。」通作「謀」，又通作「漠」，竝已見上。

猷者，《釋言》云：「圖也。」圖亦爲謀。通作「猶」。《詩》：「王猶允塞。」毛傳：「猶，謀也。」又通作「由」。《易》「由豫」，《釋文》引馬作「猶」，云：「猶豫，疑也。」然則猶豫、狐疑與「謀」義又近也。

肇者，《釋言》云：「敏也。」敏之謀也。《詩》：「肇敏戎公。」傳：「肇，謀也。」「謀」「敏」古音相近。故《中庸》云：「人道敏政。」鄭注：「敏，或爲謀。」是其證也。

基者，《釋言》云：「經也，設也。」經營、設造與「謀」義亦近。《書》：「周公初基。」《正義》引鄭注：「基，謀也。」《孔子閒居》：「夙夜基命宥密。」鄭注亦云：「基，謀也。」通作「諆」。《玉篇》《廣韵》竝云：「諆，謀也。」又別作「諅」。《爾雅》釋文：「基，本或作諅。」蓋「基」爲本字，「諆」爲叚音，「諅」爲或體耳。

訪者，《說文》：「汎謀曰訪。」借作「邡」。《穀梁·昭廿五年傳》：「邡公也。」范甯注：「邡，當爲訪。訪，謀也。」

典、彝、法、則、刑、範、矩、庸、恒、律、戛、職、秩，常也。庸、戛、職、秩義見《詩》《書》。餘皆謂常法耳。柯、憲、刑、範、辟、律、矩、則，法也。《詩》曰：「伐柯伐柯，其則不遠。」《論語》曰：「不踰矩。」

「常」，《說文》以爲「裳」本字，經典借爲「久長」字。蓋尋、常俱度長之名，因訓爲長。

故《方言》云：「凡物長謂之尋。」是尋亦訓長。「常」與「長」音義同。故《詩・文王》箋：「長，猶常也。」通作「嘗」。《閟宮》箋：「常，或作嘗。」《禮記・少儀》：「馬不常秣。」《釋文》：「常，本亦作嘗。」「常」，本古「裳」字，又通作「商」。《說苑・修文》篇云：「商者，常也。」《韓策》云：「西有宜陽、常阪之塞。」《史記・蘇秦傳》「常」作「商」。《淮南・繆稱》篇云：「老子學商容。」《說苑・敬慎》篇作「常樅」。皆其證矣。

典者，《釋言》云：「經也。」經即常。故《謚法》云：「典，常也。」《大宰》注云：「典，常也，經也，法也。」賈公彥疏引孫炎曰：「典，禮之常也。」

彝者，《說文》云：「宗廟常器也。」《書》「彝倫攸斁」，《史記・宋世家》作「常倫所斁」。「我不知其彝倫攸敘」，作「我不知其常倫所敘」。通作「夷」。《詩》「串夷載路」，「靡有夷屆」，毛傳竝云：「夷，常也。」「民之秉彝」，《孟子》作「民之秉夷」。《書》「是彝是訓」，《宋世家》作「是夷是訓」。《明堂位》云：「夏后氏以雞夷。」即雞彝也。

法、則者，俱一定而不可變，是有常意，故訓常也。《管子・正》篇云：「當故不改曰法。」《七法》篇云：「而未嘗變也謂之則。」是皆法、則訓常之義也。

「刑」「範」「矩」與「法」「則」同意，說皆見下。

庸者，用之常也。《說文》「庸」，「从用，从庚」，而訓用，更迭用事亦有常義。故《中庸》注：「庸，常也。用中爲常道也。」通作「甬」。《廣雅》云：「甬，常也。」

恒者，心之常也。《説文》云：「恒，从心，从舟，在二之閒，上下一心，以舟施恒也。」《易・雜卦》云：「恒，久也。」《繫辭》云：「恒德之固也。」「固」與「久」，其義皆爲常也。

律者，與「法」「則」同意，故同訓，説亦見下。

戛者，《書》：「不率大戛。」《正義》曰：「戛，猶楷也。」言爲楷模之常，故戛爲常也。按：「戛」「楷」一聲之轉，其義相近。又戛之言槩也，槩所以爲平也。「平」「常」義亦相近。《文選・海賦》注云：「戛，猶槩也。」「槩」「戛」亦一聲之轉。《釋言》又云：「戛，禮也。」禮曰「天秩」，秩曰「天常」，亦其義也。《釋文》：「戛，居黠反。郭苦八反。」《説文》「戛」，讀若「棘」，云：「戟也。」按：戟於兵器最長，故曰「長戟」。長猶常也，其義亦通矣。

職者，下文云：「主也。」「主」有「常」義。

秩者，《説文》云：「積也。」「積」與「常」義亦近。

既云「常」，又云「法」者，法必有常，有常可以爲法也。《説文》作「灋」，省作「法」，云：「荆也。」《釋名》云：「法，逼也，人莫不欲從其志，逼正使有所限也。」《管子・禁藏》篇云：「法者，天下之儀也。」蓋儀訓表，又訓法矣。

柯者，斧柄也。又訓法者，《詩》：「伐柯伐柯，其則不遠。」則即法也。故《考工記·車人》云：「半矩謂之宣，一宣有半謂之欘，一欘有半謂之柯，一柯有半謂之磬折。」鄭注：「伐木之柯，柄長三尺。」鄭衆注引《蒼頡篇》有「柯欘」。是柯與矩皆法之所從出，因亦訓法矣。「柯」與「括」同。《廣雅》云：「括，灋也。」《法言·脩身》篇云：「其爲外也肅括。」李軌注：「括，法也。」「括」「柯」又一聲之轉。

憲者，《釋訓》云：「憲憲、泄泄，制法則也。」《詩·崧高》箋及《小司寇》注竝云：「憲，表也。」蓋標、表亦所以爲法矣。

㓝者，「型」之叚音也。《說文》：「型，鑄器之灋也。」經典俱借作「刑」。「刑」當作「㓝」。《說文》：「㓝，罰辠也。从刀，从井。」引《易》曰：「井，法也。」《一切經音義》廿引《易》曰：「『㓝，法也。』井爲刑法也。」此即《說文》所引。又引《春秋元命包》曰：「㓝字從刀從井。井以飲人，人入井争水，陷於泉，以刀守之。割其情欲，人畏慎以全命也。」通作「刑」。《詩》：「刑于寡妻。」《釋文》引《韓詩》云：「刑，正也。」正亦法也。古文「法」作「㳒」，从古文「正」字。法所以正人，故《周禮》注：「刑，正人之法。」皆本古文爲說也。《楊信碑》云：「追念義㓝。」《平都相蔣君碑》云：「秉□□之芳㓝。」皆以「㓝」爲「型」也。又通作「形」。《易·鼎》云：「其㓝渥。」《集解》：「今本㓝作形。」《高彪碑》云：「形不妄濫。」亦以「形」爲「刑」也。

範者，「笵」之叚音也。《説文》云：「笵，法也。从竹，竹，簡書也。古法有竹刑。」通作「範」。《一切經音義》二引《通俗文》云：「規模曰範。」《易》：「範圍天地之化。」鄭注：「範，法也。」又通作「范」。《禮運》云：「范金合土。」鄭注：「范，鑄作器用。」《荀子·彊國》篇云：「刑范正。」楊倞注：「范，法也。刑范，鑄劒規模之器也。」《爾雅》釋文：「範，字或作范。」不知「范」「範」皆叚借耳。

辟者，《説文》云：「法也。」《詩》「辟言不信」，「無自立辟」，「辟爾爲德」及《尚書大傳》「犧牲中辟」，毛、鄭竝云：「辟，法也。」《方言》云：「南楚凡罵庸賤謂之田儓，或謂之辟。辟，商人醜稱也。」按：「辟」與「庸」同意。故庸爲凡常之稱，辟亦凡庸之名。庸既訓常，知辟亦當訓常；辟既訓法，知庸亦當訓法。推之，典既訓常，亦當訓法。《爾雅》於「典」「庸」不言「法」，於「辟」不言「常」，實則其義互相通也。「辟」通作「㣇」。《書》「我之弗辟」，《説文》引作「我之不㣇」，云：「㣇，治也。」「治」與「法」義亦相成矣。

律者，《釋言》云：「銓也。」《漢書·律曆志》云：「律，法也。莫不取法焉。」通作「類」。《方言》云：「類，法也。」《樂記》云「律小大之稱」，《史記·樂書》作「類小大之稱」。《釋名》云：「律，累也，累人心使不得放肆也。」是「累」「類」「律」竝聲轉義同矣。

矩者，《説文》作「巨」，或作「榘」，經典相承省作「矩」，閒有作「榘」與「巨」者。《大學》注云：「矩，或作巨。」《離騷》云：「求榘矱之所同。」《淮南·氾論》篇亦作「榘」。餘皆作「矩」。《弟子職》云：「居句如矩。」尹知章注：「矩，法也。」通作「距」。《考工記·輪人》注：「故書矩爲距。鄭司農云：『當作矩，謂規矩也。』」又通作「萬」。《輪人》注：「故書萬作禹。鄭司農云：『讀爲萬。書或作矩。』」然則「矩」「萬」「距」竝以聲爲義也。

辜、辟、戾，辠也。皆刑罪。

「辠」，古「罪」字。《説文》云：「辠，犯法也。」《墨子·經上》篇云：「罪，犯禁也。」按：犯禁爲罪，加之刑罰亦爲罪。故《吕覽·仲秋》篇云：「行罪無疑。」高誘注：「罪，罰也。」

辜者，《一切經音義》二引《爾雅》舊注云：「辜，禮義之罪也。」按：舊注非是。《書·微子》云：「凡有辜罪。」此「辜」必非禮義之罪。故《詩》「民之無辜」，「何辜今之人」，鄭箋竝云：「辜，罪也。」是「罪」「辜」通名耳。《莊子·則陽》篇云：「至齊見辜人焉。」辜人即罪人也。通作「故」。《史記·屈原賈生傳》云：「亦夫子之辜也。」《索隱》曰：「辜，《漢書》作故。」「故」「辜」以聲爲義也。

辟者，法也。又訓罪者，出乎法即入乎罪。治其罪者，亦罪也。故《説文》云「辟」，「从辛，節制其辠也」。《禮·王制》云：「司寇正刑明辟。」謂正法明治其罪也。

戾者，曲也，乖也，貪也，暴也，皆與「罪」名相近，故爲罪也。《詩》：「亦維斯戾。」《逸周書·大匡》篇云：「刑罪之戾。」戾皆訓罪，「罪」「戾」亦通名耳。《一切經音義》二引《漢書》云：「有其功，無其意曰戾；有其功，有其意曰罪戾。」是戾與罪異，亦非也。《左傳》云：「赦其不閑於教訓，而免於罪戾。」「罪」「戾」一耳。

黄髮、齯齒、鮐背、耇、老，壽也。黄髮，髮落更生黄者。齯齒，齒墮更生細者。鮐背，背皮如鮐魚。耇，猶耆也。皆壽考之通稱。

《説文》云：「耇，久也。」隸變作「壽」。故《釋文》云：「耇，本又作壽。」《春秋繁露》云：「壽之爲言猶讎也。」通作「讎」。《左氏·文十三年傳》云「魏壽餘」，《史記·秦紀》作「魏讎餘」。又通作「疇」。《書·酒誥》云：「若疇圻父。」《詩·祈父》正義引鄭注：「順壽萬民之圻父。」《釋文》：「壽，古疇字，本又作壽。馬、鄭音受。」按：「疇」無「受」音，馬、鄭本蓋作「壽」，而音「受」也。《匡謬正俗》云「年壽之字，北人讀作受音，南人則作授音」，證知馬、鄭本「若疇」作「若壽」，而音「受」。馬、鄭即北人也。

黄髮者，《詩・南山有臺》及《行葦》正義引舍人曰：「黄髮，老人髮白復黄也。」孫炎曰：「黄髮，髮落更生者。」郭注本孫炎。以今驗之，耋老耆人，秀眉宣髮，未蒙更生，而華顛皓首，芸然變黄，誠有如舍人所云者矣。

齯齒者，《釋名》云：「齯齒，大齒落盡，更生細者，如小兒齒也。」通作「兒」。《詩》：「黄髮兒齒。」鄭箋：「兒齒亦壽徵。」《爾雅》釋文：「兒，本今皆作齯，五兮反，一音如字。」是陸本與《詩》同作「兒」。兒者，「齯」之叚借也。

鮐背者，《説文》云：「鮐，海魚也。」《釋名》云：「九十曰鮐背，背有鮐文也。」《詩》正義引舍人曰：「老人氣衰，皮膚消瘠，背若鮐魚也。」通作「台」。「黄耇台背」，毛傳：「台背，大老也。」鄭箋：「台之言鮐也。大老則背有鮐文。」以今驗之，鮐魚背有黑文，老人背亦發斑似此魚。然《詩》及《爾雅》釋文竝云：「鮐，一音夷。」今登萊海上人呼此魚正如「臺」，無音「夷」者，唯鮧鮐魚音「夷」耳。

耇者，《説文》云：「老人面凍棃若垢。」《釋名》云：「耇，垢也，皮色驪顇，恒如有垢者也。或曰凍棃皮有斑點，如凍棃色也。」《行葦》箋云：「耇，凍棃也。」《正義》引孫炎曰：「面凍棃色似浮垢也。」《左氏・僖廿二年》正義引舍人曰：「耇，覯也。血氣精華覯竭，言色赤黑如狗矣。」是諸家説「耇」字互異，郭氏皆不從，而云「耇猶耆也」者，耆訓老也。《詩》：「遐不黃耇。」毛傳：「耇，老也。」《書》：「耇造德不降。」鄭注及《方言》竝與毛同。此皆郭所本也。

老者，《說文》云：「考也。七十曰老。」本《曲禮》文。《釋名》云：「老，朽也。」《獨斷》云：「老謂久也，舊也，壽也。」《白虎通》云：「老者，壽考也。」俱本《爾雅》爲說也。

此「黃髮」「齯齒」「鮐背」竝二字連文爲義，實則「黃」「齯」「鮐」三字單舉，於義亦通。故《南山有臺》傳及《行葦》箋竝云：「黃，黃髮也。」是單言「黃」之證。《說文》：「齯，老人齒。」是單言「齯」之證。《方言》：「鮐，老也。」是單言「鮐」之證。至於「耇」「老」二字雖俱單文，亦有連語。「耇」稱「胡耇」，「老」稱「黎老」。黎亦棃也，胡猶黃也。「黃」「胡」聲轉，「棃」「黎」字通。

允、孚、亶、展、諶、誠、亮、詢，信也。《方言》曰：「荆、吴、淮、汭之間曰展，燕、岱、東齊曰諶，宋、衛曰詢。」亦皆見《詩》。展、諶、允、慎、亶，誠也。轉相訓也。《詩》曰：「慎爾優游。」

《說文》云：「信，誠也。」「誠，信也。」轉相訓也。《釋名》云：「信，申也，言以相申束，使不相違也。」《墨子·經上》篇云：「信，言合於意也。」《鶡冠子·學問》篇云：「所謂信者，無二嚮者也。」按：信訓實，又訓明、審。故《周語》注云：「信，審也。」《鬼谷子·摩》篇云：「信者，明也。」蓋明與審皆所以爲精，精之至則誠矣。

允者，《説文》云：「信也。从儿，㠯聲。」按：「儿」，古文「人」，與「信」同意。「㠯，从反巳」，引賈侍中説「巳意，巳，實也」。是「㠯」有「實」義，實即信之訓也。《説文》「㠯聲」，蓋聲又兼義矣。

孚者，《説文》云：「卵孚也。一曰信也。」《繫傳》：「鳥之孚卵，皆如其期，不失信也。」《方言》云：「北燕、朝鮮洌水之閒，謂伏雞曰抱。」抱即孚也。「孚」有「抱」音。故《説文》云：「古文孚。从杀。」「杀」，即古文「保」字。又《手部》「捊」或从包作「抱」。《春秋·隱八年經》「盟于浮來」，《公羊》作「包來」。皆其證也。《易·雜卦》云：「中孚，信也。」《書·吕刑》云「五辭簡孚」，《史記·周紀》作「五辭簡信」。「簡孚有衆」，作「簡信有衆」。「孚」與「符」聲近。《説文》云：「符，信也。」《史記·律書》言「萬物剖符甲而出也」。《索隱》曰：「符甲，猶孚甲也。」

亶者，下文云：「厚也。」「厚」與「信」義近。《詩》「亶其然乎」，「亶侯多藏」，毛傳皆訓爲信。通作「單」。《詩》：「俾爾單厚。」毛傳：「單，信也。」《書》：「乃單文祖德。」馬融注：「單，信也。」又通作「誕」。《文選·大將軍讌會詩》云：「誕隆駿命。」李善注引薛君《韓詩章句》云：「誕，信也。」

展者，與「亶」聲義俱近。故《禮記》「展衣」，其字作「襢」，从衣旁亶。《周禮·内司服》注：「展，字當爲襢。」襢之言亶，是「亶」「展」聲近義同之證也。《方言》云：「展，信也。」《逸周書·大匡》篇云：「昭信非展。」《寶典》篇云：「展允于信。」蓋展也、允也，統言之俱訓信，細分之又微有別。故《楚語》云：「展而不信。」是其不同之證也。展又伸也。「伸」「信」之音又同矣。

諶者，「訦」之叚音也。《方言》云：「訦，信也。」《說文》云：「燕、代、東齊謂信曰訦。」通作「諶」。郭引《方言》作「燕、岱、東齊曰諶」。又通作「忱」。《詩》：「天難忱斯。」毛傳：「忱，信也。」《說文》引作「天難諶斯。」《爾雅》下文「棐，俌」注引《書》曰：「天威棐諶。」《釋文》：「諶，今本作忱。」《文選·幽通賦》注：「諶與忱古字通也。」

亮者，「諒」之叚借也。《說文》云：「諒，信也。」《方言》云：「衆信曰諒。」又云：「諒，知也。」是「諒」兼「信」「知」二義。故《一切經音義》十七引《爾雅》舊注云：「諒，知之信也。」本《方言》爲說也。《詩》及《禮記》《論語》古文俱作「諒」。通作「涼」。《詩》：「職涼善背。」鄭箋：「涼，信也。」《正義》引《釋詁》文。又通作「亮」。《詩》「涼彼武王」之「涼」，《韓詩》作「亮」。《玉篇》云：「亮，朗也，又信也。」亮之訓朗，亦猶諒之訓知矣。《一切經音義》十七引《字詁》云：「諒，今作亮。」《書》「亮采有邦」，「乃或亮陰」，馬融注竝云：「亮，信也。」《詩》：「不諒人只。」《釋文》：「亮，本亦作諒。」是「亮」「諒」通矣。

詢者，「恂」之叚音也。《説文》云：「恂，信心也。」《方言》云：「恂，信也。」《大戴禮·衛將軍文子》篇云：「爲下國恂蒙。」盧辯注：「恂，信也。」通作「洵」。《詩》：「洵有情兮。」毛傳：「洵，信也。」「洵訏且樂」，《釋文》引《韓詩》作「恂盱」，《漢書·地理志》亦引作「恂盱」。又「洵直且侯」，《韓詩外傳》亦引作「恂直」。是《毛詩》從叚借作「洵」，《韓詩》依本字作「恂」。又通作「詢」。《詩》「洵美且異」及「于嗟洵兮」，《釋文》竝云：「洵，本亦作詢。」

既云「信」，又云「誠」者，誠亦信也。故《賈子·道術》篇云：「期果言當謂之信，志操精果謂之誠。」《廣雅》云：「誠、信，敬也。」是「信」「誠」其義同。又訓敬者，不敬則心不專一，而不能信與誠。誠、信又訓明也，審也。不明審則心不精細，而亦不能信與誠矣。故《禮記·經解》云：「衡誠縣」，「繩墨誠陳」，「規矩誠設」。鄭注：「誠，猶審也。」《論語》云「誠不以富」，《詩》作「成不以富」。是「成」「誠」古字通。《中庸》云：「誠者，自成也。」蓋成亦實也，實亦信也，信亦誠也，展轉相訓，其義俱通矣。

展者，《詩》「展矣君子」，「展如之人」，「展我甥兮」，「展也大成」及《楚語》「展而不信」，毛、鄭及韋昭竝云：「展，誠也。」

諶者，《説文》云：「誠諦也。」《詩》：「其命匪諶。」毛傳：「諶，誠也。」《説文》：「忱，誠也。」引《詩》作「天命匪忱」。《韓詩》作「其命匪訦」。

允者，《書》云「允釐鰥寡」，《漢書・翟方進傳》作「誠動鰥寡」。慎者，《詩》「慎爾優游」，「予慎無罪」，「慎爾言也」，「考慎其相」，傳、箋竝云：「慎，誠也。」慎訓誠者，慎猶真也。以真爲誠，故以慎爲誠也。「慎」从真聲，《説文》「假，非真也」，可知真訓誠矣。

亶者，《詩》「亶不聰」，「不實于亶」，「胡臭亶時」及《士冠禮》云「嘉薦亶時」，毛、鄭竝云：「亶，誠也。」《周禮・内司服》注同。賈公彦疏引《爾雅》而申之云：「展者，言之誠；亶者，行之誠。」此二語似引《爾雅》舊注之文也。通作「單」。《書》：「誕告用亶其有衆。」《釋文》：「亶，馬本作單，云誠也。」又通作「癉」。《士冠禮》注：「古文亶爲癉。」「癉」「亶」以聲爲義也。

凡此訓誠之字，即訓「信」之文。其「孚」「亮」「詢」三字既訓信，亦當訓誠，而此不言者，經傳無文，難以取證，於所不知，蓋闕如也。

「謔浪笑敖」，戲謔也。謂調戲也。見《詩》。

《説文》云：「謔，戲也。」引《詩》：「善戲謔兮。」是《爾雅》此讀，以「戲」「謔」相屬，而以「謔」「浪」「笑」「敖」四字爲句，本《詩·終風》篇文。毛傳「言戲謔不敬」，正本《爾雅》爲訓也。《正義》引舍人曰：「謔，戲謔也。浪，意萌也。笑，心樂也。敖，意舒也。戲笑、邪戲，謔〔一〕笑之貌也。」郭氏不從舍人，而以調戲詮釋，與毛傳合。舍人「意萌」，「萌」字誤，邢疏引作「朗」，是也。其「戲笑」，「笑」字蓋涉下句而誤衍耳。

謔者，《玉篇》云：「喜樂也。」《詩》：「無然謔謔。」毛傳：「謔謔然，喜樂。」浪者，《終風》釋文引《韓詩》云：「起也。」蓋謂放蕩猖狂也。笑者，《一切經音義》廿五引《蒼頡篇》云：「笑，喜弄也。」《釋名》云：「笑，鈔也，頰皮上鈔者也。」《素問·陰陽應象大論》云：「在聲爲笑。」王砅〔二〕注：「笑，喜聲也。」敖者，「傲」之叚音也。《釋文》：「敖，五報反。」則當作「傲」。《說文》：「傲，倨也。」通作「敖」。《釋言》云：「敖，傲也。」《釋訓》云：「敖敖，傲也。」經典「傲」「敖」二字通用。故《離騷》云：「保厥美以驕敖兮。」敖即傲也。王逸注：「侮慢曰敖。」

〔一〕「謔」上原衍「也」字，楊胡本、《經解》本同，據《十三經注疏》本《爾雅注疏》刪正。
〔二〕按，此本皆作「王砅」，據王麗《〈說文解字注〉「王砅」當爲「王冰」》，當作「王冰」。

粤、于、爰，曰也。《書》曰：「土爰稼穡。」《詩》曰「對越在天」，「王于出征」。爰、粤，于也。轉相訓。

《説文》云：「曰，詞也。从口，乙聲。亦象口气出也。」《論語》皇侃疏引《説文》云「開口吐舌謂之爲曰。」與今本異也。曰猶言也，云也。通作「聿」。《詩》「見晛〔一〕曰消」，「曰喪厥國」，《釋文》引《韓詩》「曰」俱作「聿」。又通作「欥」。《漢書·敘傳》云：「欥中穌爲庶幾兮。」《集注》：「欥，古聿字。聿，曰也。」《文選·幽通賦》「欥」正作「聿」。《説文》「欥，从曰聲」，是「曰」「欥」通也。

粤者，《説文》以爲審慎之詞，故訓曰也。引《周書》曰：「粤三日丁亥。」今《書》作「越三日丁巳」。《漢書·楊雄傳》：「越不可載已。」《集注》：「越，曰也。」

于者，語气之舒也，故亦訓曰。《詩》「穀旦于差」，「王于出征」，「之子于苗」，「我獨于罹」，「於昭于天」，鄭箋竝云：「于，曰也。」《左氏·宣十二年傳》「于民生之不易」，《楊雄傳》「于胥德兮麗萬世」，注皆以「于」爲曰也。「于」通作「乎」。《列子·周穆王》篇云：「於于余一人。」《釋文》：「於于，音嗚呼。」又通作「吁」。「穀旦于差」，《釋文》引《韓

〔一〕晛，原誤「晛」，楊胡本同，據《經解》本改。

詩》作「縠旦吁嗟」。《文選》注引薛君《章句》曰：「吁嗟，歎辭也。」然則吁嗟即于差，於于即嗚呼，是皆語之歎詞，詞即曰矣。

爰者，《説文》云：「引也。」按：引謂引气出聲，又爲詞之引起，兼茲二義，故又訓曰也。《詩》之「爰有寒泉」，「爰得我所」，「爰及矜人」之類，皆以爰爲引起下文之詞，鄭《箋》竝以爲「曰」。郭引《書》「土爰稼穡」，《史記·宋世家》作「土曰稼穡」。

「爰」「粤」二字竝从于，故又訓于也。

爰者，《書》：「綏爰有衆。」《詩》：「亦集爰止。」鄭皆以爲「爰，于也」。

粤者，《説文》云：「于也。」通作「越」。《書》云：「越至于今。」馬融注：「越，于也。」「越其罔有黍稷」，《釋文》：「越，本又作粤，音曰，于也。」「爰」「于」雙聲，「粤」「曰」疊韻。

爰、粤、于、那、都、繇，於也。《左傳》曰：「棄甲則那。」那，猶今人云「那那也」。《書》曰：「皋陶曰：都。」繇，辭，於乎，皆語之韵絶。

「於」與「于」同，亦語詞也。《詩》《書》俱古文作「于」，經典叚借作「於」。「於」，本古文「烏」字。《説文》引孔子曰：「烏，于呼也。」取其助气，故以爲烏呼。然則「烏」「呼」雙聲疊韵之字，許意蓋以經典凡言「烏呼」者，皆取引聲以助气。如《詩》云「於乎小子」，

「於乎悠哉」，「於乎前王不忘」之類是也。若單言「於」者，則爲歎美之詞。如《詩》云「於粲洒埽」，「於穆清廟」之類是也。於乎即烏呼，俗作「嗚呼」，非也。「烏」「于」「呼」三字古皆同聲，故經典或借「於」爲「于」，《詩》「於我乎，夏屋渠渠」是也。《廣雅》云：「於，于也。」《說文》：「于，於也。」是皆以爲語辭。故《詩》「于沼于沚」，「遠送于野」，毛傳竝云：「于，於也。」《書·吕刑》：「王曰吁。」《釋文》引馬作「于」，「于，於也」。按：於之爲言相連、相及之意。如《論語》云「君子之於天下」，「吾之於人」。《孝經》云：「通於神明，光於四海。」皆爲由此達彼之詞。故《釋詁》又云：「於，代也。」代之爲言亦相連及之義矣。

爰訓於者，《詩》之「爰采唐矣」，「周爰執事」，《書》之「爰曁小人」，《士冠禮》之「爰字孔嘉」，毛傳、鄭注竝云：「爰，於也。」

粤訓於者，《漢書·敘傳》云：「尚粤其幾。」應劭注：「粤，於也。」通作「越」。《詩》「越以鬷邁」，「對越在天」，《書》「越兹麗刑」，箋、注竝云：「越，於也。」爰、粤既訓于，又訓於，「於」「于」聲義同也。

那者，《越語》云：「吴人之那不穀。」韋昭注：「那，於也。」《廣韵》云：「那，何也，都也，於也。」那又訓何者，《左氏·宣二年傳》云：「棄甲則那。」杜預注：「那，猶何也。」

按：何猶言柰何。柰何即「那」之反音。但「那」雖爲柰何，而非「於」字之訓。郭《注》不引《越語》，而援《左傳》，似失之矣。

都者，《孟子》云：「謨蓋都君。」《史記・司馬相如傳》云：「終都攸卒。」趙岐注及裴駰《集解》竝云：「都，於也。」《書・皋陶謨》凡云「都」者，《史記・夏紀》俱作「於」。張守節《正義》以爲「於，音烏，歎美之辭」。然「烏」「于」古同聲，「于」「於」其義又同。《史記》以「於」釋「都」，正本《爾雅》爲訓。張守節音「於」爲「烏」，此强生分別耳。《爾雅》釋文亦云：「於，音烏。注同。」其失均矣。「都」與「諸」古同聲通用，諸猶於也。《鄉射禮》及《聘禮》注竝云：「諸，於也。」然則「都」與「諸」同。都之訓於，其義尤明矣。

繇者，與「於」聲轉。通作「猷」。《書・大誥》云：「王曰，猷，大誥爾多邦。」《釋文》引馬本作「大誥繇爾多邦」，《正義》引鄭本「猷」在「誥」下，與馬本同。是皆以「繇」爲於也。又通作「由」。《詩》云：「無易由言。」鄭箋：「由，於也。」「繇」又同「摇」。摇動、游移亦有由此達彼之意，與「於」義又同矣。郭云「繇，辭」者，蓋以繇爲歎辭，與「於乎」同意，故云：「皆語之韵絶。」是郭亦讀「於」爲「烏」，故有此解。《釋文》不察，乃云：「繇，除又反，注同。孫音由。」陸氏蓋不知孫、郭同音「由」，妄加「除又」一音，是其失也。邢疏因之，誤以繇爲卦兆之辭，但卦兆、繇辭不與「於乎」同意，又非語之韵絶。「繇，辭」之

「繇」，《説文》作「籒」，云：「讀書也。」引《春秋傳》曰：「卜籒云。」

敆、郃、盍、翕、仇、偶、妃、匹、會，合也。皆謂對合也。仇、讎、敵、妃、知、儀，匹也。《詩》云「君子好仇」，「樂子之無知」，「實維我儀」。《國語》亦云：「丹朱馮〔一〕身以儀之。」讎，猶儔也。《廣雅》云：「讎，輩也。」妃、合、會，對也。皆相當對。妃，媲也。相偶媲也。

《説文》云：「合，亼口也。」《周禮》注：「合，同也。」《呂覽》注：「合，和也。」又云：「合，交也。」交、和、同皆對合之義。《楚語》注：「合，會也。」《詩·大明》傳：「合，配也。」《離騷》注：「合，匹也。」匹、配、會又與合互相訓也。

敆者，《説文》云：「合會也。」《玉篇》：「敆，公荅切。」按：今人同爨共居謂之「敆火」，本於《爾雅》也。通作「欱」。《太玄·玄告》云：「下欱上欱。」范望注：「欱，猶合也。」

郃者，「佮」之叚音也。《説文》云：「佮，合也。」通作「洽」。《詩》「洽比其鄰」，「民之

〔一〕馮，《爾雅》宋刊十行本作「憑」。

洽矣」，「以洽百禮」，傳、箋竝云：「洽，合也。」又通作「郃」。《詩》「在洽之陽」，《説文》引作「在郃之陽」。又通作「祫」。《公羊・文二年傳》云：「大祫者何？合祭也。」《禮・王制》云：「祫禘。」鄭注：「祫，合也。」《詩・豐年》釋文：「祫，本或作洽。」

盇者，《説文》作「盍」，云：「覆也。」《玉篇》云：「盇、盍同。」按：盇訓覆，覆蓋所以合之。故《士虞禮》注謂敦蓋爲合，即此義也。《易・豫》云：「朋盇簪。」虞翻注：「盇，合也。」「盇」與「嗑」同。故《序卦》云：「嗑者，合也。」通作「闔」。《一切經音義》十二引《説文》云：「闔，合也。」今《説文》無之。《莊子・天地》篇云：「夫子闔行邪？」《釋文》：「闔，本亦作盇。」

翕者，《方言》云：「聚也。」聚亦合也。故《玉篇》云：「翕，合也，斂也，聚也。」《詩》「兄弟既翕」，「載翕其舌」，「允猶翕河」，毛傳竝云：「翕，合也。」《夏小正》云：「翕也者，合也。」

仇者，「逑」之叚音也。《説文》云：「逑，斂聚也。」又云：「怨匹曰逑。」本《左傳》文。《詩》：「以爲民逑。」毛傳：「逑，合也。」鄭箋：「合，聚也。」《正義》引《釋詁》文。通作「仇」，説見下。

偶者，《釋言》云：「遇，偶也。」通作「耦」。《釋名》云：「耦，遇也，二人相對遇也。」經典「耦」「偶」互通。故《一切經音義》二引《字林》云：「偶，合也。」《呂覽・季冬紀》注：「耦，合也。」《左氏・桓二年傳》：「嘉耦曰妃，怨耦曰仇。」蓋怨、嘉雖異，仇、妃本同，對文則兩「耦」似分，散文即「仇」「妃」俱合。故《詩》之「好仇」即好合矣。

「妃」「匹」俱説見下。

會者，《説文》云：「合也。从亼。」亼亦合也。《樂記》云「會守拊鼓」，《史記・樂書》作「合守拊鼓」。按：《説文》：「佮，古文會。」《一切經音義》九云：「會，古文佮，同。」然則「佮」省亻爲「合」，「合」省口爲「會」，古人文字相生，於斯可見。

匹者，合也。合者，言有匹也。故《公羊・宣三年傳》：「無匹不行。」何休注：「匹，合也。」《釋名》云：「匹，辟也，往相辟偶也。」《白虎通》云：「匹，偶也。與其妻爲偶，陰陽相成之義也。」按：「匹」與「正」字形相亂。故《禮器》云：「匹士大牢而祭。」《釋文》：「匹士，本或作正士。」《緇衣》云：「唯君子能好其正，小人毒其正。」鄭注：「正，當爲匹，字之誤也。」蓋漢隸書「匹」「正」形近，所以致誤，非古字通也。

仇者，《説文》云：「讎也。」讎，猶譍也，譍當亦匹對也。《詩》「與子同仇」，「詢爾仇方」，毛俱訓「匹」。鄭唯「賓載手仇」之「仇」，讀「斢」，音「拘」，其餘俱本《左傳》「怨耦曰仇」。「仇」與「逑」通。故《詩・關雎》毛傳：「逑，匹也。」《釋文》：「逑，本亦作仇。」《正義》引孫炎云：「逑，相求之匹也。」《一切經音義》九引李巡曰：「仇，讎怨之匹也。」然則李、孫所據《爾雅》蓋有二本：以相求爲義，則知孫本作「逑」；以讎怨爲義，則知李本作「仇」。然《詩》「君子好逑」，《緇衣》引作「君子好仇」，是其字通之證。李、孫之説，猶未免望文生訓矣。

讎者，《説文》云：「猶譍也。」「譍，以言對也。」故《一切經音義》一引《三蒼》云：「讎，對也。」《左氏・僖五年傳》：「憂必讎焉。」讎亦對也。《表記》注云：「讎，猶荅也。」《廣雅》云：「讎，輩也。」郭云：「讎，猶儔也。」「儔」「輩」「荅」「對」，其義亦皆爲「匹」也。「讎」與「仇」通。故《一切經音義》一引《三蒼》云「怨偶曰仇」，又引作「怨耦曰讎」。是「讎」「仇」通。又通作「酬」。《書》：「敢以王之讎民百君子。」《釋文》：「讎，字或作酬。」《詩》：「無言不讎。」《韓詩外傳》亦引作「酬」。又通作「疇」。《齊語》云：「人與人相疇，家與家相疇。」《楚辭・疾世》篇云：「居嵺廓兮尠疇。」王逸、韋昭注竝云：「疇，匹也。」是「疇」「讎」又通矣。

敵者，《説文》云：「仇也。」《方言》云：「匹也。」《左氏・文六年傳》：「敵惠敵怨。」杜預注：「敵，猶對也。」《爾雅》下文云：「敵，當也。」「敵」「當」「對」俱一聲之轉。通作

「適」。《玉藻》云：「敵者，不在。」《釋文》：「敵，本又作適。」《論語》云：「無適也。」《釋文》：「適，鄭本作敵。」又與「嫡」同。《釋名》云：「嫡，敵也，與匹相敵也。」按：「敵」與「特」義近。特訓獨，又訓匹。故《詩》：「實維我特。」毛傳：「特，匹也。」《韓詩》作「直」，云：「相當值也。」然則相當亦相匹矣。

妃者，《説文》云：「匹也。」《白虎通》云：「妃匹者何？謂相與爲偶也。」《釋名》云：「妃，輩也，一人獨處，一人往輩耦之也。」通作「配」。《楚辭·九思》篇云：「配稷契兮恢唐功。」注云：「配，匹也。」《詩·皇矣》釋文：「配，本亦作妃。」《大司樂》注：「姜嫄無所妃。」《釋文》：「妃，本亦作配。」經典「配」「妃」通者非一，其餘皆可推也。

知者，《墨子·經上》篇云：「知，接也。」《莊子·庚桑楚》篇亦云：「知者，接也。」蓋接以交會、對合爲義，故爲匹也。《詩》云：「樂子之無知。」鄭箋：「知，匹也。樂其無妃匹之意。」按：《詩》：「文王初載。」傳、箋訓載爲識。識，知也。又云：「天作之合。」合，匹也。《詩》言文王始有識知而天爲生配匹。是即知訓匹之證。古讀「載」如「兹」，《詩》蓋借「載」爲「識」，故毛、鄭因而通之，明其叚借矣。

儀者，善也，善之匹也。《詩》「實維我儀」，「我儀圖之」，傳、箋竝云：「儀，匹也。」《大司樂》疏引鄭注：「鳳皇來儀。」亦以儀爲匹也。通作「義」。《書》云：「父義和。」《正義》引鄭注「讀義爲儀。儀、仇皆訓匹也，故名仇字儀」。按：「威儀」之字，《説文》作「義」，今作「儀」，鄭讀合於古矣。

對者，《説文》云：「譍無方也。从口。」則與「讎」同意。漢文帝去口从士，非矣。《廣雅》云：「對，當也。」《詩》「帝作邦作對」，「對越在天」，「哀時之對」，毛、鄭竝云：「對，配也。」《文選·東京賦》云：「推光武以作配。」薛綜注：「配，對也。」是對亦訓配，配亦訓對。

合者，荅也。古「荅問」之字直作「合」。故《左氏·宣二年傳》：「既合而來奔。」杜預注：「合，猶荅也。」按：《説文》云：「合，亼口也。」「亼口」即「荅」之義，荅即對也。凡物相對謂之「合」，四方上下謂之「六合」。《淮南·原道》篇注云：「孟春與孟秋爲合；仲春與仲秋爲合；季春與季秋爲合；孟夏與孟冬爲合；仲夏與仲冬爲合；季夏與季冬爲合，故曰六合。」是合皆取相對之意。「會」與「合」同意。

媲者，《説文》云：「媲，妃也。」「妃，匹也。」以聲近、聲轉爲義也。《詩》：「天立厥配。」毛傳：「配，媲也。」《正義》引某氏作「天立厥妃」。是「妃」「配」通。《文選·廣絶交論》注引《爾雅》作「媲，妃也」，今作「妃，媲也」。《爾雅》諸文，展轉相訓，其義俱通，多此類也。

紹、胤、嗣、續、纂、緌、績、武、係，繼也。《詩》曰：「下武維周。」「緌」，見《釋水》。餘皆常語。

繼者，相續不絶也。故《説文》云：「繼，續也。一曰反𢇍爲繼。」「𢇍」，古文「絶」，反絶，會意也。繼之言繫也，「繫」、「繼」音又同也。

紹者，《謚法》云：「疏遠繼位曰紹。」《一切經音義》八引《爾雅》注云：「紹，繼道也。」按：此舍人注。道謂以道承繼大統，蓋本《謚法》爲説也。

嗣者，古文作「孠」，从子，取繼世不絶之義也。古讀「嗣」如「詒」，故《詩》「子寧不嗣音」《釋文》引《韓詩》作「詒音」。《書》「舜讓于德弗嗣」，《史記集解》引作「不怡」，皆其證也。《子衿》毛傳：「嗣，習也。」《既醉》毛傳：「胤，習也。」所以俱訓習者，習之言猶續也。「續」「習」義近而聲轉。故毛云「嗣習」，鄭云「嗣續」，明其義同也。「嗣」通作「似」。故《詩》：「似續妣祖。」毛傳：「似，嗣也。」「以似以續」，毛傳亦云：「嗣前歲，續往事。」是似續即嗣續，古字通用。又《斯干》箋：「似，讀如巳。」「嗣」有「怡」音，亦其證矣。

纂者，「纘」之叚音也。《説文》云：「纘，繼也。」《詩》：「載纘武功」，「纘女維莘」，毛傳竝云：「纘，繼也。」《崧高》箋及《中庸》注同。通作「纂」。《祭統》云：「纂乃祖服。」《周語》云：「纂修其緒。」鄭注及韋注竝云：「纂，繼也。」又通作「踐」。《詩》：「王纘之事。」《釋文》：「纘，《韓詩》作踐。」《中庸》：「踐其位。」鄭注：「踐，或爲纘。」

緌者，《說文》云：「系冠纓也。」《玉篇》作「繼冠纓也」。冠纓所以繼者，鄭注《士冠禮記》云：「緌纓飾。」蓋於纓上别加緌連綴爲飾，故云繼也。通作「蕤」。《漢書·律曆志》云：「蕤，繼也。」《禮·雜記》云：「大白冠、緇布之冠皆不蕤。」鄭注：「不蕤，質無飾也。」《玉藻》云：「緇布冠繢緌。」鄭注：「緌，或作蕤。」又通作「綏」。《檀弓》云：「喪冠不緌。」《釋文》：「緌，本又作綏。」《周禮·夏采》注云：「《士冠禮》及《玉藻》冠緌之字，故書亦多作綏者，今禮家定作蕤。」是「蕤」「綏」俱「緌」之叚借也。郭云「緌見《釋水》者，《釋器》《釋水》竝云：「縭，緌也。」郭注俱云：「緌繫。」是緌訓爲繫，繫即繼矣。

績者，《說文》云：「績，緝也。」「緝，績也。」《詩·東門之池》箋：「於池中柔麻，使可緝績作衣服。」《釋文》云：「西州人謂績爲緝也。」是「緝」「績」音義同。《詩》：「授几有緝御。」箋云：「緝，猶續也，有相續代而侍者。」「績」既訓續，亦通作「續」。《穀梁·成五年傳》：「伯尊其無績乎？」范甯注：「績，或作續。」《釋文》亦云：「績，本或作續。」蓋績之言積也，積即續矣。

武者，《詩·下武》傳：「武，繼也。」按：武之言拇也。足迹曰「武」。故《釋訓》云：「武，迹也。」《周語》云：「不過步武尺寸之閒。」韋昭注：「六尺爲步，賈君以半步爲武。」

按：冠卷亦曰「武」。故《玉藻》云：「縞冠玄武。」鄭注：「武，冠卷也。」古者冠、卷殊，然則步之有武，所以繼步也；冠之有卷，亦所以繼冠矣。

係者，「系」之叚借也。《説文》云：「系，繫也。」《釋名》云：「系，繫也，相聯繫也。」《後漢書·班彪傳》云：「系唐統。」李賢注引《爾雅》作「系，繼也」。通作「係」。《越語》注：「係，繫也。」《易·繫辭》釋文：「繫，系也，又續也。」又通作「繫」。《易·同人》及《兑》釋文竝云：「繫，本或作係。」「係」「繫」之音與「繼」同。亦通作「繼」。《易》「係用徽纆」，《穀梁·宣二年》注作「繼用徽纆」。《詩·何彼襛矣序》：「不繫其夫」。《釋文》：「繫，本或作繼。」又《後漢書·李固傳》云：「羣下繼望。」繼亦繫也。「繫」之一字兼「系」「繼」二音，故古通用。

忥、謐、溢、蟄、慎、貉、謐、顗、頠、密、寧，静也。忥、顗、頠未聞其義。餘皆見《詩》傳。

静者，「竫」之叚音。《説文》：「竫，亭安也。」經典俱通作「静」。静訓審，審諦者必安静。故《詩》傳、箋竝云：「静，安也。」《釋名》云：「静，整也。」《文選·神女賦》注引《韓詩》云：「静，貞也。」貞固者必安定，安定必寡言。故《楚辭·招魂》篇注「無聲曰静」，是也。通作「靖」。《説文》：「靖，立竫也。」「竫」與「靖」音義同。周宣王名「静」，亦作「靖」，是其證矣。

忥者，亦叚借字。《説文》《玉篇》俱不訓静。唯《廣雅》云：「忥，息也。」蓋與下文「呬，息也」音義同。《釋文》：「忥，本或作氣，同許氣反。」則與「餼」「槩」音同而義絶異。《説文》「忥」訓癡皃，《爾雅》訓静，經典遂無其文，竟不知爲何字之叚借也。

謚者，《謚法》篇云：「行之迹也。」《白虎通》云：「謚之爲言引也，引列行之迹也。」《廣韵》「謚」下曰：「易名，又申也。」「申」與「引」義近。《釋名》云：「謚，曳也。」「曳」「引」亦聲轉義近也。謚訓静者，《詩·文王》篇釋文云：「謚，慎也，悉也。」「悉」與「審」義近。静既訓審，慎又訓静，「謚」兼「審」「慎」二義，故亦訓静矣。「謚」，今本《説文》作「謚」，「从言、兮、皿，闕」。戴侗《六書故》云：「唐本無『謚』，但有『謚，行之迹也』。」《廣韵》雖有「謚」，而云《説文》作「謚」。是「謚」乃「謚」之俗體，後人所加。又於「謚」下别注「笑皃」，不知謚訓笑皃本於吕忱，而非許君之説。證以張參《五經文字·言部》無「謚」，而有「謚」、「謚」二字，俱常利反，「上《説文》，下《字林》」。又云「《字林》以『謚』爲笑聲，音呼益反，今用上字」。其説甚明，今宜據以訂正焉。

溢者，下文云：「慎也。」慎亦審也，與「謚」同意。通作「恤」。《説文》云：「恤，静也。」引《詩》曰：「閟宫有恤。」毛傳：「恤，清静也。」又通作「恤」。《詩》「假以溢我」，《左氏·襄廿七年傳》作「何以恤我」。《詩》釋文云：「溢，徐邈音謐。」是「謐」「溢」音又同矣。

蟄者，《説文》云：「藏也。」《易·繫辭》云：「龍蛇之蟄。」虞翻注：「蟄，潛藏也。」潛藏與安静義近。「蟄」與「宋」聲相轉。《方言》云：「宋、安，静也。」

慎者，「溢」之訓也。《説文》云：「謹也。」上文云：「誠也。」「誠」「謹」俱安静之意。慎猶順也，凡恭慎而柔順者，其人必沈静。故《謚法》云：「柔德考衆曰静，恭己鮮言曰静。」《官人》篇云：「沈静而寡言，多稽而儉貌，曰質静者。」又云：「誠静必有可信之色。」然則慎訓誠，又訓静，皆其證矣。

貉者，下文云：「定也。」郭注：「静定。」通作「貊」，又作「莫」。《詩》：「貊其德音。」毛傳：「貊，静也。」《釋文》：「貉，本又作貊，武伯反。《左傳》作莫，音同。」《荀子·非十二子》篇云：「莫莫然。」楊倞注：「莫，讀爲貊。貊，静也，不言之貌。」又通作「⿱莫彡」，亦作「寞」。《廣雅》云：「⿱莫彡，静也。」《文選·西征賦》注引薛君《韓詩章句》云：「寞，静也。」

謐者，《説文》云：「静語也。一曰無聲也。」《賈子·禮容》篇云：「謐者，寧也，億也。」億訓安，安寧亦静。故《素問》云：「其化清謐。」王砅注：「謐，静也。」通作「恤」。《書》「惟刑之恤哉」，《史記·五帝紀》作「惟刑之静哉」。《集解》：「徐廣曰：『今文云：惟刑之謐哉。』」

顗者，《釋文》云：「魚豈反，又五愷反。」《説文》：「顗，謹莊皃。」「謹莊」與「静」義近。「謹」又「慎」字之訓。故《玉篇》云：「顊，靜也。」

顊者，《說文》云「頭閑習也」，《廣韵》作「頭也。一曰閑習」。疑今本「頭」下脱「也」字。「閑習」與「靜」義亦相成。故《玉篇》引《爾雅》曰：「顊，靜也。五罪、牛毁二切。」按：「顊」與「婠」音義同。《文選·神女賦》云：「既婠嫿於幽靜兮。」李善注引《說文》曰：「婠，靖好貌。五累切。」靖即靜矣。《釋文》云：「顊，孫、郭五果反。」「果」當作「累」，字形之譌耳。

密者，「宓」之叚音也。《說文》云：「宓，安也。安，靜也。」通作「密」。《詩》：「止旅迺密。」毛傳：「密，安也。」「夙夜基命宥密」，毛傳：「密，寧也。」箋：「安靜也。」《考工記·廬人》注：「密，審也，正也。」正亦貞也。貞、審皆靜之訓也。又通作「謐」。《賈子·禮容》篇引《詩》作「夙夜基命宥謐」。

隕、磒、湮、下、降、墜、摽、蘦，落也。磒，猶隕也，方俗語有輕重耳。湮，沈落也。「摽」「蘦」見《詩》。

《說文》云：「凡艸曰零，木曰落。」按：此亦對文耳，若散文則通。故《夏小正》云「栗零」，明「零」不必草也；《莊子·逍遥遊》篇云「瓠落」，明「落」不必木也。所以《離騷》云：「惟草木之零落兮。」王逸注：「零、落，皆墜也。」是其義俱通矣。

磒者，《説文》云：「落也。」引《春秋傳》曰：「磒石于宋五。」今《左氏》《穀梁》作「隕」，《公羊》作「霣」，俱「磒」之叚音也。《爾雅》釋文：「磒，石落也。」此亦望文生訓，實則「磒」「隕」字異而義同。故郭云：「磒，猶隕也，方俗語有輕重耳。」

湮者，《説文》云：「没也。」謂沈没也。湮没、沈淪皆隕墜之意。《釋文》：「湮，郭音因，又音烟，又音翳。」按：「因」「音」「烟」聲同，「因」「翳」聲轉。《釋名》云：「殪，翳也，就隱翳也。」隱翳與零落義近。《史記·屈原賈生傳》云：「獨湮鬱兮其誰語。」《漢書·賈誼傳》作「壹鬱」。「湮」有「翳」音，亦其證矣。

墜者，「隊」之或體也。《説文》云：「隊，從高隊也。」音義同「硋」，云：「硋，陊也。陊，落也。」經典「陊」通作「墮」，「隊」通作「墜」。故《爾雅》及《莊子》釋文竝云：「墜，本又作隊。」《楚辭·國殤》篇云：「矢交墜兮士争先。」王逸注：「墜，墮也。」又云：「天時墜兮威靈怒。」王逸注：「墜，落也。」又通作「隧」。《荀子·儒效》篇云：「至共頭而山隧。」楊倞注：「隧，讀爲墜。」《淮南·説林》篇云：「有時而隧。」高誘注：「隧，墮也。」

摽者，「𠬪」之叚音也。《説文》云：「𠬪，物落上下相付也。讀若《詩》『摽有梅』。」通作「芆」，或作「莩」。《孟子》：「塗有餓莩。」趙岐注引《詩》云「莩有梅」，「莩，零落也」。《漢書·食貨志贊》引作「野有餓芆」。《集注》：「鄭氏曰：『芆，音蔈有梅之蔈。芆，零落也。』顏師古曰：『芰，諸書或作殍字。』」音義亦同。然則三書凡三引《詩》而各異，唯《說文》之「𠬪」乃本字，「芰」亦通用，「摽」「蔈」俱叚音，「莩」「殍」亦借聲也。讀《毛詩》者便以「摽」爲本字，不知「摽」字《說文》訓擊。《柏舟》毛傳「摽，拊心貌」，此乃「摽」之本義，其《爾雅》及「摽梅」之「摽」俱叚借矣。

蘦者，亦叚音也。《說文》云：「零，餘雨也。」按：零落宜用此字。故又云：「霝，雨零也。䨞，雨零也。」「䨞」亦通「落」，「霝」亦通「零」。故《詩》：「靈雨既零。」毛傳：「零，落也。」「零雨其濛」，《說文》引作「霝雨其濛」。又通作「苓」。《禮·王制》及《月令》云：「草木零落。」《釋文》：「零，本又作苓。」《爾雅》釋文：「蘦，字或作苓。」又通作「泠」。《樊敏碑》云：「士女涕泠。」《張公神碑》云：「天時和兮甘露泠。」是「零」爲正體，「霝」亦通用，「蘦」「苓」「泠」俱叚音。

命、令、禧、畛、祈、請、謁、誶〔一〕、誥，告也。禧，未聞。《禮記》曰：「畛於鬼神。」

《釋言》云：「告，請也。」《獨斷》云：「告，教也。」《釋名》云：「上敕下曰告。告，覺

〔一〕誶，《爾雅》宋刊十行本作「訊」。

也，使覺悟知己意也。」按：以「告」爲上敕下，亦不必然。《廣韵·二沃》「梏」紐下云：「告上曰告，發下曰誥。」是「告」乃上下通名耳。告有古沃、古到二音。《詩》「日月告凶」，《漢書·劉向傳》作「日月鞠凶」。《禮·文王世子》注：「告，讀爲鞠。」是「告」音「古沃切」者也。《漢書·高帝紀》注服虔曰：「告音如嗥呼之嗥。」是「告」音「古到切」者也。二讀皆古音矣。《爾雅》釋文於「誥」下列羔報、古酷二反，而於「告」下但云「古篤反」，是其疏也。

禧者，《説文》云：「禮吉也。」邵氏晉涵《正義》據徐鍇本，「禮吉」作「禮告」，與此義合也。通作「釐」。《漢書·文帝紀》云：「祠官祝釐。」《集注》：「釐，本字作禧，叚借用耳。」然則祝釐即祝禧，謂祝致神意，以告主人。《詩·楚茨》所謂「工祝致告」者也。

眕者，「眂」之叚音也。《玉篇》《廣韵》竝作「眂」。《玉篇》：「眂，之忍切。」引《埤蒼》云：「告也。」《禮記》曰：「眂於鬼神。」亦作「眕」。然則「眂」爲正文，「眕」乃叚借。鄭注《曲禮》本《釋詁》《釋言》「眕，告」「眕，致」二訓，而云：「眕，致也，祝告致於鬼神辭也。」因鄭此訓，又知《釋言》「眕致」之「眕」亦當爲「眂」，與《釋詁》同。而《曲禮》注又云：「眕，或爲祇。」蓋「祇」即「眂」字，形近而譌也。因又知張揖《埤蒼》之「眂」，即本鄭君《曲禮》注而爲訓矣。

祈者，《説文》云：「求福也。」《玉篇》《廣韵》竝云：「祈，告也。」《釋言》又云：「祈，叫也。」「叫」「告」義近。《一切經音義》九引孫炎曰：「祈，爲民求福叫告之詞也。」「叫」「告」連文，孫注蓋兼《釋詁》《釋言》而爲訓也。《詩》：「以祈黄耇。」毛傳：「祈，報也。」鄭箋：「祈，告也。」「告」「報」義同。通作「蘄」。《莊子·養生主》篇云：「不蘄畜于樊中。」《荀子·儒效》篇云：「跨天下而無蘄。」郭象及楊倞注竝云：「蘄，求也。」是「蘄」「祈」通矣。

誶者，《釋文》云：「沈音粹，郭音碎，告也。」又云：「本作訊，音信。」《文選·思玄》及《幽通賦》注竝引《爾雅》作「訊，告也」，《後漢書·張衡傳》注引作「誶，告也」。「誶」「訊」二字，經典多通。故《離騷》注引《詩》「誶予不顧」，《廣韵》引《詩》「歌以誶止」，今作「歌以訊之」。「訊予不顧」，毛傳：「訊，告也。」又「莫肯用訊」，鄭箋：「訊，告也。」此二《詩》之「訊」，依字皆當作「誶」。又《莊子·山木》篇云：「虞人逐而誶之。」《釋文》：「誶，本又作訊，音信，問也。」至於《詩》之「執訊」，《王制》之「訊馘」，《學記》之「多其訊」，此三文本應作「訊」。《釋文》又云：「訊，本作誶。」蓋「誶」「訊」二字聲相轉，古多通用。近日戴氏震《毛鄭詩考正》及錢氏大昕《養新録》皆有辨證。王引之《經義述聞》又謂二字古音同，今依用其説也。

誥者，《説文》云：「告也。」《書序》云：「雅誥奥義。」亦通作「告」。《周禮・大祝》云：「三曰誥。」杜子春注：「誥，當爲告。《書》亦或爲告。」《書序》云：「作帝告。」《史記・殷紀》作「帝誥」。《索隱》曰：「一作俈同嚳。」又《大誥・序》釋文云：「誥，本亦作𢍜。」

永、悠、迥、違、遐、逷、闊，遠也。《書》曰：「逷矣！西土之人。」永、悠、迥、遠，遐也。遐亦遠也，轉相訓。

《説文》云：「遠，遼也。遼，遠也。」遠有疏離之義。故《方言》云：「離，楚謂之越，或謂之遠。」《吕覽・知接》篇注：「遠，猶疏也。」

永者，下文云：「長也。」長亦遠也。虞翻《易注》以乾爲遠，坤爲永，「永」「遠」義同耳。「永」與「脩」同意，脩亦訓長，又訓遠也。《離騷》云：「路曼曼其脩遠兮。」王逸注：「脩，長也。」又「重之以脩能」，王逸注：「脩，遠也。」

悠者，與「脩」同意。悠亦訓長，又訓遠也。《吴語》云：「今吾道路悠遠。」韋昭注：「悠，長也。」《詩》云：「於乎悠哉。」毛傳：「悠，遠也。」《一切經音義》九引舍人曰：「悠，行之遠也。」通作「遥」。《詩》「悠悠我思」，《説苑・辨物》篇作「遥遥我思」，「悠」「遥」一聲之轉。

迥者,《説文》云:「遠也。」《史記·司馬相如傳》云:「迥闊泳沫。」「迥」「闊」皆遠也。通作「洞」。《詩》:「洞酌彼行潦。」毛傳:「洞,遠也。」又通作「洵」。《詩》:「于嗟洵兮。」毛傳:「洵,遠也。」《釋文》:「洵,呼縣反。」又通作「敻」。《釋文》:「洵,《韓詩》作敻,況盛反。」敻亦遠也。故《穀梁·文十四年傳》云:「敻入千乘之國。」范甯注:「敻,猶遠也。」

違者,《説文》云:「離也。」《詩·谷風》毛傳:「違,離也。」《釋文》引《韓詩》云:「違,張也。」開張、分離俱遠之意。「違」,古通「回」,道路紆回亦爲絶遠,「違」「回」又聲相轉也。

遐者,《詩·汝墳》《棫樸》傳竝云:「遐,遠也。」通作「瑕」。「不瑕有害」,毛傳:「瑕,遠也。」「遐不謂矣」,《表記》作「瑕不謂矣」。《景北海碑陰》云:「魂靈瑕顯。」亦以「瑕」爲遐也。又通作「徦」。《集韵》云:「遐,或作徦。」《楊統碑》「文懷假冥」,又「假爾莫不隕涕」,《繁陽令楊君碑》「徦爾僉服」,皆以「徦」爲遐也。又《虒長田君碑》以「遐」爲遐,《侯成碑》以「遐」爲遐。是又「假」「徦」二字之變體也。「假」「徦」俱有「遐」音,又俱訓至,「至」與「遠」義相成,然則《爾雅》及經典之「遐」

亦「假」「假」之借音矣。

逷者，《説文》作「逖〔一〕」，古文作「逷」，云：「遠也。」經典「逷」「逖」通用。《易》云：「渙其血去逖出。」《詩》云：「用逷蠻方。」《書》云：「逖矣！西土之人。」郭注引「逖」作「逷」。《史記・周紀》作「遠矣！西土之人」。「逖」省作「狄」，「逷」省作「易」。《詩》：「舍爾介狄。」毛傳：「狄，遠也。」《漢書・禮樂志》云：「假狄合處。」假狄即遐逖。《集注》以「假狄」爲遠夷，失之矣。《史記・殷紀》云：「母曰簡狄。」《索隱》引舊本作「易」，又作「逷」，《漢書・古今人表》作「簡逷」，《淮南・墬形》篇又作「簡翟」，亦「狄」之叚音耳。

闊者，《説文》云：「疏也。」疏亦遠也。故《一切經音義》七引《字林》云：「闊，遠也。」《詩》：「于嗟闊兮。」鄭箋以「闊」爲離散相遠。「闊」與「越」同。《小爾雅》云：「越，遠也。」《左氏・襄十四年傳》云：「而越在他竟。」《晉語》云：「隱悼播越。」皆以「越」爲遠也。「闊」「越」疊韵。「永」「迥」疊韵，「悠」「遠」雙聲，四字又俱訓遐。

〔一〕逖，原誤「遐」，據楊胡本、《經解》本改。

虧、壞、圮、垝，毁也。《書》曰：「方命圮族。」《詩》曰：「乘彼垝垣。」虧，通語耳。

《説文》云：「毁，缺也。」《孝經》釋文引《蒼頡篇》云：「毁，破也。」

虧者，《説文》云：「气損也。」損訓減少，故爲缺毁。《詩·閟宫》箋：「虧、崩皆謂毁壞也。」

壞者，《説文·攴〔一〕部》云：「敦，毁也。」《土部》云：「壞，敗也。籀文作敦。」是〔二〕「敦」「壞」同。《釋文》云：「壞，音怪。」引《字林》云：「壞，自敗也。下怪反。敦，毁也。公壞反。」此蓋漢以後人强生分别，古讀止有「下怪」一音，知者，「壞」「敦」俱从褱聲，二字是一。且經典「敦」俱作「壞」。故《春秋·文十三年經》云：「大室屋壞。」此即自敗之爲「壞」也。《史記·秦始皇紀》云：「隳壞城郭。」此即人毁之亦爲「壞」也。通作「瘣」。《詩》「譬彼壞木」，《説文》引作「譬彼瘣木」。

圮者，《釋言》云：「覆也。」《説文》云：「毁也。」引《書》：「方命圮族。」《史記·五帝紀》作「負命毁族」。《釋文》云：「圮，孫房美反，岸毁也。」

〔一〕攴，原誤「支」，楊胡本同，據《經解》本改。
〔二〕是，原誤「易」，楊胡本同，據《經解》本改。

垝者，《説文》云：「毁，垣也。」引《詩》：「乘彼垝垣。」毛傳：「垝，毁也。」或作「陒」。《漢書·杜周傳贊》集注云：「陒，毁也。」

矢、雉、引、延、順、薦、劉、繹、尸、旅，陳也。《禮記》曰：「尸，陳也。」雉、順、劉皆未詳。

陳者，「敶」之叚音也。《説文》云：「敶，列也。」《楚辭·招魂》篇云：「敶鐘按鼓。」通作「陳」。古者「陳」「田」聲同，其字通用。《史記·田敬仲完世家》云：「以陳字爲田氏。」《周禮·稍人》注：「甸，讀與『維禹敶之』之敶同。」皆其證也。《説文》云：「田，陳也。」蓋田有行列，又以陳久爲良，故「畂」字，从田，从久，是陳又爲久矣。

矢者，下文云：「矢，弛也。」「弛」與「施」同。《説文》：「施，一曰設也。」張設與陳列義近。《詩·大明》《皇矣》《卷阿》毛傳竝云：「矢，陳也。」《書序》云：「臯陶矢厥謨。」《春秋·隱五年經》：「公矢魚于棠。」《傳》云「遂往陳魚」是也。「矢」或作「㞞」。故《爾雅》釋文：「㞞，本作矢，同失耳反。」《廣雅》云：「㞞，陳也。」「㞞」蓋「矢」之異文也。

雉者，从矢聲，與「矢」義同。《方言》云：「雉，理也。」《古微書》引《春秋感精符》云：「雉之爲言弟也。」按：「弟」音「替」，與「夷」近，「夷」古音「𥝩」，與「雉」通。《周禮·序官》「薙氏」注云：「書薙或作夷。」《釋文》：「薙，字或作雉，同他計反。」是「雉」「薙」

「夷」俱聲義同。故《漢書·楊雄傳》注及《文選·甘泉賦》注竝引服虔曰：「雉、夷聲相近。」《左氏·昭十七年》正義引樊光、服虔云：「雉者，夷也。夷，平也。」今按：「夷」「陳」亦聲轉字通。故《春秋經》「夷儀」，《公羊》作「陳儀」。《喪大記》釋文云：「夷，尸也，陳也。」皆其證也。雉，又牛鼻繩。漢人呼「雉」，《周禮》作「紖」，《説文》作「絼」，云：「牛系也。从引聲。讀若矤。」是「雉」「引」古音又近。此義馬瑞辰爲余説之。然則「雉」「引」同訓陳，此亦其證矣。

引、延，下文竝云：「長也。」又訓陳者，引伸、延曼俱與陳列義近。

順者，上文云「敘也」「緒也」。《説文》云：「理也。」物有條理、耑緒，皆可陳敘，故又爲陳也。洪頤煊《讀書叢録》云：「《士冠禮》『洗有篚在西南順』，鄭注以『順』爲陳。《特牲饋食禮》『及兩鉶芼設于豆南，南陳』，陳即順也。《鄉飲酒禮》『篚在洗西，南肆』，肆亦陳也。」

薦者，藉也。下文云：「進也。」薦進與延引義近，薦藉與鋪陳義近，故又爲陳也。

劉者，與「搯」聲近義同。《説文》云：「搯，引也。」或从由作「抽」，訓引，故又爲陳。亦馬瑞辰説。按：「劉」與「膢」，聲義又同。《漢書·武帝紀》注：「膢，音劉。」又「劉」「膢」通。古讀「膢」如「臚」，「臚」「旅」古字通，旅亦陳也。

繹者，《説文》云：「抽絲也。」《方言》云：「繹，理也。」抽繹、伸理俱與陳義近。《詩》「會同有繹」，「徐方繹騷」，「敷時繹思」，傳竝云：「繹，陳也。」

尸者，《説文》云：「陳也。象臥之形。」《詩》：「有母之尸饔。」傳：「尸，陳也。」郭引《禮記》者，《郊特牲》文。《左氏·莊四年傳》：「楚武王荆尸。」《宣十二年傳》：「荆尸而舉尸。」皆訓陳，與「肆」義同。故《晉語》云：「殺三郤而尸諸朝。」《論語》云：「肆諸市朝。」是「尸」與「肆」同矣。

旅者，師旅也。人衆須有部列，與「陳」義近。故《詩》「殽核維旅」，「旅楹有閑」，傳竝云：「旅，陳也。」通作「臚」。《周禮·司儀》云：「皆旅擯。」鄭注：「旅，讀爲鴻臚之臚。臚，陳之也。」《漢書·郊祀志》云：「旅於泰山。」《史記·六國表》云：「而臚於郊祀。」是「臚」「旅」通。又與「魯」通。《説文》：「旅，古文作𣄼，以爲魯衛之魯。」故《書序》云「旅天子之命」，《史記·周紀》作「魯天子之命」。

尸、職，主也。《左傳》曰：「殺老牛，莫之敢尸。」《詩》曰：「誰其尸之。」又曰：「職爲亂階。」尸，寀也。謂寀地。寀、寮，官也。官地爲寀，同官爲寮。

《廣雅》云：「主，君也。」又云：「主，守也。」《曲禮》云：「凡執主器。」鄭注：「主，君也。」此「主」兼謂天子、諸侯也。《周禮·大宰》：「六曰主以利得民。」此「主」謂公卿大夫也。《詩》云：「侯主侯伯。」毛傳：「主，家長也。」此「主」謂士、庶人也。然則君主之稱，通於上下矣。

尸者，「屍」之叚音也。《說文》云：「屍，終主。」通作「尸」。上文尸訓陳，此訓主者，《郊特牲》注：「尸，或詁爲主。此尸神象，當從主訓之，言陳非也。」此鄭駁《郊特牲》「尸，陳也」之文，明施於所尊，宜訓主也。《詩》云：「誰其尸之。」《晉語》云：「董伯爲尸。」毛傳及韋注竝云：「尸，主也。」「尸」與「司」同，司亦主矣。

職者，上文云：「常也。」又訓主者，《易》云：「後得主而有常。」是其義也。《詩》如「職思其居」，「職競由人」之類，毛俱訓主。《周禮》如「職喪」「職方」「職金」之類，鄭俱訓主。「主」與「宰」同意。《天官·冢宰》釋文引鄭云：「宰，主也。」

寀者，當爲「采」。下文云：「采，事也。」能其事者食其地，亦謂之「采」。《禮運》：「大夫有采，以處其子孫。」《韓詩外傳》：「古者天子爲諸侯受封，謂之采地。」然則尸訓寀者，蓋爲此地之主，因食此土之毛。故《鄭語》云：「主芣、騩而食溱、洧。」是其義也。《釋文》：「寀，李、孫、郭竝七代反，樊七在反。」按：「七在」音是，今從樊光讀。

官者，《說文》云：「吏事君也。」《古微書》引《春秋元命苞》云：「官之爲言宣也。」寀訓官者，宷亦當爲采。《漢書·刑法志》注引「宷」，正作「采」。《樂記》注云：「官，猶事也。」事即采之訓，故采又訓官矣。《書》：「疇咨若予采。」馬融注：「采，官也。」《史記·司馬相如傳》云：「以展采錯事。」《集解》亦云：「采，官也。」

寮者，《釋文》：「寮，字又作僚。」《詩》釋文：「僚，字又作寮。」是「寮」「僚」同。《玉篇·宀部》《人部》分見二文，經傳通用。故《詩》：「及爾同僚。」毛傳：「僚，官也。」《左氏·文七年傳》：「同官爲寮。」《昭七年傳》：「隸臣僚。」《正義》引服虔云：「僚，勞也，共勞事也。」然則同僚謂同勞也，同勞謂同官也。同官不同勞，從事所以獨賢也；同勞不同官，《北門》所以交謫也。

績、緒、采、業、服、宜、貫、公，事也。《論語》曰：「仍舊貫。」餘皆見《詩》《書》。

《說文》云：「事，職也。」《釋名》云：「事，傳也。傳，立也，凡所立之功也。」《秦策》注：「事，治也。」《樂記》注：「事，猶爲也。」然則凡所營爲、作治、建立，俱謂之事。故下文又云「事，勤」矣。

績者，上文云：「繼也。」下文云：「業也，功也，成也。」其義皆與「事」近。

緒者，敘也，業也。已詳上文。又訓事者，《詩》云：「纘禹之緒。」《周語》云：「纂修其緒。」鄭箋及韋注竝云：「緒，事也。」

采者，上文云：「官也。」官亦事也。《詩・卷耳》傳：「采采，事采之也。」《芣苢》傳：「采采，非一辭也。」不同者，毛意蓋以「采采」同訓事，因是重文，故又云「非一辭」。若準以《爾雅》，則采采猶事事也。故《書》云「載采采」，《史記・夏紀》作「始事事」。又「亮采有邦」及「百里采」，馬融注竝訓爲事。《逸周書・克殷》篇云：「召公奭贊采。」孔晁注亦云：「采，事也。」蓋「采」从木、爪，訓爲捋取，捋取亦勤事之意，故訓事矣。

業者，上文云「敘也」「緒也」。耑緒、次敘皆與事近。故《魯語》云：「非故業也。」《史記・項羽紀》云：「業已講解。」韋昭及索隱竝云：「業，事也。」

服者，《釋文》：「服，本或作⿰舟复。」又作「般」。《荀子・賦》篇注：「服，本或作般。」按：二「般」字俱當爲「𦨈」。蓋「服」古作「𦨈」，形譌爲「般」耳。《詩》云：「曾是在服。」傳：「服，服政事也。」《詩》內「服」字，毛訓事者，止此一處。它如「寤寐思服」，「共武之服」，「昭哉嗣服」，「我言維服」，「亦服爾耕」，鄭箋竝云：「服，事也。」又如《曲禮》云：「孝子不服闇。」《祭統》云：「纂乃祖服。」鄭注竝云：「服，事也。」通作「復」。《喪大記》云：「君弔則復殯服。」鄭注：「復，或爲服。」是「服」「復」通。因知《釋文》「服，本或作⿰舟复」，蓋⿰舟复即復，字形相近，又因「服」古从舟，相涉而誤也。

宜者，《釋名》云：「儀，宜也，得事宜也。」然則宜訓事者，作事得宜，因謂之「宜」。故《詩・鳧鷖》傳：「宜，宜其事也。」

貫者，下文云：「習也。」「習」與「事」義亦近。《詩》：「三歲貫女。」傳：「貫，事也。」《職方氏》云：「使同貫利。」《論語》云：「仍舊貫。」鄭注竝云：「貫，事也。」通作「宦」。漢石經《詩》作「三歲宦女」。「宦」蓋與「官」同。宦，仕也。仕，事也，官亦事也。「官」「貫」聲又同矣。

公者，與「功」同，亦叚借也。《詩》「夙夜在公」，「于公先王」，「矇瞍奏公」，「王公伊濯」，「肇敏戎公」，「實維爾公允師」，毛、鄭竝云：「公，事也。」「以奏膚公」，傳又云：「公，功也。」明「公」與「功」同也。故「載纘武功」，「世執其功」，傳竝云：「功，事也。」通作「工」。《肆師》注：「故書功爲工。」鄭司農「工」讀爲「功」，古者「工」與「功」同字。按：「功」「工」與「公」又通。故「矇瞍奏公」，《楚辭・懷沙》篇注作「矇瞍奏工」，《呂覽》注及《史記集解》竝作「矇叟奏功」。

永、羕、引、延、融、駿，長也。宋、衛、荊、吴之閒曰「融」。羕，所未詳。

《說文》云：「長，久遠也。」《廣雅》云：「長，常也。」《詩・文王》箋：「長，猶常也。」

按：八尺曰「尋」，倍尋曰「常」。常，丈六尺，故以「常」訓長。「長」與「脩」同。故《方言》云：「脩，長也。」

永者，上文云：「遠也。」《說文》云：「長也。」「長」「遠」義近。故《詩·卷耳》《漢廣》《常棣》《文王》傳竝云：「永，長也。」《白駒》箋：「永，久也。」久亦長也。

羕者，與「永」同意。《說文》云：「羕，水長也。」引《詩》：「江之羕矣。」「永」下引《詩》：「江之永矣。」不同者，《文選·登樓賦》注引《韓詩》曰：「江之漾矣。」薛君曰：「漾，長也。」漾即羕，《說文》本《韓詩》也。通作「養」。《書》云「民養其勸弗救」，《漢書·翟方進傳》作「民長其勸弗救」。《夏小正》云：「執養宮事。」又云：「時有養日。」傳竝云：「養，長也。」「引」「延」上文竝云：「陳也。」「陳」「長」義近。

引者，《釋名》云：「引，演也。」演亦長也。《齊語》云：「是以國家不日引、不月長。」《漢書·律曆志》云：「引者，信也。」「信」與「伸」同。故《文選·典引》蔡邕注：「引者，伸也，長也。」按：樂歌皆有引。引聲，長言之意。故《樂記》注：「長言之，引其聲也。」《詩·楚茨》《行葦》《卷阿》《召旻》傳竝云：「引，長也。」「引」與「矧」同，「矧」，古字作「弞」。《方言》云：「弞，長也。東齊曰弞。」按：今登萊間人謂物卷者伸而長之爲「弞」，音「辰」，上聲。是弞即引也，方俗語音有輕重耳。

延者，《説文》云：「長行也。」《書》云：「不少延。」鄭注：「言害不少乃延長之。」《離騷》云：「延佇乎吾將反。」王逸注：「延，長也。」「延」，从木爲「梴」。《説文》：「梴，長木也。」从手爲「挻」。《説文》：「挻，長也。」是「挻」「梴」「延」聲義俱同矣。

融者，《白虎通》云：「融者，續也。」「續」有「長」義。又《釋丘》云：「再成鋭上爲融丘。」「鋭」有「高」義。故《左氏·昭五年傳》：「明而未融。」服虔注：「融，高也。」「高」與「長」近。故《詩》：「昭明有融。」《周語》云：「顯融昭明。」毛傳及韋注竝云：「融，長也。」《文選·笙賦》云：「泓宏融裔。」李善注：「融裔，聲長貌。」通作「肜」。《思玄賦》云：「展洩洩以肜肜。」李善注：「融與肜古字通。」按：「肜」「融」聲同，「肜」「繹」義同。肜、繹皆祭之明日，又祭之名，其義爲相尋不絶之意。故《方言》「肜」「繹」俱云「長也」。因此知《笙賦》之融裔即肜繹。又《海賦》云：「沖瀜沆瀁。」李善注：「深廣之貌。」按：「沖」「瀜」「沆」「瀁」俱字之疊韵，瀜即融，瀁即羕矣。「融」「羕」「永」「引」「延」又俱一聲之轉。

駿者，上文云：「大也。」「大」與「長」義近。故《詩·雨無正》及《清廟》傳竝云：「駿，長也。」通作「峻」。《離騷》云：「冀枝葉之峻茂兮。」王逸注：「峻，長也。」《淮南·本經》篇云：「山無峻榦。」高誘注：「峻榦，長枝也。」《方言》云：「駿、融、延，長也。」竝與此義合。

喬、嵩、崇，高也。皆高大貌。《左傳》曰：「師叔，楚之崇也。」崇，充也。亦爲充盛。

《説文》云：「高，崇也。」《釋名》云：「高，皋也，最在上，皋韜諸下也。」

喬者，《説文》云：「高而曲也。」必言「曲」者，喬从夭，夭，屈也。故《釋木》云：「句如羽喬。」又云：「上句曰喬。」舊注：「喬，高曲。」是也。通作「橋」。《詩》：「山有橋松。」《釋文》：「橋，本亦作喬。」「南有喬木」，《釋文》：「喬，本亦作橋。」又通作「嶠」。《釋山》云：「山鋭而高，嶠。」《釋名》作「山鋭而高曰喬，形似橋也」。《史記·五帝紀》云：「黄帝葬橋山。」《正義》引《爾雅》：「山鋭而高曰橋。」《御覽》引《史記》作「喬山」。又通作「僑」。《左氏·文十一年傳》：「獲長狄僑如。」《穀梁·成二年傳》：「叔孫僑如。」《釋文》竝云：「僑，本亦作喬。」

嵩者，《釋名》云：「嵩，竦也。」亦高稱也。《白虎通》云：「嵩，言其高大也。」通作「崧」。《釋山》云：「山大而高，崧。」《釋名》「崧」作「嵩」。《詩》「崧高維嶽」，《孔子閒居》引作「嵩高維嶽」。又通作「崇」。《周語》云：「融降於崇山。」韋昭注：「崇，崇高山也。」夏居陽城，崇高所近，是崇高即嵩高也。又通作「崈」。《考工記·總目》釋文云：「崇，本亦作古崈字。」《漢書·郊祀志》及《地理志》竝作「崈高」。《集注》俱云：「崈，古崇字。」然則「嵩」，古通作「崇」，又作「崈」，別作「崧」。《玉篇》以「崧」爲正體，「嵩」爲重文，固非。今人又以「嵩」字《說文》所無，而欲以「崇」代「嵩」，不知《爾雅》此文「嵩」「崇」竝見，經典相承，「嵩」「崧」通用，不得謂「嵩」字後人所作。《後漢書·靈帝紀》：「熹平五年，復崇高山名爲嵩高山。」是「嵩」「崇」非同字，與《爾雅》合矣。

崇者，《說文》云：「嵬高也。」通作「宗」。《書》云「是崇是長」，《漢書·谷永傳》作「是宗是長」。

充者，《說文》云：「長也，高也。」「高」與「長」義近。充訓長者，《方言》云：「度廣爲尋，幅廣爲充。」是也。充訓高者，即此文「崇」轉爲「充」是也。《釋名》云：「八達曰崇期。崇，充也，道多所通，人充滿其上，如共期也。」《鄉飲酒》及《鄉射禮》竝云：「崇酒。」又《樂記》云：「六成復綴以崇。」鄭注竝云：「崇，充也。」按：充之言重也。《爾雅》下云：「崇，重也。」重疊與充滿義相成。又言「終」也。《詩》「崇朝其雨」，「曾不崇朝」，傳、箋竝云：「崇，終也。」終竟與充盈義亦相成。《書》云：「其終出于不祥。」《釋文》：「終，馬本作崇，云：『充也。』」蓋「充」「崇」「終」俱聲轉義同，故音訓可通。臧鏞堂《爾雅漢注》引舍人本「崇疑作威」，然聲義俱不相應，俟攷。

犯、奢、果、毅、剋、捷、功、肩、戡，勝也。陵犯、誇奢、果毅皆得勝也。《左傳》曰："殺敵爲果。"肩即剋耳。《書》曰："西伯戡黎。"勝、肩、戡、劉、殺，克也。轉相訓耳。《公羊傳》曰："克之者何？殺之也。"劉、獮、斬、刺，殺也。《書》曰："咸劉厥敵。"秋獵爲獮，應殺氣也。《公羊傳》曰："刺之者何？殺之也。"

勝者，《說文》云："任也。"《玉篇》云："强也。"强與任材能過絶於人，謂之爲"勝"。勝之言盛也，以盛氣蓋人。又言乘也，以氣乘人而上之。故《書序》云："周人乘黎。"傳云："乘，勝也。"是其義也。

犯者，《說文》云："侵也。"《小爾雅》云："突也。"《玉篇》云："抵觸也。"《曲禮》云："介胄則有不可犯之色。"《左傳》云："蒙皋比而先犯之。"皆謂以氣陵轢於人，故犯訓爲勝。《楚語》云："若防大川焉，潰而所犯必大矣。"韋昭注："犯，敗也。"犯訓勝，又訓敗者，義相足成也。

奢者，《說文》云："張也。"籀文作"奓"。《文選·西京賦》云："心奓體忲。"奓即奢也。又云："麗美奢乎許、史。"薛綜注："言被服過此二家。"然則奢訓爲過，過猶勝也。郭云"誇奢"，當作"夸奢"。"夸奢"猶言"鯺沙"，上陟加切。皆疊韵字也。

果者，"惈"之叚音也。《一切經音義》九引《蒼頡篇》云："惈，憨也。殺敵爲惈。"即引《爾雅》「倮，勝也」。孫炎曰：「倮，決之勝也。」是《爾雅》古本作「倮」。故《釋文》：「倮，音果，本今作果。」倮訓憨者，憨亦敢也。通作「果」。《文選・魏都賦》云：「風俗以韰果爲嫿。」李善注引《方言》曰：「倮，勇也。」「倮」與「果」古字通。《謚法》云：「猛以剛果曰威。」孔晁注：「果，敢行也。」然則凡言「果能」者，即敢能；言「不果」者，即不敢，亦即不勝矣。「果」聲同「過」，過於人即勝於人也。《吕覽・適威》篇云：「以爲造父不過也。」高誘注：「過，猶勝也。」《莊子・至樂》篇釋文：「果，本作過。」是「過」「果」通矣。

毅者，《説文》云：「有決也。」《左氏・宣二年傳》：「殺敵爲果，致果爲毅。」《楚語》云：「毅而不勇。」韋昭注：「毅，果也。」是「毅」與「果」同，但義有淺深耳。凡臨敵制勝，必果毅兼資。故《周語》云：「制戎以果毅。」明果毅能制勝也。

剋者，「勊」之俗體也。《説文》：「勊，尤劇也。」《玉篇》云：「勊，勝也。」通作「剋」，又作「尅」，皆俗作也。《御覽・刑法部》十八引《尚書大傳》云：「弱而受刑謂之剋。」《淮南・兵略》篇云：「剋國不及其民。」是皆以「剋」爲勝也。依正文當作「克」。《説文》云：「克，肩也。象屋下刻木之形。」《釋言》云：「克，能也。」能亦勝。故《書》云：「剛克柔克。」鄭注：「克，能也。」馬注：「克，勝也。」「克」與「刻」音義同。故《釋名》云：「克，刻也，刻物有定處，人所克念，有常心也。」按：《爾雅》宋本此作「剋」，下作「克」，《釋文》

無「剋」字，知陸本俱作「克」，今宜據以訂正焉。

捷者，《説文》云：「獵也。」則與「獵」同意。又云：「軍獲得也。」則與「克」同意。《謚法》云：「捷，克也。」克即勝。故《詩》：「一月三捷。」《周語》云：「且獻楚捷。」《吳語》云：「事若不捷。」毛傳及韋注竝云：「捷，勝也。」

功者，與「攻」同。《説文》云：「攻，擊也。」攻擊與戰勝義近。上文云：「攻，善也。」「善」「勝」亦聲轉義近。凡言善於此者，亦言勝於此也。通作「功」。《大司馬》云：「若師有功。」又云：「若師不功。」鄭注：「功，勝也。」《漢書·董賢傳》云：「賢第新成，功堅。」《集注》：「功，字或作攻。」是「攻」與「功」通。

肩者，《説文》以爲克之訓也。肩任負何，力能勝之，謂之「克」。克既爲肩，知肩亦爲克，故郭云：「肩即剋耳。」《書》云：「朕不肩好貨。」《正義》引舍人曰：「肩，强之勝也。」按：肩之爲言堅也。堅强與能勝義近。「堅」與「賢」聲近，賢於人即勝於人矣。

戡者，《書序》云：「西伯戡黎。」《正義》引孫炎曰：「戡，强之勝也。」通作「戋」。《説文》引《書》：「西伯戋黎。」《邑部》「𨛫」下又引作「戡」。是「戡」「戋」通。又通作「龕」。《文選·詩》注：「龕與戡，音義同。」按：「龕」唯音同耳。戡訓刺，戋訓殺，二義皆與勝近，但其訓勝之字，經典俱借作「堪」。堪訓任，任即勝也。故《晉語》云：「口弗堪也。」

《列子·仲尼》篇云：「堪秋蟬之翼。」韋昭及張湛注竝云：「堪，猶勝也。」《墨子·非攻》篇云：「往攻之，予必使汝大堪之。」亦以堪爲勝也。《藝文類聚》及《文選》注竝引《墨子》「堪」作「戡」。

克訓勝，又訓殺者，《書》「弗迓克奔」，馬、鄭本作「弗禦克奔」。鄭注：「克，殺也。不得暴殺紂師之奔走者。」郭引《公羊·隱元年傳》曰：「克之者何？殺之也。」《穀梁傳》曰：「克者何？能也。何能也？能殺也。」是皆郭義所本也。

勝者，《聘義》云：「用之於戰勝。」鄭注：「勝，克敵也。」《素問·金匱真言論》云：「所謂得四時之勝者。」王砅注：「四時皆以所剋殺而爲勝也。勝謂制剋之也。」

肩者，下文云：「作也。」造作與克制義近。《詩》云：「佛時仔肩。」毛傳：「仔肩，克也。」鄭箋：「仔肩，任也。」皆二字連文爲訓。其實單文亦通。故《說文》云：「仔，克也。」明仔、肩俱訓克也。

戡者，勝也。勝亦爲克，故不勝言「弗克」，亦言「弗堪」。「堪」「克」聲轉耳。

劉者，《逸周書·世俘》篇云：「則咸劉商王紂。」孔晁注：「劉，剋也。」

殺者，《說文》云：「戮也。」《釋名》云：「竄也，埋竄之，使不復見也。」通作「弑」。《大司寇》及《士冠禮》注竝云：「簒殺。」《釋文》竝云：「殺，本作弑。」

劉者,《説文》作「鎦」,云:「殺也。」通作「劉」。《書》云:「無盡劉。」《詩》:「勝殷遏劉。」毛傳:「劉,殺也。」「劉」聲近「膢」。《漢書·武帝紀》注引《漢儀注》「立秋貙膢」,伏儼曰:「膢,音劉。劉,殺也。」師古曰:「《續漢書》作貙劉。膢劉義各通。」然則「劉」又秋獵之名,與「獮」義同矣。

獮者,《説文》作「𤢺」,云:「秋田也。」經典俱作「獮」。《釋天》云:「秋獵爲獮。」《大司馬》注:「秋田爲獮。獮,殺也。」

刺者,《司刺》注:「刺,殺也。」郭引《公羊·僖廿八年傳》:「刺之者何?殺之也。」《説文》訓以「君殺大夫曰刺」,蓋據《春秋》書「刺」之文。而壹施之,即實非也。《秋官》「三刺」下逮庶民,晉刺懷公又非大夫,故《晉語》云:「殺懷公於高梁。」又云:「刺懷公于高梁。」證知「刺」「殺」通名,亦猶「弑」「殺」古通用矣。

亹亹、蠠没、孟、敦、勖、釗、茂、劭、勔,勉也。《詩》曰:「亹亹文王。」蠠没,猶黽勉。《書》曰:「茂哉茂哉。」《方言》云:「周、鄭之間相勸勉爲勔釗。」孟,未聞。

《説文》云:「勉,彊也。」《小爾雅》云:「勉,力也。」力猶勸厲。故《説文》又云:「勸,勉也。」借作「免」。《漢書·薛宣傳》:「宣因移書勞免之。」《谷永傳》:「閔免遁樂。」《集注》：「閔免，猶黽勉也。」《五行志》作「閔勉遯樂」。又借作「俛」。《表記》云：「俛焉日有孳孳。」鄭注：「俛焉，勤勞之貌。」是俛即勉也。「俛」，本「俯」字，亦音「免」，故借爲「勉」矣。又通作「勱」。《一切經音義》六云：「勉，古文勱，同。」又通作「邁」。《左氏・莊八年傳》引《夏書》曰：「臯陶邁種德。」杜預注：「邁，勉也。」是邁即勱矣。

亹者，《説文》無之，徐鉉謂當作「娓」。《釋文》：「亹，字或作斖。」竝非也。阮雲臺師曰：「亹，讀若『鳧鷖在亹』之『亹』，音門。」按：「亹」與「黽」「没」「孟」「勉」俱一聲之轉。亹訓勉者，李善《吴都賦》注引《韓詩》曰：「亹，水流進貌。」進即勉。《詩》「亹亹文王」，「亹亹申伯」，傳、箋竝云：「亹亹，勉也。」「勉」字亦作重文，與「亹亹」相配。故《詩》「勉勉我王」，《荀子・富國》篇及《韓詩外傳》俱作「亹亹我王」。《禮器》注：「亹亹，勉勉也。」《易・繫辭》鄭注：「亹亹，没没也。」不同者，「没没」即「勉勉」聲之轉也。又轉爲「旼旼」。《大戴禮・五帝德》篇云「亹亹穆穆」，《文選・封禪文》作「旼旼穆穆」。又「亹亹文王」，《墨子・明鬼》篇引作「穆穆文王」。是「穆穆」「旼旼」與「亹亹」「勉勉」俱聲相轉也。「亹」與「釁」古音近。《周禮・鬯人》鄭衆注：「釁，讀爲徽。」「徽」从微聲，「微」古讀若「眉」。故《春秋・莊廿八年經》云「築郿」，《公羊》作「築微」，《釋文》：「《左氏》作麋。」「麋」「郿」音同，是「微」古讀「眉」之證。故《玉篇》云：「亹，亡匪切。亹亹，猶微微也。」《一切經音義》九引《周易》劉瓛注：「亹亹，猶微微也。」是《玉篇》所本。《爾雅》釋文亦云：「亹，亡匪反。」徐鉉以「亹」作「娓」，「娓」與「媺」同。《韓詩》以爲「誰俯予美」之「美」，然則「亹」讀爲「美」，與「亹」讀爲「門」，又俱聲相轉矣。

蠠没者，《釋文》：「蠠，彌畢反，又亡忍反，本或作蠠。」引《説文》曰：「蠠，古密字。」是「蠠」無正文，借聲爲之。「蠠没」聲轉爲「黽勉」。故郭云：「蠠没，猶黽勉也。」又轉爲「密勿」。《詩》云「黽勉同心」，《文選》注引《韓詩》作「密勿同心」。密勿，僶俛也。僶俛即黽勉。又「黽勉從事」，《漢書·劉向傳》作「密勿從事」。又「没」重文作「没没」，轉爲「勿勿」。《禮器》云：「勿勿乎，其欲其饗之也。」《大戴禮·曾子立事》篇云：「君子終身守此勿勿也。」鄭注及盧辯注竝云：「勿勿，猶勉勉也。」「蠠没」又轉爲「懋慔」。《釋訓》云：「懋懋、慔慔，勉也。」又轉爲「侔莫」。《方言》云：「侔莫，强也。北燕之外郊，凡勞而相勉，若言努力者，謂之侔莫。」又轉爲「文莫」。欒肇《論語駁》曰：「燕、齊謂勉强爲文莫。」是文莫即侔莫也。又《方言》云：「薄努，猶勉努也。」《廣雅》作「薄怒，勉也」。又云：「文農，勉也。」文農亦即侔莫。是皆古方俗之語，音轉字變，而其義俱通者也。

孟者，「黽」之叚音也。《後漢書·趙岐傳》云：「作《要子章句》。」「要」，蓋「黽」字之誤。古文「要」作「[illegible]」，與「黽」形近易譌。「黽」與「孟」聲近叚借。《水經·清漳水注》

「大黽谷」作「大要谷」矣。見劉攽《刊誤》及吴仁傑《補遺》。胡承珙曰：「《趙岐傳》借『黽』爲『孟』，《爾雅》借『孟』作『黽』，故孟訓勉，即黽勉也。」其説是也。《文選・幽通賦》曹大家注及《漢書・敘傳》服虔注竝云：「孟，勉也。」「孟」聲轉爲「薆」。錢氏大昕《養新録》云：「《洛誥》：『汝乃是不薆。』《釋文》引馬融注：『薆，勉也。古讀孟如芒。』《釋文》：『薆，莫剛反。』蓋馬、鄭舊音，則薆即孟矣。又轉爲『明』，古讀『明』亦如『芒』。」王引之《經義述聞》云：「明、勉一聲之轉。」《書・盤庚》「明聽朕言」，《洛誥》「明作有功」，「公明保予沖子」，《多方》「爾邑克明」，《顧命》「爾尚明時朕言」，皆當訓勉。重言之則曰「明明」。《詩・江漢》云：「明明天子，令聞不已。」猶言「亹亹文王，令聞不已」也。《有駜》云：「夙夜在公，在公明明。」言在公勉勉也。鄭箋：「在于公之所，明義明德。」失之矣。

敦者，《詩・北門》及《常武》釋文竝引《韓詩》云：「敦，迫也。」迫促與勸勉義近。《漢書・楊雄傳》云：「敦衆神使式道兮。」《文選・典引》云：「靡號師矢，敦奮撝之容。」《集注》及蔡邕注竝云：「敦，勉也。」通作「惇」。下文云：「惇，厚也。」「厚」與「勉」義亦近。《文選・西都賦》注引《爾雅》作「惇，勉也」。是「惇」「敦」通矣。

勖者，《説文》云：「勉也。」《詩》：「以勖寡人。」《士昏禮》云：「勖帥以敬先妣之嗣。」毛、鄭竝云：「勖，勉也。」《書》云：「迪見冒。」《釋文》：「冒，馬作勖，勉也。」雲臺師曰：「勖，从冒聲，當讀與目同。今人讀若旭者，漢以後音之譌變。」按：《説文》：「木，冒也。」是「冒」「木」聲同，此古音也。「勖」讀若「旭」者，《詩》「以勖寡人」，《坊記》引作「以畜寡人」。是「勖」「畜」同音，其來已久。若从古音，則「勖」讀如「冒」。「冒」「勉」亦一聲之轉矣。

釗者，《方言》云：「勉也。秦、晉曰釗。」《釋文》：「釗，古堯反，又之遥反。」《方言》注作「居遼反」。「居遼」之合聲爲「教」，教亦勸勉也。「之遥」之合聲爲「招」，招亦勔釗也。

茂者，「懋」之叚音也。《説文》云：「懋，勉也。」本《釋訓》文。又引《書》曰：「惟時懋哉。」馬融注：「懋，美也。」「美」「勉」義近。又「懋建大命」，漢石經「懋」作「勖」。「勖」「懋」聲相轉也。通作「茂」。《詩》：「方茂爾惡。」《易》：「先王以茂對時。」毛傳及馬融注竝云：「茂，勉也。」《尚書大傳·大誓》云「茂哉茂哉」，《書·皋陶謨》作「懋哉懋哉」。《爾雅》釋文：「茂，字又作懋，亦作⿱矛心。」《文選·東京賦》注引《爾雅》作「懋，勉也」。云「亦作⿱矛心」者，「⿱矛心」，《説文》以爲「懋」字之省也。

劭者，《釋文》：「上照反，或上遥反。」《説文》云：「劭，勉也。讀若舜樂韶。」是「上遥」之音，合於古讀也。《漢書·成帝紀》云：「先帝劭農。」晉灼注：「劭，勸勉也。」《文選・豪士賦》注引《爾雅》注曰：「劭，美也。」《演連珠》注同，所引蓋《爾雅》舊注之文。劭又訓美者，「美」「勉」聲轉義近也。

勔者，「愐」之叚音也。《說文》云：「愐，勉也。」通作「勔」。《方言》「勔釗」，注云：「勔亦訓勉也。」《文選・思玄賦》云：「勔自强而不息兮。」舊注：「勔，勉也。」又通作「僶」。《爾雅》釋文：「勔，字本作僶，又作黽。或音泯，又彌兖反。」按：「僶」即「黽」之或體，「泯」即「彌兖」之轉音。今從彌兖反者，《方言》注：「勔，音沈湎。」是也。

騖、務、昏、暋，强也。馳騖、事務皆自勉强。《書》曰：「不昏作勞」，「暋不畏死」。

强亦勉也。强有二義：「勉强」之「强」，《說文》作「勥」，云「迫也」；「剛强」之「强」，《說文》作「彊」，云「弓有力也」。然「彊」「勥」二字，經典俱通作「强」。下文云：「强，勤也。」《一切經音義》六引《蒼頡篇》云：「强，健也。」《爾雅》此條則主强力而言，即《詩・載芟》傳云：「彊，彊力也。」

騖者，「敄」之叚音也。《說文》云：「敄，彊也。」通作「騖」。《說文》：「騖，亂馳也。」《穆天子傳》云：「天子西征騖行。」蓋馳騖有并力進取之意，故爲强也。又通作「鶩」。《淮南・主術》篇云：「魚得水而鶩。」高誘注：「鶩，疾也。」鶩疾亦馳騖之意也。

務者，《説文》云：「趣也。」疾趣與馳騖同意。《淮南・修務》篇云：「名可務立，功可彊成。」又云：「名可彊立，功可彊成。」是務即彊矣。故《荀子・富國》篇云：「僡然要時務民。」楊倞注：「務，勉强也。」《公羊・定二年傳》云：「不務乎公室也。」何休注：「務，勉也。」然則務又訓勉，「務」「勉」聲轉。古讀「務」如「冒」，聲轉爲「勱」。《一切經音義》引《埤蒼》云：「勱，强也，勉也，勤也。」勱之爲强，又爲勉；亦如務之爲勉，又爲强矣。

昏者，《書》云：「不昏作勞。」《文選・西京賦》云：「何必昬於作勞。」薛綜注：「昬，勉也。」《書・盤庚》正義引鄭注：「昏，讀爲暋。暋，勉也。」又引孫炎曰：「昏，夙夜之强也。」通作「暋」。《書》釋文云：「昏，本或作暋，音敏。」《爾雅》「昏」「暋」皆訓强，故兩存。《周禮》釋文亦同。又通作「愍」。「不昏作勞」，《大司寇》注作「民不愍作勞」。《釋文》：「愍，本又作昏。」按：「昏」，一从民聲，故从民之字俱音同字通矣。

暋者，「敃」之叚音也。《説文》：「敃，彊也。」《玉篇》：「敃、暋同。」通作「忞」。《説文》：「忞，彊也。」引《周書》曰：「在受德忞。」今《書・立政》篇作「在受德暋」。《説文》：「敯，冒也。」引《書》曰：「敯不畏死。」敯訓冒，與「强」義亦近。《孟子》引《康誥》作「閔不畏死」。又「《君奭》：「予惟用閔于天越民。」傳云：「閔，勉也。」是皆以聲爲義也。

卬、吾、台、予、朕、身、甫、余、言，我也。卬，猶姎也，語之轉耳。《書》曰：「非台小子。」古者貴賤皆自稱「朕」。《禮記》云「授政任功，曰『予一人』」，「畛於鬼神，曰有某甫〔一〕」。言，見《詩》。朕、余、躬，身也。今人亦自呼爲「身」。台、朕、賚、畀、卜、陽，予也。賚、卜、畀皆賜與也。與，猶予也，因通其名耳。《魯詩》云：「陽如之何。」今巴、濮之人自呼「阿陽」。

《説文》云：「我，施身自謂也。」按：「我」，从𠂹，「𠂹」，古「垂」字，施，垂下之貌。古人謙卑，凡自稱我，必垂下其身，故云：「施身自謂也。」虞翻《易注》：「坤爲自我。」蓋坤亦卑順之義也。《易》云：「觀我生。」《孟子》云：「萬物皆備於我。」虞翻及趙岐注竝云：「我，身也。」身訓我，我亦訓身，轉注之義也。「我」聲近「阿」，《木蘭詩》云：「阿耶無大兒。」「阿耶」猶言我父也。《晉書·潘岳傳》云：「負阿母。」「阿母」猶言我母也。

卬者，與「姎」同，故郭云：「卬，猶姎也。」《説文》：「姎，女人自稱我也。」錢坫《説文斠詮》云：「《後漢書》：『長沙武陵蠻相呼爲姎徒。』『姎徒』猶我徒也。今伊犂、烏魯木齊等回民稱女曰『姎哥』。」按：「姎」「卬」「我」竝聲相轉。今方俗語謂「我」爲「俺」，「俺」亦聲轉。但《説文》俺訓大，於義又不當自謂也。《詩》中「卬」字三處，毛皆訓我。《書·

〔一〕曰有某甫，宋刊十行本楊胡本、《經解》本同，今本《曲禮》作「曰有天王某甫」。

大誥》云「不卬自恤」，《漢書・翟方進傳》作「不身自恤」。身即我矣。

吾者，《説文》云：「我自稱也。」《士冠禮》云：「願吾子之教之也。」鄭注：「吾子，相親之辭。吾，我也。子，男子之美稱。」《管子・海王》篇云：「吾子食鹽二升少半。」尹知章注：「吾子，謂小男小女。」按：「吾子」猶言我子耳。

台者，與「儀」同。《詩》云：「如食宜饇。」《釋文》：「宜，本作儀。」引《韓詩》云：「儀，我也。」按：《説文》云：「義，己之威儀也。」蓋「威儀」之「儀」，《説文》作「義」。「義」，从我，因訓我，故云「己之威儀」，己即我也。《春秋繁露》云：「義者，謂宜在我者。」又云：「義者，我也。」是義訓我之證。然則訓我之「台」，正當作「義」，叚借作「台」。《韓詩》之「儀」即「義」之叚音耳。

予者，《白虎通》云：「予亦我也。」《詩》：「予又集于蓼。」毛傳：「予，我也。」《詩》内「予」字，傳訓止此一處，餘鄭箋與毛同。

朕者，《説文》云：「我也。」《白虎通》云：「或稱朕何？亦王者之謙也。朕，我也。」蔡邕《獨斷》云：「朕，我也。古者尊卑共之，貴賤不嫌，則可同號之義也。」是「朕」爲通稱，上下所同。故《書》：「皋陶曰：『朕言惠。』」《離騷》云：「朕皇考曰伯庸。」是古尊卑同號之證也。秦以後，乃爲天子自稱。而説者云：「天子稱朕，但以聞聲。」斯言謬矣，彼謂「眹兆」之「眹」，而非「朕我」之「朕」也。

身者，郭云：「今人亦自呼爲身。」按：今時唯獄詞訟牒自呼爲「身」，身之爲言人也。《世説》載晉時有自稱「民」者，民亦人耳。今時平民自稱「民人」，市商自稱「商人」，亦其義也。然則自稱爲「人」，亦如自呼爲「身」矣。

甫者，《説文》以爲男子美稱。《禮記》鄭注以爲「某甫，但〔一〕字」，皆非《爾雅》之惜。訓我之「甫」，《詩·小雅·甫田》箋：「甫之言丈夫也。」是甫訓爲夫。《檀弓》注：「夫夫猶言此丈夫。」即其義也。或言「老夫」者，猶言老人耳。《曲禮》云：「自稱曰老夫。」鄭注：「老夫，老人稱。」是也。或言「一夫」者，猶言一人耳。《白虎通》云：「王者自謂一人者，謙也，欲言己材能當一人耳。」然則甫之爲言夫也，夫之言丈夫。丈夫，男子之通稱，猶蕭育自稱「杜陵男子」，張裔自稱「男子張君嗣」，皆其比也。

余者，《説文》云：「語之舒也。」是余爲舒遲之我也。「余」「予」古通用。故《論語》云：「百姓有過，在予一人。」《周語》引《湯誓》曰：「萬夫有罪，在余一人。」郭引《曲禮》云：「授政任功，曰予一人。」鄭注引《覲禮》曰：「伯父寔來，余一人嘉之。」是「余」「予」

〔一〕但，楊胡本同，《十三經注疏》本《禮記正義》作「且」。

古字通之證。故鄭又云：「余、予古今字。」蓋言「予」古文作「余」，《覲禮》「余一人」是也；今《覲禮》亦作「予」，宜據《曲禮》注訂正。今文作「予」，《曲禮》「予一人」，是也。必知古文作「余」者，『隸續』載魏三體石經《書·大誥》云：「余惟小子。」《晉姜鼎銘》云：「余惟嗣朕先姑君晉邦余不辱妄[一]。」石經、鼎銘皆古文，作「余」，即知作「予」者，爲今文矣。是鄭君之意，乃因經、傳「余」「予」通用，而別以古文、今文，非謂「余」「予」同字。《匡謬正俗》誤會鄭意乃云：「因鄭此說，學者遂皆讀『予』爲『余』。」又云：「歷觀詞賦，予無余音。」此駁非矣。今以聲義求之，「余」「予」不妨同音，「余」「予」不嫌非同字。據《玉篇》《廣韻》「予」以諸切，又餘佇切，本兼二音。《曲禮》釋文：「予依字，音羊汝反。鄭云『余、予古今字』，則同音餘。」是陸德明誤讀鄭注，與顔師古同矣。

言者，《詩》内「言」字，傳、箋竝訓我。《莊子·山木》篇云：「言與之偕逝之謂也。」《釋文》亦云：「言，我也。」蓋「言」與「台」「余」俱聲相轉，故其義同。

身既訓我，我又稱身，故轉相訓。《説文》云：「身，船也，象人之身。」通作「信」。《大宗伯》云：「侯執信圭，伯執躬圭。」鄭注：「信當爲身，聲之誤也。身圭、躬圭，蓋皆

[一] 按「余不辱妄」，今通作「余不叚妄寧」。

象以人形，爲瑑飾，文有龘縟耳。欲其慎行以保身。圭皆長七寸。」又通作「伸」。《釋名》云：「身，伸也，可屈伸也。」《荀子·儒效》篇云：「是猶傴伸而好升高也。」楊倞注：「伸，讀爲身，字之誤也。」按：「身」「伸」「信」三字古同聲通用，此皆叚借耳。鄭君及楊倞以爲字、聲之誤，即實非矣。

朕又訓身者，朕之爲言審也。宜審慎者莫如身。朕之爲審，蓋與帝之爲諦其義同矣。

余又訓身者，余爲語之舒，舒緩亦詳審之意。《左氏·僖九年傳》：「小白余。」杜預注：「余，身也。」《正義》引舍人曰：「余，卑謙之身也。」孫炎曰：「余，舒遲之身也。」「舒」與「身」又聲轉義同矣。

躳者，《説文》作「躳」，云：「身也」，「或从弓」。作「躬」。按：「躬」，从身，亦訓爲身。《周禮》「身圭」「躬圭」其義同，故躬爲身，身亦爲躬，轉相訓也。

予既訓我，又爲賜與。「與」「予」聲同，故郭云：「與，猶予也。」《説文》：「予，推予也。象相予之形。」然則「台」「朕」「陽」爲「予我」之「予」；「賚」「畀」「卜」爲「賜予」之「予」，一字兼包二義，故郭云：「因通其名耳。」「賚」「畀」「予」上文竝云：「賜也。」賜即予，故又爲「予」也。

賚者，《詩序》云：「賚，予也。」《方言》云：「予，賴也。」「賴」「賚」聲同。《廣雅》云：「俚，賴也。」「俚」「釐」聲同。《詩》：「釐爾女士。」毛傳：「釐，予也。」

畀者，《說文》云：「相付與之，約在閣上也。」《詩》：「何以畀之。」傳：「畀，予也。」《穀梁·僖廿八年傳》：「畀，與也。」通作「俾」。《逸周書·祭公》篇云：「付俾于四方。」孔晁注：「付，與四方也。」又通作「埤」。《方言》云：「埤，音「畀」。予也。」按：古人多名「畀我」。楚昭王之妹曰「季芈畀我」。《左氏·襄廿三年經》云「邾畀我」，《公羊》及《春秋繁露》俱作「鼻我」。《說文》云：「鼻，引气自畀也。」是「畀」「鼻」聲義同。

卜者，《詩》云「君曰卜爾」，「卜爾百福」，傳、箋竝云：「卜，予也。」「秉畀炎火」，《釋文》：「秉，《韓詩》作卜。卜，報也。」按：「報」當讀爲「赴」。從《少儀》「毋報往」注。故《白虎通》云：「卜，赴也。」然則赴告亦相推予也。

陽者，《易·說卦》云：「爲妾爲羊。」《漢上易傳》引鄭本「羊」作「陽」，注云：「此陽謂爲養，无家女行賃炊爨，今時有之，賤於妾也。」然則陽之爲言養也。女之賤者稱「陽」，猶男之卑者呼「養」也。《毛詩》「傷如之何」，郭引《魯詩》作「陽如之何」。是鄭爲「陽」之說，本於《魯詩》也。郭云「今巴、濮之人自呼阿陽」者，阿即我也。《魏志·東夷傳》云：「東方人名我爲阿。」然則自呼「阿陽」，亦如自稱「廝養」矣。「陽」「姎」義亦相近。

肅、延、誘、薦、餤、晉、寅、藎，進也。《禮記》曰：「主人肅客。」《詩》曰「亂是用餤」，「王之藎臣」。《易》曰：「晉，進也。」寅，未詳。羞、餞、迪、烝，進也。皆見《詩》《禮》。

注竝云：《説文》云：「進，登也。」《釋名》云：「進，引也，引而前也。」《詩·常武》箋及《儀禮》注竝云：「進，前也。」《呂覽·論人》篇注：「進，薦也。」「薦」「進」互訓，「引」「前」義同。《淮南·要略》篇注：「楚人謂精進爲精摇。」此則方俗之異言矣。

肅者，下文云「疾也」，「速也」，俱與「進」義近。《詩》：「民有肅心。」鄭箋：「肅，進也。」通作「宿」。《士冠禮》云：「乃宿賓。」鄭注：「宿，進也。」《特牲饋食禮》云：「乃宿尸。」鄭注：「宿，讀爲肅。肅，進也。」又通作「速」。注又云：「凡宿或作速。」《記》作「肅」，《周禮》亦作「宿」。是「宿」「速」「肅」俱以聲爲義也。

延者，引之進也。《儀禮》：「祝延尸。」注：「延，進也。」《曲禮》：「主人延客祭。」注：「延，道也。」道引亦進之也。故引訓長，延亦訓長也；引訓陳，延亦訓陳也。引訓進，延又訓進也，明此二字聲義俱同矣。

誘者，《説文》作「羑」，云：「相詠呼也。」或作「誘」。古文作「羑」，《羊部》云：「羑，進善也。从羊，久聲。」是「羑」與「羞」同意。《玉篇》云：「羑，導也。」「導」與「道」通用。故《詩》：「吉士誘之。」毛傳：「誘，道也。」《樂記》云：「知誘於外。」鄭注：「誘，猶道也，引也。」是皆以「道」爲導也。「誘」通作「牖」。《詩》：「天之牖民。」毛傳：「牖，道也。」「牖民孔易」，《韓詩外傳》及《樂記》俱作「誘民孔易」。鄭注：「誘，進也。」《易·坎》云：「内約自牖。」《釋文》：「牖，陸本作誘。」按：牖爲窗牖，所以進明，與「誘」聲義俱同，是明之進矣。

薦者，上文云：「陳也。」陳之進也。薦又訓爲薦藉，是藉之進也。

餤者，《詩·巧言》傳：「餤，進也。」《龍龕手鑑》四引《爾雅》舊注云：「餤，甘之進也。」蓋本《詩》「盜言孔甘」而爲説。《史記·趙世家》云：「故以齊餤天下。」《趙策》「餤」作「餌」。是餤蓋以甘言誘敵之意。通作「啖」。故《史記·樂毅傳》云：「令趙啗秦以伐齊之利。」《集解》：「徐廣曰：『啗，進説之意。』」《索隱》曰：「啗，與啗同。」然則「啗」「啗」俱「啖」之或體，「啖」「餤」皆誘進之意。又通作「鹽」。《爾雅》釋文：「餤，沈大甘反，徐仙民《詩音》：『閻，餘占反。』」《表記》釋文：「餤，徐本作鹽，以占反。」是徐邈讀「餤」爲「鹽」，其字因亦作「鹽」。鹽之爲言豔也，豔猶引也。故《郊特牲》注：「鹽，讀爲豔。」古樂府有《昔昔鹽》，「鹽」亦作「豔」，昔昔豔猶昔昔引也，引亦誘進之意也。「餤」聲又近「禫」。《喪大記》注：「禫，或皆作道。」《士虞禮·記》注：「古文禫或爲導。」《説文·谷部》亦云：「㐁讀若三年導服之導。」然則「禫」古字作「導」。禫之爲導，亦如餤之爲啖，竝引而進之意。「餤」「啖」「禫」「導」俱聲轉而義同矣。

　晉者，《釋文》：「本又作𣈆。」《説文》云：「𣈆，進也。日出萬物進。」《五經文字》云：「𣈆，石經作晉。」《易·序卦》云：「晉者，進也。」《雜卦》云：「晉，晝也。」「晝」「晉」聲轉，又與日出物進之義合。《文選·幽通賦》云：「盍孟晉以迨羣兮。」曹大家注：「晉，進也。」

　寅者，《釋名》云：「演也，演生物也。」《漢書·律曆志》云：「引達於寅。」然則引導、演長俱進之意。通作「夤」。《玉篇》云：「夤，進也。」按：夤緣爲干進之言，義出於此。《説文》「夤」訓敬惕，下文云：「寅，敬也。」是寅又爲敬之進矣。

　藎者，與「燼」同。《釋文》：「藎，本又作燼。」《詩·桑柔》釋文同。是「燼」「藎」通。按：「燼」，俗字。《説文》作「𤇿」，云：「火餘也。」《方言》云：「藎，餘也。自關而西秦、晉之閒，炊薪不盡曰藎。」然則藎之言不盡也。不盡者有餘，是藎爲有餘之進也。故《詩》：「王之藎臣。」《逸周書·皇門》篇云：「朕藎臣夫明爾德。」毛傳及孔晁注竝云：「藎，進也。」

　羞者，《説文》云：「進獻也。」「羞」「羑」俱从羊，羊，善也，有美善可進獻也。故《周禮·籩人》注：「薦、羞皆進也。未食、未飲曰薦；既食、既飲曰羞。」《庖人》注：「備品物曰薦，致滋味乃爲羞。」然則「羞」「薦」對文則別，散文則通，故云：「薦、羞皆進也。」又《月令》云：「羣鳥養羞。」《夏小正》云：「丹鳥羞白鳥。」傳云：「羞也者，進也，不盡食也。」是羞又爲進食之通名矣。

餞者，《説文》云：「送去也。」按：餞爲送行。行有進意，送而飲之酒，亦所以進之也。通作「踐」。「踐履不傍」，所謂精進也。《司尊彝》注：「故書踐作餞。」《士虞禮·記》注：「古文餞爲踐。」是「踐」「餞」通。

迪者，下文云「作也」，「道也」。動作、導引義皆爲進。《詩》云：「弗求弗迪。」毛傳：「迪，進也。」《漢書·禮樂志》云：「百鬼迪嘗。」《敘傳》云：「亦迪斯文。」皆以「迪」爲進也。通作「軸」。《詩》：「碩人之軸。」毛傳：「軸，進也。」蓋「軸」「迪」竝从由聲，「迪」亦音「逐」，故與「軸」通矣。

烝者，《説文》云：「火气上行也。」《書》云：「不蠲烝。」馬融注：「烝，升也。」然則烝蓋升之進也。《詩》「是烝是享」，「烝我髦士」，傳俱訓進。《書》：「烝烝乂。」《後漢書·和熹鄧皇后紀》注引孔安國注及《詩·泮水》箋竝云：「烝烝，猶進進也。」《釋天》：「冬祭曰烝。」注云：「進品物也。」

詔、亮、左、右、相，導也。皆謂教導之。詔、相、導、左、右、助，勴也。勴謂贊勉。亮、介、尚，右也。紹介、勸尚皆相佑助。左、右，亮也。反覆相訓，以盡其義。

《說文》云：「導，導引也。」《釋名》云：「導，陶也，陶演己意也。」「陶演」即「導引」，聲之轉耳。通作「道」。《孝經》釋文：「導，本或作道。」《爾雅》釋文：「道，本或作導。注及下同。」是「導」陸本作「道」。道之爲言教也，教導之，俾遵循於道。故《淮南·繆稱》篇注：「道，教也。」「道」「導」「教」同義。故《論語》云「道之以德」，《鹽鐵論·授時》篇作「教之以德」矣。

詔者，《釋名》云：「詔，照也。人暗不見事宜則有所犯，以此照示之，使昭然知所由也。」《一切經音義》二引《三蒼》云：「詔，告也。」《玉篇》云：「告也，教也，導也。」按：「詔」與「召」義亦近，召爲呼召，詔亦口導。故《楚辭·招魂》序云：「以言曰召。」是詔爲言之導矣。經典詔皆訓告。《周禮》「詔」字屢見，又《儀禮》《禮記》《左傳》《國策》俱有「詔」字。蔡邕《獨斷》云「三代無其文，秦漢有之」者，謂制詔之名起於秦漢，非秦以前無「詔」字也。

亮者，與「諒」同。諒訓信，已見上文，是諒爲信之導也。通作「涼」。《詩》：「涼彼武王。」傳：「涼，佐也。」佐亦導也。《釋文》：「涼，本亦作諒。」《韓詩》作亮，云：『相也。』」相亦導也。是「亮」與「諒」同，經典通用。《書》「惟時亮天工」，《史記·五帝紀》作「惟時相天事」。

左、右者，《釋文》：「音佐佑，下同。」蓋佐佑即左右之俗作也。經典雖亦相承通用，古書仍作「左右」。輔佐、啟佑皆所以爲教導也。

勴者，「勷」字之省也。《説文》云：「勷，助也。」教導所以爲贊助，故又爲勴也。

詔者，从召，口之助也。《周禮·大宰》：「以八柄詔王馭羣臣。」鄭注：「詔，告也，助也。」相者，从目，視之助也。《書·吕刑》云：「今天相民。」馬融注：「相，助也。」導者，从寸，法度之助也。法度繩人，引以當道。故《孟子》云：「得道者多助，失道者寡助。」是導訓助之義也。

左者，从手，手之助也。《説文》：「左，𠂇手相左也。」通作「佐」。《釋名》云：「佐，左也，在左右也。」《周禮·序官》：「以佐王均邦國。」鄭注：「佐，猶助也。」

右者，从手、口，手、口之助也。故《説文》「右」字分二部。《口部》云：「助也。」《又部》云：「手、口相助也。」右皆訓助。《詩·彤弓》傳：「右，勸也。」勸勉亦相助也。通作「佑」。《詩》「保右命之」，《中庸》作「保佑命之」。又通作「祐」。《説文》：「祐，助也。」《易·繫辭》云：「祐者，助也。」《无妄》云：「天命不佑。」《釋文》：「佑，本又作祐。馬本作右。」又通作「侑」。《繫辭》云：「可與祐神。」《釋文》：「祐，荀本作侑。」又「左」「右」二字連文，其義亦同，故《詩》「左右流之」，「實左右商王」，傳、箋竝云：「左右，助也。」左、右既訓助，因而詔、相即訓左右。《周禮・大僕》注：「相，左右也。」《大行人》注：「詔相，左右教告之也。」《易・泰》集解引鄭注：「輔相、左右，助也。」是皆轉相訓，而義俱通矣。

助者，《說文》云：「左也。」通作「佐」。故《小爾雅》云：「助，佐也。」《釋名》云：「助，乍也，乍往相助，非長久也。」按：「助」，从且聲，「且」與「徂」同，故云「往相助」也，以乍爲訓，則失之。

既言左、右，又單言右者，舉右以包左也。右既訓助，又兼尊也、上也二義。尊、上即所以爲助也。

亮者，既訓信，又訓右者，信之右也。故《繫辭》云：「天之所助者，順也；人之所助者，信也。」即其義也。

介者，上文訓大、訓善，又訓右者，大善之右也。《詩》言「介壽」「介福」「介稷黍」之類，俱以「右」「助」兼「大」「善」之義。故「攸介攸止」，傳「介，大也」；箋「介，左右也」。亦二義相足成也。《詩》正義引孫炎曰：「介者，相助之義。」郭云「紹介，相佑助」，與孫義同也。

尚者，《一切經音義》廿五引《蒼頡訓詁》云：「尚，上也。」《文選·東京賦》注：「尚，高也。」「高」「上」義相成。故《詩·蕩》云：「人尚乎由行。」傳訓尚爲上。《抑》云：「肆皇天弗尚。」箋訓尚爲高。按：尚俱當訓右。「人尚乎由行」，言小人佑助其行也。「肆皇天弗尚」，言天命不佑助也。傳、箋義亦近也。郭云「勸尚」者，蓋以聲轉，借「尚」爲「相」也。《易·象傳》云：「君子以勞民勸相。」王弼注：「相，猶助也。」是郭義所本。《楚辭·天問》篇云：「登立爲帝，孰道尚之。」「道」與「導」同，道尚即導相，猶相導也。王逸注訓爲尊尚，亦近之。

左訓亮者，《詩·大明》傳：「涼，佐也。」右訓亮者，即此上云：「亮，右也。」然則亮亦相也，相亦左、右也，左、右亦助也，是皆義訓之反覆相通者。

緝熙、烈、顯、昭、晧、熲，光也。《詩》曰：「學有緝熙于光明。」又曰：「休有烈光。」

《説文》云：「光，明也。从火在人上，光明意也。」《釋名》云：「光，晃也，晃晃然也。」亦言廣也，所照廣遠也。」《詩·南山有臺》傳：「光，明也。」《敬之》傳：「光，廣也。」《皇矣》傳：「光，大也。」三訓不同者，按：《説文》「光」，古文作「炗」，「廣」，从黄聲，「黄」从炗聲，「庶」亦从炗，與「廣」同意，故光訓廣也。「廣」與「大」同，故訓大也。「光」與「桄」

通，故《釋言》云：「桄，充也。」孫炎本「桄」作「光」。又與「横」通。故《書》「光被四表」，《後漢書·馮異傳》作「横被四表」。「横」「廣」俱从黄聲也。

緝熙者，《詩》凡四見。《昊天有成命》云：「於緝熙。」《周語》引而釋之云：「緝，明也。熙，廣也。」毛傳用《國語》。鄭箋：「廣，當爲光。」韋昭注：「熙，光大也。」與鄭義同。然「光」、「廣」古同音，廣即光也。是皆本《爾雅》爲訓。故《文王》毛傳云：「緝熙，光明也。」《維清》《敬之》鄭箋竝與毛同。「光」即「廣」字之音，「明」即「緝」字之訓，無可疑矣。「熙」字从火，與「烈」同意。

烈者，火之光也。

顯者，下文云「見也」，見之光也。《説文》：「顯，頭明飾也。从㬎聲。」「㬎，从日中視絲」，古文以爲「顯」字。是「顯」古作「㬎」。「日中視絲」，故訓光，又訓見，皆本古文爲説也。通作「憲」。《詩》「顯顯令德」，《中庸》作「憲憲令德」。蓋憲有表明之義。《小司寇》注：「憲，表也。」《朝士》注：「憲，謂幡書以表明之。」皆其義也。

昭者，下文亦云：「見也。」《説文》：「日明也。」則與「顯」義同。通作「炤」。《中庸》云：「昭昭之多。」又云：「亦孔之昭。」《釋文》竝云：「昭，本作炤。」又通作「照」。《穀梁·僖廿七年經》云：「齊侯昭卒。」《釋文》：「昭，或作照。」《老子》云：「俗人昭昭。」

《釋文》：「昭，一本作照。」《孫叔敖碑》云：「處幽暗而照明。」《嚴訢碑》云：「去斯照照。」俱以「照」爲昭也。

晧者，《說文》云：「日出皃。」又「暤」云：「晧旰也。」《楚辭·怨思》篇注：「晧旰，光也。」通作「昦」。《釋天》云：「夏曰昊天。」《釋文》：「晧，本亦作昊。晧，光明也，日出也。」《荀子·賦》篇云：「晧天不復，憂無疆也。」楊倞注：「晧與昊同。」又通作「顥」。《一切經音義》十八引《三蒼》云：「晧，古文顥，同。」《文選·古詩·李少卿與蘇武詩》云：「晧首以爲期。」李善注：「晧與顥古字通。」按：商山四顥，《書》作「四晧」，亦其證矣。

熲者，《釋言》與「桄」俱訓充也。《說文》云：「火光也。」《詩》：「不出于熲。」毛傳：「熲，光也。」通作「耿」。《說文》云：「杜林說：耿，光也。」《離騷》云：「彼堯舜之耿介兮。」王逸注：「耿，光也。」又通作「炯」。《說文》云：「炯，光也。」《文選·登巴陵城樓詩》云：「炯介在明淑。」李善注：「耿與炯同。」引《蒼頡篇》曰：「炯，明也。」

劼、鞏、堅、篤、掔、虔、膠，固也。劼、虔皆見《詩》《書》。《易》曰「鞏用黃牛之革」，「固志也」。掔然，亦牢固之意。

《說文》云：「固，四塞也。」蓋其字从囗，四面閉塞，牢固難破也。通作「故」。《哀公問》注：「固，猶故也。」《投壺》注：「固之言如故也。」《論語》云「固天縱之將聖」，《論衡・知實》篇作「故天縱之將聖」。又通作「錮」。《文選・求通親親表》云：「禁固明時。」李善注：「固，與錮通。」又通作「假」。《詩》：「假哉天命。」毛傳：「假，固也。」「假」讀如「古」，聲借爲「固」矣。

劼者，「硈」之叚音也。《釋文》：「劼，或作硈。」《説文》：「硈，石堅也。」《釋言》云：「硈，鞏也。」通作「劼」。《説文》：「劼，慎也。」「慎」「固」義近。《書》云：「汝劼毖殷獻臣。」傳云：「劼，固也。」義與「砎」同。《晉書音義》引《字林》云：「砎，堅也。」

鞏者，束之固也。《説文》：「鞏，以韋束也。」郭引《易》曰「鞏用黄牛之革」，《革》初九文。又曰「固志也」，《遯》六二《象》文。郭蓋以意引經也。《詩》：「無不克鞏。」毛傳：「鞏，固也。」《楚辭・離世》篇云：「心鞏鞏而不夷。」王逸注：「鞏鞏，拘攣貌也。」拘攣亦堅固之意。轉作「管」。《史記・平準書》云：「欲擅管山海之貨。」《集解》引或曰：「管，固也。」「固」「管」「鞏」一聲之轉也。

篤者，下文云：「厚也。」「厚」與「固」義近。《釋名》云：「篤，築也。築，堅實稱也。」《後漢書・班彪傳論》云：「何其守道恬淡之篤也。」李賢注：「篤，固也。」

掔者，下文亦云：「厚也。」與「篤」同意。《説文》：「掔，固也。从手，臤聲。讀若

《詩》『赤舄掔掔』。」今《詩》作「赤舄几几」。蓋「几」「掔」聲轉字通。掔掔猶急急也。故《曲禮》云：「急繕其怒。」鄭注：「急，猶堅也。」「繕」讀曰「勁」，然則急繕猶言堅勁。毛傳：「几几，絇貌。」蓋絇之言拘，拘亦堅固之意也。《釋文》：「掔，音牽，又卻閑反。」二音俱本《玉篇》「掔」，云：「卻閑、去賢二切。」「去賢」之音爲「牽」；「卻閑」之音爲「堅」也。亦通作「堅」，又通作「牽」。《易》：「牽羊悔亡。」《子夏傳》「牽」作「掔」。《公羊·定十四年經》云：「公會齊侯、衛侯于堅。」《釋文》：「堅，本又作掔。」《左氏》作「牽」。是「牽」「堅」與「掔」音同之證也。又轉爲「⿱臤革」。《廣雅》云：「堅也。」《玉篇》：「⿱臤革，口閒切。」又轉爲「硻」。《說文》：「硻，餘堅者。」《玉篇》：「硻，口耕切。」別作「硜」。《論語》皇侃疏：「硜硜，堅正難移之貌也。」

虔者，敬之固也。經典虔多訓敬。「敬」「固」義近。《詩》「虔共爾位」，「有虔秉鉞」，毛傳竝云：「虔，固也。」《書》：「奪攘矯虔。」《漢書·武帝紀》注孟康曰：「虔，固也。矯稱上命，以財賄用爲固。」顏師古曰：「妄託上命而堅固爲邪惡者也。」

膠者，昵之固也。《說文》：「膠，昵也。」「昵」「䵒」同。《釋言》云：「䵒，膠也。」《詩》：「德音孔膠。」毛傳：「膠，固也。」《禮·王制》云：「周人養國老於東膠。」鄭注：「膠之言糾也。膠，或作絿。」按：絿訓急也，急亦堅也。「膠」「糾」古音疊韵。故《楚辭·遠遊》篇云：「形蟉虯而逶迆。」「蟉虯」與「膠糾」近。

疇、孰，誰也。《易》曰：「疇離祉。」

《釋名》云：「誰，推也，有推擇，言不能一也。」《説文》云：「誰，何也。」《呂覽·貴信》篇注：「誰，猶何也。」《史記·秦始皇紀》云：「陳利兵而誰何。」《文選·過秦論》注：「誰何，問之也。」

疇者，「𠷎」之叚音也。《説文》：「𠷎，誰也。从口、𢁘，又聲。𢁘，古文疇。」又《白部》云：「𠷎，詞也。从𢁘聲。𢁘與疇同。」引《虞書》：「帝曰：𠷎咨。」此二文，經典俱通作「疇」。故《易·否》云：「疇離祉。」《釋文》：「疇，鄭作古𢁘字。」《詩·祈父》箋：「若𢁘圻父。」《釋文》：「𢁘，古疇字。」《爾雅》釋文：「疇，本又作𢁘。」此三文蓋皆「𠷎」字之省也。《書》「疇咨若時登庸」，《史記·五帝紀》作「誰可順此事」。「疇若予工」作「誰能馴予工」。又通作「詶」。《魏元丕碑》云：「詶咨羣寮。」《劉寬碑》云：「詶咨儒林。」竝以「詶」爲疇也。又通作「譸」。《文選·西征賦》注引《聲類》曰：「譸亦疇字也。」引《爾雅》曰：「疇，誰也。」《晉書音義》云：「疇，一作詶，一作譸，又一作𠷎。」是皆同聲叚借之字也。

孰者，「熟」之本字。「孰」「誰」聲轉字通。故《詩》「誰能執熱」，《墨子・尚賢》篇作「孰能執熱」。

暀暀、皇皇、藐藐、穆穆、休、嘉、珍、禕〔一〕、懿、鑠，美也。自「穆穆」已上皆美盛之貌。其餘常語。

美，好也，善也。故《說文》云：「美與善同意。」通作「媺」。《大司徒》云：「一曰媺宮室。」鄭注：「媺，善也。」《釋文》云：「媺，音美。」《廣韵》云：「媺、美同。」又通作「娓」。《詩》：「誰侜予美。」《釋文》：「美，《韓詩》作娓。」

暀者，《說文》云：「光美也。」與「旺」同。《廣韵》云：「旺，美光。暀、旺同。」又「王」，云：「盛也。」義亦相近。古讀「皇」聲如「王」，「王」聲如「往」。故《詩・楚茨》箋：「皇，暀也。」《泮水》箋：「皇皇，當作暀暀。暀暀猶往往也。」

皇者，《白虎通》云：「君也，美也，大也。」君義已見上文，又訓美者，《詩》「繼序其皇之」，「上帝是皇」，毛傳竝云：「皇，美也。」「烝烝皇皇」，毛傳：「皇皇，美也。」《聘禮・

〔一〕禕，《爾雅》宋刊十行本作「褘」。

記》云：「賓入門皇。」鄭注：「皇，自莊盛也。」莊盛義亦爲美也。「皇」與「煌」同。故《詩・采芑》《斯干》傳、箋竝云：「皇，猶煌煌也。」通作「王」。《聘禮・記》注：「古文皇皆作王。」又通作「黄」。《吕覽・功名》篇云：「缶醯黄蜹。」高誘注：「黄，美也。」《易・繫辭》云「黄帝」，《風俗通・聲音》篇作「皇帝」。《左氏・宣十七年傳》「苗賁皇」，《説苑・善説》篇作「釁蚠黄」。是「黄」「皇」通。然則《詩》之「狐裘黄黄」，推其義亦即皇皇矣。

藐者，「懇」之叚音也。《説文》：「懇，美也。」通作「藐」。《詩》：「既成藐藐。」毛傳：「美貌。」又「藐藐昊天」，鄭箋：「美也。」毛傳以爲大貌，「美」「大」義近也。《文選・西京賦》云：「眳藐流眄。」薛綜注以「藐」爲好，好亦美也。又通作「眇」。《楚辭・湘夫人》篇云：「目眇眇兮愁予。」王逸注：「眇眇，好貌也。」又轉爲「𥄲」。《詩・𥄲》釋文引《韓詩》云：「𥄲，美貌。」「𥄲」「藐」一聲之轉也。

穆者，敬而美也。《詩・清廟》傳：「穆，美也。」《文王》及《那》傳、箋竝云：「穆穆，美也。」《少儀》云：「言語之美，穆穆皇皇。」鄭注：「美當爲儀。」然儀訓善，善亦美也。「穆」義與「茂」同。《漢書・武帝紀》云：「茂才異等。」《後漢書・章帝紀》云：「聖德淳茂。」皆以「茂」爲美也。「茂」「穆」又一聲之轉矣。

休者，《易》：「休否大人吉。」《詩》「亦孔之休」，「以爲王休」，毛傳竝云：「休，美也。」《江漢》《長發》鄭箋竝同。又《釋言》云：「休，慶也。」《楚語》注：「休，嘉也。」《周語》注：「休，喜也。」《廣雅》：「休，善也。」善、喜、嘉、慶其義亦俱爲美也。「休」與「烋」同。《玉篇》云：「烋，火虯切，美也，福禄也，慶善也。」是「烋」「休」字異音義同。

嘉者，《説文》云：「美也。」「美」「善」同意。故上文云：「嘉，善也。」「嘉」「假」同音。故下文云：「假，嘉也。」聲轉爲「佳」。故《淮南·説林》篇云：「佳人不同體。」高誘注：「佳，美也。」《廣雅》云：「佳，好也。」

珍者，寶之美也。《説文》云：「珍，寶也。」《華嚴經音義》上引《國語》賈逵注云：「珍，美也。」《禮·儒行》注：「珍，善也。」

禕者，《玉篇》云：「於宜切，美皃，又歎辭。」《文選·東京賦》云：「漢帝之德，侯其禕而。」薛綜注：「禕，美也。」通作「委」。《釋訓》云：「委委，美也。」《釋文》：「委，諸儒本竝作禕，於宜反。」舍人云：「禕禕者，心之美。」引《詩》亦作「禕」。是「禕」「褘」竝與「委」通。又通「偉」與「瑋」。《莊子·大宗師》篇云：「偉哉！夫造物者。」《釋文》引向秀注：「偉，美也。」《一切經音義》一云：「偉，《埤蒼》作瑋，同。于鬼反。」《文選·吴都賦》云：「瑋其區域。」劉逵注：「瑋，美也。」《易·泰》釋文引傅氏注云：「彙，古偉字，美也。」又通作「徽」。《禮・大傳》云：「殊徽號。」鄭注：「徽，或作褘。」又「褘」「猗」聲義同。《禮・大學》注：「猗猗，喻美盛。」然則猗猗又即褘褘矣。

懿者，《説文》云：「專久而美也。」《易・象傳》云：「君子以懿文德。」《詩・烝民》《時邁》傳、箋竝云：「懿，美也。」

鑠者，目之美也。《方言》云：「好目謂之順。黸瞳之子，宋、衛、韓、鄭之閒曰鑠。」是鑠謂目好，流光鑠鑠也。《後漢書・馬援傳》云：「矍鑠哉是翁。」意正如此。通作「爍」。故顔延之《宋文皇帝元皇后哀策文》云：「圓精初爍。」《文選》注引郭《方言》注：「爍，言光明也。」是「爍」「鑠」同。《詩》：「於鑠王師。」毛傳：「鑠，美也。」《太玄・斷》云：「乃後有鑠。」范望注亦云：「鑠，美也。」《史記・李斯傳》云：「鑠金百鎰。」《索隱》引《爾雅》又言「百鎰之美也」。

諧、輯、協，和也。《書》曰：「八音克諧。」《左傳》曰：「百姓輯睦。」關關、噰噰，音聲和也。皆鳥鳴相和。勰、燮，和也。《書》曰：「燮友柔克。」

和者，調也，適也，不争也。《謚法》云：「和，會也。」《漢書》注：「和，合也。」《廣雅》云：「和，諧也。」通作「龢」。《説文》云：「調也。讀與和同。」又通作「盉」。《説文》云：

「調味也。」按：盉爲調味，龢爲調聲，本皆字别爲義，經典俱叚借作「和」。又通作「咼」。《淮南·説山》篇云：「咼氏之璧。」高誘注：「咼，古和字。」又通作「⿰王咼」。《文選·覽古詩》注云：「⿰王咼，古和字。」

諧者，《説文》云：「詥也。」詥即合也，合亦和也。《書》「克諧以孝」，《史記·五帝紀》作「能和以孝」。「謨明弼諧」，《夏紀》作「謀明輔和」。通作「龤」。《説文》：「樂和龤也。」引《虞書》曰：「八音克龤。」今《書》作「諧」。

輯者，車之和也。《詩》「辭之輯矣」，「輯柔爾顔」，毛傳竝云：「輯，和也。」通作「揖」。《書》「輯五瑞」，《五帝紀》及《郊祀志》俱作「揖五瑞」。《詩·螽斯》釋文：「揖，子入、側立二反。」是「揖」有「輯」音也。又通作「緝」。《文選·褚淵碑文》云：「衣冠未緝。」李善注引《爾雅》曰：「緝，和也。」「緝」與「輯」同。又通作「戢」。《詩》「思輯用光」，《孟子》作「思戢用光」。又通作「集」。「辭之輯矣」，《新序·雜事》篇作「辭之集矣」。《左氏·僖廿四年》注及《襄十九年傳》釋文竝云：「輯，本作集。」又與「習」同。《詩·谷風》傳：「習習，和舒貌。」《文選·補亡詩》云：「輯輯和風。」李善注：「輯輯，風聲和也。」「輯」與「習」同。是「習」「輯」聲近義亦通矣。

協者，《説文》云：「衆之同和也。」《書》云「有衆率怠弗協」，《史記·殷紀》作「有衆率怠不和」。「相協厥居」，《宋世家》作「相和其居」。通作「叶」。《周禮·大史》云：「與羣執事讀禮書而協事。」鄭注：「故書協作叶。」杜子春云：「叶，協也。」《大行人》云：「協辭命。」鄭注：「故書作叶詞命。」又通作「叶」。《書》「協用五極」，《五行志》作「叶用五紀」。按：「叶」「叶」俱「協」之古文，見《説文》。又通作「汁」。《文選·西京賦》云：「五緯相汁，以旅于東井。」《大行人》注引鄭司農云：「汁，當爲叶。」《大史》注：「杜子春云：『書亦或爲協，或爲汁。』」《方言》云：「協，汁也。自關而東曰協，關西曰汁。」按：「汁」本音「執」，又音「輯」。《方言》之「汁」當讀如「輯」。故《西京賦》注引《方言》曰：「協汁，叶也。」下有「之十切」三字，爲今本所無，但「之十」音亦非。今按：《方言》之「協汁」當即《爾雅》之「協輯」也。蓋「汁」有「輯」音，亦有「協」音。故《大史》及《大行人》釋文竝云：「汁，之十反，音執，又音協，劉子集反。」然則「子集」之音爲「輯」，劉昌宗讀「汁」爲「輯」，正合《爾雅》及《方言》之義。《爾雅》「協」「輯」同訓爲和，《方言》「協」「汁」亦同訓爲和也。

因釋和義，而及音聲之「和」也。《説文》：「咊，相譍也。」《大戴記·保傅》篇及《賈子·容經》篇竝云：「聲曰和。」《周語》云：「聲應相保曰和。」是皆和之著之聲音者也。

關關、噰噰者，鳥聲之和也。《詩·關雎》傳：「關關，和聲也。」《匏有苦葉》傳：「雝雝，鴈聲和也。」按：《卷阿》鳳皇鳴亦曰「雝雝」，不獨鴈也。通作「雍」。《詩》「有來雝雝」，《漢書・劉向》及《韋玄成傳》竝作「有來雍雍」。又通作「噰」。《詩》「和鸞雝雝」，《容經》篇作「和鸞噰噰」。又《南都賦》及《歸田賦》《笙賦》注竝引「噰噰」作「嚶嚶」，疑因《釋訓》「丁丁、嚶嚶」相涉而誤也。《天台山賦》注又引作「嗈嗈」，《四子講德論》注又作「邕邕」。《釋訓》云：「廱廱，和也。」《樂記》又作「雝雝，和也」。以上諸文，竝皆叚借，或從俗作。《說文》「雝」本鳥名，借爲鳥聲，作「雝」爲正。

又申釋和義也。《說文》云：「勰，同思之和。」「恊，同心之和。」「恊」與「協」通。《釋文》：「勰，本又作協。」是「協」「勰」又通矣。

燮者，《說文》云：「和也。」《詩》：「燮伐大商。」毛傳：「燮，和也。」《東京賦》云：「北燮丁令，南諧越裳。」薛綜注：「燮、諧皆和也。」《說文》云：「燮，讀若溼。」《左氏・襄八年經》云：「獲蔡公子燮。」《穀梁》作「公子溼」。

從、申、神、加、弼、崇，重也。隨從、弼輔、增崇皆所以爲重疊。神，所未詳。

重有二音。「直隴切」者，《說文》云：「厚也。」《玉篇》云：「不輕也。」「直龍切」者，《廣雅》云：「再也。」《內則》注：「陪也。」二者義亦相成。故《詩・大車》箋：「重，猶累也。」重累即加厚之意。二讀俱通，故《大車》及《大明》釋文皆兼二音，於義方備。《爾雅》釋文但取「直龍」一音，失之矣。

從者，亦兼「疾龍」「才用」二音。《説文》：「從，隨行也。」隨行爲追陪之意，故訓爲重。蓋二人立，一人參焉，曰「參」；一人行，一人從焉，曰「重參」。「參」「從」「重」俱聲義近。《顔氏家訓·書證》篇引延篤《戰國策音義》云：「從牛子。」然則子者身之陪貳，其義亦爲重矣。

申者，《書》云「天其申命用休」，《史記·夏紀》作「天其重命用休」。《詩》「福禄申之」，「自天申之」，「申錫無疆」，毛傳竝云：「申，重也。」「申」與「神」同。故《説文》：「申，神也。」可知神亦申矣。「神」與「伸」「身」竝音同字通。《釋名》云：「申，身也。」申訓身，與申訓神義亦同。故《説文》：「傳，神也。」傳即身也。《詩》：「大任有身。」毛傳：「身，重也。」鄭箋：「重謂懷孕也。」然則身中復有一身，因訓爲重。故《素問·奇病論》云：「人有重身，九月而瘖。」是其義也。身訓重，故《廣雅》云：「重，傳也。」義本毛傳。是傳即身，身亦神，竝古字通借。毛蓋借「身」爲「神」，故訓爲重，義本《爾雅》，郭意未了，故云「未詳」。「神」與「伸」，俱从申聲，其義又同。故《古微書》引《禮含文嘉》云：「神者，信也。」信即伸字，亦借爲「身」。《周禮》「信圭」即「身圭」。可知「身」「伸」「神」三字古皆叚借通用。《爾雅》「申」「神」竝訓爲重，無可疑矣。

加者，增也，益也，故爲重。《禮·少儀》注：「加，猶多也。」《内則》注：「加，猶高也。」《周語》注：「加，猶上也。」竝與「重」義近。通作「駕」。《莊子·庚桑楚》篇釋文：「加，崔本作駕，云加也。」是「加」「駕」同。

弼者，《説文》：「輔也，重也。」「弼，輔」義見下文。又訓重者，《方言》：「弼，高也。」《廣雅》：「弼，上也。」上、高俱加字之訓。又與「崇」義同矣。

崇者，上文云「高也」，「充也」。充與高義皆爲重。《詩》：「福禄來崇。」《公羊·僖卅一年傳》：「不崇朝而徧雨乎天下。」毛傳及何休注竝云：「崇，重也。」《詩》：「維王其崇之。」鄭箋又云：「崇，厚也。」厚即重字之訓。

縠、悉、卒、泯、忽、滅、罄、空、畢、罊、殲、拔、殄，盡也。縠，今直語耳。忽然，盡貌。今江東呼厭極爲「罊」。餘皆見《詩》。

《説文》云：「盡，器中空也。」《墨子·經上》篇云：「盡，莫不然也。」凡言「盡」者，俱不出此二義。《小爾雅》云：「盡，止也。」《吕覽·明理》篇注：「盡，極也。」極、止俱窮盡之義。盡之爲言澌也，釂也。《説文》云：「澌，盡也。」又云：「釂，飲酒盡也。」「盡」「釂」

「儩」俱一聲之轉也。

轂者，《史記·秦始皇紀》云：「雖監門之養，不轂於此。」《索隱》曰：「轂音學，謂盡也。又古學反。」《正義》曰：「又苦角反。」引《爾雅》云：「轂，盡也。」《李斯傳》集解：「徐廣曰：『轂，一作轂。』」《特牲饋食禮·記》注：「古文轂皆作穀。」是「穀」「轂」「轂」竝音近字通。《管子·地員》篇云：「剛而不轂。」尹知章注：「轂，薄也。」「薄」與「盡」義亦近。郭云「今直語」，蓋當時方言耳。

悉者，心之盡也。「悉」，从心、从釆，《説文》云：「詳盡也。」《尚書大傳》云：「乃汝其悉自學工。悉，盡也。」聲轉爲「洗」。《書》云：「厥父母慶，自洗腆。」《釋文》引馬融注：「洗，盡也。」又轉爲「澌」。《方言》云：「澌，盡也。」「澌」「斯」同。《詩》：「王赫斯怒。」箋：「斯，盡也。」「斯」音「賜」，亦作「賜」。《文選·西征賦》云：「若循環之無賜。」李善注引《方言》曰：「賜，盡也。」又轉爲「索」。《一切經音義》三引《蒼頡篇》云：「索，盡也，亦儩也。」儩即賜字。然則「賜」「索」「斯」「洗」俱與「悉」同矣。

泯者，與「没」同義。没爲沈没，亦爲滅没，皆盡之意。故《詩》正義引李巡云：「泯，没之盡也。」《詩》：「靡國不泯。」《左氏·成十六年傳》：「是大泯曹也。」毛傳及杜預注竝云：「泯，滅也。」「泯」「滅」「没」又俱一聲之轉也。

忽者，《説文》云：「忘也。」是忘之盡也。「忘」與「芒」聲義近。故《方言》云：「忽，芒也。」「芒，滅也。」蓋「芒」之爲言「亡」也，「忽」之爲言「没」也，故「忽」「芒」俱訓滅。《詩》：「是絶是忽。」傳：「忽，滅也。」按：一蠶所吐爲「忽」，十忽爲「絲」，絲毫微杪，易於滅盡，故又爲「盡」也。「忽」有暴疾之義。《左氏·莊十一年傳》：「其亡也忽焉。」《文五年傳》：「不祀忽諸。」是「忽」又爲猝暴之盡矣。

罄者，《説文》：「器中空也。」《詩》「罄無不宜」，「瓶之罄矣」，傳竝云：「罄，盡也。」《一切經音義》九引孫炎曰：「罄，竭之盡也。」通作「磬」。《樂記》注：「磬，當爲罄。」《左氏·僖廿六年傳》「室如縣罄」，《魯語》作「室如縣磬」。《淮南·覽冥》篇：「磬龜無腹。」高誘注：「磬，空也。」又通作「窒」。《説文·缶部》引《詩》「瓶之罄矣」，《穴部》引作「瓶之窒矣」，「窒，空也」。

畢者，「戰」之叚音也。《説文》云：「戰，盡也。」通作「畢」。畢有止義，加走爲「趩」，與「蹕」同。所以止行也；加糸爲「縪」，鹿車縪。所以止車也。止即盡也。畢之爲言必也，必訓極，極亦盡也。

罊者，《説文》云：「器中盡也。」《釋文》：「罊，苦計反，本或作慇。」引《廣雅》云：「慇，劇也。」今《廣雅》作「慇，極也」。按：「慇」與「㣙」同。《方言》：「㣙，倦也。」《説文》：「憖，憊也。」郭氏以「極」訓「盡」，而欲借「憖」爲「罄」，非「罄」之本解。

殲者，《說文》云：「微盡也。」《詩・黃鳥》傳：「殲，盡也。」《春秋・莊十七年經》云：「齊人殲于遂。」《正義》及《書》正義竝引舍人曰：「殲，衆之盡也。」「殲于遂」，《左》《穀》作「殲」，《公羊》作「瀸」，云：「瀸，積也。」何休注：「瀸之爲死。積、死非一之辭，故曰瀸，積」。《釋文》云：「積，本又作漬。」《曲禮》云：「四足曰漬。」鄭注：「漬[一]，謂相瀸汙而死也。」引《春秋傳》曰：「大災者何？大漬也。」《公羊・莊廿年傳》「漬」作「瘠」。《釋文》：「瘠，一本作漬。」然則瀸漬衆多，故會意爲盡。「漬」「積」「瘠」「殲」俱一聲之轉矣。

拔者，蒲撥、蒲八二音。「蒲八」之「拔」，猶言把絶也，陳根悉拔，故爲盡。「蒲撥」之「拔」，則《少儀》云：「毋拔來，毋報往。」鄭注：「報，讀爲赴疾之赴。」拔、赴皆疾也。然則拔之爲言暴也，與「卒」音「猝」、「忽」義近。又言撥也，與「絶」「滅」義同。《詩》云：「本實先撥。」鄭箋：「撥，猶絶也。」又同「顛沛」之「沛」。毛傳訓沛爲拔，鄭箋顛沛即顛拔矣。

[一] 漬，原誤「潰」，楊胡本同，據《十三經注疏》本《禮記正義》改。

苞、蕪、茂，豐也。苞叢、繁蕪皆豐盛。

豐，滿也，大也，皆見《説文》。《易》釋文云：「豐，是腆厚光大之義。鄭云：『豐之言腆，充滿意也。』」又厚也，盛也，茂也。《詩》「在彼豐草」，「茀厥豐草」，傳、箋竝云：「豐，茂也。」通作「豊」。《説文》云：「大屋也。」引《易》曰：「豊其屋。」又與「封」同。封亦大也，厚也。厚、大即豐字之訓矣。

苞者，《釋言》云：「稹也。」稹密即豐茂。故《詩·行葦》箋：「苞，茂也。」《長發》箋：「苞，豐也。」通作「枹」。《詩》「苞有三蘖」，《廣韵》引作「枹有三枿」。樸、枹皆叢生茂密之言也。「苞」與「葆」聲義同。《説文》：「葆，艸盛皃。」《御覽》引《通俗文》云：「生茂曰葆，音保。」《吕覽·審時》篇云：「得時之稻，大本而莖葆。」《廣雅》云：「葆，茂也。」又云：「葆，本也。」本、茂即苞字之訓。故《詩·下泉》《斯干》《生民》《常武》《長發》傳竝云：「苞，本也。」本即本蕁。《西京賦》云：「苯蕁蓬茸。」「苯」與「本」同，本、蕁皆豐茂之狀。《曲禮》：「韭曰豐本。」本亦茂也。《詩》之「實方實苞」，箋云：「豐苞亦茂也。方，齊等也。」齊等亦即豐茂之意。「方」「本」「苞」俱雙聲，「苞」「葆」「茂」俱疊韵，故其字音義俱通矣。

蕪者，「橆」之叚音也。《説文》云：「橆，豐也。」引《商書》曰：「庶艸繁橆。」隸變作

「無」。通作「蕪」。故《爾雅》釋文云：「蕪，蕃滋生長也。古本作橆。」又通作「廡」。「庶草繁無」，今《書》作「庶草繁廡」。《釋文》：「廡，無甫反。」《爾雅》釋文亦云：「蕪，或亡甫反。」此古音也。又轉爲「蔓」。《釋草》注：「蕪，菁屬。」《釋文》：「蕪，本或作蔓。」蓋蔓延、滋長即繁蕪之意。「蕪」，古讀如「模」，「模」「蔓」聲轉也。「茂」與「蕪」亦一聲之轉。

茂者，《説文》：「艸豐盛。」《素問·五運行大論》：「其化爲茂。」《詩》：「德音是茂。」箋、注竝云：「茂，盛也。」《詩》「子之茂兮」，「種之黄茂」，傳竝云：「茂，美也。」「美」「盛」義同。通作「戊」。《戰國策》有「甘茂」，《説苑·雜言》篇作「甘戊」。

揫、斂、屈、收、戢、蒐、裒、鳩、摟〔一〕，聚也。《禮記》曰：「秋之言揫。」「揫，斂也。」「春獵爲蒐」，「蒐者，以其聚人衆也。」《詩》曰「屈此羣醜」，「原隰裒矣」。《左傳》曰：「以鳩其民。」摟，猶今言「拘摟」，聚也。

《説文》云：「聚，會也。邑落曰聚。」《方言》云：「萃、雜，集也。東齊曰聚。」是聚爲

〔一〕摟，《爾雅》宋刊十行本作「樓」。

會集之意。「集」「聚」聲亦相轉。通作「取」。《易・萃》云：「聚以正。」《釋文》：「聚，荀本作取。」又通作「冣」。《樂記》云：「會以聚衆。」鄭注：「聚，或爲冣。」《史記・周紀》集解：「徐廣曰：『聚，一作冣。』」「冣」亦古之「聚」字。「冣」聲近「叢」。《說文》云：「叢，聚也。」《小爾雅》云：「冣，聚，叢也。」聲又近「撮」。《莊子・秋水》篇：「鴟鵂夜撮蚤。」《釋文》：「撮，崔本作冣。《淮南》作『聚』。」蓋「聚」「冣」「叢」竝从取聲，「撮」从最聲，三字俱聲轉義同也。

揫者，《說文》云：「束也。」引《詩》：「百禄是揫。」又云：「𩏠，或作揫，「收束也」。「讀若酋。」通作「揂」。《說文》：「揂，聚也。」又通作「遒」。《詩》：「四國是遒。」箋：「遒，斂也。」「百禄是遒」，傳：「遒，聚也。」《鄉飲酒義》云：「秋之爲言愁也。」郭引「愁」作「揫」者，據鄭注：「愁，讀爲揫。揫，斂也。」《漢書・律曆志》云：「秋，䪚也。」䪚即「揫」字，此《說文》及鄭義所本。又《釋名》云：「秋，緧也，緧迫品物使時成也。」《周禮目録》云：「秋者，酋也。」《大玄・玄文》注云：「酋之言聚也。」是皆以聲爲義者也。

屈者，蟠屈有斂聚之意。《聘禮》云：「屈繅。」鄭注：「屈繅者斂之。」《詩》：「屈此羣醜。」傳：「屈，收也。」《釋文》引《韓詩》亦云：「屈，收也。收斂得此衆聚。」通作「詘」。《漢書・楊雄傳》音義引諸詮云：「詘，古屈字。」又通「闕」與「厥」。蓋「厥」「屈」皆短尾之稱，故會意爲「聚」耳。

戢者，《説文》云：「藏兵也。」藏亦斂。故《詩·鴛鴦》《白華》箋竝云：「戢，斂也。」斂亦聚。故《桑扈》《時邁》傳竝云：「戢，聚也。」通作「輯」。《書》「輯五瑞」，《史記》作「揖五瑞」。《集解》引馬融注：「揖，斂也。」《詩·螽斯》傳：「揖揖，會聚也。」《釋文》：「揖，子入反。」又通作「集」。《文選·東京賦》云：「總集瑞命。」薛綜注：「集，聚也。」又通作「戠」。《易·豫》云：「朋盍簪。」《集解》引虞翻作「朋盍戠」。「戠，聚會也」，《釋文》引作「戠，叢合也」。然則「叢」與「聚」「合」「與」「會」竝字異而義同矣。

蒐者，「搜」之叚借也。《説文》：「搜，衆意也。」本《詩·泮水》毛傳。蓋矢五十爲一束，故言衆意。「衆」「聚」竝从㐺，故其義同。「搜」隸變作「搜」。通作「廋」。《公羊·桓四年傳》「秋曰廋」。《釋文》：「廋，本又作搜。」又通作「蒐」。《穀梁·桓四年傳》：「秋曰蒐。」《釋文》：「蒐，麋氏本又作搜。」《公羊》釋文：「廋，本亦作蒐。」《昭八年》《定十三年》釋文竝與此同。《左氏·昭廿九年》釋文：「搜，本又作蒐。」《郊特牲》釋文：「搜，本又作廋。」是「廋」「搜」「蒐」古俱通用。若以聲義求之，則「蒐狩」之「蒐」，「搜」爲正體，「廋」爲叚音，「蒐」爲譌字。「蒐」从鬼聲，於義又舛，但經典相承通用，説見《釋草》「茅蒐」下。又通作「獀」。《禮·祭義》云：「而弟達乎獀狩矣。」鄭注：「春獵爲獀。」《魏大饗碑》云：「周成岐陽之獀。」亦作「獀」字，蓋獀即搜也。隸書手旁、犬旁形近易淆，俗師不曉，因致斯譌。然則「搜」變爲「獀」，與「搜」借爲「蒐」，其失正同矣。

裒者，「捊」之叚音也。《説文》：「捊，引取也。」《玉篇》引《説文》作「引聚也」，據《詩》「原隰捊矣」。捊，聚也。通作「裒」。《詩》「原隰裒矣」，「裒時之對」，「裒荆之旅」，毛傳竝云：「裒，聚也。」又通作「掊」。《玉篇》引《易》曰：「君子以掊多益寡。」《易·謙》釋文：「裒，鄭、荀、董蜀才作捊，云『取也』。《字書》作掊。」《詩》：「曾是掊克。」《釋文》：「掊，蒲侯反，聚斂也。」又通作「抱」。《説文》：「捊，或从包。」《玉篇》云：「抱，《説文》同捊。」又通作「褒」。《禮·雜記》注：「招用褒衣也。」《釋文》作「裒」，云：「裒，本又作褒。」《爾雅》釋文亦云：「裒，古字作褒，本或作捊。」按：「捊」「褒」一聲之轉。褒之爲言保也。保有聚義，故都邑之城曰「保」，村落之城曰「聚」。《莊子·列禦寇》篇云：「人將保汝矣。」郭象注：「保者，聚守之謂也。」是「保」「褒」義同。「褒」「裒」形近，疑「裒」即「褒」之或體矣。

鳩者，「勼」之叚音也。《説文》：「勼，聚也。讀若鳩。」通作「鳩」。《書》「共工方鳩僝功」，《史記·五帝紀》作「共工旁聚布功」。《左氏·襄廿五年傳》：「鳩藪澤。」《昭十七年傳》：「五鳩，鳩民者也。」杜預注竝云：「鳩，聚也。」《隱八年傳》：「以鳩其民。」《襄十六年傳》：「敢使魯無鳩乎？」注竝云：「鳩，集也。」「集」「聚」義同。又通作「逑」。《說文》：「逑，聚斂也。」引《虞書》曰：「旁逑孱功。」《爾雅·釋訓》云：「惟逑鞫也。」《釋文》引《字林》云：「逑，聚斂也。本亦作求。」按：「求」，《方言》訓爲搜略，是求有聚意。又通作「救」。《說文·人部》引《虞書》曰：「旁救僝功。」按：《釋器》云：「絇謂之救。」郭注：「救絲以爲絇。」是救有糾聚之義也。

摟者，《說文》云：「曳聚也。」《玉篇》引《詩》：「弗曳弗摟。」摟亦曳也。通作「婁」。《詩》：「式居婁驕。」鄭箋：「婁，斂也。」《荀子·非相》篇作「式居屢驕」。楊倞注：「屢，讀爲婁。婁，斂也。」又通作「蔞」。《檀弓》云：「設蔞翣。」鄭注：「蔞，翣棺之牆飾。」《周禮》「蔞」作「柳」。《縫人職》云：「衣翣柳之材。」鄭注：「柳之言聚，諸飾之所聚。」《釋名》云：「輿棺之車，其蓋曰柳。柳，聚也，衆飾所聚，亦其形僂也。」按：《釋名》所謂「柳車」，即《漢書·季布傳》之「廣柳車」也。晉灼注亦訓柳爲聚。又通作「僂」。《莊子·達生》篇云：「死得於腞楯之上，聚僂之中。」《釋文》引司馬彪云：「聚僂，器名也。今冢壙中注爲之。一云：『聚僂，棺槨也。』一云：『聚當作菆，才官反。僂當作蔞，力久反。謂殯於菆塗蔞翣之中。』」又與「蓼」同。《詩》「烝在栗薪」，《釋文》引《韓詩》作「蒸在蓼薪」，「蓼，力菊反，衆薪也」。是「蓼」與「婁」「蔞」「僂」「柳」俱聲轉義同矣。郭云「摟猶今言拘摟聚」者，拘，古侯反。蓋當時方言以「拘摟」爲聚，猶今俗語以「牢搜」爲聚也。《後漢書・董卓傳》云：「剽虜資物謂之搜牢。」按：「搜牢」，今語轉作「牢搜」。牢搜猶摟蒐，皆斂聚之意。《方言》云：「搜、略，求也。就室曰搜，於道曰略。略，强取也。」然則《方言》之「搜略」，即《漢書》之「搜牢」，又即《爾雅》之「蒐摟」矣。「摟」「牢」「略」俱一聲之轉。

肅、齊、遄、速、亟、屢、數、迅，疾也。《詩》曰：「仲山甫徂齊。」寁、駿、肅、亟、遄，速也。《詩》曰：「不寁故也。」駿，猶迅。速亦疾也。

《釋名》云：「疾，截也，有所越截也。」又云：「疾，疾也，客氣中人急疾也。」《詩》：「旻天疾威。」箋：「疾，猶急也。」《周語》云：「高位實疾顛。」《齊語》云：「深耕而疾耰之。」韋昭注竝云：「疾，速也。」

肅者，上文云：「進也。」「進」「疾」義近。故《詩・小星》傳：「肅肅，疾貌。」肅有嚴急之意。故《洪範五行傳》：「側匿則侯王其肅。」鄭注：「肅，急也。」通作「夙」。「夙，早敬也」，早敬亦疾速。故《詩》：「載震載夙。」箋：「夙之言肅也。」是「肅」「夙」聲義同。又通作「速」。《特牲饋食禮》注：「宿或作速。《記》作『肅』。」是「肅」「速」又通矣。

齊者，壯之疾也。《釋言》云：「齊，壯也。」《尚書大傳》云：「多聞而齊給。」《荀子·臣道》篇云：「齊給如響。」《性惡》篇云：「齊給便敏而無類。」鄭注及楊倞注竝云：「齊，疾也。」郭引《詩》「仲山甫徂齊」，以「齊」爲疾，蓋本三家詩說也。通作「資」。《說苑·敬慎》篇云：「資給疾速。」資給即齊給也。又通作「齌」。《說文》云：「齌，炊餔疾也。」《離騷》云：「反信讒而齌怒。」王逸注：「齌，疾也。」聲轉爲「捷」。故《淮南·說山》篇云：「力貴齊，知貴捷。」高誘注：「齊、捷皆疾也。」齊訓疾，故衛太叔疾字齊，見《左傳》，亦其證矣。

遄者，《說文》云：「往來數也。」《詩》「遄臻于衛」，「亂庶遄沮」，「式遄其歸」，傳竝云：「遄，疾也。」通作「顓」。《易》：「已事遄往。」《釋文》：「遄，荀作顓。」

速者，《說文》云：「疾也。」通作「數」。《考工記·總目》注：「速，書或作數。」《弓人》注：「故書速或作數。」聲近「䢤」。《說文》云：「䢤，疾也。」《文選·東都賦》云：「指顧倏忽。」李善注：「倏忽，疾也。」

亟者，《說文》云：「敏疾也。」通作「㥛」。《說文》云：「㥛，疾也。」又通作「極」。《易·說卦》云：「爲亟心。」《釋文》：「亟，荀本作極。」《莊子·盜跖》篇云：「亟去走歸。」《釋文》：「亟，本或作極。」《荀子·賦》篇云：「出入甚極。」又云：「反覆甚極。」楊倞注並云：「極，讀爲亟，急也。」亦通作「茍」。《説文》：「茍，自急敕也。」《爾雅》釋文：「亟，字又作茍，同，居力反。」又通作「棘」。《釋文》：「亟，經典亦作棘。」按：《詩》「棘人欒欒」，「玁狁孔棘」，棘即亟也。「匪棘其欲」，《釋文》：「亟，或作棘。」又通作「革」。《檀弓》云：「夫子之病革矣。」又云：「若疾革。」《釋文》：「革，本又作亟。」是「亟」「棘」「革」音義俱同矣。

屢者，「婁」之俗體也。《釋言》云：「婁，亟也。」《説文》云：「婁，務也。」「務，趣也。」言趣赴於事，是急疾之義也。通作「僂」。《公羊·莊廿三年傳》：「夫人不僂。」何休注：「僂，疾也。」《荀子·儒效》篇云：「雖有聖人之知，未能僂指也。」又云：「賣之不可僂售也。」楊倞注並云：「僂，疾也。」又通作「屢」。《釋言》釋文：「婁，本又作屢。」《詩·賓之初筵》傳及《正月》《巧言》箋並云：「屢，數也。」《角弓》云：「式居婁驕。」《釋文》：「婁，王力住反，數也。」是王肅讀「婁」爲「屢」也。

數者，與「屢」同意。今人言「數數」猶言「屢屢」也。屢、數有迫促之意，故同訓爲疾。《禮·祭義》云：「其行也趨趨以數。」鄭注：「趨，讀如促，數之言速也。」《樂記》云：「衛音趨數煩志。」鄭注：「趨數，讀爲促速。」《考工記·總目》云：「不微至無以爲戚速也。」「戚」與「蹙」同，戚速即促速也。是數訓爲速，亦通作「速」。《曾子問》云：「不知其己之遲數。」數即速也。《考工記》注：「速，書或作數。」是其字通矣。

迅者，《説文》云：「疾也。」《釋獸》云：「狼，絶有力，迅。」《楚辭・招魂》篇云：「多迅衆些。」《文選・西京賦》云：「紛縱體而迅赴。」皆以「迅」爲疾也。通作「訊」。凡經典「振訊」「奮訊」俱「迅」之叚借。故《詩・雄雉》箋：「奮訊其形貌。」《樂記》注：「奮訊也。」《詩・七月》傳：「莎雞羽成而振訊之。」《公羊・莊八年》注：「故以振訊士衆言之。」《釋文》竝云：「訊，本作迅。」又與「駿」同。《爾雅》釋文：「迅，信、峻二音。」是「駿」「迅」音又同。凡音同者字通。

寁者，《説文》云：「居之速也。」《詩・遵大路》傳：「寁，速也。」《正義》引舍人曰：「寁，意之速也。」通作「疌」。《爾雅》釋文：「寁，本或作疌，同，子感反。」又通作「簪」。《易》：「朋盍簪。」《釋文》：「簪，徐側林反，《子夏傳》同，疾也。鄭云『速也』，《埤蒼》同。王肅又祖感反。京作撍，馬作臧，荀作宗，虞作戠。」然則王肅以「簪」爲寁，其「撍」「臧」「宗」「戠」俱一聲之轉也。「撍」又轉爲「憯」。《墨子・明鬼》篇云：「鬼神之誅，若此之憯速也。」是「憯」「寁」又聲轉義同矣。

駿者，馬之速也。《詩》：「駿發爾私。」箋：「駿，疾也。」通作「逡」。《禮・大傳》云：「逡奔走。」鄭注：「逡，疾也。」又與「峻」同。峻者，嚴急之意也。又與「侚」同。《説文》云：「徇，疾也。」《史記・五帝紀》云：「幼而徇齊。」《集解》：「徇，疾；齊，速也。」《禮・大學》注：「恂，字或作峻，讀如嚴峻之峻。」是「峻」「徇」聲義同。又與「迅」同。故郭云：「駿，猶迅也。」《弟子職》云：「若有賓客，弟子駿作。」注亦以「駿」爲迅矣。

肅、亟、遄既訓疾，又訓速者，速亦疾也。

壑、阬阬、滕、徵、隍、漮，虛也。壑，谿壑也。阬阬，謂阬塹也。隍，城池無水者。《方言》云：「漮之言空也。」皆謂丘墟耳。滕、徵，未詳。

《玉篇》云：「虛，丘居切，大丘也。今作墟，又許魚切，空也。」是虛有二音、二義。古無「墟」字，其空虛、丘虛竝作「虛」。故《易》云：「升虛邑。」《釋文》：「虛，如字，空也。徐去餘反。馬云丘也。」《詩》：「升彼虛矣。」《爾雅・釋水》注：「虛，山下基也。」是皆以「虛」爲墟也。後人虛旁加土以别於空虛，因而經典亦多改「虛」爲「墟」。故《文選・西征賦》注引《聲類》曰：「墟，故所居也。」「升彼虛矣」及《檀弓》「虛墓之閒」，《釋文》竝云：「虛，本作墟。」是皆以「墟」爲虛也。《爾雅》之「虛」，本以空虛爲義，郭云「皆謂丘虛」，蓋失之矣。

壑者，《釋文》云：「本或作叡。」《說文》云：「叡，溝也。叡或从土。」《釋言》云：

「隍，壑也。」郭注：「城池空者爲壑。」《詩》：「實墉實壑。」《釋文》：「壑，城池也。」《郊特牲》云：「水歸其壑。」鄭注：「壑，猶阬也。」是壑有二訓：《郊特牲》之「壑」謂阬谷也；《詩·韓奕》之「壑」謂隍池也。然二義皆謂空虚。郭云「壑，谿壑」者，《晉語》云：「谿壑可盈。」谿壑即溝矣。

阬者，《説文》云：「閬也。」蓋阬閬猶閌。閬，空虚貌也。「阬阬」重文，經典所無，鄭樵謂「衍一字」，恐是也。《後漢書·馬融傳》注引《蒼頡篇》曰：「阬，壑也。」俗作「坑」。《莊子·天運》篇云：「在谷滿谷，在坑滿坑。」通作「亢」。《史記·孫臏傳》云：「批亢擣虚。」蓋亢亦虚空之地，亢即阬矣。《索隱》以相亢拒爲解，失其義也。證以《釋名》云：「鹿兔之道曰亢。行不由正，亢陌山谷草野而過也。」是「亢」與「阬」同。郭云「阬，壍也」者，《説文》作「壍」，云：「阬也。」《玉篇》引《左傳》注：「溝壍也。」又引《字書》云：「城隍也。」然則「壑」「隍」「阬」通謂之「壍」矣。

滕者，水之虚也。《説文》云：「滕，水超涌也。」《玉篇》引《詩》：「百川沸滕。」水上涌也。《毛詩》「滕」作「騰」，而訓乘，乘陵亦超涌之意。《易》云：「滕口説也。」《釋文》：「滕，九家作乘。」然則口以滕説爲虚，水以滕涌爲虚，其義正同矣。

徵者，微之虚也。《説文》云：「徵，从微省。」微訓爲隱，隱與虚近。《莊子·天運》

篇云：「徵之以天。」《釋文》：「徵，古本多作徽。」按：「徽」，亦从微省。下文云：「徽，止也。」説者謂「徽」亦當爲「徵」，「徵」有「止」音，然則止爲空盡之義，故亦爲虛。馬瑞辰曰：「徵，與懲通。」《文選·思玄賦》云：「懲淟涊而爲清。」舊注：「懲，騰也。」懲訓爲騰，則徵之訓虛與滕之訓虛，其義又同矣。

隍者，《説文》云：「城池也。有水曰池，無水曰隍。」引《易》：「城復于隍。」《詩·韓奕》正義引鄭注云：「隍，壑也。」本《釋言》文。又引舍人曰：「隍，城池也。」李巡曰：「隍，城池壑也。」《一切經音義》四引《蒼頡篇》曰：「隍，城下阬。」《易·泰》釋文：「隍，城塹也。子夏作堭。姚作湟。」是「湟」「堭」「隍」通。

漮者，《説文》云：「水虛也。」「虛」上當脱「之」字。《釋文》引作「水之空也」。「空」當爲「虛」也。通作「穅」。《謚法》云：「穅，虛也。」省作「康」。《詩·生民》及《莊子·天運》篇釋文竝云：「穅，字亦作康。」《賓之初筵》箋：「康，虛也。」《正義》云：「『康，虛』，《釋詁》文。」又通作「⿰康欠」。《説文》云：「飢虛也。」《釋文》：「漮，字又作⿰康欠。」又通作「康」。《説文》云：「屋康㝗也。」《方言》云：「康，空也。」郭注：「康㝗，空貌。康，或作⿰康欠，虛字也。」又通作「㯩」。《文選·長門賦》云：「委參差以㯩梁。」李善注：「康，與㯩同。」然則㯩梁即康㝗矣。又通作「荒」。《釋文》引郭云：「漮，本或作荒。荒亦丘墟之空無。」此蓋引郭《音義》之文。「康」「荒」古通用。故《易》「包荒」釋文：「荒，鄭讀爲康，云虚也。」《詩》「具贅卒荒」，「我居圉卒荒」，傳、箋竝云：「荒，虚也。」《正義》云：「荒，虚。《釋詁》文。」又引某氏曰：「《周禮》云：『野荒民散則削之。』唯某氏之本有『荒』字耳，其諸家《爾雅》則無之。」據《正義》此引，則知郭云「漮，本作荒」者，正指某氏本而言。毛、鄭所見蓋亦此本。是「荒」即「漮」之異文，非漮外更有荒字。或疑郭本多一「阬」字，少一「荒」字，亦非也。「荒」，依正文當作「𥞩」。《説文》：「𥞩，虚無食也。」《玉篇》省作「𥝩」。是「𥞩」爲正體，「荒」乃叚借。《易·泰》釋文：「荒，本亦作巟。」「巟」亦叚借也。

黎、庶、烝、多、醜、師、旅，衆也。皆見《詩》。洋、觀、裒、衆、那，多也。《詩》曰：「薄言觀者。」又曰：「受福不那。」洋溢，亦多貌。

《説文》云：「衆，多也。从㐺、目，衆意。㐺，从三人。」按：《周語》云：「人三爲衆。」《易·説卦》云：「坤爲衆。」夫陰象爲民，民庶萌也。地數爲耦，耦合同也。皆會衆意。「衆」通作「終」。終猶充也，充滿義亦爲衆。故《雜卦》云：「大有衆也。」《釋文》：「衆，荀作終。」《士相見禮》注：「今文衆爲終。」又《釋草》「衆秫」「貫衆」之「衆」，古俱音「終」，亦其證矣。

黎、庶者，民之衆也。《説文》云：「黔，黎也。秦謂民爲黔首，謂黑色也。周謂之黎民。」按：「黎民」見《堯典》，非起於周，民不皆黑色，舉其衆多而言也。《詩》：「民靡有黎。」毛傳：「黎，齊也。」鄭箋：「黎，不齊也。」不同者，齊與不齊皆會衆意也。「黎」通作「菞」。《韓勑後碑》云：「□□菞民。」又通作「棃」。《桐柏廟碑》云：「棃庶賴祉。」又通作「犂」。《三公山碑》云：「羣犂百姓。」是皆以聲爲義也。

庶者，《説文》云：「屋下衆也。从炗。炗，古文光字。」按：光亦廣也，光、廣皆衆盛之意。《釋言》云：「庶，侈也。」奢侈亦衆多之意。「庶」通作「卌」。《説文》云：「卌，與庶同意。」漢《孔和碑》「庶」即作「卌」。按：「卌」本四十字，數之積也，故與「庶」意又同矣。

烝者，气之衆也。《説文》云：「烝，火气上行也。」《春秋繁露》云：「畢熟故烝。烝言衆也。」是冬祭之烝亦訓爲衆。通作「蒸」。《詩》「天生烝民」，《孟子》作「天生蒸民」。又通作「媵」。《易·小過》注：「則蒸而爲雨。」《釋文》：「蒸，字又作烝。或作媵。」按：媵訓送女，與「衆」義近。《廣韵》「烝」「媵」同部，則音又近矣。

醜者，儔也，類也。儔輩、羣類皆以衆言之也。《詩》「戎醜攸行」，「以謹醜厲」，「屈此羣醜」，傳竝云：「醜，衆也。」通作「媿」。《武梁祠堂畫像》云：「無鹽媿女。」媿即醜也。按：「醜」與「媿」雖俱从鬼而聲不相應。醜訓可惡，因惡生媿，此則以義叚借，不可以聲求者也。

師、旅者，人之衆也。《説文》云：「二千五百人爲師。从帀，从𠂤。𠂤，四帀，衆意也。」「軍之五百人爲旅。从㫃，从从。从，俱也。」《小司徒》云：「五卒爲旅，五旅爲師。」《夏官·序官》注：「軍、師、旅、卒、兩、伍，皆衆名也。」《釋言》云：「師，人也。」人者，聚乎衆之詞也。《廣雅》云：「師，官也。」「官」，从𠂤，音「堆」。𠂤亦衆矣。旅之爲言俱也，俱亦衆意。故《樂記》云：「進旅退旅。」鄭注：「旅，猶俱也。」《詩》：「旅力方剛」，「殷商之旅」，傳竝云：「旅，衆也。」旅又敘也，陳也。陳列、敘次，其義亦皆爲「衆」也。

多既爲衆，衆又爲多，互相訓也。

洋者，《匡謬正俗》云：「今山東俗謂衆爲洋。」按：以洋爲多，古今通語。故《詩·閟宮》傳：「洋洋，衆多也。」《碩人》傳：「洋洋，盛大也。」《衡門》傳：「洋洋，廣大也。」《大明》傳：「洋洋，廣也。」「廣」「盛」「大」俱與「多」義近。通作「穰」。《執競》傳：「穰穰，衆也。」《文選·東京賦》注：「穰穰，衆多也。」「穰」聲同「壤」。《史記·滑稽傳》云：「穰穰滿家。」《貨殖傳》云：「天下壤壤，皆爲利往。」壤壤即穰穰也。聲轉爲「蠅蠅」。《尚書大傳》云：「禾黍蠅蠅。」蠅蠅亦洋洋也。《方言》云：「蠅，東齊謂之羊。」郭注：

「此亦語轉耳。今江東人呼羊聲如蠅。」然則蠅蠅即洋洋矣。又轉爲「油油」。《文選·思舊賦》注引《大傳》作「禾黍油油」。《詩》「河水洋洋」，《楚辭·九歎》注引作「河水油油」。又轉爲「繩繩」。《漢書·伍被傳》張晏注作「黍苗之繩繩」。繩繩亦蠅蠅也。古讀「洋」「詳」同音。故《穆天子傳》云：「庚辰濟于洋水。」郭注：「洋，音詳。」《海内西經》注亦云：「洋，音翔。」「洋」讀爲「詳」，則知「繩繩」亦「洋洋」之聲轉。《爾雅》釋文以讀「洋」爲「詳」者非，蓋未通於郭音矣。

觀者，郭引《詩》：「薄言觀者。」又「遹觀厥成」，「奄觀銍艾」，箋竝云：「觀，多也。」「永觀厥成」，《釋文》亦云：「觀，多也。聲同灌。灌，叢也。」叢聚亦多也。《釋文》云：「觀，顧、謝音官，施古喚反。」「古喚反」者，讀如「觀兵」之「觀」。觀訓示也，示於人，必多於人也，故訓多矣。

裒者，上文云：「聚也。」聚則多矣，故又爲多。《詩》：「裒時之對。」鄭箋：「裒，衆也。」

那者，《詩》「受福不那」，「猗與那與」，傳竝云：「那，多也。」「有那其居」，《釋文》引王肅亦云：「那，多也。」通作「難」。「難」「那」聲轉，故「難」有「那」音。「隰桑有阿，其葉有難」，「難」即音「那」。毛傳：「難然，盛貌。」「盛」「多」義近。是阿難即阿那也。俗加女旁爲「婀娜」矣。又通作「儺」。《詩》：「猗儺其枝。」猗儺即阿那也。「受福不那」，《説文・鬼部》作「受福不儺」。《周禮・占夢》注：「故書難或爲儺。」是「難」「儺」「那」古皆通用。又《詩》「猗儺其華」，《楚辭・九歎》注引作「旖旎其華」。《釋文》：「那，本或作翀。」《廣雅》云：「翀，多也。」「翀」，蓋「那」之或體耳。

流、差、柬，擇也。皆選擇。見《詩》。

《説文》云：「擇，柬選也。」《淮南・本經》篇云：「是以不擇時日。」高誘注：「擇，選也。」《吕覽・簡選》篇云：「與惡劒無擇。」高注：「擇，別也。」通作「澤」。《禮・射義》云：「天子將祭，必先擇射於澤。澤者，所以擇士也。」《曲禮》云：「共飯不澤手。」鄭注：「澤，謂捼莎也。澤，或爲擇。」按：捼莎者，《詩・葛覃》釋文引阮孝緒《字略》云：「煩撋，猶捼莎也。」然則捼莎、煩撋皆去垢污以取精潔，與「擇」義近，故其字通矣。

流者，《釋言》云：「求也。」「求」「擇」義近。《詩》：「左右流之。」流宜訓擇，毛傳流訓求，箋訓擇者，蓋以淺深爲義，實則二義亦相成也。《大戴禮・曾子立事》篇云：「觀説之流。」盧辯注：「流，謂部分。」《漢書・食貨志》云：「朱提銀重八兩爲一流。」流謂流別，蓋亦選擇之名，故分別人物謂之「品流」也。流之與離，俱以分別爲義，故冕旒、衣旒俱从流聲，其義亦近。通作「疏」。《左氏・昭廿年傳》：「出入周流。」《釋文》：「流，古本有作疏者。」疏有分離之義，流是區別之名，故於義得通矣。

差者，《詩》「穀旦于差」，「既差我馬」，傳、箋竝云：「差，擇也。」《既夕・記》云：「差盛之。」鄭注亦訓爲擇。《爾雅》釋文「差，楚佳反」，《詩・關雎》釋文：「差，初宜、初佳二反。」「初宜反」者，訓次也，等也。然等、次與別擇亦近。「差」聲近「斯」。《左氏・襄十四年傳》：「庾公差」，《孟子》作「庾公斯」。《釋言》云：「斯，離也。」《說文》云：「斯，析也。」「離」「析」與別擇之義又近也。

柬者，《說文》云：「分別簡之也。从束，从八。八，分別也。」《荀子・脩身》篇云：「安燕而血氣不惰，柬理也。」楊倞注：「柬，與簡同，言柬擇其事理所宜。」通作「揀」。《一切經音義》五引《埤蒼》云：「揀，擇也。」《玉篇》云：「揀，力見反，擇也。」又音簡。」亦通作「簡」。《詩・簡兮》箋：「簡，擇也。」《周禮・趣馬》云：「簡其六節。」《禮・王制》云：「簡不肖以絀惡。」鄭注：「簡，差也，擇也。」《文選・東京賦》及《魏都賦》《長楊賦》注竝引《爾雅》作「簡，擇也」。是「簡」「柬」通。《方言》云：「撟捎，選也。「矯」「騷」兩音。自關而西，秦、晉之閒，凡取物之上謂之撟捎。」按：「撟捎」「簡選」聲亦相轉。

戰、慄、震、驚、戁、竦、恐、慴，懼也。《詩》曰：「不戁不竦。」慴即懾也。

《説文》云：「懼，恐也。」《方言》云：「懼，驚也。」通作「愳」。《莊子・天運》篇云：「吾始聞之懼。」《庚桑楚》篇云：「南榮趎懼然顧其後。」《釋文》竝云：「懼，本作愳。」蓋「愳」「懼」竝从瞿聲，瞿有驚遽之意也。

戰者，《廣雅》云：「憚也。」《白虎通》引《尚書大傳》曰：「戰者，憚驚之也。」《法言》云：「見豺而戰。」李軌注：「戰，悸也。」《詩》傳：「戰戰，恐也。」《孝經》注：「戰戰，恐懼。」《釋訓》云：「戰戰、蹌蹌，動也。」動亦恐動也。與「顫」同。《玉篇》云：「顫，動也。」《廣韵》云：「顫，四支寒動。」《淮南・説山》篇云：「故寒顫，懼者亦顫。」高誘注：「顫，讀天寒凍顫之顫。」是「顫」「戰」聲義同，寒顫即寒戰矣。

慄者，「栗」之俗體，古止作「栗」。《説文・卣部》引徐巡説：「木至西方戰栗。」《論語》：「使民戰栗。」是「栗」爲本字。通作「慄」。《廣雅》云：「慄，戰也。」《詩》：「惴惴其慄。」傳：「慄慄，懼也。」《莊子・人閒世》篇云：「吾甚慄之。」《素問・瘧論》云：「寒慄鼓頷。」王砅注：「慄，謂戰慄。」《調經論》注：「慄，謂振慄也。」按：振慄即戰慄。聲轉又通作「溧」。《説文》云：「溧，寒也。」《素問・氣交變大論》云：「其變溧洌。」《詩》：「二之日栗烈。」傳：「栗烈，寒氣也。」栗烈即溧洌矣。

震者，動之懼也。下文云：「震，動也。」《説文》云：「震，劈歷振物者。」蓋震霆疾威，故會意爲「懼」。《周語》云：「玩則無震。」韋昭注：「震，懼也。」通作「振」。《書》「震驚朕師」，《史記·五帝紀》作「振驚朕衆」。又通作「祇」。《書》云：「爾謂朕曷震動萬民以遷。」漢石經「震」作「祇」。「日嚴祇敬六德」，《史記·夏紀》「祇」作「振」。「治民祇懼」，《魯世家》作「治民震懼」。蓋「震」「懼」「祇」「敬」其義相近，「震」「祇」聲又相轉，故古字通矣。

驚者，《説文》云：「馬駭也。」《文選·西京賦》注：「驚、憚，謂皆使駭怖也。」《羽獵賦》注引宋衷《春秋緯》注云：「驚，動也。」驚動與震動同意。驚之言猶警也，警訓敬戒，與恐懼義近。故《文選·歎逝賦》云：「節循虚而警立。」李善注：「警，猶驚也。」

戁者，下文云：「動也。」《説文》云：「敬也。」皆與「懼」義近。故《詩》：「不戁不竦。」傳云：「戁，恐也。」通作「赧」。赧訓慙，亦與懼近。故《楚語》云：「否則赧。」韋昭注：「赧，懼也。」聲轉爲「戁」。《説文》云：「戁，見鬼驚聲。讀若《詩》：『受福不儺。』」蓋「戁」从難聲，「戁」从難省聲，訓爲驚懼，其義又同矣。

竦者，「愯」之叚音也。《説文》云：「愯，懼也。从雙省聲。」引《春秋傳》曰：「駟氏愯。」通作「慫」。《説文》云：「慫，驚也。讀若悚。」又通作「聳」。《方言》云：「聳，悚也。」《左氏・昭六年傳》：「聳之以行。」杜預注：「聳，懼也。」《漢書・刑法志》作「愯之巳行」。晉灼注：「愯，古竦字也。」按：「愯」即「愯」字，从雙不省。「駟氏愯」，《左氏・昭十九年傳》作「駟氏聳」。《文選・廣絶交論》注引《爾雅》亦作「聳，懼也」。又通作「竦」。《説文》云：「竦，敬也。」竦訓敬，與「戁」同意。故「不戁不竦」，毛傳：「竦，懼也。」《後漢書・張綱傳》云：「京師震竦。」《文選・長楊賦》云：「整輿竦戎。」李善注：「竦與聳古字通。」又通作「悚」。「不戁不竦」，《家語・弟子行》篇作「不戁不悚」。《一切經音義》十三引《字林》云：「悚，惶遽也。」

恐者，《詩》云：「將恐將懼。」《素問・藏氣法時論》云：「善恐，如人將捕之。」聲近「㤨」。《廣雅》云：「㤨，懼也。」《方言》云：「蛩㤨，戰慄也。「蛩」「恭」兩音。荆、吴曰蛩㤨。蛩㤨又恐也。」按「蛩」「㤨」疊韵，合之爲「恐」聲。又近「兇」。許拱切。《左氏・僖廿八年傳》：「曹人兇懼。」然則「㤨」「兇」合聲亦爲「恐」矣。

慴者，《説文》云：「懼也。讀若疊。」《莊子・達生》篇云：「是故遻物而不慴。」通作「懾」。《説文》云：「懾，失气也。」《逸周書・大戒》篇云：「大則驕，小則懾。」《曲禮》云：「則志不懾。」鄭注：「懾，猶怯惑。」《樂記》云：「柔氣不懾。」鄭注：「懾，猶恐懼也。」又通作「懾」。《廣雅》云：「懾，懼也。」《一切經音義》七云：「懾，《聲類》作懾，同，止業反。」又通作「慹」。《説文》云：「慹，悑也。」《一切經音義》九云：「慴，古文慹，或作讋。」《説文》：「讋，失气言。傅毅讀若慴。」按：「慴」，古讀若「疊」，亦通作「疊」。《詩》：「莫不震疊。」傳：「疊，懼也。」《吴都賦》云：「鉦鼓疊山。」劉逵注：「疊，振疊也。」振疊即震疊，震疊又即震慴，俱聲同叚借字也。

痡、瘏、虺頹、玄黄、劬勞、咎、顇、瘽、瘉、鰥、戮、癙、癵、痻、痒、疷、疵[一]、閔、逐、疚、痗、瘥、痱、瘇、瘵、瘼、癠，病也。虺頹、玄黄皆人病之通名，而説者便謂[二]之馬病，失其義也。《詩》曰：「生我劬勞。」《書》曰：「智藏瘝在。」相戮辱，亦可恥病也。今江東呼病曰「瘵」，東齊曰「瘼」。《禮記》曰：「親癠，色容不盛。」戮、逐，未詳。餘皆見《詩》。

《説文》云：「疾，病也。」「病，疾加也。」《釋名》云：「疾，疾也，客氣中人急疾也。病，竝也，與正氣竝在膚體中也。」按：古人「疾」「病」連言，病甚於疾，故《説文》訓爲疾加。《論語》鄭注：「病，謂疾益困也。」包咸注：「疾甚曰病。」皆其義也。「病」與「秉」

[一] 疵，原誤「庛」，楊胡本同，據《爾雅》宋刊十行本、《經解》本改。
[二] 謂，《爾雅》宋刊十行本作「爲」。

通，見《士冠禮》注。「秉」與「柄」通，見《周禮・鼓人》注。又與「炳」通，見《文選・與吳質書》注。蓋「炳」「柄」俱从丙，「病」亦丙聲，凡聲同者字亦通也。

痡、瘏者，《説文》竝云：「病也。」《詩・卷耳》及《鴟鴞》傳同。「痡」通作「鋪」。《爾雅》釋文：「痡，《詩》作鋪。」《詩》釋文：「痡，本又作鋪。」「淮夷來鋪」，「淪胥以鋪」，毛傳及王肅竝云：「鋪，病也。」《後漢書・蔡邕傳》注引《韓詩》作「勳胥以痡」，云：「痡，病也。」是「痡」「鋪」通。「瘏」通作「屠」。《廣雅》云：「屠，壞也。」「壞」與「病」義近。《爾雅》釋文：「瘏，《詩》作屠。」《卷耳》及《鴟鴞》釋文：「瘏，本又作屠。」是「屠」「瘏」通。《詩》正義引孫炎曰：「痡，人疲不能行之病。瘏，馬疲不能進之病也。」此蓋望文生訓。知不然者，《鴟鴞》詩言「予口卒瘏」，彼非馬病，故知此亦人病之通名耳。

虺頹者，《卷耳》傳云：「病也。」《釋文》：「虺，《説文》作瘣。」按：「瘣」字誤。《説文》作「瘣」，云：「病也。」引《詩》：「譬彼瘣木。」《毛詩》「瘣」作「壞」，故傳云：「壞，瘣也，謂傷病也。」是「壞」當作「瘣」。胡罪反。《詩》及《爾雅》之「虺」，俱「瘣」之叚音。「頹」，《詩》作「隤」，亦叚音也。《釋文》：「隤，《説文》作頹。」按：《説文》作「穨」，云：「秃皃。」隸作「頹」。通作「隤」。《説文》：「隤，下隊也。」《釋名》：「陰腫曰隤，氣下隤也。」然則「虺隤」亦人病之通名。《詩》釋文引孫炎云：「馬退不能升之病。」亦望文生訓耳。且「虺」「隤」二字俱爲叚音。《漢書·景十三王傳》云：「日崔隤。」《集注》：「崔隤，猶言蹉跎也。」蓋「蹉跎」與「崔隤」聲轉。「崔隤」又與「虺隤」聲近。證知此等叚借之字，皆以聲爲義也。「隤」通作「退」，見《易·繫辭》釋文。

玄黃者，《卷耳》傳：「玄馬病則黃。」《爾雅》邢疏引孫炎曰：「玄黃，馬更黃色之病。」郭氏不從，以爲「人病之通名」，是也。按：《易》云：「其血玄黃。」《詩》云「何草不黃」，「何草不玄」，明不獨馬病爲然。故《素問·五藏生成論》云「黃如蟹腹者生」，「黑如烏羽者生」。《史記·扁鵲倉公傳》云：「望之殺然黃，察之如死青之茲。」又云：「胃氣黃。黃者，土氣。」《左氏·哀十三年傳》：「肉食者無墨。」是皆玄黃之義爲人病之通名矣。

劬勞者，力乏之病也。《詩·凱風》及《鴻鴈》傳竝云：「劬勞，病苦也。」《楚辭·九歎》云：「躬劬勞而瘏悴。」劬者，《禮·内則》云：「見於公宫則劬。」鄭注：「劬，勞也。」《鴻鴈》釋文引《韓詩》云：「劬，數也。」頻數亦勞也。通作「瞿」。《素問·靈蘭秘典論》云：「窘乎哉，消者瞿瞿。」王砅注：「瞿瞿，勤勤也。」又通作「懼」。《方言》云：「懼，病也。」是「懼」「瞿」「劬」竝聲義同。勞者，下文云：「勤也。」《説文》云：「勮也。」《淮南·精神》篇云：「好憎者使人之心勞。」高誘注：「勞，病也。」又云：「竭力而勞萬民。」《氾論》篇云：「以勞天下之民。」高注竝云：「勞，憂也。」憂亦病。《詩》言「維憂用勞」，蓋因憂思而成病矣。

咎者，《説文》云：「災也。」災即病也。古人謂「病」曰「災」。故《公羊・莊廿年傳》：「大災者何？大瘠也。」何休注：「瘠，病也，齊人語也。」是傳、注俱訓災爲病。今東齊人謂「病」爲「災」，蓋古之遺言也。《詩》「或慘慘畏咎」與「劬勞」「盡瘁」，句意相對，此即《爾雅》咎訓爲病之義。「咎」通作「臯」。「臯陶」，古作「咎繇」。臯有緩義，筋脈弛緩亦人之病。故《左氏・哀廿一年傳》云：「魯人之臯。」又云：「以爲二國憂。」臯之爲病，又其證矣。

顇者，《説文》云：「醮顇也。」《荀子・王霸》篇云：「勞苦秏顇莫甚焉。」楊倞注：「顇，顦顇也。」通作「瘁」。《詩》「憯憯日瘁」，「邦國殄瘁」，毛傳竝云：「瘁，病也。」《文選・歎逝賦》注引《蒼頡篇》曰：「瘁，憂也。」憂亦病也。又通作「悴」。《説文》云：「憂也。」《方言》云：「傷也。」傷亦病也。《釋文》：「顇，字或作悴。」《歎逝賦》注：「瘁與悴古字通。」又通作「萃」。《詩・出車》及《四月》釋文竝云：「瘁，本作萃。」《左氏・成九年傳》作「蕉萃」，《昭七年傳》作「憔悴」，《一切經音義》六又作「燋悴」，而云：「《三蒼》作顦顇。」按：「顦」，俗字，徐鉉所增，《説文》作「醮」爲正。《玉篇》引《楚辭》云：「顏色醮額。」是矣。

瘽者，《説文》云：「病也。」通作「懃」。《釋文》：「瘽，字亦作懃。」按：「懃」即「勤」字，與「劬勞」同意，故訓病矣。

瘉者，《詩》「胡俾我瘉」，「交相爲瘉」，毛傳竝云：「瘉，病也。」通作「愉」。下文「愉，勞也」，勞亦病。《龍龕手鑑》四引《爾雅》舊注云：「瘉，勞病也。」是「瘉」「愉」同。又通作「愈」。《詩》「憂心愈愈」，《釋訓》作「瘐瘐」。《漢書・宣帝紀》注：「瘐，或作瘉。」是矣。《説文》「瘉」訓病瘳，蓋小瘳而猶病，今以病瘳爲愈，可知《詩》之愈愈即瘉瘉。傳訓爲憂懼，似失之也。「愈」「瘐」皆即「瘉」之或體字耳。「瘉」之聲轉爲「猶」。《詩》「無相猶矣」，「其德不猶」，箋竝云：「猶，當作瘉。瘉，病也。」又轉爲「遏」。《詩》：「無遏爾躬。」《釋文》引《韓詩》云：「遏，病也。」

鰥者，亦叚借字也。經典通作「矜」。《書》「有鰥在下」，《史記・五帝紀》作「有矜在民閒」。《後漢書・和帝紀》云：「朕寤寐恫矜。」李賢注：「矜，病也。」别作「瘝」。《書》：「智藏瘝在。」《正義》引鄭注：「瘝，病也。」「恫瘝乃身」，鄭注：「刑罰及己爲痛病。」按：「瘝」字，字書所無。《玉篇》《廣韵》有「瘝」字，古頑切，云：「病也。」疑「瘝」「瘝」形近而譌耳。

戮者，辱之病也。《周禮・序官》「掌戮」注云：「戮，猶辱也。」《廣雅》及《晉語》注竝云：「戮，辱也。」《說文》云：「辱，恥也。从寸在辰下。失耕時，於封畺上戮之也。」是戮取恥辱爲義。訓爲病者，《士冠禮》云：「恐不能共事以病吾子。」鄭注：「病，猶辱也。」是戮訓病之證。郭義所本。又云「戮未詳」者，疑未敢定也。

癙者，「鼠」之叚音也。《詩》：「鼠思泣血。」箋：「鼠，憂也。」憂即病也。《淮南・說山》篇云：「貍頭愈鼠。」即今之鼠創病。高誘注以爲「鼠齧人創」，非矣。通作「癙」。《詩》：「癙憂以痒。」傳：「癙、痒皆病也。」《中山經》云：「脫扈之山，有草名曰植楮，可以已癙。」郭注：「癙，病也。」《爾雅》釋文引舍人云：「癙，心憂憊之病也。」孫炎云：「癙者，畏之病也。」按：鼠貪而畏人，孫炎蓋取「鼠思」爲說，舍人則本「癙憂」爲訓也。

癵者，「臠」之俗體也。《說文》云：「臠，臞也。」引《詩》：「棘人臠臠兮。」通作「欒」。《詩・素冠》傳：「欒欒，瘠貌。」箋：「瘦瘠也。」又通作「癵」。《爾雅》釋文引舍人云：「癵，心憂憊之病也。」蓋積憂成病，骨體瘦臞，與毛鄭義合。《釋文》又云：「癵，郭作拘攣，同，力專反。」蓋郭欲破「癵」爲「攣」。《文選・登徒子好色賦》注引《爾雅》即作「攣，病也」。又據郭義追改《爾雅》，此皆非矣。

瘇者，「悝」之俗體也。《說文》云：「悝，病也。」下文云：「憂也。」「憂」「病」義相成。

通作「里」。《詩》：「悠悠我里。」傳：「里，病也。」「云如何里」，箋：「里，憂也。」《釋文》引王肅云：「病也。」又通作「瘇」。《爾雅》釋文引舍人云：「瘇，心憂憊之病也。」《玉篇》引《詩》作「悠悠我瘇」。《十月之交》釋文：「里，本或作瘇，後人改也。」《雲漢》釋文：「里，本又作瘇，《爾雅》作悝。」今按：《爾雅》「憂」「病」二義，其字皆當作「悝」。陸德明知「悝憂」作「瘇」爲後人改字，不知「悝病」作「瘇」亦後人改字也，宜據《說文》訂正焉。

痒者，《說文》云：「瘍也。」「瘍，頭創也。」《詩》「癙憂以痒」，「稼穡卒痒」，傳、箋竝云：「痒，病也。」《爾雅》釋文引舍人云：「痒，心憂憊之病也。」按：「癙」「癵」「瘇」「痒」四字舍人義訓俱同。蓋憂思煎灼，氣血鬱蒸，故或藴而爲瘍，或結而爲病，胥是道焉。《玉篇》：「痒，與癢同。」非也。「癢」字，《說文》作「蛘」，云：「搔蛘也。」或作「癢」，通作「養」，與「痒」聲同義別。《玉篇》謂「相通借」，謬矣。

疷者，《說文》云：「病也。」《玉篇》：「渠支、丁禮二切。」《釋文》：「疷，又音支。」《詩》：「祇自疷兮」，「俾我疷兮」，傳竝云：「疷，病也。」《爾雅》釋文引孫炎云：「疷，滯之病也。」通作「祇」。《詩》：「俾我祇也。」傳：「祇，病也。」《易》：「无祇悔。」鄭注亦云：「祇，病也。」又別作「疲」。《爾雅》釋文：「疷，本作疲。《字書》云：『疲，病也。』《聲類》猶以爲疷字。」按：此則《爾雅》復有作「疲」之本。《說文》云：「疲，勞也。」勞亦病。

通作「罷」。《齊語》云：「罷士無伍，罷女無家。」韋昭注：「罷，病也。」是罷即疲，疲亦病。《爾雅》古有作「疲」之本，亦其證矣。

疵者，《說文》云：「病也。」《禮運》云：「是謂疵國。」《莊子・逍遥遊》篇云：「使物不疵癘。」疵皆訓病。《書》云：「知我國有疵。」馬融注：「疵，瑕也。」瑕亦病也。通作「呰」。《漢書・翟義傳》云：「固知我國有呰災。」《集注》：「呰，病也。」又通作「訾」。《檀弓》云：「亦非禮之訾也。」鄭注：「訾，病也。」又通作「疿」。《一切經音義》二云：「疵，古文疿，同。」《說文》云：「疿，瑕也。」「瑕」，《玉篇》作「瘕」。是「瘕」「瑕」「疵」「疿」俱字異音義同。

閔者，《說文》云：「弔者在門也。」《玉篇》云：「閔，病也。傷痛爲閔。」是閔兼疾病、傷痛二義，《說文》唯主後義，《玉篇》爲長。經典亦二義互見。故《詩》「覯閔既多」，「鬻子之閔斯」，「閔予小子」及《儒行》云「不閔有司」，毛、鄭竝云：「閔，病也。」是皆《玉篇》前義，本於《爾雅》也。《左氏・宣十二年傳》：「寡君少遭閔凶。」《楚辭・天問》篇云：「閔妃匹合。」又云：「舜閔在家。」杜預及王逸注竝云：「閔，憂也。」「閔予小子」，箋：「閔，悼傷之言也。」是皆《玉篇》後義，亦與前義相成也。通作「文」。《儒行》注：「閔，或爲文。」又通作「憫」。《淮南・主術》篇云：「年衰志憫。」高誘注：「憫，憂也。」又通作

「慼」。《説文》：「慼，痛也。」《一切經音義》三引《字詁》云：「古文慼，今作閔。」《詩·載馳》及《儒行》釋文竝云：「閔，本作慼。」又通作「湣」。《左傳》「魯閔公」，《史記·世家》作「湣公」。又通作「惛」。《范睢蔡澤傳》云：「竊閔然不敏。」《索隱》引鄒誕生本作「惛」。《漢書·劉向傳》注：「惛，古閔字。」又通作「殙」。《廣雅》：「殙，病也。」又通作「痻」。《詩》：「多我覯痻。」箋：「痻，病也。」然則覯痻即覯閔，古字通矣。

逐者，通作「軸」。《詩》：「碩人之軸。」箋：「軸，病也。」是軸即逐，但「逐」「軸」俱叚音，未審孰爲本字也。《説文》：「疛，小腹痛。从肘省聲。」陟柳切。《詩》：「惄焉如擣。」《釋文》：「擣，《韓詩》作疛。」「疛」、「逐」聲轉，或古字通也。

疚者，「宊」之俗體也。《説文》：「宊，貧病也。」引《詩》：「煢煢在宊。」通作「疚」。《釋名》云：「疚，久也，久在體中也。」《詩》「憂心孔疚」，「嬛嬛在疚」，傳竝云：「疚，病也。」又通作「究」。《雲漢》釋文：「疚，本或作宊。」又作「究」。《召旻》釋文亦云然也。

痗者，《詩》「使我心痗」，「亦孔之痗」，傳竝云：「痗，病也。」通作「悔」。《十月之交》釋文：「痗，本又作悔。」蓋「痗」有「悔」音，故亦通「悔」。《爾雅》釋文：「痗，兼昧、晦二音。」是矣。

瘥者，《詩》：「天方薦瘥。」《周語》云：「無夭昏札瘥之憂。」毛傳及韋昭注竝云：

「瘥，病也。」《左氏・昭十九年傳》：「札瘥夭昏。」杜預及賈逵注竝云：「小疫曰瘥。」通作「㱦」。《左氏》釋文：「瘥，《字林》作㱦。」《廣韻》云：「㱦，小疫病也。」

痱者，《說文》云：「風病也。从非聲。」《釋文》引《說文》「蒲愷反」者，按：陶注《本草》說「蝦蟇」云：「此是腹大皮上多痱㿔者。」是也。《一切經音義》廿五引《字略》云：「痱癗，小腫也。」通作「腓」。《詩》：「百卉具腓。」毛傳：「腓，病也。」《釋文》引《韓詩》云：「變也。」「變」「病」義近，聲又相轉。《文選・戲馬臺詩》注引《毛詩》作「痱」，今本作「腓」。《玉篇》引《詩》正作「百卉具痱」，可知「腓」古本作「痱」矣。

𤺺者，「癉」之或體也。《說文》：「癉，勞病也。」蓋據下文云：「癉，勞也。」因勞致病，故云「勞病」。《詩》「下民卒癉」，《史記・扁鵲倉公傳》云：「風癉客脬。」毛傳及《索隱》竝云：「癉，病也。」《素問・瘧論》云：「名曰癉瘧。」王砅注：「癉，熱也。」通作「疸」。《說文》「疸，黃病也。」《玉篇》：「疸，亦作癉。」又通作「𤺺」。《禮・緇衣》云：「章義𤺺惡。」引《詩》：「下民卒𤺺。」鄭注竝云：「𤺺，病也。」《詩・板》釋文：「癉，沈本作𤺺。」《爾雅》釋文引孫炎云：「𤺺，疫病也。」又通作「僤」。《詩・板》釋文：「僤，本又作癉。」《桑柔》釋文：「僤，本亦作亶。」《爾雅》釋文：「𤺺，又徒丹反。」是「𤺺」有「殫」音，亦通作「殫」。《淮南・覽冥》篇云：「斬艾百姓，殫盡大半。」高誘注：「殫，病也。」又通作「亶」。

《士冠禮》注：「古文亶爲癉。」《緇衣》釋文本作「下民卒亶」，云：「亶，本亦作癉。」然則「癉」，古作「亶」，後人加疒爲「癉」耳。

瘵者，《說文》云：「病也。」《詩·菀柳》《瞻卬》傳同。郭云「今江東呼病曰瘵，東齊曰瘼」者，《一切經音義》十引《三蒼》同。是郭所本也。通作「際」。《易》：「天際翔也。」《釋文》引鄭注：「際，當爲瘵。瘵，病也。」鄭讀「瘵」爲「際」。故《詩》：「無自瘵焉。」箋云：「瘵，接也。」是亦讀爲「交際」之「際」。《爾雅》釋文：「瘵，側界反。《字林》側例反。」《詩》釋文亦兼二音。蓋「瘵」从祭聲，故二讀俱通矣。

瘼者，《詩》「亂離瘼矣」，「瘼此下民」，傳竝云：「瘼，病也。」《方言》及《說文》同。通作「莫」。《文選·關中詩》及《爲范尚書表》竝云：「亂離斯莫。」李善注引《韓詩》作「莫」字，薛君曰：「莫，散也。」又「求民之莫」，《文選·齊故安陸昭王碑》注引作「求民之瘼」，云：「班固《漢書》引《詩》而爲此瘼。」按：班所引亦必三家《詩》也。

癠者，《玉藻》云：「親癠，色容不盛。」鄭注：「癠，病也。」通作「瘠」。《公羊·莊廿年》釋文：「瘠，病也。本或作癠。」《方言》云：「凡物生而不長大，謂之鮆，又曰癠。」郭注：「今俗呼小爲癠。」然則瘠亦瘦小，故其字通。《易·說卦》云：「爲瘠。」《釋文》：「瘠，京、荀作柴。」按：「柴」「癠」亦聲轉義同。

恙、寫、悝、盱、繇、慘、恤、罹，憂也。今人云「無恙」，謂無憂也。寫，有憂者思散寫也。《詩》曰「悠悠我悝」，「云何盱矣」。繇役，亦爲憂愁也。

憂者，「㥑」之叚音也。《説文》云：「㥑，愁也。」通作「憂」。下文云：「憂，思也。」按：憂又患也，病也。「病」與「憂」相連。故《樂記》云：「病不得其衆也。」鄭注：「病，猶憂也。」《孟子》云：「有采薪之憂。」趙岐注：「憂，病也。」《爾雅》「憂」「病」相次，亦其義也。「憂」與「懮」同。《楚辭・抽思》篇云：「傷余心之懮懮。」王逸注：「懮，痛貌也。」

恙者，《説文》云：「憂也。」《匡謬正俗》八引《爾雅》作「恙，憂心也」。此蓋《爾雅》舊注之文。又引《風俗通》云：「恙，噬人蟲也。善噬人心，人每患苦之。」《御覽》三百七十六引《風俗通》云：「恙，病也。凡人相見及通書問，皆曰無恙。」是應劭以無恙爲無病，郭氏以爲無憂，義相成也。《玉篇》「恙」字亦兼「憂」「病」二義。《楚辭・九辯》云：「還及君之無恙。」王逸注亦以無恙爲無憂矣。通作「養」。《詩》：「中心養養。」傳、箋竝以養養爲憂也。

寫者，今未詳。《詩・泉水》傳：「寫，除也。」《蓼蕭》傳：「輸寫其心也。」郭注本此，而云：「有憂者思散寫。」蓋失其義矣。馬瑞辰曰：「《管子・白心》篇云：『卧名利者，寫生危。』寫當訓憂，謂寢息於名利，必多危險，故憂生危。尹注訓寫爲除，非也。」

悝者，《説文》云：「病也。」病亦憂也。通作「里」，俗作「㾖」，已詳上文。又通作「㦬」。《説文》云：「楚、潁之間謂憂曰㦬。」力之、力置二音。《方言》「㦬」作「憖」，字形之誤也。

盱者，「忓」之叚音也。《説文》云：「忓，憂也。讀若吁。」《釋文》：「盱，本或作忓。」是也。通作「吁」。《詩》：「云何吁矣。」毛傳：「吁，憂也。」又通作「盱」。《詩》「云何其盱」，「云何盱矣」，鄭箋竝云：「盱，病也。」「病」與「憂」義亦同也。

繇者，亦叚音也。《廣韻》引《詩》：「我歌且繇。」繇蓋訓憂。郭云：「繇役，亦爲憂愁。」此望文生義耳。下文又云：「繇，喜也。」二義相反，凡借聲之字，不必借義，皆此例也。「繇」，蓋「愮」之叚借。《方言》云：「愮，憂也。」《釋訓》云：「愮愮，憂無告也。」通作「搖」。《詩》：「中心搖搖。」毛傳：「搖搖，憂無所愬。」是搖搖即愮愮。故《釋訓》釋文：「愮，本又作搖也。」「搖」又通「繇」。故《周禮·追師》釋文：「繇，本或作搖。」《明堂位》釋文：「搖，本又作繇。」又通作「陶」。「陶」「繇」古音同。《廣雅》云：「陶，憂也。」《詩》「憂心且妯」，《一切經音義》十二引《韓詩》作「憂心且陶」。是陶訓憂之證。聲轉爲「悠」。《詩·十月之交》傳：「悠悠，憂也。」又轉爲「愈」。《詩·正月》傳：「愈愈，憂懼也。」

慘者，「懆」之叚音也。《説文》云：「懆，愁不安也。」《詩》：「念子懆懆。」《釋文》：「懆，七感反。」《説文》：「七倒反。」通作「慘」。《説文》云：「毒也。」毒有傷痛之意。《釋訓》云：「慘慘，慍也。」「慍」「憂」義近，故李巡注以「憂怒」爲説也。《詩·正月》傳：「慘慘，猶戚戚也。」《抑》傳：「慘慘，憂不樂也。」《北山》釋文：「慘，字亦作懆。」《白華》釋文：「懆懆，亦作慘慘。」是「慘」「懆」通。戴氏震《毛鄭詩攷正》云：「《詩》中慘慘，皆懆懆之譌。」今按：「懆」「慘」聲轉，古字通借，不必以爲譌也。又通作「慅」。《詩》：「勞心慅兮。」《釋文》：「慅，七老反，憂也。《廣雅》同。」又通作「憯」。《説文》云：「痛也。」《詩》：「胡憯莫懲。」《釋文》：「憯，亦作慘。」「慘不畏明」，《釋文》：「慘，本亦作憯。」是「慘」又皆爲「憯」之叚借矣。

恤者，與「卹」同。《説文》竝云：「憂也。」經典亦「卹」「恤」通。《一切經音義》九引孫炎曰：「恤，救之憂也。」「恤」與「慎」同，又與「溼」同。《方言》竝云：「憂也。宋、衛或謂之慎，陳、楚或曰溼。」「溼」「慎」「恤」俱一聲之轉也。

罹者，《詩》「逢此百罹」，「無父母詒罹」，「我獨于罹」，傳、箋竝云：「罹，憂也。」通作「離」。《兔爰》《斯干》釋文竝云：「罹，本又作離。」「離離瘼矣」，傳亦云：「離，憂也。」《書》「不罹于咎」，《史記·宋世家》作「不離于咎」。又通作「羅」。《書》：「罹其凶害。」

《釋文》:「罹,本亦作羅。」《漢書·于定國傳》云:「羅文法者,于公所決皆不恨。」《集注》:「羅,罹也。」「罹」「離」聲同,「罹」「羅」聲轉,故其字通。《方言》云:「羅謂之離,離謂之羅。」

倫、勩、邛、敕、勤、愉、庸、癉,勞也。《詩》曰「莫知我勩」,「維王之邛」,「哀我癉人」。《國語》曰:「無功庸者。」倫理事務,以相約敕,亦爲勞。勞苦者,多惰愉。今字或作「窳〔一〕」,同。勞、來、强、事、謂、翦、篲,勤也。《詩》曰:「職勞不來。」自勉强者亦勤力者,由事事,故爲勤也。《詩》曰:「迨其謂之。」翦、篲,未詳。

勞者,《説文》云:「劇也。」上文云:「病也。」「病」「劇」義相成。於《易》坎爲勞卦,「流而不盈,行險而不失其信」,可謂勞矣。於人自力爲勞,人勸勉之亦爲勞。《爾雅》之前「勞」爲自力,後「勞」爲人勉也。「勞」兼二義,亦兼二音。故《玉篇》:「勞,兼力刀、力到二切。」《釋文》:「勞,力報反。」欲將二義并爲一音,失之矣。

倫者,郭以「倫理」爲訓,亦失之。「倫」蓋與「淪」同。《釋言》云:「淪,率也。」郭云

〔一〕 窳,《爾雅》宋刊十行本作「窳」。

「相率使」，然則牽率、役使，其義亦爲勞也。洪頤煊《叢録》引《儀禮·既夕·記》注：「古文倫爲輪。」《易·説卦》：「爲弓輪。」《釋文》：「輪，本作倫。」「倫」「輪」古字通用。輪轉則勞，故倫亦爲勞矣。

勩者，《詩》：「莫知我勩。」傳：「勩，勞也。」通作「肄」。肄習亦勤勞。故《詩》：「既詒我肄。」毛傳：「肄，勞也。」《正義》引孫炎曰：「習事之勞也。」「莫知我勩」，《左氏·昭十六年傳》作「莫知我肄」。又通作「肆」。肆力亦勤勞。「肆」「肄」聲義俱近，經典多通。

邛者，《禮·緇衣》云：「維王之邛。」鄭注：「邛，勞也。」《詩》「亦孔之邛」，「維王之邛」，傳、箋竝云：「邛，病也。」「病」「勞」義亦近也。「邛」與「劬」同意，劬訓爲勞，劬、勞又俱訓病，「劬」「邛」亦一聲之轉也。

敕者，《説文》云：「誡也。」教誡、訓敕，亦爲勞苦。通作「飭」。《釋文》：「敕，本又作飭。」《釋名》云：「敕，飭也，使自警飭，不敢廢慢也。」經典「敕」「勑」「勅」三字相亂，「勑」本音「賚」，而讀以爲「敕」；「敕」本从攴而强以从力。《廣韵》因之而云：「敕，今相承用勅。」又云：「勑，與敕同。」《玉篇》亦云：「敕，今作勅。」然則其誤久矣。

勤者，《謚法》云：「勞也。」通作「廑」。《漢書·文帝紀》云：「廑身從事。」《敘傳》云：「賈廑從旅。」《集注》竝云：「廑，古勤字。」《文選·長楊賦》云：「其廑至矣。」李善注引《古今字詁》曰：「廑，今勤字也。」

愉者，蓋「瘉」之叚音也。上文云：「瘉，病也。」「病」「勞」二義相涉俱通，故勞訓病，又訓勤；瘽訓病，又訓勞；瘉亦訓病，又訓勞。通作「愉」，借作「窳」。《一切經音義》引《爾雅》云：「窳，勞也。」凡七見，皆作「窳」，疑本郭注「愉，或作窳」，而生訓也。但「窳」字當作「㼚」。《説文》：「㼚，本不勝末，微弱也。讀若庾。」《玉篇》：「㼚，勞病也。」是病勞之訓，生於微弱，郭以「勞苦者多惰愉」，蓋失之矣。

庸者，《説文》云：「用也。从用、庚。庚，更事也。」用力者勞，更事者亦勞。故《釋訓》云：「庸庸，勞也。」《周禮·司勳》云：「民功曰庸。」庸亦勞也。故《荀子·大略》篇云：「庸庸勞勞。」是其義也。《詩》：「我生之初尚無庸。」《文選·思玄賦》云：「庸織路於四裔兮。」鄭箋及舊注竝云：「庸，勞也。」通作「用」。《書》「帝庸作歌」，《史記·夏紀》作「帝用此作歌」。按：今人言「不勞如是」，作「不用如是」，用之訓勞，亦其證矣。

瘅者，上文云：「病也。」《説文》云：「勞病也。」通作「憚」。《詩》「哀我憚人」，「憚我不暇」，「我心憚暑」，傳竝云：「憚，勞也。」《雲漢》釋文引《韓詩》云：「憚，苦也。」苦亦勞也。《大東》《小明》釋文竝云：「憚，丁佐反。徐又音旦。字亦作瘅。」《爾雅》釋文：「瘅，丁賀反，本或作憚，音同。」

勤既訓勞，勞亦訓勤，此勞讀爲力報反，是矣。《一切經音義》九引舍人曰：「勞，力極也。」「力極」即《説文》「勞」訓劇之意，以言勞來，則非也。

勞者，謂敘其勤苦，以慰勉之。故《詩序》云：「出車以勞還，杕杜以勤歸。」是其義也。《旱麓》云：「神所勞矣。」《孔子閒居》云：「奉三無私，以勞天下。」毛、鄭竝云：「勞，勞來。」皆與《爾雅》合。

來者，「勑」之叚音也。《説文》勑訓勞，此勑訓勤，「勤」、「勞」一耳。通作「來」。《孟子》引放勳曰：「勞之來之。」此蓋古《尚書》文。《周禮・樂師》云：「詔來瞽皋舞。」鄭衆注：「來，勑也。」言「來」即「勑」字。《詩》「職勞不來」、「昭茲來許」、「遹追來孝」、「來旬來宣」，傳、箋竝云：「來，勤也。」《一切經音義》十二引舍人曰：「來，强事也。」《釋文》：「來，本又作勑，力代反，本或作賚。」是「賚」又通矣。

强者，亦叚音也，當作「勥」。《説文》勥訓迫，蓋迫猶勸也，勉也。勸勉之者，所以作其勤也。《考工記・梓人》云：「强飲强食。」《詩・泂酌》傳：「樂以强教之。」此皆强訓勤之意矣。

事者，《韓非・喻老》篇云：「爲也。」《小爾雅》云：「力也。」用力、作爲，其義俱爲勤也。事之爲言剸也，事其事者亦勤也。《禮・儒行》云：「先勞而後禄。」鄭注：「勞，猶事也。」勞訓勤，則事亦訓勤矣。通作「士」，又通作「仕」，俱以聲爲義也。或疑「强」「事」二字，經典無訓「勤」之文，邵氏晉涵《正義》因以「强事」本舍人注，傳寫溷入正文。今按：《詩》云：「偕偕士子。」偕，强也；士，事也，此即「强事」之義。《曲禮》云：「四十曰强仕。」强仕即强事。而云《爾雅》本無强事之文，過矣。

謂者，《釋名》云：「謂，猶謂也，猶得敕不自安，謂謂然也。」《廣雅》云：「謂，使也。」役使義亦爲勤也。《詩》「迨其謂之」，「謂之何哉」，「遐不謂矣」，箋並云：「謂，勤也。」通作「彙」。《易·泰》釋文：「彙，古文作蕒。鄭云勤也。」

翦者，猶言前也，進也。前、進皆有勤意。

篲者，通作「肆」。《文選·東京賦》云：「瞻仰二祖，厥庸孔肆。」薛綜注：「肆，勤也。」「肆」「篲」一聲之轉。段氏玉裁説云：翦之言盡也，謂盡力之勤也。篲，謂灑埽之勤也。

悠、傷、憂，思也。皆感思也。懷、惟、慮、願、念、惄，思也。《詩》曰：「惄如調飢。」

《説文》云：「恖，容也。」「容」，當爲「睿」。从囟聲。」按：从囟聲兼意。「囟，匘蓋也」，人從囟至心，如絲相貫。「心」「囟」二體，皆慧知所藏，人之思慮，生於心而屬於匘，故善記憶者，謂爲「匘盛」；多思慮者，或言「傷匘」焉。《釋名》云：「思，司也，凡有所司捕，必静,思忖亦然也。」按:「思」兼二義:心所蓄藏謂之「意思」,心所思存謂之「思念」。《爾雅》前一條爲「意思」,後一條爲「思念」,故郭於前條注云:「皆感思。」《釋文》:「音司嗣反。」而於後條不復加音,明讀如本音也。

悠者,《方言》云:「鬱悠,思也。」郭注:「猶鬱陶也。」按:「鬱悠」「鬱陶」俱雙聲字,「陶」讀如「遥」也。上文悠訓遠,此訓思者,遠之思也。故《詩·關雎》傳:「悠,思也。」重文亦然。故《釋訓》云:「悠悠,思也。」凡言「悠」者,俱思而兼遠。通作「攸」。《詩》「悠悠我里」,《爾雅》釋文作「攸攸我里」。又《司農劉夫人碑》云:「極攸遠索。」亦以「攸」爲悠也。又通作「遥」。《詩》「悠悠我思」,《説苑·辨物》篇作「遥遥我思」。「悠」「遥」聲轉,遥訓爲遠,悠爲遠之思,亦其證矣。

傷者,「慯」之叚音也。《説文》云:「慯,憂也。」《釋文》:「傷,《字書》作慯。」是矣。通作「傷」。傷,創也,病也,與「憂」同意,故同訓。《詩·卷耳》及《澤陂》傳、箋竝云:「傷,思也。」聲轉爲「慎」,又爲「溼」。《方言》竝云:「憂也。」又云:「慎,思也。」凡思之貌亦曰「慎」。「慎」「溼」「傷」俱一聲之轉也。

憂者,已見上文。又訓思者,《素問·五運行大論》云:「其志爲憂。」王砅注:「憂,慮也,思也。」聲轉爲「惄」。如深切。《文選·典引》云:「勤惄旅力。」蔡邕注:「惄,思也。」

《方言》云：「懷、惄、惟、慮、願、念，思也。惟，凡思也。慮，謀思也。願，欲思也。念，常思也。」《說文》亦同。俱本《爾雅》爲訓也。懷者，《說文》云：「念思也。」《謚法》云：「思也。」《詩·卷耳》《野有死麕》《南山》《常棣》傳懷俱訓思。《終風》傳懷又訓傷。《楚辭·悲回風》篇云：「惟佳人之獨懷兮。」懷又訓念。念與傷亦俱爲思也。

惟者，《詩》：「載謀載惟。」《淮南·精神》篇云：「惟像無形。」鄭箋及高誘注竝云：「惟，思也。」通作「維」。《詩》：「維天之命。」《釋文》引《韓詩》云：「維，念也。」《匡謬正俗》云：「古文《尚書》皆爲惟字，今文《尚書》變爲維字。」是「維」「惟」通。

慮者，上文與惟俱訓謀，此又訓思，故《方言》《說文》竝云：「慮，謀思也。」《釋名》云：「慮，旅也。旅，衆也。《易》曰：『一致百慮。』慮及衆物，以一定之也。」《荀子·禮論》篇云：「禮之中焉能思索，謂之能慮。」《正名》篇云：「情然而心爲之擇，謂之慮。」是皆以「慮」爲思也。

願者，叚借字也。《說文》願不訓思，而別出「愿」字訓謹。按：《謚法》云：「思慮不爽曰愿。」是愿〔一〕亦訓思。「愿」與「慎」同意。《方言》慎亦訓思，《說文》慎、愿俱訓謹，是

〔一〕愿，原誤「原」，楊胡本同，據上下文意改。

愿爲謹慎之思也。通作「願」。《大戴禮・文王官人》篇云：「言願以爲質。」盧辯注：「願，當爲愿。」《詩・終風》箋：「願，思也。」《二子乘舟》及《伯兮》箋又云：「願，念也。」念亦思矣。

惄者，《詩》「惄如調飢」，「惄焉如擣」，傳、箋竝云：「惄，思也。」《汝墳》正義引舍人曰：「惄，志而不得之思也。」《説文》及《方言》訓惄爲憂，《方言》又訓惄爲傷、爲痛、爲悵，然則惄爲憂悵之思也，故舍人以爲「志而不得」矣。通作「愵」。《説文》云：「憂皃。讀與惄同。」《汝墳》釋文：「惄，《韓詩》作愵。」又通作「𢡚」。《文選・洞簫賦》云：「憤伊鬱而酷𢡚。」李善注引《蒼頡篇》曰：「𢡚，憂貌。」《玉篇》：「音奴的切。」《一切經音義》十六云：「愵，古文惄、𢡚二形。」

禄、祉、履[一]、戩、祓、禧、褫、祜，福也。《詩》曰「福履綏之」，「俾爾戩穀」，「祓禄康矣」。褫、禧，《書傳》不見，其義未詳。

《説文》云：「福，祐也。」《釋名》云：「福，富也，其中多品如富者也。」《郊特牲》云：

[一] 履，《爾雅》宋刊十行本作「履」。

「富也者，福也。」《祭統》云：「福者，備也。備者，百順之名也。無所不順者之謂備，言内盡於己，而外順於道也。」故《荀子·天論》篇云：「順其類者謂之福。」《賈子·道德説》云：「安利之謂福。」皆無所不順之謂也。通作「富」。《詩》：「何神不富。」傳：「富，福也。」《易》云：「福謙。」《釋文》：「福，京本作富。」《劉脩碑》云：「鬼神富謙。」皆其證也。

禄者，《説文》云：「福也。」《古微書》引《孝經援神契》云：「禄者，録也。」《周禮·天府》注：「禄之言穀也。」穀訓善，故《廣雅》云：「禄，善也。」實則鄭注以穀訓禄，即謂奉禄，故《大宰》注：「禄，若今月奉。」是也。又「福」「禄」二字若散文，則禄即爲福。故《詩》：「天被爾禄」。傳：「禄，福也。」若對文，則「禄」「福」義别。故《詩》：「福禄如茨。」箋：「爵命爲福，賞賜爲禄。」「禄」「福」聲近，其字亦通。故《少牢饋食禮》云：「使女受禄于天。」鄭注：「古文禄爲福也。」

祉者，《易》云：「以祉元吉。」又云：「疇離祉。」虞翻及九家注竝云：「祉，福也。」《詩·六月》《巧言》《皇矣》傳、箋同。《左氏·哀九年傳》：「祉，禄也。」禄亦福也。聲近「徵」。音「止」。《漢書·律曆志》云：「徵，祉也。」又近「姒」。《周語》云：「賜姓曰姒，氏曰有夏。謂其能以嘉祉殷富生物也。」韋昭注：「姒，猶祉也。」

履者，《釋言》云：「禄也。」又云：「禮也。」《説文》云：「禮，履也。所以事神致福也。」然則禮亦訓履，履亦訓禮。《説文》訓禮爲福，本於《釋詁》也；《釋言》訓履爲禄，亦本於《釋詁》也。「履」通作「禮」。故《易・坤》釋文云：「履霜。鄭讀履爲禮。」《詩》「率履不越」，《韓詩》及《漢書・宣帝紀》《蕭望之傳》竝作「率禮不越」。又通作「體」。《易・繫辭》云：「知崇禮卑。」《釋文》：「禮，蜀才作體。」「行其典禮」，姚作「典體」。《詩》「無以下體」，《韓詩外傳》作「無以下禮」。「體無咎言」，《禮・坊記》作「履無咎言」。《釋文》：「體，《韓詩》作履。履，幸也。」按：幸者，吉而免凶，是幸亦福也。

戩者，《方言》云：「福禄謂之祓戩。」《詩》：「俾爾戩穀。」傳：「戩，福也。」《説文》引《詩》「實始戩商」，而云：「戩，滅也。」不同者，《毛詩》「戩」作「翦」，故傳、箋云：「齊也，斷也」；《説文》雖作「戩」，而義仍作「翦」，故云：「滅也。」但翦、戩二文，容可叚借，福、滅二訓，理難兼通，疑不能明也。

祓者，《説文》云：「除惡祭也。」《玉篇》申之曰：「祓，除災求福也。孚物切，又方吠切。福也。」是訓「福」之「祓」音「廢」，本《方言》郭音也。通作「茀」。郭引《詩》曰：「祓禄康矣。」《毛詩》「祓」作「茀」，而訓爲小，不若鄭箋訓茀爲福，合於《雅》義也。又通作「弗」。《詩》：「以弗無子。」箋：「弗之言祓也。」《正義》引孫炎曰：「祓，除之福也。」

禧者，《說文》云：「禮吉也。」吉即福。《目部》「瞦」字下云：「讀若《爾雅》禧福。」是禧訓福也。通作「釐」。《說文》：「釐，家福也。」《漢書・文帝紀》云：「祠官祝釐。」《禮樂志》云：「媪神蕃釐。」《集注》竝云：「釐，福也。釐讀曰禧。」《賈誼傳》云：「受釐坐宣室。」《集注》：「釐，音禧。」又云：「借釐字爲之。」《文帝紀》注亦云：「釐，本字作禧，叚借用耳。」又通作「僖」。「僖」字，《史記》《漢書》俱作「釐」。《文選・魯靈光殿賦序》注：「釐，與僖同也。」

禠者，《說文》云：「福也。」《釋文》：「禠，音斯。郭常支、巨移二反。」《東京賦》云：「祈禠禳災。」《思玄賦》云：「蒙庬禠以拯民。」李善注竝引《爾雅》曰：「禠，福也。」

祜者，《詩》云：「受天之祜。」見於《信南山》《桑扈》《下武》。《禮》云：「承天之祜。」見於《士冠禮》《禮運》。箋、注竝云：「祜，福也。」福稱「天」者，即《左傳》所謂「如天之福」。故《一切經音義》二引《爾雅》舊注云：「祜，天之福也。」臧鏞堂《爾雅漢注》云：「祜字，从古。古字訓天。《周書・周祝解》：『天爲古。』鄭康成《堯典》注：『古，天也。』《玄鳥》箋：『古帝，天也。』故祜爲天之福。」今按：臧説是也。下文又云：「祜，厚也。」舊注：「祜，謂福厚也。」此皆因文詁義，依於《雅》訓也。

禋、祀、祠、蒸、嘗、禴，祭也。《書》曰：「禋于六宗。」餘者皆以爲四時祭名也。

《説文》云：「祭，祀也。」《春秋繁露》云：「祭之爲言際也與察也。」《説苑・權謀》篇云：「祭之爲言索也。索也者，盡也，乃孝子所以自盡於親也。」《御覽・禮儀部》三引《書大傳》云：「祭者，薦也。」《廣雅》云：「祭，薦也。」按：「薦」「祭」義同而微别。故《穀梁・桓八年》范甯注：「無牲而祭曰薦，薦而加牲曰祭。」然則祭可以包薦，薦不可以包祭也。

禋者，《小爾雅》云：「禋，潔也。」《周語》云：「精意以享，禋也。」《説文》兼兹二義，故云：「禋，絜祀也。一曰精意以享爲禋。」《書・舜典》釋文引王肅主《説文》前義，馬融主《説文》後義，孫炎《爾雅》注兼主二義。故《書》正義引孫炎曰：「禋，絜敬之祭也。」《詩・維清》傳：「禋，祀也。」《書・洛誥》鄭注：「禋，芬芳之祭。」《大宗伯》「禋祀」注：「禋之言煙。周人尚臭，煙氣之臭聞者。」《書》：「禋于六宗。」《正義》引鄭注與《大宗伯》同。通作「煙」。《詩》釋文：「禋，徐又音烟。」《書大傳》云：「煙于六宗。」鄭注：「煙，祭也。字當爲禋。」《魏受禪表》云：「煙于六宗。」《史晨奏銘》云：「以供煙祀。」是皆以「煙」爲禋也。

祀者，《一切經音義》二引舍人曰：「祀，地祭也。」《説文》云：「祭無巳也。从巳聲。」按：「巳」，古有二音。故《詩》：「維天之命。」《正義》引《譜》云：「子思論《詩》於穆不已，仲子曰於穆不似。」《斯干》云：「似續妣祖。」鄭箋：「似，讀如巳午之巳。巳續妣祖者，謂已成其宫廟也。」證以《説文》：「巳，已也。四月陽气已出，陰气已藏。」《釋名》亦云：「巳，已也，陽氣畢布已也。」《漢書·律曆志》云：「已盛于巳。」《史記·律書》：「巳者，言陽氣之已盡也。」是皆「巳午」之「巳」讀爲「矣」音之證。孟仲子讀「巳」爲「似」，鄭康成讀「似」爲「巳」，因知古音「巳」亦爲「似」，「似」亦爲「巳」，其讀俱通。後世「上巳」之「巳」讀詳里切，「終已」之「已」讀于紀切，分而爲二，非古音也。古讀「巳」之與「祀」，「似」之與「以」，其音皆同，而其字通。何以明之？《説文》「佀」从㠯聲，則「以」「似」同音。故《易·明夷》云：「文王以之。」《釋文》引鄭、荀、向作「文王似之」。《漢書·高帝紀》注：「如淳曰：『以，或作似。』」是「似」「以」通也。《説文》「祀」，从巳聲，則「巳」「祀」同音。故《詩》「於穆不已」，《文心雕龍·練字》篇作「於穆不祀」。《易·損》云：「巳事遄往。」《集解》引虞翻作「祀事遄往」，云：「祀，舊作巳。」是「巳」「祀」通也。然音隨世變，讀從音轉。「祀」通作「祠」，「似」通作「嗣」，「似」「祀」二字俱讀「詳里」一音。故《詩·斯干》《裳裳者華》《卷阿》《江漢》傳竝云：「似，嗣也。」《荀子·賦》篇云：「性得之，則甚雅似者與。」楊倞注：「似，謂似續。」則亦以似爲嗣。是「似」「嗣」通矣。《詩·

生民》釋文：「祠，本亦作祀。」是「祀」「祠」通矣。此則「祀」「似」俱讀詳里切，蓋今音也。然據子思、仲子論《詩》，師、弟已有二讀，安知今音之非起於古哉？

祠、蒸、嘗、禴四者皆時祭之名，詳見《釋天》。而此又單訓祭者，蓋不獨時祭有此名，而凡祭亦被斯名也。知者，《小宗伯》云：「大裁及執事禱祠于上下神示。」鄭注：「得求曰祠。」《女祝》云：「凡内禱祠之事。」鄭注：「祠，報福。」《大祝》云：「一曰祠。」鄭注：「祠者，交接之辭。」皆不以爲春時祭名。然則祠之爲言詞也。故《説文》云：「品物少多文詞。」是其義矣。必知凡祭通名，祠者，《公羊·莊八年經》云：「祠兵。」《齊策》云：「楚有祠者。」《釋文》及高誘注竝云：「祠，祭也。」《説文》「祧」字解云：「以豚祠司命。」引漢律曰：「祠祧司命。」《史記》《漢書》竝云：「祠官祝釐。」《顔氏家訓·書證》篇云：「吴人呼祠祀爲鴟祀。」是皆以「祠」爲凡祭之通名。故《一切經音義》二及廿二、廿三竝引舍人曰：「祀，地祭也。」「祠，天祭也。」以「祠」「祀」爲天地祭名，益知注《爾雅》者，自郭以前，皆不以「祠」爲春祭之名矣。「蒸」與「烝」通，亦單訓祭者，《詩·信南山》及《賓之初筵》傳、箋竝云：「烝，進也。」《載芟》箋：「進予祖妣，謂祭先祖先妣也。」然則烝訓爲進，進訓爲祭，亦不以爲冬時祭名。故《書·洛誥》云：「王在新邑烝。」《大宗伯》疏引鄭注云：「是非時而特假祖廟，故文武各特牛也。」然則鄭以《洛誥》之「烝」爲非時特祭。證以《楚辭·天問》篇云：「何獻蒸肉之膏，而后帝不若。」王逸注：「蒸，祭也。以其肉膏祭天帝。」是皆以「蒸」爲凡祭之通名也。「祠」「蒸」二文，既有明證，推此而言「嘗」「禴」二義，亦當相準，而經典無文，莫可取證。《月令》：「季秋，大饗帝，嘗。」鄭注：「嘗者，謂嘗羣神也。天子親嘗帝，使有司祭於羣神。」然則鄭意亦以此嘗爲祭名，而不以爲時祭之嘗矣。唯「禴」未聞，可姑闕焉。郭以爲「皆四時祭名」，恐未然也。《釋文》：「嘗，字又作常。禴，字又作礿。」竝古字通。

爾雅郭注義疏上之又一

儼、恪、祗、翼、諲、恭、欽、寅、熯，敬也。儼然，敬貌。《書》曰：「夙夜惟寅。」《詩》曰：「我孔熯矣。」諲，未詳。

《釋名》云：「敬，警也，恒自肅警也。」《謚法》云：「夙夜警戒曰敬。」《文選·東京賦》薛綜注：「敬，宜也。」敬訓宜者，上文云：「宜，事也。」《補亡詩》注引《蒼頡篇》曰：「宜，得其所也。」是皆敬訓宜之義。通作「儆」。《詩》「既敬既戒」，《周禮·夏官·序官》注引作「既儆既戎」。

儼者，《詩》：「碩大且儼。」《曲禮》云：「儼若思。」毛、鄭竝云：「儼，矜莊貌。」《離騷》云：「湯禹儼而求合兮。」《文選·思玄賦》云：「僕夫儼其正策兮。」王逸注及舊注竝云：「儼，敬也。」通作「嚴」。《詩·柏舟》傳及《論語·子張》篇釋文竝云：「儼，本或作嚴。」按：《釋名》云：「嚴，儼也，儼然人憚之也。」是「儼」、「嚴」聲義同。

恪者，「愙」之或體也。《説文》：「愙，敬也。」引《春秋傳》曰：「以陳備三愙。」通作

「愘」。《詩》：「執事有恪。」《周語》云：「俾莫不任肅純恪也。」又通作「愘」。《魯峻碑》云：「敬愘恭儉。」《帝堯碑》云：「若不虔愘。」魏修《孔子廟碑》云：「追存二代三愘之禮。」蓋「愘」即「愙」之異文，「恪」又「愘」之省文耳。

祇者，《説文》云：「敬也。」《書·金縢》云「罔不祇畏」，《史記·魯世家》作「罔不敬畏」。《費誓》云「祇復之」，《魯世家》作「敬復之」。通作「振」。《書》：「日嚴祇敬六德。」《史記·夏紀》「祇敬」作「振敬」。《内則》云：「祇見孺子。」鄭注：「祇，或作振。」「振」「祇」聲相轉也。

翼者，《詩》「有嚴有翼」，「以燕翼子」，「以引以翼」，毛傳竝云：「翼，敬也。」《常武》傳云：「翼翼，敬也。」《釋訓》云：「翼翼，恭也。」恭亦敬。故《詩·文王》傳云：「翼翼，恭敬。」蓋兼用《詁》《訓》二文也。《逸周書·程典》篇云：「慎下必翼上。」《周語》云：「翼其上也。」翼皆訓敬。通作「趩」。《論語》云「趨進翼如也」，《説文》作「趨進趩如也」。又通作「翊」。《漢書·禮樂志》云：「共翊翊。」《集注》：「共，讀曰恭。翊翊，敬也。」是翊即翼矣。

諲者，「禋」之叚音也。《詩》：「克禋克祀。」毛傳：「禋，敬也。」本《爾雅》。《左氏·桓六年傳》云：「以致其禋祀。」杜預注：「禋，絜敬也。」與孫炎義同，俱本毛傳爲訓也。

通作「誾」。《廣雅》云：「誾誾，敬也。」又云：「訔訔，語也。」《一切經音義》十二云：「誾，古文訔，同。」又通作「言」。《玉藻》云：「二爵而言言斯。」鄭注：「言言，和敬貌。」是「言」「誾」「禋」俱聲義同。

恭者，《說文》與敬俱訓肅也。「恭」「敬」義同。經典對文，則《少儀》云：「賓客主恭，祭祀主敬。」鄭注：「恭，在貌也。而敬又在心。」若散文，則敬亦爲恭，恭亦爲敬。故《謚法》云：「敬事供上曰恭，夙夜恭事曰敬。」是二義互相訓也。《釋名》云：「恭，拱也，自拱持也。亦言供給事人也。」亦二義相兼。通作「共」。《書》「愿而恭」，《史記·夏紀》作「愿而共」。《詩》「匪其止共」，《韓詩》作「匪其止恭」。經典「恭」「共」通者非一，舉此二文，其餘皆可知也。又通作「龔」。《書》「象恭滔天」，《漢書·王尊傳》作「象龔滔天」。「恭行天之罰」，梁元帝《告四方檄》云：「龔行天罰。」又通作「供」。《老子》注云：「非唯恭其乏而已。」《釋文》：「恭，一作供。」《荀子·修身》篇云：「行而供冀。」楊倞注：「供，恭也。」皆其證也。

欽者，《書》「欽若昊天」，《五帝紀》《蓺文志》竝作「敬順昊天」。《謚法》云：「威儀悉備曰欽。」《書·堯典》正義引鄭注云：「敬事節用謂之欽。」蓋撙節退讓與攝以威儀，斯皆恭敬之實也。

寅者，「夤」之叚音也。《説文》云：「夤，敬惕也。」《漢書集注》引《書》曰：「夤亮天工。」《敘傳》云：「夤用刑名。」《文選・永明九年策秀才文》云：「夤奉天命。」李善注引《爾雅》曰：「夤，敬也。」通作「寅」。《逸周書・祭公》篇云：「寅哉寅哉。」孔晁注：「寅，敬也。」

熯者，「戁」之叚音也。《説文》云：「戁，敬也。」本《爾雅》。通作「熯」。《詩》：「我孔熯矣。」毛傳：「熯，敬也。」《説文》亦引此句，而云：「熯，乾皃。」「熯」無敬意，故徐鍇《繫傳》以漢爲戁，其説是也。蓋「戁」从難聲，「熯」从漢省，「漢」又从難省，故聲同字通。又通作「難」。《禮・儒行》云：「儒有居處齊難。」「難」即「戁」之省借。齊難猶言莊敬。鄭注以爲「齊莊可畏難也」，似失之矣。

朝、旦、夙、晨、晙，早也。晙亦明也。

《説文》云：「早，晨也。从日在甲上。」案：甲，木也。木之尤高者，日在其上，是早也。《詩》云：「杲杲出日。」故日在木上曰「杲」，日在木下曰「杳」。杳，冥也；杲，明也。「杲」與「早」聲義近。《老子》云：「是謂早服。」河上公注：「早，先也。」《齊策》云：「早救之。」高誘注：「早，速也。」按：今人謂「及早」爲「即速」。速猶夙也，夙即早也。通作

「蚤」。《士相見禮》云：「問日之早晏。」鄭注：「古文早作蚤。」《詩》「四之日其蚤」，《王制》注作「四之日其早」。又「早起」，《孟子》書作「蚤起」。皆其證矣。

朝者，《説文》云：「旦也。从倝，舟聲。」虞翻《易·訟》注云：「日在甲上稱朝。」與《説文》訓早義合。鄭注《祭義》云：「朝，日出時也。」通作「調」。《詩》：「惄如調飢。」毛傳：「調，朝也。」又通作「輖」。《汝墳》釋文：「調，張留反。又作輖，音同。」《説文·心部》引《詩》正作「輖飢」。又通作「鼂」。《説文》：「鼂，讀若朝。」杜林以爲朝旦，非是。《楚辭·哀郢》篇云：「甲之鼂吾以行。」王逸注：「鼂，旦也。」《文選·上林賦》注及《漢書》注竝云：「鼂，古朝字。」又通作「晁」。《漢書·景帝紀》注：「晁，古朝字。」《文選·羽獵賦》云：「於是天子乃以陽晁。」李善注：「朝、晁古字同。」俱杜林所本也。

旦者，《説文》云：「明也。从日見一上。一，地也。」按：日出地上曰「旦」，日入氐下曰「昏」，二者意亦同也。《詩·葛生》《東門之枌》箋、《板》傳竝云：「旦，明也。」經典或言「旦明」，或言「旦夕」。《少牢饋食禮》云：「旦明行事。」鄭注：「旦明，旦日質明。」《管子·小匡》篇云：「旦昔從事於此。」尹知章注：「旦昔，猶朝夕也。」

夙者，「𡖍」之俗體也。《説文》云：「𡖍，早敬也。从丮，持事；雖夕不休：早敬者也。」通作「夙」。《詩》《禮》内凡言「夙夜」「夙興」者非一，傳、箋及注竝云：「夙，早也。」又通作「宿」。《説文》：「𡖊，古文作佪。宿从此。」故《逸周書・寤儆》篇云：「戒惟佪。」孔晁注：「宿，古文夙。」蓋「宿」有「久」「舊」二義，又有「豫」「先」二義。然則久次、舊故皆人之早也；豫期、先定皆時之早也。又通作「肅」。《詩・生民》箋云：「夙之言肅也。」蓋「夙」與「速」聲義同。又肅、速，上文竝訓疾也，疾速亦皆爲早矣。

晨者，《説文》作「晨」，云：「早昧爽也。从臼，从辰。辰，時也。辰亦聲。丮夕爲「𡖊」，臼辰爲「晨」，皆同意。《釋名》云：「晨，伸也，旦而日光復伸見也。」《詩・庭燎》箋：「晨，明也。」《周禮・司寤》注：「晨，先明也。」《晉語》：「丙之晨。」注：「晨，早朝也。」《漢書・律曆志》引《左氏・僖五年傳》「丙之晨」，作「丙子之辰」。蓋辰即晨耳。

晙者，「浚」之或體也。《書》「夙夜浚明有家」，《史記・夏紀》作「蚤夜翊明有家」。按：「翊」「翌」同。《釋言》云：「翌，明也。」《史記》訓浚爲翊。是翊、浚俱訓明。後人淺俗，見浚訓明，因作日旁夋之字，以别之。梅《書》僞孔傳訓浚爲須，尤乖雅義。此古訓不明之失也。「浚」通作「駿」。上文云：「駿，速也。」「速」即「早」意。

頣、竢、普〔一〕、戾、底、止、徯，待也。《書》曰：「徯我后。」今河北人語亦然。普、戾、底者，皆止也，止亦相待。

《説文》云：「待，竢也。从彳寺聲。」案：「待」，从「寺」得聲，古讀當祥吏切，或直里切，今讀徒改切，非古音矣。知「待」讀直里切者，《説文》云：「偫，待也。」「偫」，从待，其義與聲亦俱爲「待」，不獨「待」爲然。凡从寺之字，讀皆「寺」聲也。「偫」與「峙」同。下文云：「供、峙、共，具也。」具謂備具。峙既訓具，故待亦爲具。《周語》注：「待，猶備也。」《齊策》注：「待，猶共也。」《周禮・大府》《外府》注竝云：「待，猶給也。」給、共、備皆爲具，是「待」與「偫」聲義同之證也。知「待」讀祥吏切者，古讀「恃」「侍」「待」皆同聲也。《老子》云：「萬物恃之而生。」河上公注：「恃，待也。」《呂覽・無義》篇云：「不窮奚待。」高誘注：「待，恃也。」義既互訓，字亦互通。故《老子》釋文：「恃，河上本作侍。」《呂覽・審時》篇注云：「恃，或作待。」《禮・雜記》注：「待，或爲侍。」《儀禮・士昏禮》注云：「今文侍作待。」《莊子・田子方》及《漁父》篇釋文竝云：「待，或作侍。」是「侍」與「待」聲義同之證也。「待」又通「時」與「持」，見《易》釋文及《儀禮》注。然則古讀「待」不

〔一〕 普，《爾雅》宋刊十行本作「替」。

作徒改切，明矣。

䇓者，《説文》云：「待也。」通作「須」。《士昏禮》云：「某敢不敬須。」《士喪禮》云：「擯者出告須。」鄭注竝云：「須，待也。」又通作「需」。《易・彖傳》云：「需，須也。」《莊子・大宗師》篇云：「聶許聞之需役。」《釋文》引王云：「需，待也。」是「需」「須」古字通。

竢者，《説文》云：「待也。」通作「俟」。《釋文》云：「竢，字又作俟。」《詩・静女》《相鼠》《著》毛傳及《儀禮》鄭注竝云：「俟，待也。」又通作「䇃」。《説文》：「竢，或从巳。」《釋文》云：「竢，亦作戺。」蓋「戺」即「䇃」字之譌也。又通作「立」。《鄉射禮》及《大射儀》注竝云：「今文俟爲立。」又通作「待」。《大射儀》注云：「今文俟作待。」又通作「傒」。《列子・楊朱》篇殷敬順《釋文》云：「俟，一本作傒。」

𦧺者，下文云：「止也。」《釋言》云：「廢也。」《説文》云：「廢，一偏下也。」隸變作「替」。毛、鄭亦皆作「替」，而訓廢。蓋「廢」有「止」義，「止」有「待」義，故又訓待也。《説文》「𦧺」，从白聲，「白」與「自」同。或从曰作「暜」，或从兟作「㬱」。魏三體石經《書・大誥》云「不敢替」，作「不敢㬱」，本於《説文》也。又通作「秩」，或作「𢧜」。《少牢饋食禮》云：「勿替引之。」鄭注：「古文替爲秩。秩或爲𢧜。」「𢧜」「替」聲相近。案：「替」，今他計切;「秩」,直一切;「戴」,他結切,則聲相近轉矣。今本《儀禮》「秩」作「袟」,字之誤也。「戾」「底」,下文竝云:「止也。」「戾」,上文云:「至也。」「至」「止」聲近,「止」「待」義同,故訓止之字又多訓待,訔、戾、底皆是也。

戾者,止之待也。聲轉爲「吝」。《禮·大學》注:「戾,或爲吝。」「吝」通作「遴」。《說文·口部》引《易》曰「以往吝」,《辵部》引作「以往遴」。「遴,行難也」。然則行難與「止」義近,止即待矣。

底者,至之待也。《釋言》云:「底,致也。」致亦至也。

止者,息之待也。止訓至也,居也,處也,留也,皆休息之義。休息亦待之義。故《禮記·檀弓》云:「吉事雖止不怠。」鄭注:「止,立俟事時也。」此即止訓待之意也。「止」通作「戴」。《左氏·僖五年經》云:「會王世子于首止。」《公羊》《穀梁》作「首戴」。案:「戴」,古讀如「菑」,故與「止」通矣。

徯者,《說文》云:「待也。」郭引《書》曰「徯我后」,《孟子》作「徯我后」。趙岐注:「徯,待也。」郭云「今河北人語亦然」者,據時驗也。今東齊人亦曰「徯待」。又今語謂「待」爲「等」,「等」即「待」聲之轉也。

噊、幾、烖、殆，危也。幾，猶殆也。噊、烖，未詳。蟣，汽也。謂相摩近。

《釋名》云：「危，阢也。阢阢，不固之言也。」《說文》云：「危，在高而懼也。从产。與「檐」同。自卪止之。」案：产，屋梠也。故《喪大記》云：「中屋履危。」《史記·魏世家》云：「痤因上屋騎危。」鄭注及裴駰《集解》竝云：「危，棟上也。」然則危猶畏也。高而生懼，故女在宀下爲安，人在屋上爲危。危者，「安」之對也。「危」通作「厄」，見《易·涣》釋文。又通作「佹」，見《左傳·僖廿八年》釋文。又通作「恑」，見《莊子·繕性》篇釋文。皆以聲爲義也。

噊者，《說文》云：「危也。」《龍龕手鑑》引《爾雅》舊注云：「噊，事之危也。」《釋文》：「噊，郭音聿，施音述。」今案：「噊」「遹」聲同，皆兼「聿」「述」二音。然則噊之爲言怵也，怵以恐懼爲義，懼即危之訓也。《三蒼》云：「詭，譎也。」《廣雅》云：「譎，恑也。」「恑」與「危」，「譎」與「噊」，竝以聲爲義也。

幾者，《說文》云：「微也，殆也。从𢆶，从戍。戍，兵守也。𢆶而兵守者，危也。」《詩》：「維其幾矣。」《周語》云：「而王幾頓乎。」《荀子·堯問》篇云：「女以魯國驕人幾矣。」傳、注竝云：「幾，危也。」幾又訓微，微亦危也。故《荀子·解蔽》篇云：「危微之幾。」是「幾」兼「危」、「微」二義。聲轉爲近。《易·中孚》釋文：「幾，京作近。」又轉爲

「矜」。《詩》：「居以凶矜。」傳：「矜，危也。」「矜」「近」「幾」俱以雙聲爲義也。

烖者，與「灾」「災」同。災訓害，與「危」義近。經典多通作「菑」，「菑」「災」聲同也。《釋地》云：「田一歲曰菑。」郭注：「初耕地反草爲菑。」孫注：「菑，音災。始災殺其草木也。」是「災」「菑」音義同。危之爲言，以相摩切迫近爲義。然則「菑」从草田，是田之危也；「灾」从火宀，是宀之危也。「菑」與「廁」「側」，古書俱相通借，廁、側皆訓邊也，近也，則與「危」之義又同矣。災亦爲菑，菑亦爲側。《公羊·昭廿五年傳》：「以人爲菑。」何休注：「菑，今太學辟雍作側字。」然則「菑」「側」聲義同，此亦其證也。

殆者，《説文》云：「危也。」《禮記·大學》注及《論語》包咸注竝云：「殆，危也。」《檀弓》云：「夫子殆將病也。」又云：「不殆於用殉乎哉？」鄭注竝云：「殆，幾也。」幾亦近也。故《詩》：「無小人殆。」《易·繫辭》云：「其殆庶幾乎。」鄭箋及侯果注竝云：「殆，近也。」

⿰豈幾即幾也，又訓汽者，汽，近也。《爾雅》蓋即汽之爲近，以明危之亦爲近，故復申釋其義也。「⿰豈幾」，从幾聲。「⿰豈幾」「⿹气幾」巨依、巨迄二切。《玉篇》竝云：「危也。」《説文》云：「⿰豈幾，⿹气幾也。訖事之樂也。」徐鉉以爲《説文》無「⿹气幾」字，當是「訖」字之誤。今案：當爲「汽」字，作「訖」亦誤也。《説文》訖訓止，汽訓水涸，竝从气聲，但「汽」兼「涸」「止」二義。

水涸盡則近於地，故汔又訓近也。《詩》：「汔可小康。」毛傳：「汔，危也。」鄭箋：「汔，幾也。」《正義》引孫炎曰：「汔，近也。」不同者，《爾雅》下文云：「幾，近也。」此云：「幾，汔也。」知汔即近矣。毛訓汔爲危，義猶未顯，故鄭申之，訓汔爲幾，然後知汔幾即譏汔，又知《爾雅》之「譏」，蓋「幾」之叚借也。《漢書·元帝紀》引《詩》作「迄可小康」。「迄」亦「汔」之叚借也。「幾」通作「豈」。《孟子》云：「其好惡與人相近也者幾希。」趙岐注：「幾，豈也。」《荀子·大略》篇注亦云：「幾，讀爲豈。」《史記·黥布傳》云：「幾是乎。」《集解》：「徐廣曰：『幾，一作豈。』」《索隱》引《楚漢春秋》作「豈是乎」。是「豈」「幾」通。「幾」皆音「祈」也。「幾」「近」「汔」俱雙聲。

治、肆、古，故也。治，未詳。肆、古，見《詩》《書》。肆、故，今也。肆既爲故，又爲今，今亦爲故，故亦爲今，此義相反而兼通者，事例在下，而皆見《詩》。

《說文》云：「故，使爲之也。」《楚辭·招魂》篇注：「故，古也。」蓋故有二義：訓古者，今之對也；訓使爲之者，以人所有事也。《爾雅》之「故」，亦兼二義。知者，《招魂》篇云：「樂先故些。」王逸注：「故，舊也。」《穀梁·襄九年傳》云：「故宋也。」范甯注：「故，猶先也。」「先」「舊」義俱爲古也，是皆故訓古之證。《墨子·經上》篇云：「故所得而後成也。」即《説文》「故，使爲之」之意。《公羊·昭卅一年傳》云：「習乎邾婁之故。」《周語》云：「且無故而料民。」何休及韋昭注竝云：「故，事也。」是皆故訓事之證。通作「固」。固之爲言猶故也，見《儀禮》《禮記》注。《論語》云：「固天縱之將聖。」《論衡·知實》篇「固」作「故」。《周語》云：「而咨於故實。」《史記·魯世家》「故」作「固」。皆其證也。

治者，值之故也。《釋名》云：「治，值也。」《玉篇》云：「修，治也。除之、除冀二切。」《爾雅》之「治」亦兼二音。故《釋文》：「治，如字，施直吏反。」「治」與「事」聲義近。故《吕覽·論人》篇云：「事心乎自然之塗。」《淮南·俶真》篇云：「事其神者，神去之。」高誘注竝云：「事，治也。」事訓治，治亦訓事，事即故字之訓也。通作「始」。《孟子》云：「始條理也。」孫奭《音義》云：「本亦作治，條理也。」是「治」「始」通。始訓古也，先也。「先」「古」義俱爲故也。

肆者，陳之故也。肆訓陳，陳訓久也，舊也。「舊」「久」義俱爲故也。郭云「見《詩》《書》」者，《詩》：「肆其靖之。」毛傳：「肆，固也。」鄭箋：「固，當爲故。」是也。《書》云「肆朕誕以爾東征」，《漢書·翟方進傳》作「故予大以爾東征」。肆訓爲遂。故《書》云「肆類于上帝」，「肆覲東后」，《史記·五帝紀》「肆」俱作「遂」。《楚辭·天問》篇云：「遂古之初。」遂亦肆也。肆有申遂之義，故亦申事之詞。然則經典凡言「是故」者，即肆故也，或言「是以」者，即遂以也。又言「所以」者，亦是以也。皆申事之詞也。「肆」「遂」「是」「所」俱一聲之轉也。

古者，《說文》云：「故也。从十、口，識前言者也。」《玉篇》云：「古久之言也。」《詩》「逝不古處」，「古訓是式」，傳竝云：「古，故也。」《緜》傳又云：「古，言久也。」久、舊亦故也。《廣雅》云：「古，始也。」始亦治也，治亦故也。

今者，《說文》云：「是時也。从亼，从乛。乛，古文及。」按：今，不古也。已故爲古，及時爲今。亼會及時之意，故云：「是時也。」《文選・南都賦》注引《蒼頡篇》曰：「今，時辭也。」《詩》：「迨其今兮。」傳：「今，急辭也。」然則今爲急辭，即知故爲緩辭矣。肆訓故，又訓今者，肆，遂也。遂有緩義，亦有急義，緩義爲故，急義爲今也。「肆」亦有「緩」「急」二義。《書》：「眚災肆赦。」肆訓緩也。《詩》：「是伐是肆。」肆訓疾也。由斯以談，凡言「是故」者，舒緩之詞也；凡言「即今」者，急疾之詞也。字有二義，因有二訓。然則肆既爲故，又爲今，無足怪矣。《詩・緜》及《思齊》毛傳竝云：「肆，故今也。」《大明》及《抑》鄭箋亦云：「肆，故今也。」俱「故」「今」二字連文。郭讀斷開，非毛、鄭意也。所謂「故今」者，即肆今也。肆今猶肆古也。「肆古」之聲變爲「是故」，「肆今」之聲亦變爲「斯今」，《詩》「匪今斯今」，是也。「斯今」又聲變爲「自今」，《詩》「自今以始」，是也。經典或言「迄今」，或言「及今」，或言「至今」，竝字異而義同。郭云「事例在下」者，見下文「徂、在，存」注。

惇、亶、祜、篤、掔、仍、肶、埤、竺、腹，厚也。頻仍、埤益、肶輔皆重厚。掔然，厚貌。餘皆見《詩》《書》。

《說文》云：「𠪋，山陵之厚也。从𣆪。胡口切。𣆪，厚也。从反亯。」案：「亯」，从高省，所亯在上也。故《易》曰：「公用亨于天子。」「𠪋」，从反亯，所厚在下也。故《易》曰：「上以厚下安宅。」然則厚者，上益下也。《易》曰：「損下益上曰損，損上益下曰益。」故厚爲增益之義也。至厚莫如地，《易》曰：「坤厚載物。」故《說文》云：「古文厚作垕，从后土。」后土即地矣。厚猶多也，又訓重也，重且多則大矣。故《墨子·經上》篇云：「厚，有所大也。」通作「後」，見《莊子·列禦寇》篇釋文。案：《釋名》云：「厚，後也，有終後也。」是「後」「厚」同。又通作「后」。「后」即「垕」字之省也。

惇者，《說文》作「𢡟」，云：「厚也。」《書》云「惇德」，《史記·五帝紀》作「厚德」。《禮記·內則》云：「惇史。」鄭注：「惇史，史惇厚是也。」通作「敦」。《詩》：「王事敦我。」

《曲禮》云：「敦善行而不怠。」《樂記》云：「及夫敦樂而無憂。」毛傳、鄭注竝云：「敦，厚也。」

亶者，藏之厚也。《說文》云：「多穀也。」上文云「信也」，「誠也」。誠信與惇厚義近。《周語》引《詩》「亶厥心」而釋之云：「亶，厚也。」通作「單」。《詩》「單厥心」及「俾爾單厚」。毛傳竝云：「單，厚也。」《桑柔》正義引某氏曰：「《詩》云：『俾爾亶厚。』」又通作「僤」。「逢天僤怒」，毛傳：「僤，厚也。」《正義》云：「僤、亶音相近，義亦同。」《釋文》云：「僤，本亦作亶。」《左傳》正義引樊光曰：「《詩》云：『逢天亶怒。』」又通作「燀」。《呂覽・重己》篇云：「衣不燀熱。」高誘注：「燀，讀曰亶。亶，厚也。」

祜者，上文云：「福也。」「福」與「厚」義近。故《一切經音義》二引《爾雅》舊注云：「祜，謂福厚也。」《賈子・容經》篇云：「祜，大福也。」「大」與「厚」義相成也。

篤者，「䈞」之叚音也。《說文》云：「䈞，厚也。从竹聲。讀若篤。」經典通作「篤」。上文云：「篤，固也。」「固」、「厚」義近。《詩・椒聊》《大明》《皇矣》《公劉》傳、箋竝云：「篤，厚也。」通作「毒」。《書》「天毒降災荒殷邦」，《史記・宋世家》作「天篤下災亡殷國」。

掔者，上文云：「固也。」又訓厚者，掔之爲言堅也，又言腆也。腆訓豐滿，堅訓密緻，皆有厚意，故又訓「厚」矣。

仍者，「訒」之段音也。《説文》云：「訒，厚也。」通作「仍」。下文云：「仍，因也。」《廣雅》云：「仍，重也。」《小爾雅》云：「仍，再也。」《周語》注：「仍，數也。」《漢書》注云：「仍，頻也。」俱與「厚」義近。又通作「扔」。《釋文》：「仍，本或作扔。」又轉爲「仁」。仁亦厚也。《論語》云：「仍舊貫。」《釋文》引鄭注：「魯讀仍爲仁，今從古。」

肶者，《説文》作「膍」，或作「肶」，云：「牛百葉也。」經典「膍」「肶」通用。《詩》：「福禄膍之。」毛傳：「膍，厚也。」《釋文》引《韓詩》作「肶」，義亦同。又通作「毗」。「天子是毗」，毛傳：「毗，厚也。」鄭箋：「毗，輔也。」「輔」「厚」義亦相成也。

埤者，增之厚也。《説文》云：「埤，增也。」《詩》：「政事一埤益我。」毛傳：「埤，厚也。」通作「朇」。《説文》云：「朇，益也。」《廣雅》云：「埤，益也。」是「埤」「朇」通。又與「毗」通。《詩·節南山》釋文：「毗，王肅作埤。」又與「裨」通。《鄭語》注：「裨，益也。」《漢書》注：「裨，助也。」《覲禮》：「侯氏裨冕。」鄭注：「裨之爲言埤也。」是「埤」「裨」音義又同矣。

竺者，《説文》云：「厚也。从竹聲。」《平輿令薛君碑》云：「遘此竺旻。」通作「篤」。《釋文》：「竺，字又作篤。」又通作「毒」。《後漢書·西域傳》云：「天竺國，一名身毒。」

《海内經》云：「天毒，其人水居。」郭注：「天毒即天竺國。」是矣。

腹者，與「腉」同意。《説文》云：「厚也。」《釋名》云：「腹，複也，富也。」「複」「富」竝與「厚」義近。《詩》：「出入腹我。」《禮·月令》：「水澤腹堅。」傳、注竝云：「腹，厚也。」通作「複」。《月令》釋文云：「腹，本又作複。」又通作「復」。「水澤腹堅」，《吕覽·季冬紀》作「水澤復」。高誘注：「復，亦盛也。復，或作複，凍重累也。」又轉爲「阜」。《一切經音義》十三引《國語》賈逵《注》云：「阜，厚也。」是「阜」「腹」義又同也。

載、謨、食、詐，僞也。載者，言而不信。謨者，謀而不忠。《書》曰：「朕不食言。」

《説文》云：「僞，詐也。从爲聲。」按：僞之言爲也。故《廣雅》云：「僞，爲也。」《荀子·性惡》篇云：「人之性惡，其善者僞也。」楊倞注：「僞，爲也，矯也，矯其本性也。凡非天性而人作爲之者，皆謂之僞。」故「僞」字人旁，爲亦會意字也。《禮·曾子問》云：「作僞主以行。」鄭注：「僞，猶假也。」然則假之爲言詐也，詐之爲言作也。「作」與「詐」，「僞」與「爲」，古皆通用。故《釋言》云：「作、造，爲也。」《詩》：「尚無造。」毛傳：「造，僞也。」「小子有造」，傳又云：「造，爲也。」是「爲」「僞」通。《禮·月令》云：「毋或作爲淫巧。」鄭注：「今《月令》『作爲』爲『詐僞』。」是「詐」亦通「作」，「僞」亦通「爲」。推此而言，

《左氏·成九年傳》：「爲將改立君者。」《定十二年傳》：「子爲不知。」《釋文》竝云：「爲，本作僞。」是皆「僞」「爲」通之證也。《爾雅》之「僞」，義亦通「爲」，說者但謂「詐僞」，則失之矣。

載者，下文云：「行也。」行亦爲。《謚法》云：「載，事也。」事亦爲。故《大宗伯》云：「大賓客則攝而載果。」鄭注：「載，爲也。」下文「載」又訓「言」，故郭云：「載者，言而不信。」上文謨已訓謀，故郭云：「謨者，謀而不忠。」今按：郭說「載，言」、「謨，謀」，是也，其云「不忠」「不信」，非也。何以明之？謨之爲言摹也，規摹、圖畫與作爲義近，與詐僞義遠。然則載、謨爲「作爲」之「爲」，食、詐爲「詐僞」之「僞」，而亦爲作爲。一字皆兼數義，《爾雅》此例甚多。「僞」之通「爲」，蓋無可疑矣。

食者，郭引《書·湯誓》云：「朕不食言。」又《晉語》云：「虢之會魯人食言。」《文選·思玄賦》云：「疾防風之食言。」韋昭及舊注竝云：「食，僞也。」《左氏·僖廿八年傳》：「背惠食言。」《成十六年傳》：「瀆齊盟而食話言。」《法言·重黎》篇亦云：「不食其言。」是經典俱「食」「言」連文。故《湯誓》及《左傳》正義竝引孫炎曰：「食，言之僞也。」此亦望文生義，實則食自訓僞，不必因言以見。知者，《逸周書·皇門》篇云：「媚夫有邇無遠，乃食蓋善夫。」孔晁注：「食，爲也。」爲亦僞也。《書》意蓋言，佞媚之人以飾詐作僞掩蓋善士。又《左氏·哀元年傳》:「後雖悔之不可食已。」此食亦當訓爲,猶言疾不可爲矣。是皆食自訓僞,不因言見之證。杜注訓食爲消,孔傳訓食爲盡,俱不合《爾雅》之詁,亦爲妄説矣。

詐者,《説文》云:「欺也。」《方言》云:「膠、譎,詐也。」《淮南·俶真》篇注:「巧言爲詐。」《荀子·修身》篇云:「匿行曰詐。」是詐兼言、行而言也。「詐」與「譌」同意,「譌」與「僞」同聲。《周禮·馮相氏》注「辯秩南譌」,《漢書·王莽傳》作「以勸南僞」。是「僞」「譌」通。故《詩·沔水》及《正月》箋竝云:「訛,譌也。」蓋言「訛」當作「譌」。譌亦僞也,造作語言,行其詐僞,故《論語》云:「由之行詐也。無臣而爲有臣。」爲亦僞矣。僞所以爲欺,故曰:「吾誰欺,欺天乎?」《詩》云:「人之爲言,苟亦無信。」爲亦僞也。《釋文》:「爲,本或作僞。」《正義》本即作「僞」,故云:「人之詐僞之言。」又云:「君能不受僞言,則人之僞言者,復何所得焉?」

話、猷、載、行、訛,言也。《詩》曰:「慎爾出話。」猷者,道,道亦言也。《周禮》曰:「作盟詛之載。」今江東通謂語爲「行」。世以妖言爲「訛」。

《釋名》云:「言,宣也,宣彼此之意也。」《墨子·經上》篇云:「言,口之利也。」《莊子・外物》篇云：「言者，所以在意。」《法言・問神》篇云：「言，心聲也。」案：「言」「語」有別。故《詩・公劉》傳：「直言曰言，論難曰語。」《禮・哀公問》注又云：「言，語也。」《周禮・家人》注亦云：「言，猶語也。」是「言」「語」二字，對文則別，散則通也。《易》：「笑言啞啞。」《釋文》：「言，亦作語。」《一切經音義》六引《易》作「笑語啞啞」。是「言」、「語」通矣。

話者，《説文》作「語」，云：「合會善言也。从𠯑聲。籒文从會，作譮。」通作「話」。經典或「話」「言」連文。故《小爾雅》及《左傳》杜預注竝云：「話，善也。」實則善言爲話，非話即爲善。故《詩・板》及《抑》傳竝云：「話，善言也。」此爲「話」字本義。《抑》傳又云：「話言，古之善言也。」《書・立政》正義引舍人曰：「話，政之善言也。」《盤庚》正義引孫炎曰：「話，善人之言也。」是皆緣詞生訓，非「話」之本義也。

猷者，下文及《釋宮》竝云：「猷，道也。」郭云「道亦言」者，《詩・東門之池》傳：「言，道也。」《終風》箋：「今俗人嚏云人道我。」是皆以「道」爲言之證也。

載者，郭引《周禮・詛祝》云：「作盟詛之載辭。」又《司盟》云：「掌盟載之灋。」鄭注：「載，盟辭也。」是皆郭義所本。　但載自訓辭，非必盟辭。故《詩》：「載馳載驅。」傳：「載，辭也。」《左氏・定三年傳》：「載祀六百。」《孟子》引《詩》：「載胥及溺。」賈逵及趙岐注亦云：「載，辭也。」《詩》內如「載馳」「載陽」「載考」「載飛」，箋竝云：「載之言則也。」「載」「則」聲相轉，亦皆語辭也。是皆載訓言之證也。載又訓行，行亦言矣。行者，與「猷」同義、同訓。故《釋宫》云：「行，道也。」《詩》内如「行露」「周行」，俱訓爲道，道亦言也。「行」，古讀户剛切，今下庚切。《釋文》：「郭下孟切，注同。」非也。彼「行」乃「言」之對，非「行道」之「行」也。

訛者，「譌」之叚音也。《説文》云：「譌，言也。」《廣雅》云：「譌，譁也。」案：譌之言爲也。造作語言，讙譁動聽，謂之「譌言」。通作「訛」。《説文》引《詩》：「民之譌言。」今《沔水》及《正月》竝作「民之訛言」。《史記・五帝紀》云「便程南譌」，今《書》作「平秩南訛」。又通作「吪」。《廣雅》云：「吪，言也。」《詩》：「尚寐無吪。」《釋文》：「吪，本亦作訛。」「四國是訛」，《釋文》：「訛，又作吪。」《爾雅》釋文：「訛，字又作吪，亦作譌。」是「譌」爲正體，「吪」叚借，「訛」或體也。郭云「世以妖言爲訛」者，《西山經》云：「畢方見則其邑有譌火。」郭注：「譌亦妖譌字。」是也。

遘、逢，遇也。謂相遘遇。遘、逢、遇，遻也。轉復爲相觸遻。遘、逢、遇、遻，見也。行而相值即見。

《説文》云：「遇，逢也。」《釋言》云：「遇，偶也。」《釋名》云：「耦，遇也，二人相對遇也。」然則遇亦二人相對耦矣。「遇」謂之「遭」。《説文》云：「遭，遇也。」亦謂之「會」。《穀梁・隱八年傳》云：「不期而會曰遇。」是也。亦謂之「合」。《秦策》注：「遇，合也。」

遘者，《説文》云：「遇也。」《書》：「遘厲虐疾。」通作「覯」。《詩》：「亦既覯止。」毛傳：「覯，遇也。」又通作「冓」。《詩》：「中冓之言。」《釋文》：「冓，本又作遘。」又通作「構」。《文選・王粲七哀詩》云：「豺虎方遘患。」李善注：「遘與構同，古字通也。」又通作「逅」。《詩》：「邂逅相遇。」《釋文》：「遘，本亦作逅。」毛傳：「邂逅，不期而會也。」又通作「姤」。《易・彖傳》及《雜卦〔一〕傳》竝云：「姤，遇也。」《釋文》：「姤，薛云：『古文作遘。』鄭同也。」

逢者，《説文》云：「遇也。」又云：「迎，逢也。」《方言》云：「逢，迎也。」是逢、迎互訓，其義則皆爲「遇」也。故《楚辭・天問》篇云：「逢彼白雉。」王逸注：「逢，迎也。」又云：「而親以逢殆。」王逸注：「逢，遇也。」按：「逢」有「蓬」音，今人謂相遇曰「逢」，讀若「蓬」去聲。

遻者，《説文》云：「相遇驚也。从㖾，㖾亦聲。」案：「遻」音五各、五故二反。《説

〔一〕卦，原誤「封」，據楊胡本、《經解》本改。

文》訓遇驚，則音五各，《爾雅》直訓遇，則音五故，實則二音相轉俱通也。遻訓驚者，通作「愕」。《文選・西都賦》注引《字書》云：「愕，驚也。」《廣雅》同。又作「咢」。《一切經音義》五引《字書》云：「愕，或作咢，同，五各反。」是也。遻訓遇者，通作「遌」。《玉篇》云：「遌，遇也。」又作「迕」。《玉篇》云：「遌，同迕。」《爾雅》釋文亦云：「遻，字又作迕，同五故反。」是也。又通作「晤」。《詩》：「可與晤歌。」傳：「晤，遇也。」又通作「逜」。《釋言》云：「逜，寤也。」郭注：「相干寤。」又通作「寤」。《漢書・敘傳》云：「幼寤聖君。」《集注》：「鄧展曰：『《爾雅》「寤、逢，遇也」。』」又通作「午」。《荀子・富國》篇注：「午，讀爲迕，遇也。」此皆遻訓遇之證也。《楚辭・懷沙》篇云：「重華不可遻兮。」王逸注：「遻，逢也。」逢亦遇矣。

見者，郭云：「行而相值即見也。」值者，當也，兩人相對相當也。遘訓見者，字當作「覯」。《説文》云：「覯，遇見也。」《詩》內「覯」字，傳、箋竝云：「見也。」逢訓見者，《洪範五行傳》云：「是離逢非沴。」鄭注：「逢，見也。」按：今人行而相值，謂之「逢見」；不相值，謂之「未逢見」。「逢」亦讀爲「蓬」，去聲矣。遇訓見者，《禮・檀弓》云：「遇於一哀而出涕。」又云：「遇負杖入保者息。」鄭注竝云：「遇，見也。」《曲禮》云：「諸侯未及期相見曰遇。」《大宗伯》云：「冬見曰遇。」是皆以「遇」爲見也。遻訓見者，《列子・黃帝》篇云「遝物而不慴」，殷敬順《釋文》：「遝，一本作遻。」《龍龕手鑑》四引《爾雅》舊注云：「心不欲見而見曰遻。」是遻訓見也。「遻」與「晤」同。「可與晤歌」，箋：「晤，猶對也。」相對亦相值矣。

顯、昭、覲、釗、覿，見也。顯、昭，明見也。逸《書》曰：「釗我周王。」監、瞻、臨、涖、覜[一]、相，視也。皆謂察視也。

《説文》云：「見，視也。」按：「見」有二音，「視」有二義。見訓看者，音古電切；訓示者，音胡電切。《爾雅》之「見」，實兼二音。《釋文》但主「賢徧」一音，失之矣。視訓瞻也，又與「示」同，見《詩》箋及《曲禮》《士昏禮》注。然則見之言看也，又言觀古亂切。也。顯、昭皆觀示之義，讀「賢徧」者，是也；覲、覿皆看視之義，讀「古電」者，是也，郭注亦二義兼矣。「顯」「昭」上文竝云：「光也。」「光」與「見」義相成。

顯者，古文作「㬎」，从日中視絲，是有光明著見之義。故《詩》：「天維顯思。」傳：「顯，見也。」《吴語》云：「不敢顯然布幣行禮。」韋昭注：「顯，猶公露也。」蓋公然顯露，

〔一〕覜，《爾雅》宋刊十行本作「頫」。

亦爲著見也。通作「憲」。上文憲訓法，法令亦所以示人也。

昭者，《詩·文王》《時邁》傳、箋竝云：「昭，見也。」《樂記》：「蟄蟲昭蘇。」鄭注：「昭，曉也。」曉亦明見之意。通作「照」。「照」與「昭」同也。

覲者，《大宗伯》云：「秋見曰覲。」按：《爾雅》之「覲」與《周禮》異，凡「見」皆稱「覲」，非必朝王，非時皆可見，不必因秋。故《書》曰：「覲四岳羣牧。」又云：「肆覲東后，在正月、二月閒。」明「覲」不必秋矣。《詩》：「韓侯入覲。」《左氏·隱四年傳》：「王覲爲可。」覲皆訓見，亦不必秋。又貴賤相見皆稱「覲」。故《左氏·昭十六年傳》云：「宣子私覲於子產。」《華嚴經音義》上引《珠叢》云：「覲，謂就見尊老也。」是凡「見」皆稱「覲」，明不獨施於至尊矣。

釗者，上文云：「勉也。」《方言》云：「遠也。」皆不訓見。郭引逸《書》曰「釗我周王」，梅《書》作「昭我周王」，《孟子》作「紹我周王」。趙岐注以爲「願見周王」。《孟子》所引必《書》之真古文，梅作「昭」，郭作「釗」，蓋皆「紹」之叚借。紹有介紹之義，與「見」義近，故趙注謂「願見周王」，是紹訓見，其義與《爾雅》合。或趙所據《爾雅》古本作「紹」，舊注以願見爲説而趙從之，均未可知。若從梅《書》作「昭」，昭已訓見，不當重出。若從郭引作「釗」，釗無訓見之文，必是叚借。然則《爾雅》古本竊疑當從《孟子》作「紹」。紹訓爲見，當依趙注爲説。郭本作「釗」，或係聲借之字而郭未詳，今注疑有缺脱。抑或郭引逸《書》即本梅《書》作「昭」，而轉寫者見正文有「釗」字，注文因誤作「釗」矣。

覿者，《公羊·莊廿四年傳》：「覿者何？見也。」《左氏傳》「宗婦覿用幣」，《漢書·五行志》作「宗婦見用幣」。《聘禮》有「私覿」，謂賓私見也。然凡「見」皆稱「覿」。故《左氏·昭十九年傳》：「龍不我覿也。」《周語》云：「武不可覿。」又云：「火朝覿矣。」覿皆訓見。又貴賤相見皆稱「覿」。《文選·思玄賦》云：「覿天皇于瓊宮。」《易》云：「三歲不覿。」是「覿」又爲相見之通稱矣。

見既訓視，視亦訓見，此「見」但爲「看見」之「見」，「視」亦但爲「瞻視」之「視」也。故《説文》云：「視，瞻也。」《釋名》云：「視，是也，察其是非也。」通作「眂」。《説文》：「眎、眂，俱古文視字。」《周禮·食醫》云「食齊眂春時」，《士昏禮》注作「食齊視春時」。又通作「示」。《周禮·卜師》云「眂高揚火」，《士喪禮》注作「示高揚火」。按：「視」亦有二音。《一切經音義》二引《字詁》云：「視，時旨、時至二反。」《釋文》無音。今唯取「時旨」一音，亦非也。

監者，「𥌃」之叚音。《説文》云：「𥌃，視也。」通作「監」。《説文》：「臨下也。」《詩》：「何用不監。」《呂覽·達鬱》篇云：「王使衛巫監謗者。」毛傳及高誘注竝云：

「監，視也。」《方言》云：「監，察也。」《節南山》釋文引《韓詩》云：「監，領也。」「領」「臨」聲轉，其義亦爲視矣。

瞻者，《詩》傳、箋竝云：「視也。」《説文》云：「臨視也。」通作「詹」。《詩》「魯邦所詹」，《説苑・裨言》篇作「魯侯是瞻」。《左氏・莊十七年經》云：「齊人執鄭詹。」《公羊》作「鄭瞻」。

臨者，《方言》云：「照也。」《詩》箋云：「視也。」《易・繫辭》云：「如臨父母。」虞翻注：「臨，見也。」《晉語》云：「臨長晉國者。」韋昭注：「臨，監也。」「監」「見」「照」，其義皆爲視也。《華嚴經音義》上引《國語》賈逵注：「臨，治也。」臨訓治與監訓領又同矣。

涖者，《説文》作「竦」，云：「臨也。」通作「涖」。《詩・采芑》傳：「涖，臨也。」《周禮・司市》及《大宗伯》注鄭衆竝云：「涖，視也。」《鄉師》注鄭衆云：「涖，謂臨視也。」又通作「莅」。《士冠禮》及《文王世子》「涖」，皆作「莅」。又通作「位」。《穀梁・僖三年傳》：「涖者，位也。」《昭七年傳》：「涖，位也。」《周禮・肆師》注：「故書位爲涖。」杜子春云：「涖，當爲位，書亦或爲位。」又通作「立」。《鄉師》《司市》及《大宗伯》注竝云：「故書涖作立。」又鄭衆讀「立」俱爲「涖」。案：「竦」字，經典所無。《小宗伯》注：「古者，立、位同字。」蓋「涖」「莅」从立、从位，故叚借俱通矣。

覜者，《説文》云：「諸侯三年大相聘曰覜。覜，視也。」通作「頫」。「頫」，《説文》以爲俛仰字，經典借爲「覜」字。《考工記・玉人》云：「以頫聘。」《齊語》云：「以驟聘頫於諸侯。」鄭注及韋昭注竝云：「頫，視也。」《典瑞》及《大行人》《小行人》「頫聘」「覜省」字俱作「頫」。又通作「眺」。「以驟聘頫」之「頫」，宋本《國語》作「眺」。《文選・思玄賦》云：「流目眺夫衡阿兮。」《魏都賦》注引《爾雅》亦作「眺，視也」。

相者，《説文》：「省視也。」引《易》曰：「地可觀者，莫可觀於木。」又引《詩》曰：「相鼠有皮。」毛傳：「相，視也。」《大〔一〕司徒》注：「相，占視也。」《考工記・矢人》注：「相，猶擇也。」擇與占〔二〕亦察視之意。

鞠、訩、溢，盈也。《詩》曰：「降此鞠訩。」

《説文》云：「盈，滿器也。从夃。」秦以市買多得爲夃，是夃有多益之意。與「滿」義近。故《墨子・經上》篇云：「盈，莫不有也。」《詩・鵲巢》及《匏有苦葉》傳竝云：「盈，

〔一〕大，原誤「太」，據楊胡本、《經解》本改。
〔二〕占，原誤「古」，楊胡本同，據《經解》本改。

滿也。」《禮・祭義》注：「盈，猶溢也。」按：盈之言赢也，赢者有餘賈利也。是「赢」「盈」聲同。又與「盈」从夃，義近矣。通作「逞」。《穀梁・昭廿三年經》云：「沈子盈滅。」《釋文》：「盈，本亦作逞。」《左氏・襄廿三年傳》云：「晉欒盈。」《史記・晉世家》作「欒逞」。《齊世家》集解：「徐廣曰：『盈，《史記》多作逞。』」《田完世家》索隱曰：「逞，音盈。」是「盈」「逞」古字通。又《左氏・昭四年傳》云：「逞其心，以厚其毒。」《新序・善謀》篇「逞」作「盈」。亦其證。杜預訓逞爲盡，義亦近矣。

鞫者，《詩》「曷又鞫止」，「降此鞫訩」，箋、傳竝云：「鞫，盈也。」鞫訓窮，窮訓極盡與盈滿義近。又「鞫」有「穹」音。《左氏・宣十二年傳》：「山鞫窮。」《釋文》：「鞫，起弓反。」是「鞫」「窮」聲又近矣。

訩者，《説文》作「訩」，或作「詾」，又作「説」，云：「訟也。」本《釋言》文。「降此鞫訩」，毛傳亦本《釋言》。蓋「訩」从匈聲，言語爭訟，其聲匈匈，故又訓盈，所謂發言盈廷者也。《荀子・天論》篇云：「君子不爲小人匈匈也輟行。」楊倞注：「匈匈，諠譁之聲，與訩同。」今按：「訩」與「詾」義亦同。《説文》云：「詾，膽气滿聲在人上。」《玉篇》：「音胡内、胡市二切。」然則詾之訓爲滿，與訩之訓爲盈又同矣。

溢者，《説文》云：「器滿餘也。」按：今本脱「餘」字。此从《華嚴經音義》引。《喪服傳》

云：「朝，一溢米。」《釋文》引王肅、劉逵、袁準、孔倫、葛洪皆云：「滿手曰溢。」《小爾雅》云：「一手之盛謂之溢。」宋咸注：「滿一手也。」又云：「兩手謂之掬。」宋咸注：「半升也。」然則滿一手曰「溢」，滿兩手曰「匊」。「匊」與「鞠」聲同，《爾雅》之「鞠」又與「匊」義同矣。匊與溢皆有盈滿之意。故《詩》：「假以溢我。」箋：「溢，盈溢之言也。」《莊子・人間世》篇云：「夫兩喜必多溢義之言。」《文選・東京賦》云：「規摹踰溢。」郭象及薛綜注竝云：「溢，過也。」過亦盈滿意也。通作「泆」。《書》「溢爲滎」，《史記・夏紀》作「泆爲滎」。又通作「軼」。《漢書・地理志》作「軼爲滎」。《集注》：「軼，與溢同。」

孔、魄、哉、延、虚、無、之、言，閒也。孔穴、延魄、虚無，皆有閒隙。餘未詳。

《説文》云：「閒，隙也。」《墨子・經上》篇云：「有閒，中也。」《經説上》云：「閒，謂夾者也。」然則中有閒隙，據兩邊夾者而言也。「閒」有「中」義，此注云「有閒隙」是也。「閒」亦有「廁」義，下文云「閒，代」，是也。蓋因有閒隙，故相襍廁；既相襍廁，因生閒代，其義相足成也。

孔者，通之閒也。《説文》：「孔，通也。」《老子》云：「孔德之容。」王弼注：「孔，空也。」《淮南・精神》篇云：「夫孔竅者，精神之户牖也。」《詩》：「如酌孔取。」箋以爲「凡器之孔」，《正義》申之云：「孔取，謂器中空虚受物之處。」通作「空」。《考工記·函人》云：「眡其鑽空。」賈公彦疏以「空」爲孔。《史記·五帝紀》云：「舜穿井爲匿空旁出。」《索隱》亦云：「空，音孔矣。」

魄者，體之閒也。人始生而體魄具，耳目口鼻皆開竅於陰而爲魄之所藏。故《白虎通》云：「魄者，猶迫然著人也。」又月之空缺陰映蔽光謂之爲魄。《書》「哉生魄」，亦其義也。

哉者，《説文》云：「言之閒也。」段氏玉裁曰：「有兩而後有閒[一]。凡言哉，多起下文之詞，或無下文，亦語於此少歇。故云『言之閒也』。」按：「哉」字，經典以爲語已之詞，又爲游衍之詞，是皆爲有閒矣。

延者，進之閒也。上文延訓進也。夤緣誘進，兩相延及，亦有閒意。

虚者，實之閒也。日中則昃，月盈則虧，當其空虚，是生閒隙。故《墨子·經上》篇云：「纑，閒虚也。」《經説上》云：「纑虚也者，兩木之閒，謂其無木者也。」亦其義也。

〔一〕閒，原誤「門」，據楊胡本、《經解》本改。

無者，有之閒也。《素〔一〕問·調經論》云：「無者爲虚。」是虚、無互訓。《老子》云：「三十輻共一轂，當其無，有車之用。埏埴以爲器，當其無，有器之用。鑿户牖以爲室，當其無，有室之用。」是皆以「無」爲閒之義也。

之者，往之閒也。上文云：「之，往也。」段氏玉裁曰：「之訓閒者，自此往彼，故有閒也。行文以之爲上下聯屬。」亦其義也。按：文内「之」字，如《國策》云「南之威」，《莊子》云「麗之姬」，皆在當句之中者也。《易》云：「知至至之，知終終之。」皆在當句之末者也。是皆有「閒」意也。

言者，意之閒也。《莊子》云：「言者，所以在意。」凡人意藏於中，非有閒也。意與事相際，而言以出焉。人與人相交，而言以宣焉。此則言爲人意之閒矣。

蓋凡言「閒」者，或兩而斷，或一而連。「離立者，不出中閒」，或往參焉，此一而連者也。兩山夾水爲澗，澗亦閒焉，此兩而斷者也。「言」與「延」通彼我之懷，是以連爲閒也。「哉」與「之」牽別離之緒，是以斷爲閒也。「虚」「無」則以兩相對合爲閒，「孔」「魄」又以内外區分爲閒也。此皆易了，不知郭氏何以未詳，乃其所詳，抑又疑焉。邢疏推本

〔一〕 素，原誤「索」，據楊胡本、《經解》本改。

郭義，以「延」爲墓道，亦非蒙意所安。

瘞、幽、隱、匿、蔽、竄，微也。微，謂逃藏也。《左傳》曰：「其徒微之。」是也。

《説文》云：「微，隱行也。」引《左氏·哀十六年傳》：「白公其徒微之。」又《襄十九年傳》：「崔杼微逆光。」服虔注：「微，隱匿也。」又《晉語》云：「設微薄而觀之。」韋昭注：「微，蔽也。」蔽、匿、隱俱依《爾雅》爲訓也。微有幽隱薆昧之意，故言之隱者曰「微言」，行之隱者曰「微行」，衣服之隱者曰「微服」，其義一也。通作「危」。《考工記·輪人》鄭衆注：「微至，書或作危至。」是矣。

瘞者，《釋言》云：「幽也。」《釋天》云：「祭地曰瘞薶。」《説文》本此二訓，故曰：「瘞，幽薶也。」《釋言》云：「薶，塞也。」塞亦幽隱之義。故《詩·燕燕》傳：「塞，瘞也。」「瘞」與「翳」聲義同。通作「殪」。《覲禮》云：「祭地瘞。」鄭注：「古文瘞作殪。」

幽者，《説文》云：「隱也。」又「𢆶」云：「微也。」是「𢆶」與「幽」同。《太玄·玄瑩》注：「幽，謂陰也。」「陰」與「隱」義亦同。《大戴禮·誥志》篇云：「幽，幼也。」《小爾雅》云：「幽，冥也。」《釋言》云：「冥，幼也。」《釋文》：「幼，本或作窈。」然則窈冥、幽昧皆隱微之義。幽猶黝也，黝訓黑，黑色亦幽闇。故《詩》「其葉有幽」及《玉藻》「幽衡」，毛傳、鄭注俱借「幽」爲「黝」矣。

隱者，《説文》云：「蔽也。與乚同。」《説文》云：「匿也。象迟曲隱蔽形。讀若隱。」《玉篇》即以「乚」爲古文「隱」字。隱之訓爲微。故《史記・司馬相如傳》云：「《春秋》推見至隱。」《索隱》：「李奇曰：『隱，猶微也。』」通作「殷」。《詩》「如有隱憂」，《韓詩》作「如有殷憂」。《劉熊碑》云：「勤恤民殷。」殷即隱也。又通作「依」。《説文》云：「衣，依也。」《白虎通》云：「衣者，隱也。」《書・無逸》云：「則知小人之依。」謂知小人之隱也。「衣」「殷」古同聲。「隱」之通爲「依」，猶「隱」之通爲「殷」也，此義馬瑞辰説。又聲轉爲「偃」。「偃」同「匽」。匽，匿也。《詩・魚麗》傳：「士不隱塞。」《釋文》：「隱，本又作偃。」《漢書・古今人表》「徐隱王」即「徐偃王」也。

匿者，《説文》云：「亡也。」《廣雅》云：「藏也，隱也。」《左氏・哀十六年》正義引舍人曰：「匿，藏之微也。」《御覽》七百五十六引《通俗文》云：「竹器邊緣曰匿。」此雖别義，蓋亦以匿爲藩蔽之意也。

蔽者，《説文》云：「蔽蔽，小艸也。」按：小草曰「蔽蔽」，小葉曰「蔽芾」，皆草木隱翳之貌也。《釋器》云：「輿竹後謂之蔽。」《廣雅》云：「蔽，障也。」又云：「隱也。」《論語》鄭注：「蔽，塞也。」包咸注：「蔽，猶當也。」按：今人謂「遮蔽」爲「遮當」，讀「當」聲如

「黨」矣。《老子》云：「故能蔽不新成。」河上公注：「蔽者，匿光榮也。」王弼注：「蔽，覆蓋也。」通作「蓽」。《史記·淮陰侯傳》云：「閒道蓽山。」《索隱》以「蓽」爲蓋覆也。又通作「斃」。《釋木》云：「蔽者翳。」《詩·皇矣》傳：「自斃爲翳。」是斃即蔽矣。

竄者，《説文》云：「匿也。从鼠在穴中。」《吕覽·首時》篇云：「隱匿分竄。」高誘注：「竄，藏也。」「藏」「匿」義皆爲微。故《晉語》云：「敏能竄謀。」韋昭注：「竄，微也。」《書》「竄三苗」，《史記·五帝紀》作「遷三苗」，《説文》又引作「竄三苗」，云：「竄，塞也。」

訖、徽、妥、懷、安、按、替〔一〕、戾、底、底〔二〕、尼、定、曷、遏，止也。妥者，坐也。懷者，至也。按，抑。替，廢。皆止住也。戾、底義見《詩》傳。《國語》曰：「戾久將底。」《孟子》曰：「行或尼之。」今以逆相止爲「遏」。徽，未詳。

止者，足也。「止」「趾」古同字。《士昏禮》注：「古文止作趾。」是也。因止足而生止息之義。故《詩·相鼠》傳：「止，所止息也。」又因止息而生止待之義。故上文云：

〔一〕 替，《爾雅》宋刊十行本作「替」。
〔二〕 底，《爾雅》宋刊十行本作「底」。

「止，待也。」《鄭語》注：「止，留也。」《玉篇》云：「止，住也。」住、留、待則久矣。故《墨子·經上》篇云：「止，以久也。」蓋止之言至也，故《詩·抑》及《泮水》傳竝云：「止，至也。」又言節也，故《相鼠》釋文引《韓詩》云：「止，節也。」又言制也，執也，故執獲謂之「止」，禁制亦謂之「止」。亦有訓爲語詞者，如云「亦既見止」，「亦既覯止」之類，竝居當句之末以定讀，亦即止住之義矣。

訖者，《說文》云：「止也。」《禮·祭統》云：「防其邪物，訖其耆欲。」鄭注：「訖，猶止也。」《穀梁·僖九年傳》：「毋訖糴。」《洪範五行傳》：「禦言于訖衆。」訖俱訓止。《漢書》注又云：「訖，盡也，竟也。」竟、盡亦俱爲止也。通作「迄」。《書》「聲教訖于四海」，《漢書·蓺文志》作「聲教迄于四海」。蓋迄訓至，至亦止矣。

徽者，微之止也。「徽」从微省聲，「微」有「隱」義，安隱與止息義近。《說文》以「徽」爲三糾繩。《廣雅》云：「徽，束也。」《易》云：「繫用徽纆。」《文選·解嘲》云：「徽以糾墨。」李善注引服虔曰：「徽，縛束也。」是徽有縛止之義。故《文選·陸機挽歌》云：「悲風徽行軌。」李善注引《爾雅》「徽，止」爲證矣。通作「徵」。《莊子·天運》篇釋文云：「徵，古本多作徽。」《易》云：「徵忿窒欲。」《釋文》：「徵，止也。」「徵」與「懲」同，今《易》作「懲忿窒欲」。懲亦止也。故《詩·沔水》《節南山》《十月之交》傳、箋竝云：「懲，止也。」是「懲」「徵」與「徽」竝字異而義同矣。

妥者，下文與「安」竝云：「坐也。」「安」「坐」二字俱有「止」義。「妥」，古字作「綏」。故《士相見禮》注：「古文妥爲綏。」《漢書・燕刺王旦傳》孟康注亦云：「妥，古綏字也。」《説文》有「綏」無「妥」，但「綏」既从妥，妥訓安，故綏亦訓安，安訓止，故妥亦訓止，是「妥」、「綏」同義，亦當同聲。故《齊語》云：「以勸綏謗言。」韋昭注：「綏，止也。」是「綏」「妥」聲義同之證。今讀「綏」息遺切，《爾雅》釋文：「妥，孫他果反，郭他回反，又他罪反。」「妥」與「綏」始不同音矣。

懷者，思之止也。懷訓思而尤甚於思，裹藏不解，是有「止」義。《詩》「我之懷矣」，「懷哉懷哉」，箋竝云：「懷，安也。」安亦止。上文云：「懷，至也。」至亦止，故又訓止矣。

安者，《説文》云：「静也。」與「止」義近。下文云：「定也。」定又訓止。故《秦策》云：「而安其兵。」高誘注：「安，止也。」通作「案」。《荀子・王制》篇云：「偃然案兵無動。」是案兵即安兵。故《勸學》篇注：「安，或作案。」是也。今人施物於器曰「安」，亦取其止而不動矣。

按者，抑也。《説文》云：「下也。」下謂手抑下之。抑猶止也。故《詩》：「以按徂旅。」《吕覽・期賢》篇云：「衛以十人者按趙之兵。」毛傳及高誘注竝云：「按，止也。」通作「案」。《史記・司馬相如傳》云：「案節未舒。」案節即按節，猶弭節也，弭亦止矣。聲轉爲「遏」。「以按徂旅」，《孟子》作「以遏徂莒」。《詩》釋文云：「按，本又作遏。」是也。

訾、戾、底、止，上文竝訓待，待亦止也。

訾者，《釋言》云：「廢也。」廢亦止義。故郭云：「訾、廢，止住也。」「住」同「逗」。《方言》郭注：「逗，即今住字也。」

戾者，上文云：「至也。」至亦止。《釋言》云：「疑、休，戾也。」疑立、休息，亦止之意。故《詩》：「亦是戾矣。」《文選・典引》云：「乃降戾爰茲。」鄭箋及蔡邕注竝云：「戾，止也。」《桑柔》《雲漢》《雨無正》傳竝云：「戾，定也。」定亦止矣。

底者，《說文》云：「止凥也。「止」誤作「山」，从段本改。一曰下也。」下即足，足亦止。故《晉語》云：「戾久將底。」韋昭注：「底，止也。」又云：「底箸滯淫。」是底有滯箸之義，亦爲「止」矣。

厎者，與「底」皆从氐聲，氐訓至，至亦爲止。《釋言》云：「厎，致也。」致亦爲至。《書》：「乃言厎可績。」馬融注：「厎，定也。」定亦爲止。《詩》「靡所厎止」，「伊于胡厎」，傳箋竝云：「厎，至也。」

尼者，下文云：「定也。」郭注：「尼者，止也。」止亦定。此注引《孟子》「行或尼之」，今作「止或尼之」。《大荒北經》云：「其所歍所尼，即爲源澤。」趙岐注及郭注竝云：「尼，止也。」通作「柅」。《易》：「繫于金柅。」《釋文》：「柅，《廣雅》云：『止也。』蜀才作尼，止也。」

定者，《説文》云：「安也。」安訓止。故《詩·日月》《采薇》《節南山》傳、箋竝云：「定，止也。」

曷者，《釋言》云：「盍也。」《説文》云：「何也。」按：凡言「何」者，問人之詞。問人者，須止住其人，或止絶其言而問之。故邢疏云：「俗以抑止爲曷。」亦其義也。通作「害」。經典「害」「曷」二字叚借通用。故《詩·菀柳》《長發》傳竝云：「曷，害也。」《葛覃》傳：「害，何也。」又通作「遏」。《詩》「則莫我敢曷」，《漢書·刑法志》作「則莫我敢遏」。

遏者，《説文》云：「微止也。」蓋謂止之於微也。《一切經音義》引《蒼頡篇》云：「遏，遮也。」遮迾亦所以禦止之。故《書》「夏王率遏衆力」，《史記·殷紀》作「夏王率止衆力」。遏又訓絶，絶亦止義。通作「閼」。《説文》云：「閼，遮攤也。」《一切經音義》一云：「遏，古文閼，同。」又通作「諹」。《詩》：「無遏爾躬。」《釋文》：「遏，或作諹。」《左氏·襄廿五年經》云「吴子遏」，《公羊》《穀梁》作「吴子諹」。又通作「藹」。《周憬功勳碑》云：「陬隅壅藹。」壅藹即壅遏也。「遏」「藹」「謁」三字俱从曷得聲，「曷」「遏」字通，亦其證。

豫、射，厭也。《詩》曰：「服之無斁。」豫，未詳。

厭者，「猒」之或體也。《說文》云：「猒，飽也。」通作「厭」。《書》：「萬年厭于乃德。」馬融注：「厭，飫也。」《周語》注：「猒，足也。」飫足與飽滿義同。《詩・還》釋文：「厭，止也。」《後漢書》注：「厭，倦也。」倦止與飫足義亦相成。又通作「懕」。《說文》云：「懕，安也。」《方言》云：「猒，安也。」安樂與倦怠義又相近。蓋因飫足生安樂，又因安樂生厭倦，始於歡豫，終於倦怠，故厭訓安，又訓倦，與豫訓安，訓樂，又訓厭，其義正同矣。

豫者，上文云：「樂也。」下文云：「安也。」安樂極而厭斁生。故《易・雜卦》云：「豫，怠也。」《楚辭・惜誦》篇云：「行婞直而不豫兮。」王逸注：「豫，厭也。」通作「序」。「序」「豫」俱从予聲而近「射」。故《釋言》云：「豫，敘也。」「敘」「序」同。《孟子》云：「序者，射也。」「射」「序」聲又同。故《鄉射禮》云：「豫則鉤楹內。」鄭注：「豫，讀如成周宣榭災之榭。《周禮》作序，今文豫爲序。」然則「序」「豫」「射」俱字異而音同。《說文》無

「榭」，蓋榭即射矣。

射者，「斁」之叚音也。「射」，古音「序」，又音「舍」，轉音「石」，又音「亦」，故「射」「斁」二字經典叚借通用。《說文》云：「斁，猒也。」引《詩》：「服之無斁。」「一曰終也，解也。」蓋懈怠於終，所以生猒，其義相足成也。故《白虎通》云：「射者，終也。無射者，無厭也。」《易·説卦》云：「水火不相射。」《釋文》：「射，食亦反。虞、陸、董、姚、王肅音亦，云：『厭也。』」「射」俱「斁」之叚借。故《詩》「無射于人斯」，《禮·大傳》作「無斁于人斯」。「服之無斁」，《禮·緇衣》作「服之無射」。《爾雅》釋文：「射，羊石反。字又作斁，同。」《文選·月賦》注引《爾雅》即作「斁，厭也」，與《釋文》合。

烈、績，業也。謂功業也。　績、勳，功也。謂功勞也。

上文云：「業，事也。」又云：「敘也，緒也。」《釋名》云：「業，捷也，事捷乃有功業也。」《曲禮》云：「請業則起。」鄭注：「業，謂篇卷也。」《釋器》云：「大版謂之業。」郭注：「築，牆版也。」然則築牆以版榦爲業，讀書以篇卷爲業，作事以次敘爲業，其義俱通矣。

烈者，上文云：「光也。」有功業則光美，義相成也。故《謚法》云：「有功安民曰烈，秉德遵業曰烈。」《詩》「烈假不瑕」，「無競維烈」，傳竝云：「烈，業也。」《禮・祭法》《祭統》俱「功」「烈」連言。《表記》又單言「烈」，云：「后稷，天下之爲烈也。」鄭注亦竝云「烈，業」矣。

績者，上文云：「事也。」又云：「繼也。」謂事有次業可繼續也。故《詩》：「維禹之績。」傳：「績，業也。」通作「積」。《荀子・禮論》篇云：「積厚者流澤廣，積薄者流澤狹也。」楊倞注：「積，與績同，功業也。」《漢書・外戚傳》注：「績，字或作積。」又通作「迹」。《左氏・哀元年傳》：「復禹之績。」《釋文》：「績，一本作迹。」蓋「迹」或作「蹟」，「蹟」「績」俱从責聲，故其字通。

《釋名》云：「功，攻也，攻治之乃成也。」故下文云：「功，成也。」《説文》云：「功，以勞定國也。」通作「公」。上文云：「公，事也。」《詩》：「以奏膚公。」傳：「公，功也。」是「功」、「公」聲義同。

績既訓業，又訓功者，「功」「業」義相成。故《詩》：「維禹之績。」傳訓績爲業，箋訓績爲功。功之與業，其名異其實同耳。故《書》「庶績咸熙」，《史記・五帝紀》作「衆功皆興」，《漢書・律曆志》作「衆功皆美」。凡《書》言「績」者，《史記》俱作「功」矣。通作「勣」。《一切經音義》四引《聲類》云：「勣，功也。」十四又云：「績，古文作勣。」案：

「勛」蓋「績」之或體耳，非古文也。

勳者，《說文》云：「能成王功也。」本《周禮·司勳》：「王功曰勳。」《夏官·序官》鄭衆注：「勳，功也。」通作「勛」。《說文》云：「勛，古文勳。」《司勳》注亦云：「故書勳作勛。」又通作「勳」。《袁良碑》云：「不問勳次。」又通作「薰」。《夏承碑》云：「策薰著于王家。」

功、績、質、登、平、明、考、就，成也。功、績，皆有成。《詩》曰：「質爾民人。」《禮記》曰：「年穀不登。」《穀梁傳》曰：「平者，成也。」事有分明，亦成濟也。

《釋名》云：「成，盛也。」《說文》云：「成，就也。」《詩·樛木》傳同。《節南山》及《緜》傳又云：「成，平也。」《小司徒》注：「成，猶定也。」「定」與「平」義相成。《詩·猗嗟》箋：「成，猶備也。」《周禮·司書》注：「成，猶畢也。」畢備之義爲終。故《燕禮·記》注：「三成，猶三終也。」「成」通作「盛」，又通作「誠」，竝以聲爲義也。

功、績者，事業之成也。「事」「業」已見上文。又功有攻堅之意，績取緝績之名，與成實之義又近也。

質者，信之成也。《說文》云：「質，以物相贅。」「贅，以物質錢。」是「質」有「信」義，信爲誠實。誠者，物之所以自成，是即質訓成之義也。《詩》「民之質矣」，「虞芮質厥成」，「質爾人民」，傳竝云：「質，成也。」《曲禮》云：「疑事毋質。」《少儀》云：「毋身質言語。」鄭注亦云：「質，成也。」「質爾人民」，《韓詩外傳》及《説苑·修文》篇竝作「告爾人民」，《鹽鐵論·世務》篇作「誥爾人民」。誥誓與質盟義亦相近。通作「贄」。《尚書大傳》云：「則君子不饗其質。」鄭注：「質，亦贄也。」《荀子·大略》篇注：「質，讀爲贄，古字通。」案：「策名委質」，委質即委贄，亦其證也。

登、平者，年穀之成也。古人重農貴穀，穀熟曰「登」。

登者，成也。《曲禮》云：「年穀不登。」《月令》云：「蠶事既登。」又曰「農乃登麥」「登黍」「登穀」之類，登皆訓成。五穀歲一熟爲一登。故《漢書·食貨志》：「進業曰登，再登曰平，三登曰泰平。」是則登、平之義，本據穀熟爲言，經典則但借爲成也。《詩》「誕先登于岸」，「登是南邦」，傳、箋竝訓登爲成。《周禮·鄉大夫》及《族師》注亦云：「登，成也，定也。」《遂人》注：「登，成也，猶定也。」定亦成之訓。《鄉飲酒禮》云：「羮定。」定即成孰之義，與「登」同也。「登」與「升」古字通，升亦成也。故《樂記》云「男女無辨則亂升」，《史記·樂書》作「男女無別則亂登」。《儀禮·喪服》云：「冠六升。」鄭注亦云：「升，字當爲登矣。」

平者，正也，定也。「正」「定」義俱爲成。《穀梁·宣四年》及《十五年》《昭七年傳》竝云：「平者，成也。」《公羊·隱六年傳》：「輸平，猶墮成也。」是皆訓平爲成之證也。通作「苹」。《書·堯典》釋文引馬融本「平」作「苹」。《周禮·車僕》注：「故書苹作平。」又通作「便」。《書》「平章百姓」，《史記·五帝紀》作「便章百姓」。又通作「辯」。《書》「平秩東作」，《周禮·馮相氏》注作「辯秩東作」。古讀「平」如「編」，故與「辯」「便」俱通。又通作「凝」。《易》：「正位凝命。」《書》：「庶績其凝。」鄭注竝云：「凝，成也。」《中庸》云：「至道不凝。」注亦云：「凝，猶成也。」按：「凝」，《説文》以爲俗「冰」字，「冰」「平」聲轉，故其字通。凝又有堅定之義，是其義亦同矣。

明、考者，長老之成也。「明」，古文从月，从日。《史記·曆書》云：「日月成，故明也。明者，孟也。」是明以日月成爲義，故明訓成。孟者，長也，長大亦成就。故《淮南·説林》篇云：「長而愈明。」高誘注：「明，猶盛也。」「盛」「成」聲義又同也。通作「孟」。《書》「被孟豬」，《史記·夏紀》作「被明都」。考者，老也。與「孟」同意。孟爲長成，則考爲老成矣。故《謚法》云：「考，成也。」《書》「五曰考終命」及《詩序》「考室」「考牧」，其義竝同。《春秋·隱五年經》云：「考仲子之宫。」《穀梁傳》：「考者，成之也。」《楚辭·離世》篇注：「考，猶終也。」《漢書·東方朔傳》注：「考，究也。」「究」與「終」，其義亦俱爲

「成」。《士喪禮》云：「考降無有近悔。」鄭注：「考，登也。」登亦成矣。通作「攷」。《周禮・大宰》云：「設其攷。」鄭注：「攷，成也。」

就者，終之成也。下文云：「就，終也。」《説文》云：「就，高也。」「高」與「登」同意。故《古微書》引《孝經援神契》及《鉤命訣》注竝云：「就之爲言成也。」《公羊・昭廿五年傳》：「餕饔未就。」何休注：「未就，未成也。」《大行人》《典瑞》《弁師》《巾車》及《既夕禮》注竝以「就」爲成。《既夕》注又云：「就，猶善也。」《禮・檀弓》及《王制》《少儀》注竝云：「成，猶善也。」是成、就皆有善義，故又訓善。《謚法》云：「就，會也。」「會」與「質」義近。《廣雅》云：「就，久也。」「久」與「考」義近。

梏、梗、較、頲、庭、道，直也。梏、梗、較、頲皆正直也。《詩》曰：「既庭且碩。」頲、道，無所屈。

《説文》云：「直，正見也。」《易・繫辭》云：「其動也直。」韓康伯注：「直，剛正也。」蓋「直」對「曲」而言。《左氏・襄七年傳》：「正曲爲直。」是直能正人之曲也。「直」又對「邪」而言。《史記・樂書》云：「回邪曲直。」是「直」爲「邪」之對也。無邪爲正，正則直。直者，特然獨立之貌。「特」與「直」亦音近字通。故《詩》：「實維我特。」《韓詩》「特」作「直」，云：「相當值也。」案：「相當值」之「值」，古止作「直」，《史記・匈奴傳》「直上谷」，是也。「特」，或作「犆」，《禮・王制》「礿犆」「禘犆」，是也。然則《韓詩》之「直」，或即「犆」字之省，古字叚借通用。《郊特牲》注：「直，或爲犆。」是其證也。直又語詞。故《詩》：「非直也人。」傳以「非直」爲非徒。今按：「非徒」，亦曰「非獨」，亦曰「非特」。「特」「獨」「徒」俱一聲之轉，而其義亦通矣。

梏者，《禮・緇衣》引《詩》：「有梏德行。」鄭注：「梏，大也，直也。」通作「鵠」。《詩・賓之初筵》釋文：「鵠者，覺也，直也。」《禮・射儀》注：「鵠之言梏也。梏，直也。」又通作「覺」。《詩》「有覺其楹」及「有覺德行」，箋、傳竝云：「覺，直也。」《爾雅》釋文：「梏，古沃反。郭音角。」是郭讀「梏」爲「覺」，本於毛、鄭也。

梗者，猶庚庚也。庚庚，堅强貌也。《楚辭・橘頌》篇云：「梗其有理兮。」王逸注：「梗，强也。」「强」與「直」義近。梗本山榆有束者之名。故《方言》云：「凡草木棘人，自關而東，或謂之梗。」梗訓棘，亦與「强」「直」義近。故《方言》又云：「梗，覺也。」又云：「梗，略也。」梗槩、粗略與直率義又近也。通作「鯁」。《詩》「至今爲梗」，《後漢書・段熲傳》作「至今爲鯁」。李賢注：「鯁，與梗同。」

較者，與「梏」「鵠」聲近義同。《司裘》及《大射儀》注竝云：「鵠之言較。較，直也。」《尚書大傳》云：「覺兮較兮。」鄭注：「較兮，謂直道者也。」「較」與「覺」聲義同。故《楚辭・遠逝》篇云：「服覺酷以殊俗兮。」王逸注：「覺，較也。」《左氏・襄廿一年傳》：「夫子，覺者也。」杜預注：「覺，較然正直。」然則較之爲言覺也，覺、較俱訓明。故《史記・伯夷傳》云：「此其尤大彰明較著者也。」《平津侯主父傳》云：「較然著明。」皆以「較」爲明。「明」與「直」義近，即《說文》「直」訓正見之意也。較又辜較也。「較」與「榷」聲義同。榷爲辜略取直之意。故《考工記・輿人》注：「故書較作榷。」《一切經音義》七云：「較，古文榷，同。」是「榷」「較」古字通矣。

頲者，《說文》云：「狹頭頲也。」訓直者，頭容直也。通作「脡」。《曲禮》云：「鮮魚曰脡祭。」鄭注：「脡，直也。」又通作「挺」。《士虞禮》云：「腒四脡。」鄭注：「古文脡爲挺。」《考工記・弓人》注：「挺，直也。」《左氏・襄五年傳》：「周道挺挺。」注亦以「挺挺」爲正直也。又與「珽」同。《玉藻》注：「珽之言挺，然無所屈也。」《隋書》引許慎《五經異義》云：「天子笏曰珽。挺直無所屈也。」又通作「侹」。《一切經音義》十三云：「侹，古文作頲。」又引《通俗文》云：「平直曰侹。」此皆字異而音義俱同也。

庭者，「廷」之叚音也。《後漢書・郭太傳》注引《蒼頡篇》云：「廷，直也。」又引《風俗通》云：「廷，正也。」言縣廷、郡廷、朝廷皆取平均正直也。通作「庭」。《詩・大田》《韓奕》《閔予小子》傳竝云：「庭，直也。」「陟降庭止」，《漢書・匡衡傳》作「陟降廷止」。

經典「廷」「庭」通者非一，其餘皆可知也。道者，與「廷」同意。廷者，人所停；道者，人所蹈，皆挺然正直。故《詩》云：「周道如砥，其直如矢。」逸《詩》云：「周道挺挺。」是皆道訓直之義也。「道」與「徑」同意。《史記·大宛傳》云：「從蜀宜徑。」《文選·諫吴王書》云：「徑而寡失。」《集解》及注竝云：「徑，直也。」徑訓直，知道訓直矣。

密、康，靜也。皆安靜也。

「靜」見上文。靜亦安也，《説文》作「竫」，云：「亭安也。」通作「靜」。《大學》云：「靜而后能安。」《逸周書·大匡》篇云：「施舍靜衆。」孔晁注：「靜，安也。」亦通作「靖」。《説文》：「靖，立竫也。」是「竫」、「靖」音義同。故《書》：「自作弗靖。」馬融注：「靖，安也。」《詩》「靖共爾位」，《春秋繁露》作「靜共爾位」。《漢書·敘傳》集注：「靖，古靜字。」又通作「靚」。《文選·甘泉賦》注：「靚，即靜字也。」密訓靜，見上文。康訓安，見下文。

豫、寧、綏、康、柔，安也。皆見《詩》《書》。

安者，上文云：「止也」；下文云「定也」，「定」「止」義俱爲靜。故《一切經音義》十五引《蒼頡篇》云：「安，静也。」《説文》云：「侒，宴也。」「宴，安也。」又云：「晏，安也。」「晏」「宴」「侒」「安」竝聲義同。宴安則喜樂。故《釋名》云：「安，晏也，晏晏然，和喜無動懼也。」《淮南·氾論》篇注：「安，樂也。」《晉語》注：「安，猶善也。」《少牢饋食禮》注：「安，平也。」「平」「善」與「樂」義近。是「安」兼「静」「樂」二義。《爾雅》「豫」「康」爲「安樂」之「安」；「寧」「綏」「柔」爲「安静」之「安」。「安」通作「晏」。「晏」，从安聲也。

豫者，上文云：「樂也。」又云：「厭也。」俱與「安」義近。通作「譽」。《左氏·昭二年傳》：「季氏有嘉樹，宣子譽之。」服虔注：「譽，游也。」引《夏諺》曰：「一游一譽。」今《孟子》作「一游一豫」。趙岐注：「豫亦遊也，遊亦豫也。」引「宣子譽之」，作「宣子豫焉」。是「豫」「譽」古字通。豫訓遊者，「遊」「豫」雙聲。從容遊閒亦爲安豫。故《文選·曲水詩序》注引《孫子兵法》曰：「雖優遊暇譽，令猶行也。」暇譽即暇豫矣。

綏者，上文作「妥」，訓止，止亦安。故下文云：「妥，安也。」「妥」「綏」古同字。故《謚法》云：「綏，安也。」《書》：「綏爰有衆。」鄭注：「安隱於其衆也。」《廣雅》云：「綏，撫也。」又云：「綏，舒也。」「舒」「撫」義亦爲「安」。「妥」通作「退」。《檀弓》云：「文子其中退然，如不勝衣。」鄭注：「退，柔和貌。退，或爲妥。」又通作「隤」。《易·繫辭》云：「夫坤隤然示人簡矣。」《集解》虞翻注：「隤，安也。」《釋文》：「隤，馬、韓云：『柔貌也。』」

孟作退。陸、董、姚作妥。」是「妥」「退」「隤」俱音轉字通。綏、柔俱訓安，其義亦見矣。

康者，上文云：「樂也。」與豫同訓。故《謚法》云：「康，安也。」經典內「康」訓安者非一。《易》云：「康侯。」《釋文》引馬融、陸績注「康」俱訓安。陸又云：「樂也。」鄭云：「尊也，廣也。」《淮南·天文》篇注：「康，盛也。」《逸周書·文政》篇注：「康，逸也。」逸、盛、尊、廣又皆與安樂之義相近也。

柔者，和也，順也，猶言優也。優優、和平與安靜義近。故《詩·民勞》《抑》及《時邁》《絲衣》傳、箋竝云：「柔，安也。」《烝民》箋：「柔，猶濡毳也。」《淮南·說山》篇注亦云：「柔，濡。」亦通作「濡」。《時邁》釋文：「柔，本亦作濡。」《正義》以爲《釋詁》文：「某氏引《詩》云『懷柔百神』，定本作柔，《集注》作濡。」是「濡」「柔」通。「濡」讀乳兗切，音「耎」，與「輭」同。「耎」「濡」「柔」竝一聲之轉。

平、均、夷、弟，易也。皆謂易直。

易者，「傷」之叚音也。《說文》云：「傷，輕也。一曰交傷。」通作「易」。《論語·八佾》篇鄭注：「易，簡也。」《公羊·宣六年傳》何休注：「易，猶省也。」《考工記·玉人》注：「易行云煩苛。」是亦簡省之意，與輕易義近也。《詩·何人斯》傳：「易，說也。」《郊特牲》注：「易，和說也。」《論語》包咸注：「易，和易也。」《公羊・莊十三年傳》注：「易，猶佼易也。相親信，無後患之辭。」今案：佼易亦和說之意，與交易義近也。通作「施」。《詩》：「我心易也。」《釋文》：「易，《韓詩》作施。施，善也。」案：「易」亦有「善」義，見《易・繫辭》釋文。施音以豉切，是「施」「易」聲義俱同矣。

平者，《墨子・經上》篇云：「平，同高也。」《詩・伐木》箋云：「平，齊等也。」案：平又訓治，「易」亦有「治」義。《詩》：「禾易長畝。」《孟子》：「易其田疇。」易皆訓治。又平不險陂，易不煩碎，亦兼和平樂易之意。平訓爲易，皆其證也。通作「辯」。《詩・采菽》傳：「平平，辯治也。」《書》云「平秩」，《大傳》作「辯秩」。然則辯、平俱訓治，易又訓治，故聲義俱通矣。

均者，《說文》云：「平徧也。」《詩》：「秉國之均。」《周禮・大司徒》：「以土均之灋。」均皆訓平。《詩・皇皇者華》傳：「均，調也。」調亦平徧和易之義也。「均」通作「鈞」，又通作「旬」，其義同，又與「傭」義同。《詩》：「昊天不傭。」傳本《釋言》云：「傭，均也。」《釋文》：「傭，《韓詩》作庸。庸，易也。」是「庸」「傭」聲同。韓訓爲易，毛訓爲均，其義亦同。《說文》傭訓均直，與易直之義亦近。上文庸訓常也，庸常與平易義又近矣。

夷者，「徲」之叚音也。《說文》云：「徲，行平易也。」通作「夷」。《說文》：「夷，平也。」《文選・封禪文》云：「故軌迹夷易，易遵也。」李善注：「夷、易，皆平也。」經典夷或訓平，或訓易。《詩・出車》《節南山》《桑柔》《召旻》傳及《草蟲》箋竝云：「夷，平也。」《節南山》《天作》《有客》傳及《後漢書》注引《韓詩》薛君傳竝云：「夷，易也。」「夷」，古音「弟」，亦通作「弟」。《易》：「匪夷所思。」《釋文》：「夷，荀作弟。」又「夷于左股」，《釋文》：「夷，子夏本作睇。」亦其例也。又通作「雉」。「雉」亦音「弟」。故《左氏・昭十七年傳》正義引樊光、服虔云：「雉者，夷也。夷，平也。」又《本草》「辛夷，一名辛雉」，見《文選》注。皆其證也。

弟者，通作「悌」。《釋名》云：「悌，弟也。」經典作「弟」，《孟子》作「悌」。趙岐注：「悌，順也。」和順與説易義近。《詩・洞酌》云：「豈弟君子。」毛傳：「樂以强教之，易以説安之。」毛以「樂易」釋豈弟，本《禮・表記》云：「凱以强教之，弟以説安之。」故知凱訓樂，弟訓易也。《孔子閒居》注亦云：「凱弟，樂易也。」俱本《釋詁》文。

矢，弛也。弛放。弛，易也。相延易。

弛者，「施」之叚音也。

矢者，上文云：「陳也。」此云「弛也」，弛訓弓解，與陳義遠。《説文》云：「設，施陳也。「設」與「陳」義近。知弛當爲施也。《詩》：「矢其文德。」傳：「矢，施也。」以此可證。《釋文》：「矢、施，如字。《爾雅》作弛，式氏反。」《正義》云：「矢，施也，謂施陳文德。」據此則知《爾雅》之「弛」亦當讀如「施」，斯音義兩得矣。「施」既通「弛」，「弛」亦通「矢」。故「矢其文德」，《孔子閒居》作「弛其文德」。鄭注：「弛，施也。」是「弛」即「矢」字叚音。《爾雅》借「弛」爲「施」，《禮記》借「弛」爲「矢」，其例正同矣。經典「弛」「施」二字多通用。《詩·卷阿》《雲漢》《泮水》釋文竝云：「施，本又作弛。」《周禮·小宰》《禮記·曲禮》《左氏·襄十八年傳》釋文竝云：「弛，本又作施。」

「弛」亦「施」之叚音也。《釋文》：「顧、謝本弛作施。」是也。《詩》：「施于孫子。」箋：「施，猶易也，延也。」此郭注所本。又《孔子閒居》：「施于孫子。」注：「施，易也。」《論語》：「君子不施其親。」孔注亦云：「施，易也。」《荀子·儒效》篇云：「若夫充虚之相施易也。」《史記·萬石張叔傳》云：「劒，人之所施易。」俱與此合。是知《爾雅》之「弛易」即施易矣。然不獨「弛」爲「施」之叚借，「易」亦「移」之叚借也。古讀「施」如「易」，亦讀如「移」。《詩》「我心易也」，《韓詩》作「我心施也」。是「施」讀如「易」之證也。《詩》：「施于中谷。」傳：「施，移也。」《莊子·人閒世》篇云：「哀樂不易施乎前。」《釋文》引崔注亦云：「施，移也。」是「施」讀如「移」之證也。又知《爾雅》之「施易」即施移，注「相延易」亦即延移矣。施訓爲延。故《詩・皇矣》箋及《樂記》注竝云：「施，延也。」《漢書・衛綰傳》注：「施，讀曰貤。貤，延也。」貤亦移也。移延猶延移也。施既訓延，亦通作「延」。故《詩》「施于條枚」，《吕覽・知分》篇及《後漢書・黄琬傳》又《韓詩外傳》竝作「延于條枚」。「延」「施」一聲之轉。然則延移即施移矣。又作「旖施」，《説文・㫃部》云：「旗，旖施也。」又作「檹施」，《木部》云：「木檹施。」又作「倚移」，《考工記・總目》及《弓人》注鄭衆云：「迆，讀爲倚移從風之移。」又作「旖旎」，《史記・司馬相如傳》作「旖旎從風」，《漢書》作「椅柅從風」，《廣韵・四紙》作「猗狔，從風皃」。是皆「施」「移」二字之展轉相通也。古書多叚借。此條「矢，弛」，注訓弛放，郭既失之，邢疏亦非，邵氏《正義》未能訂正，其説「弛，易」抑又非是。唯臧氏琳《經義雜記》七説「施」「弛」古通，深合《雅》訓，今所依用。其有未備，仍復曲暢旁通，用祛未寤焉。

希、寡、鮮，罕也。罕亦希也。鮮，寡也。謂少。

罕者，《説文》本爲網罟之名，經典借爲希少之義。故《詩》：「叔發罕忌。」《禮・少儀》云：「罕見曰聞名。」《公羊・桓六年傳》：「蓋以罕書也。」《穀梁・莊廿九年傳》：「則功築罕。」傳、注竝云：「罕，希也。」「罕」，古通作「軒」，蓋以聲爲義耳。

希者，「稀」之叚音也。《説文》云：「稀，疏也。」通作「希」。《説文》無「希」字，而云：「稀，从希聲。」是古本有「希」字也。希皆訓少。《吕覽・原亂》篇注：「希，鮮也。」《孟子・盡心上》篇注：「希，遠也。」遠亦疏也，與鮮少義相成。又通作「絺」。《周禮・酒正》及《司服》釋文竝云：「希，本又作絺。」蓋絺亦稀疏之意，从希聲，又同也。

寡者，《説文》云：「少也。」「寡」對「衆」之稱。故經典每言「衆寡」，《孟子》注「王侯自稱孤寡」，其義俱訓少也。通作「宣」。《易・説卦》云：「爲寡髮。」《釋文》：「寡，本又作宣。」《考工記・車人》注正作「巽爲宣髮」。按：「宣」蓋「鮮」之通借。「鮮」「寡」義同，「鮮」「宣」聲同，聲同者義亦同。故鮮訓善，善有少意。又宣髮爲白髮，鮮首亦爲白首，皆其義矣。

鮮者，「尟」之叚音也。通作「鮮」。《禮・中庸》《表記》《大學》注竝云：「鮮，罕也。」《易・繫辭上》釋文引師説云：「鮮，盡也。」「盡」與「罕」義亦近。「鮮」亦當作「尟」。《説文》云：「尟，是少也。」俗作「尠」。《文選・西京賦》云：「慘則尠於驩。」李善注：「尠，少也。」《西征賦》注引《爾雅》作「尠，寡也」。又通作「鮮」。《易・乾》及《繫辭下》釋文竝云：「尟，本亦作鮮。」《繫辭上》釋文云：「鮮，鄭作尟。」經典「尟」字止此數處，餘皆作「鮮」。鮮又訓寡者，《詩・蓼莪》傳及《揚之水》《蕩》箋竝云：「鮮，寡也。」《論語·學而》篇鄭注及《華嚴經音義》上引《國語》賈注竝云：「鮮，寡也。」

酬、酢、侑，報也。此通謂相報荅，不主于飲酒。

《玉〔一〕篇》云：「報，酬也，荅也。」《喪服小記》注：「報，猶合也。」「合」與「荅」聲義近。《淮南·天文》篇注：「報，復也。」《穆天子傳》注：「報，猶反也。」「反」與「復」義近。《樂記》及《祭義》竝云：「禮有報而樂有反。」是「反」「報」義同。報又白也，如「報命」「報罷」之「報」，俱訓白。又與「荅」義近矣。

酬者，《説文》作「醻」，或作「酬」。通作「醻」。《詩·瓠葉》傳：「醻，道飲也。」《彤弓》箋：「醻，猶厚也，勸也。」此皆主於飲酒而言也。《彤弓》云：「一朝醻之。」傳：「醻，報也。」《周語》云：「酬幣宴貨。」《吴語》云：「剄於客前以酬客。」韋昭、賈逵、唐固注竝云：「酬，報也。」此皆汎言酬荅，不專爲飲酒而言也。故《易·繫辭》云：「可與酬酢。」《集解》引九家注：「陽往爲酬，陰來爲酢。」韓康伯注：「酬、酢，猶應對也。」又通作

〔一〕玉，原誤「王」，據楊胡本、《經解》本改。

「詶」。《一切經音義》十八引《蒼頡篇》云：「酬作詶，同。」按：「詶」从言，故《廣韻》云：「以言荅之。」荅即報矣。

酢者，《説文》作「醋」。通作「酢」。《特牲饋食禮》注：「古文醋作酢。」《有司徹》注：「今文醋曰酢。」二注不同。《廣韻》引《蒼頡篇》云：「主荅客曰酬，客報主人曰酢。」《蒼頡》多古字，是「醋」古文作「酢」也。經典「醋」「酢」二字通。故《詩》「萬壽攸酢」，「酌言酢之」，傳竝云：「酢，報也。」《士虞禮》及《特牲饋食禮》注竝云：「醋，報也。」是「醋」、「酢」古字通之證。又《司几筵》及《司尊彝》俱「酢」爲「昨」，注云：「昨，讀曰酢。」《禮・少儀》注又云：「酢，或爲作。」俱同聲叚借字也。「醋」，古文作「酢」，亦其證矣。

侑者，《説文》作「姷」，或作「侑」。通作「祐」。《易・繫辭》云「可與祐神」對「可與酬酢」而言。是「酬」「酢」「祐」其義同。祐訓爲報。故《易》釋文引馬融注：「祐，配也。」《説文》《廣雅》竝云：「侑，耦也。」配耦與酬酢義近。陸德明訓祐爲助，亦失其義矣。又《詩・楚茨》傳及《公食大夫》《特牲》《少牢饋食》注竝云：「侑，勸也。」勸勉與報荅義亦近。故《楚茨》正義云：「已飲食而後勸之。」亦是重報之義，其説是也。又「侑」通作「宥」。《爾雅》及《禮器》釋文竝云：「侑，本或作宥。」《聘禮》及《有司徹》注竝云：「古文侑皆作宥。」又通作「囿」。《禮器》云：「詔侑武方。」鄭注：「詔侑，或爲詔囿。」

毗劉，暴樂也。謂樹木葉缺落，蔭疏暴樂。見《詩》。**覭髳，茀離也。**謂草木之叢茸翳薈也。茀離即彌離，彌離猶蒙蘢耳。孫叔然字别爲義，失矣。

《方言》云：「毗，廢也。」「廢」與「暴樂」義近。通作「爆爍」。《詩》：「捋采其劉。」毛傳：「劉，爆爍而希也。」鄭箋云：「捋采之，則葉爆爍而疏。」《釋文》：「爆，本又作暴，同音剥。爍，本又作樂，或作落，同音洛。」《爾雅》釋文：「暴，本又作爆。樂，本又作爍。」《桑柔》正義引《爾雅》正作「爆爍」。又引舍人曰：「毗劉，爆爍之意也。木枝葉稀疏不均爲爆爍。」然則爆爍之爲言猶剥落也。亦言蘀落。《説文》云：「草木凡皮葉落陊地爲蘀。」《詩·七月》《鶴鳴》傳竝云：「蘀，落也。」或言拓落。《文選·解嘲》云：「何爲官之拓落也。」蓋拓落，疏薄之意，猶落魄也。又言「牢落」。《文選·上林賦》云：「牢落陸離。」李善注：「牢落，猶遼落也。」又言「留落」。《漢書·霍去病傳》云：「諸宿將常留落不耦。」然則「留落」之聲與「劉樂」同。毗劉之爲言猶不留也。音變爲「仳離」。《詩》：「有女仳離。」仳離蓋分散之義。與「披離」同。《方言》云：「披，散也。」是披離猶仳離也。又變爲「劈歷」。《釋名》云：「辟歷，辟析也，所歷皆破析也。」又變爲「觱篥」。《廣韵》云：「觱篥，胡樂。」亦作「必栗」。《一切經音義》十九引《纂文》云：「必栗者，羌胡樂器名也。」蓋必栗猶言别裂，其聲激楚，聽之如欲破裂也。此皆「毗劉」一聲之轉也。《釋文》：「毗，樊光本作庇，云蔭也。」按：「庇」「毗」聲同，古字通借，訓爲「庇蔭」，失其義也。毗劉，暴樂蓋古方俗之語，不論其字，唯取其聲。今登萊閒人凡果實及木葉陊落謂之「毗劉杷拉」，「杷拉」亦即「暴樂」之聲轉。

《説文》云：「覭，小見也。从冥聲。」引《爾雅》曰：「覭髳，弗離。」是「覭」當讀莫經反，《釋文》「郭亡革反」，則讀如「陌」，二讀實一聲之轉也。《説文》「髳」，即「𩮀」重文之省，當讀如「矛」。《釋文》音「蒙」。「蒙」「矛」亦一聲之轉也。「覭髳」音變爲「幕蒙」。《左氏·昭十三年傳》：「以幕蒙之。」按：「幕蒙」亦覆蔽之意也。又變爲「溟沐」。《太玄·少》云：「密雨溟沐。」蓋溟沐猶霢霂，爲細雨濛密之貌也。又變爲「蠛蠓」。蠛蠓者，小蟲亂飛之貌也。又變爲「緜蠻」。《詩》：「緜蠻黄鳥。」緜蠻猶言彌漫，蓋文采緜密之貌。《文選·景福殿賦》注引《韓詩》薛君云：「緜蠻，文貌。」是矣。毛、鄭訓小，失其義也。是皆「覭髳」一聲之轉，字雖異而義實同者也。「茀離」，《説文》引作「弗離」。郭注「茀離即彌離，彌離猶蒙蘢」，亦皆一聲之轉也。「彌離」變爲「迷離」。《木蘭詩》云：「雌兔眼迷離。」又變爲「幎歷」。《文選·射雉賦》云：「幎歷乍見。」「幎」音「覓」，幎歷猶迷離也。又變爲「羃䍥」。《廣韻》云：「羃䍥，煙狀。」又變爲「羃羅」。《廣韻》云：「羃羅，婦人所戴。」又變爲「幕絡」。《釋名》云：「煑繭曰莫。莫，幕也。貧者著衣可以幕絡絮也。」「蒙蘢」之聲同爲「朦朧」。《玉篇》云：「朦，朦朧也。」又聲近爲「蒙戎」。《詩》：「狐裘蒙戎。」毛傳：「蒙戎，以言亂也。」亦作「尨茸」。《左氏・僖五年傳》：「狐裘尨茸。」杜預注：「尨茸，亂貌也。」茀離之爲言猶紛綸。《史記・司馬相如傳》云：「紛綸葳蕤。」《索隱》：「胡廣云：『紛，亂也。』」是紛綸猶紛亂。又與「茀離」聲轉義近也。「覭」「髳」雙聲，「茀」、「離」疊韵，亦古方俗之語，取其聲不論其字者。孫炎字别爲義，郭所以議其失矣。

蠱、謟、貳，疑也。蠱惑、有貳心者，皆疑也。《左傳》曰：「天命不謟。」

《説文》云：「疑，惑也。」又云：「𠃧〔一〕，未定也。」是「𠃧」「疑」聲義同。《逸周書・王佩》篇云：「時至而疑。」孔晁注：「疑，猶豫不果也。」《漢書》注：「疑，似也。」《士相見禮》注：「疑，度之。」《周禮・司服》注：「疑之言擬也。」然則擬也，度也，俱與「似」義近，皆疑惑不定之意也。通作「凝」。《易・坤》釋文云：「疑，荀、虞、姚信、蜀才本作凝。」《禮・中庸》釋文：「凝，本又作疑。」「疑」「凝」一聲之轉也。

〔一〕𠃧，原誤「𣏗」，楊胡本同，《經解》本漫漶，據陸刻本改。下「𠃧」字據楊胡本改。

蠱者，《左氏・昭元年傳》：「淫溺惑亂之所生也。於文，皿蟲爲蠱，穀之飛亦爲蠱。在《周易》，女惑男，風落山，謂之蠱，皆同物也。」《説文》又以腹中蟲爲蠱，梟桀死之鬼亦爲蠱。其義皆爲疑惑也。《晉語》韋昭注：「蠱，化也。」「化」「惑」聲轉。又「𠤎」，从七，七〔一〕訓變，變化與疑惑義近。通作「假」。《詩》「烈假不瑕」，《唐公房碑》作「厲蠱不瑕」。「蠱」「假」音同，古讀「假」如「蠱」也。「蠱」又讀如「冶」，亦與「冶」通。馬融《廣成頌》云：「田開古蠱。」即古冶也。《後漢書・張衡傳》注：「蠱，音野，謂妖麗也。」然則妖冶與惑亂之義又近矣。

謟者，郭引《左氏・哀十七年傳》：「天命不謟。」又《昭廿六年傳》：「天道不謟。」杜預注竝云：「謟，疑也。」《逸周書・酆謀》篇云：「帝命不謟。」孔晁注：「謟，僭也。」僭訓假也，儗也，又差也。皆與「疑」義近。通作「慆」。《左氏・昭廿七年傳》：「天命不慆久矣！」杜注：「慆，疑也。」《爾雅》釋文：「謟，字或作慆。」又通作「滔」。《文選・西京賦》云：「天命不滔。」李善注：「滔，與謟音義同。」《左傳・哀十七年》釋文亦云：「謟，本又作滔。」皆聲同叚借字也。《爾雅》釋文又云：「謟，沈勑檢反。」按：「勑檢」乃「謟」字之

〔一〕七，原誤「巳」，楊胡本、《經解》本同，據陸刻本改。

音。「諂」从臽聲，與「謟」从舀聲迥別，沈旋音誤矣。

貳者，《説文》云：「副益也。从弍聲。弍，古文二。」按：「二」，不一也。有二心者，必生疑惑。故《晉語》云：「不可以貳，貳無成命。」韋昭注：「貳，疑也。」通作「二」。《吕覽·應言》篇云：「令二輕臣也。」高誘注：「二，疑也。」是「二」「貳」通。又通作「忒」。《詩》：「其儀不忒。」毛傳：「忒，疑也。」《禮·緇衣》釋文：「忒，本或作貳。」《周語》云「平民無貳」，《大射儀》注作「平民無忒」。又通作「貸」。《緇衣》云：「衣服不貳。」《釋文》：「貳，本或作貸。」《易·豫》釋文又云：「忒，京本作貸。」「貸」「忒」聲轉。「忒」又作「貣」，「貣」「忒」俱从弋聲，「貳」亦从弋，貳與忒又俱訓變，變與疑義近，故古字俱通。

楨、翰、儀，榦也。《詩》曰：「維周之翰。」儀表亦體榦。

《説文》云：「榦，築牆耑木也。」《書》云：「峙乃楨榦。」馬融注：「楨、榦皆築具。楨在前，榦在兩傍。」按：兩邊立木，所以榦正牆體，故榦又訓正。《易》：「榦父之蠱。」《詩》：「榦不庭方。」虞翻注及《韓詩章句》竝云：「榦，正也。」榦在兩旁，象人之脅，故又訓脅。《公羊·莊元年傳》：「搚榦而殺之。」《釋文》：「榦，脅也。」脅所以正肢體，故又訓體。《楚辭·招魂》篇云：「去君之恒榦。」王逸注：「榦，體也。」因人肢體，又爲木之枝榦。故《一切經音義》二引《三蒼》云：「榦，枝榦也。」通作「幹」，亦通作「翰」。故《釋文》云：「榦，本又作幹。胡旦反。又作翰。」《漢書・郊祀志》注亦云：「榦，或作翰。」按：「榦」，本兼公旦、胡旦二音。《爾雅》及《費誓》釋文俱偏舉一音，亦未備也。又通作「干」。《鄭季宣碑陰》云：「直事干。」《司馬整碑陰》云：「有諸曹干十三人。」皆借「干」爲「榦」也。又「甲乙爲榦」，亦書作「干」而音「榦」矣。

楨者，《書・費誓》傳：「題曰楨，旁曰榦。」《正義》云：「題，謂當牆兩端者也。旁，謂在牆兩邊者也。」又引舍人曰：「楨，正也，築牆所立兩木也。」按：「楨」「榦」對文則別，散文則通。楨之言貞也。貞者，正也，正亦榦正。故《易・文言》云：「貞者，事之榦也。」明「楨」「榦」其義同。《詩》云：「維周之楨。」毛傳：「楨，榦也。」鄭箋以爲榦事之臣也。

翰者，「韓」之叚者也。《説文》云：「韓，井垣也。」「井垣」與「榦」義近。通作「榦」。《莊子・秋水》篇云：「吾跳梁乎井榦之上。」《釋文》：「井榦，司馬云：『井欄也。』褚詮之音，《西京賦》作韓音。」今按：《漢書・枚乘傳》云：「單極之統「綆」同。斷幹。」晉灼注：「幹，井上四交之幹。」此「幹」，亦當音「韓」。《郊祀志》：「井幹樓。」注云：「幹，或作韓。」然則井幹即井韓矣。又通作「翰」。《詩・桑扈》《文王有聲》《板》《崧高》傳並云：「翰，幹也。」《桑扈》及《費誓》正義竝引舍人曰：「翰，所以當牆兩邊障土者也。」是舍人以「翰」爲榦，所言即榦之訓耳。

儀者，「檥」之叚音也。《説文》云：「檥，榦也。」《玉篇》云：「檥，義奇、儀倚二切。」《史記·項羽紀》云：「烏江亭長檥船待。」《集解》：「應劭曰：『檥，正也。』如淳曰：『南方人謂整船向岸曰檥。』」《文選·蜀都賦》云：「檥輕舟。」劉逵注：「南方俗謂正船迴濟處爲檥。」然則檥亦爲正，正亦爲榦，與《爾雅》合矣。郭氏不知「儀」字叚借，而云「儀表亦體榦」，經典無此訓，其義非也。《廣韵·四紙》云：「檥，同艤。」「艤」字亦俗。

弼、棐、輔、比，俌也。《書》曰：「天威〔一〕棐忱。」《易》曰：「比，輔也。」俌猶輔也。

《説文》云：「俌，輔也。讀若撫。」《釋文》：「俌，音輔，郭方輔反，《字林》音甫。」與《説文》合。

弼者，上文云：「重也。」「重」與「輔」義近。《説文》亦兼「輔」「重」二義，本於《爾雅》也。《書》「弼成五服」，《史記·夏紀》作「輔成五服」。《荀子·臣道》篇注：「弼，所以輔

〔一〕威，《爾雅》宋刊十行本作「畏」。

正弓弩者也。」是弼有拂戾之義。故《越語》云：「憎輔遠弼。」韋昭注：「相導爲輔，矯過爲弼。」《漢書》注：「弼，戾也。」通作「拂」。《孝經》注：「左輔右弼。」《釋文》：「弼，本又作拂。」《大戴禮・保傅》篇云「弼者，拂天子之過者也」，《賈子》作「拂者，拂天子之過者也」。《荀子・臣道》篇注云：「拂，讀爲弼。」又通作「佛」。《詩》：「佛時仔肩。」鄭箋：「佛，輔也。」《釋文》：「佛，鄭音弼。」又通作「𡋾」。「弼成五服」，《說文》引作「𡋾成五服」，云：「𡋾，輔信也。」《玉篇》以「𡋾」爲古文「弼」字也。

棐者，《說文》云：「輔也。」《書・康誥》云：「天威棐忱。」《大誥》云：「天棐忱辭。」又云：「越天棐忱。」《漢書・翟方進傳》「棐忱」俱作「輔誠」。通作「腓」。《詩》：「小人所腓。」腓即棐也。鄭箋：「腓，當作芘。」然芘倚亦比輔之意，「牛羊腓字之」亦即「輔字之」也。又通作「配」。《春秋繁露》云：「使一大夫立於棐林。」即配林也。「配」「副」義亦爲「輔」。「棐」「配」音又相近也。

輔者，車之俌也。《詩》云：「其車既載，乃棄爾輔。」又云：「無棄爾輔，員于爾輻。」是輔所以助車。今人縛杖於輻，以防傾側，此即車之輔也。《左氏・僖五年傳》「輔車相依」，正與《詩》合，此本義也。杜預注：「輔，頰輔。」服虔注：「輔，上頷車也，與牙相依。」《釋名》云：「頤或曰輔車，言其骨强所以輔持口也。」此則「輔車」亦本借「車輔」以爲名耳，非本義也。《説文》引傳「輔車相依」，又以頰車訓輔，義似未安。且「輔」在《車部》，乃車之輔，其《面部》别有「酺」字，訓頰，乃是「頰車」之「輔」。故《易》：「咸其輔。」《釋文》云：「輔，虞作酺。」《玉篇》引《左傳》作「酺車相依」，云：「亦作輔。」是「輔車」之「輔」正作「酺」。通作「輔」。《説文》輔訓頰車，將義取通借，或文有脱略，疑不能明耳。

比者，親之俌也。《説文》云：「密也。二人爲从，反从爲比。」是比爲親密不苟从也。故《謚法》云：「擇善而從曰比。」《左氏·昭廿八年傳》及《皇矣》詩傳竝用其文。《易·彖傳》云：「比，輔也。」《詩》云：「胡不比焉。」《齊語》云：「足以比成事。」鄭箋及韋昭注竝云：「比，輔也。」通作「庇」，又作「芘」。見《詩·雲漢》及《莊子·人閒世》釋文。

疆、界、邊、衛、圉，垂也。疆場〔一〕、境界、邊旁、營衛、守圉皆在外垂也。《左傳》曰：「聊以固吾圉也。」

《説文》云：「埀，遠邊也。」通作「垂」。《史記·司馬相如傳》云：「坐不垂堂。」《莊

〔一〕場，原誤「埸」，楊胡本同，據《爾雅》宋刊十行本、《經解》本改。

子·逍遥遊》篇云：「其翼若垂天之雲。」《索隱》及《釋文》竝云：「垂，邊也。」又通作「陲」。《說文》云：「陲，危也。」危有近邊之義，故稱邊陲。《廣韵》云：「陲，邊也。」《荀子·臣道》篇云：「邊境之臣處，則疆垂不喪。」楊倞注：「垂，與陲同。」是也。

疆者，《說文》作「畺」，或作「疆」，云：「界也。从畕。三其界畫也。」《周禮·載師》云：「以大都之田任畺地。」鄭注：「畺五百里，王畿界也。」《大司徒》云：「制其畿疆而溝封之。」鄭注：「疆，猶界也。」《穀梁·昭元年傳》：「疆之爲言猶竟也。」按：「竟」即「境」字。經典俱以「竟」爲境也。通作「壃」。《易·坤》《詩·緜》《禮·檀弓》釋文竝云：「疆，本作壃。」《爾雅》釋文：「壃，字又作畺。經典作疆，叚借字。」按：「疆」「畺」同字，非叚借字。「疆」省弓即爲「壃」，又省土即爲「畺」。故《詩》「萬壽無疆」，《白石神君碑》作「萬壽無畺」。又通作「彊」。《賈子·審微》篇云：「啟彊辟彊，天子之號也。」彊即疆字。《史記·越世家》云：「越王無彊。」《越絶書》作「無疆」。皆其證也。「疆」與「界」同意，俱从田。「田」，从口十，即分疆畫界之義。故《說文》疆訓界，界訓境。「疆」「界」「境」又俱一聲之轉也。

邊者，《說文》云：「行垂崖也。」崖岸亦邊垂。《漢書·武帝紀》引逸《詩》云：「親省邊垂。」《吴語》云：「頓顙於邊。」《玉藻》云：「其在邊邑。」韋昭注以「邊」爲邊境。鄭

注：「邊邑，謂九州之外。」然則邊之言遠也。又言近也。《史記·高祖紀》云：「齊邊楚。」《集解》：「文穎曰：『邊，近也。』」是「邊」兼「遠」「近」二義。邊猶瀕也，傍也。如云「瀕河」「瀕海」，亦云「傍河」「傍海」。《史記》俱作「竝」字，音亦相轉。是皆以「邊」爲近也。邊又偏也。《左氏·隱十一年傳》：「奉許叔以居許東偏。」東偏猶言東邊。又《昭十一年傳》：「五大不在邊。」是皆以「邊」爲遠也。「邊」與「鄙」義同。《月令》云：「四鄙入保。」鄭注：「鄙，界上邑。」《左氏傳》云：「羣公子皆鄙。」杜預注：「鄙，邊邑也。」《公羊經》云：「伐我西鄙。」何休注：「鄙者，邊垂之辭。」是「邊」「鄙」義同。「鄙」與「邊」又一聲之轉也。

衛者，《周語》云：「侯衛賓服。」韋昭注：「衛，衛圻也。」蓋本《周禮·大司馬》「九畿」而言也。圻即畿字。《説文》「圻」本「垠」之重文，「一曰岸也」。岸亦崖也，與邊訓垂崖同意。然則垠亦邊垂之義，衛又遠裔之名。故《周禮·巾車》云：「以封四衛。」鄭注：「四衛，四方諸侯守衛者。蠻服以内，蓋衛之言猶裔也。」《淮南·原道》篇注：「裔，邊也。」《方言》云：「裔，末也。」末亦邊遠之義。又《釋名》云：「矢，其旁曰羽，齊人曰衛，所以導衛矢也。」又營衛軍、兵列營爲守衛，亦在邊垂。是「衛」「裔」「圻」竝聲近義同矣。

圉者，《説文》云：「垂也。」《詩》「孔棘我圉」，「我居圉卒荒」，傳竝云：「圉，垂也。」郭引《左氏·隱十一年傳》文。杜預注及《正義》引舍人竝云：「圉，邊垂也。」《詩·桑柔》正義引舍人曰：「圉，拒邊垂也。」孫炎曰：「圉，國之四垂也。」按：圉猶宇也。《文選·東京賦》注引《蒼頡篇》云：「宇，邊也。」《易·繫辭》虞翻注：「宇，謂屋邊也。」《詩·七月》釋文：「屋四垂爲宇。」《淮南·氾論》篇注：「宇，屋之垂。」然則「宇」「圉」聲義同。

昌、敵、彊、應、丁，當也。《書》曰：「禹拜昌言。」彊者，好與物相當值。

《説文》云：「當，田相值也。」又云：「摃，當也。」「摃」「值」同。《晉語》云：「當之者戕焉。」又云：「朱也當御。」韋昭注竝云：「當，值也。」通作「直」。《晉語》云：「臣敢煩當日。」注：「當日，直日也。」「直」與「值」同。《吕覽·無義》篇云：「魏使公子卬將而當之。」《貴信》篇云：「寒暑四時當矣。」高誘注竝云：「當，應也。」《公羊·莊十三年傳》：「君請當其君，臣請當其臣。」何休注：「當，猶敵也。」「敵」「當」一聲之轉也。

昌者，《説文》云：「美言也。一曰日光也。」《詩·還》及《猗嗟》傳竝云：「昌，盛也。」「盛」與「光」義相成。《春秋元命苞》注：「昌，兩日重見，言明象。」然則兩日重爲相當，故又訓當也。「疊」，从三日，尤盛。故《後漢書》注引《韓詩》云：「莫不震疊。疊，應也。」疊之訓應與昌之訓當，義正同矣。郭引《書》曰：「禹拜昌言。」僞孔傳及《後漢書》注竝云：「昌，當也。」別作「黨」。《逸周書·祭公》篇云：「王拜手稽首黨言。」《張平子碑》云：「黨論允諧。」又作「讜」。《孟子》注引《書》作「禹拜讜言」。《書·益稷》釋文：「當，丁浪反，本亦作讜，當蕩反。」李登《聲類》云：「讜言，善言也。」《文選·典引》云：「既感羣后之讜辭。」蔡邕注：「讜，直言也。」《荀子·非相》篇云：「博而黨正。」楊倞注：「黨，與讜同，謂直言也。」然則讜猶當也。當訓直，直亦當。讜訓善與昌訓美，義又同矣。

敵者，上文云：「匹也。」匹敵亦當對也。《禮·少儀》云：「敵者曰某固願見。」《史記·衛世家》及《左氏·哀十五年傳》俱云：「敵子路。」鄭注及服虔注竝云：「敵，當也。」餘已見上文「敵，匹」下。「敵」與「疊」近。《韓詩》云：「疊，應也。」應亦爲當。又與「特」近。《詩·栢舟》傳：「特，匹也。」匹亦爲敵。《釋文》引《韓詩》「特」作「直」，云：「相當值也。」「直」「特」聲近，「敵」「疊」聲轉，故其義俱通矣。

彊者，《釋名》云：「彊，畺也。」按：「畺」，从畕。居良切。畕，比田也。二田相當，與

「昌」同意。彊又盛也，與昌訓盛義又同。彊之爲言僵也。《釋名》云：「僵，正直畺然也。」是僵訓爲直，直亦爲當。「彊」有「姜」音。《詩》釋文引《韓詩》云：「奔奔彊彊，乘匹之貌。」然則匹耦亦相當之義。《禮・表記》作「姜姜賁賁」。鄭注：「争鬭惡貌也。」争鬭又相敵之義。故《廣雅》云：「姜，强也。」强即彊，姜亦彊矣。

應者，《説文》云：「當也。」又云：「膺，以言對也。」對亦爲當。《詩》云「應侯順德」，「我應受之」。《周語》云：「以應成德。」《淮南・原道》篇云：「事無不應。」毛傳及韋昭、高誘注竝云：「應，當也。」通作「膺」。《詩》：「戎狄是膺。」傳：「膺，當也。」《史記・建元以來侯者年表》作「戎狄是應」。《爾雅》釋文：「應，本或作膺。」是「膺」「應」通。聲轉爲「禦」。《詩》：「百夫之禦。」《易》：「利用禦寇。」毛傳及虞翻注竝云：「禦，當也。」

丁者，與「彊」同義。《白虎通》云：「丁者，强也。」《釋名》云：「丁，壯也。」《詩》：「甯丁我躬。」《楚辭・惜賢》篇云：「丁時逢殃。」《逢尤》篇云：「思丁文兮聖明哲。」毛傳及王逸注竝云：「丁，當也。」神農之教曰：「丈夫丁壯而不耕。」又曰：「婦人當年而不織。」丁壯即當年也。「丁」「當」雙聲，「丁」「鼎」疊韵。《漢書・匡衡傳》云：「無説詩，匡鼎來。」服虔注：「鼎，猶言當也。」《賈誼傳》云：「天子春秋鼎盛。」亦其義也。

浡、肩、摇、動、蠢、迪、俶、厲，作也。浡然，興作貌。蠢，動作。《公羊傳》曰：「俶，甚也。」《穀梁傳》曰：「始厲樂矣。」肩，見《書》。迪，未詳。

《釋言》云：「作，爲也。」《說文》云：「作，起也。」《詩》：「與子偕作。」《易》云：「聖人作。」毛傳及馬、鄭注竝云：「作，起也。」《文選·兩都賦序》注：「作，興也。」《荀子·解蔽》篇注：「作，動也。」《禮·哀公問》注：「作，猶變也。」按：「變」有更新之義。故《詩·駉》傳云：「作，始也。」「始」有創造之義。故《詩·天作》傳云：「作，生也。」「生」兼「成」「長」二義。故《老子》王弼注：「作，長也。」《易·離》虞翻注：「作，成也。」是皆展轉生訓而義俱通者也。「作」與「迮」同。《說文》云：「迮，起也。」

浡者，「勃」之叚音也。《說文》云：「勃，排也。」《玉篇》云：「勃，卒也。」蓋卒謂猝然。排，鋪排也。《方言》云：「舒、勃，展也。」皆與興作義近。通作「悖」。《左氏·莊十一年傳》云：「其興也悖焉。」《釋文》：「悖，一作勃，盛貌。」又通作「佛」。《荀子·非十二子》篇云：「佛然平世之俗起焉。」楊倞注：「佛，讀爲勃。勃然，興起貌。」又通作「浡」。《廣雅》云：「浡，盛也。」《孟子》趙岐注：「浡然已盛。」《一切經音義》四引《聲類》云：「浡，亦勃字，同，蒲没反。」按：「浡」，疑當爲「郣」。《說文》云：「郣，郣海地。一曰地之起者曰郣。」然則起亦作也。是「郣」爲正體，「勃」「悖」俱叚借，「浡」蓋或體，「渤」又俗體矣。

肩者，上文云「勝也」「克也」，皆與振作義近。《釋名》云：「肩，堅也。」《謚法》云：「堅，長也。」「長」讀如「掌」，與作起義又近矣。

摇者，《説文》云：「動也。」《方言》云：「上也。」又云：「疾也。」又云：「遥，疾行也。」「遥」與「摇」同，古字通用，皆動作之義。又與「榣」同。《説文》云：「榣，樹動也。」又與「踰」同。《方言》云：「踰，跳也。」又與「猶」同。《檀弓》云：「咏斯猶。」鄭注：「猶，當爲摇，聲之誤也。摇，謂身動摇也。秦人猶、摇聲相近。」今按：「猶」「摇」同聲叚借，非誤也。「咏斯猶，猶斯舞」，亦爲動作，皆其證矣。

動者，《説文》云：「作也。」《楚辭·抽思》篇云：「悲夫秋風之動容兮。」王逸注：「動，摇也。」《吕覽·論威》篇云：「物莫之能動。」高誘注：「動，移也。」移亦摇也。動又變也，感也，發也，生也，其義皆爲作也。通作「董」，見《周禮·大祝》注。

蠢者，下文云：「動也。」《方言》云：「作也。」郭注謂「動作」也。通作「春」。《考工記·梓人》云：「則春以功。」鄭注：「春，讀爲蠢。蠢，作也，出也。」《禮·鄉飲酒義》云：「春之爲言蠢也。」是「春」「蠢」聲同。「蠢」「出」聲轉。《尚書大傳》云：「春，出也，物之出也。」然則生出亦動作之義。又通作「惷」。《説文》云：「亂也。」惷訓亂與作訓變，其義同。《説文》引《左氏·昭廿四年傳》曰：「王室日惷惷焉。」今作「王室實蠢蠢焉」。杜預訓爲「動擾貌」，是其聲義又同矣。

迪者，「妯」之叚音也。「妯」「蠢」下文俱云：「動也。」「動」「作」義同。「妯」「迪」聲同。通作「迪」。上文云：「迪，進也。」下文云：「迪，道也。」《漢書·楊雄傳》注：「迪，由也。」「由、道、進與動、作義亦近也。「迪」有「軸」音，又通作「柚」。《方言》云：「杼、柚，作也。東齊土作謂之杼，木作謂之柚。」《詩》：「杼柚其空。」《釋文》：「柚，音逐，本又作軸。」是皆字異而音同。故古字又通矣。

俶者，上文云：「始也。」「始」與「作」義近。《毛詩》訓作爲始，《爾雅》訓俶爲作，其義一也。《詩》：「有俶其城。」毛傳：「俶，作也。」《方言》云：「衝、俶，動也。」動亦作也。《後漢書·張衡傳》注：「俶，整也。」整頓亦動作也。「俶」與「埱」聲義同。《説文》云：「埱，气出土也。一曰始也。」訓始既與「俶」同，气出土與作起之義亦近也。

厲者，《方言》云：「爲也。」《逸周書·大武》篇云：「戰有六厲。」孔晁注：「厲，爲也。」爲亦作也。故《書》：「庶明厲翼。」《正義》引鄭注：「厲，作也。」《大戴禮·曾子立事》篇注：「鄂鄂，辨厲也。」引《論語》曰：「其言之不作。」是作爲奮厲之義。郭引《穀梁·隱五年傳》云：「始厲樂矣。」亦謂始作樂耳。《吕覽·季冬紀》云：「征鳥厲疾。」高誘注：「厲，高也。」《文選·高唐賦》云：「沫潼潼而高厲。」李善注：「厲，起也。」《漢書·楊雄傳》注：「厲，奮也。」「奮」「起」「高」亦義俱爲作也。《方言》云：「厲，今也。」「今」與「矜」同。矜莊、嚴厲亦振作之意也。「厲」通作「賴」，又通作「烈」，俱一聲之轉。

茲、斯、呰、呰、已，此也。 呰、已，皆方俗異語。

《説文》云：「此，止也。」按：止，謂物所止處。人指而名之曰此也。《吕覽·貴生》篇云：「彼且奚以此之也。」高誘注：「此，此物也。」《老子》云：「吾何以知衆甫之然哉？以此。」又云：「吾何以知其然哉？以此。」河上公注竝云：「此，今也。」今亦爲此，此亦爲今，互相訓也。此又且也。《詩》：「匪且有且。」毛傳：「且，此也。」「此」與「且」古音相轉也。

茲者，《説文》云：「艸木多益。」又訓此者，因其益多指而别之曰此也。《書》云：「茲攸俟。」又云：「越茲麗刑。」鄭注竝云：「茲，此也。」《廣雅》云：「茲，今也。」茲訓今與此訓今義亦同。《吕覽·任地》篇云：「今茲美禾。」高誘注：「茲，年也。」蓋亦緣詞生訓。實則今茲即今此也。「今茲」倒言之爲「此今」，音變爲「斯今」，又變爲「自今」，竝字異而義同矣。

斯者，《説文》云：「析也。」分析與此義近。斯又盡也，「盡」與「止」義又近。《坊記》引《書》「斯謀斯猷」，《春秋繁露・竹林》篇作「此謀此猷」。《詩》「胡斯畏忌」，《漢書・賈山傳》作「胡此畏忌」。又「匪今斯今」，鄭箋亦以「斯今」爲此今矣。

咨者，與「兹」音近同字通。《魏孔羡碑》云：「咨可謂命世大聖，千載之師表者已。」咨即兹也。又「咨嗟」之「咨」，《説文》作「嗞」，从口、兹聲，亦其證也。

呰者，《説文》云：「苛也。」「苛」與「呵」同。呵責人者，必止其人而問之，故呵有止義，止即此之訓也。通作「訾」。訾訓毁與呰訓苛義近。《方言》云：「訾，何也。」「何」與「苛」音又同。郭注：「訾，爲聲如斯。」斯亦此矣。又通作「些」。《一切經音義》二及六竝云：「呰，古文些、欪二形。」《爾雅》釋文：「呰，郭音些。」引《廣雅》云：「些，辭也。」是郭以「些」爲呰，蓋本《楚辭》。或讀「些」爲蘇箇切，非矣。

已者，止也。止亦此之訓，故又爲此也。「此」，从止，而訓止，蓋聲兼義也。「已」古讀如「似」而亦訓止，其聲近也。「兹」亦聲近。故《書》云「邇可遠在兹」，《史記・夏紀》作「近可遠在已」。已與兹俱訓此，故轉相訓也。戴氏震引《莊子》云：「已而爲知者，已而不知其然。」當解已爲此。

嗟、咨，䞣也。今河北人云「䞣歎」，音「兔罝」。

《玉篇》云：「䞣，憂歎也。」《廣韻》云：「䞣，長歎。」《釋文》云：「䞣，本或作蹉。」引《字林》云：「皆古嗟字。」《太玄·瞢》云：「時䞣䞣。」范望注：「䞣䞣，長歎也。」通作「嗟」。《詩·臣工》傳：「嗟嗟，勑之也。」《烈祖》箋：「重言嗟嗟，美歎之深。」又《海外東經》云：「䞣丘，一曰嗟丘。」《廣韻》作「蹉丘」。皆古字通之證也。

嗟者，「⿱差言」之或體也。《說文》云：「⿱差言，咨也。」《玉篇》作「䜅」，同。通作「嗟」。《釋名》云：「嗟，佐也，言之不足以盡意，故發此聲以自佐也。」《文選·吳都賦》注引《爾雅》舊注云：「嗟，楚人發語端也。」按：嗟自發端，非必楚語。嗟有奈何之訓。《詩》：「憯莫懲嗟。」箋：「嗟乎，奈何。」《荀子·富國》篇注本之而云：「嗟，奈何。」然則鄭意蓋謂事無可奈何，故嗟歎之，非以奈何訓嗟也。又通作「差」。《易》：「大耋之嗟。」《釋文》：「嗟，荀本作差。」《詩》：「穀旦于差。」《釋文》：「差，《韓詩》作嗟。」蓋《詩》之「于嗟」俱歎詞也。又變作「齎」。《易》：「齎咨涕洟。」《釋文》引鄭注：「齎咨，嗟歎之辭也。」是齎咨即嗟咨聲之轉矣。

咨者，「嗞」之叚音也。《說文》云：「嗞，嗟也。」《廣韻》云：「嗞嗟，憂聲也。」亦作「嗟茲」。《詩·綢繆》傳：「子兮者，嗟茲也。」通作「咨」。《詩》：「文王曰咨。」傳：「咨，嗟也。」《書》「咨四岳」，《史記・五帝紀》作「嗟四嶽」。《論語》：「咨爾舜。」皇侃疏亦云：「咨，咨嗟也。」又通作「呰」。《逸周書・太子晉》篇云：「莫有怨呰。」孔晁注：「呰，嘆恨也。」又通作「資」。《太玄・樂》云：「則哭泣之嗟資。」范望注：「嗟資，憂哀之貌也。」然則嗟資即嗟咨，怨呰亦即怨咨，俱古字通矣。《禮・緇衣》引《君雅》曰：「夏日暑雨，小民惟曰怨資。冬祈寒，小民亦惟曰怨。」鄭注：「資，當爲至。」按：鄭以「資」屬下句，故讀爲「至」。實則「怨資」相屬，即怨咨也。下惟曰「怨」，無「資」字，句意已足。古書文字不拘，何必斤斤相比對也。

閑、狎、串、貫，習也。串，厭串。貫，貫忕也。今俗語皆然。

《說文》云：「習，數飛也。」《呂覽・審己》篇注：「習，學也。」《玉篇》云：「習，串也。」《漢書》注：「習，狎也。」按：《易》「重坎」曰「習坎」，故習訓重也。因而重之，故又訓因也。習而安之，故又訓便也。通作「襲」。襲亦重也，因也。《周禮・胥》注：「故書襲爲習。」《文選・齊竟陵文宣王行狀》云：「龜謀襲吉。」李善注：「襲，與習通。」皆其證也。

閑者，居之習也。閑訓遮闌，與重習、便習義近。《易》：「日閑輿衛。」《釋文》引馬、鄭云：「閑，習也。」《詩》「四馬既閑」，「既閑且馳」，傳、箋竝云：「閑，習也。」《鄉射禮・記》注引《尚書傳》曰：「戰鬭不可不習，故於蒐狩以閑之也。閑之者，貫之也，貫之者，習之也。」通作「閒」。《文選・東京賦》云：「既佶且閒。」《詩・六月》篇「閒」作「閑」。《十畝之閒》釋文云：「閒，本亦作閑。」

狎者，《說文》云：「犬可習也。」《曲禮》云：「賢者，狎而敬之。」《周語》云：「未狎君政。」《晉語》云：「陽人未狎君德。」鄭注及韋昭注竝云：「狎，習也。」《方言》云：「媟，狎也。」郭注：「相親狎也。」按：媟有嬻嫚之意。故《廣雅》云：「狎，輕也。」輕有忽意。故《論語》：「狎大人。」鄭注：「狎，慣忽也。」輕、忽、媟又因狎習而生也。通作「甲」。《詩》：「能不我甲。」《釋文》：「甲，《韓詩》作狎。」《書》：「因甲于內亂。」《正義》引鄭、王皆以「甲」爲狎。《釋言》云：「甲，狎也。」是諸義所本。《一切經音義》十四云：「狎，古文庘、狹二形。」是「狹」「狎」又通矣。

串者，「患」與「翫」之叚音也。《玉篇》《廣韵》「串」俱古患切，則與「貫」同。《釋文》引沈、謝音亦同，郭音五患反，則與「翫」同。《說文》云：「翫，習猒也。」引《左氏・昭元年傳》：「翫歲而愒日。」又《僖五年傳》云：「寇不可翫。」《文選・東京賦》云：「目翫阿房。」杜預及薛綜注竝云：「翫，習也。」通作「玩」。玩弄與狎習義近。故《文選・詩》

注：「玩與翫古字通。」又通作「忨」。《說文》云：「忨，貪也。」引《春秋傳》曰：「忨歲而㵣日。」是皆郭義所本也。作「串」者，「串」古音「患」，亦通作「患」。《詩》：「串夷載路。」毛傳：「串，習也。」鄭箋：「串夷，即混夷，西戎國名也。」《釋文》：「串，一本作患。或云，鄭音患。」《正義》亦云：「串，《詩》本爲患。」然則「患」乃本字，「串」即「患」字之省。故《一切經音義》九及十七、八竝引舍人云：「串，心之習也。」據此知《爾雅》古本「串」正作「患」矣。

貫者，「遦」與「摜」之叚音也。《說文》「遦」「摜」，竝云：「習也。」「摜」字下引《左氏·昭廿六年傳》曰：「摜瀆鬼神。」通作「貫」。《詩·六月》正義引《書傳》云：「貫之何習之？」《詩》：「射則貫兮。」《魯語》云：「晝而講貫。」《孟子》云：「我不貫與小人乘。」鄭箋及韋昭、趙岐注竝云：「貫，習也。」又通作「慣」。《釋文》：「慣，本又作貫。又作遦，同古患反。」又通作「宦」。《詩》「三歲貫女」，漢石經作「三歲宦女」。又通作「串」。《荀子·大略》篇云：「國法禁拾遺，惡民之串以無分得也。」楊倞注：「串，工患反。」是「串」即「貫」字也。郭云「貫忕也」者，《釋文》：「忕，音逝，又時設反。」引張揖《雜字》音「曳」，云：「狃忕過度。」按：《說文》云：「㥏，習也。从曳聲。」與張揖音同。㥏即忕也。

曩、塵、佇、淹、留，久也。塵垢、佇企、淹滯皆稽久也〔一〕。

《墨子·經上》篇云：「久，彌異時也。」《玉篇》云：「久，遠也，長也。」《公羊·莊八年傳》：「爲久也。」何休注：「爲久，稽留之辭。」《孟子》注：「久，留也。」《文選·歸田賦》注：「久，滯也。」按：久之言舊也。故《詩》：「告爾舊止。」箋：「舊，久也。」「久」「舊」亦通。故《書》云：「舊勞于外」，《史記·魯世家》作「久勞于外」。「舊爲小人」，作「久爲小人」矣。

曩者，《釋言》云：「曏也。」《說文》云：「曏，不久也。」今按：對遠日言，則「曏」爲不久；對今日言，則「曏」又爲久。故《廣雅》云：「曩，久也，鄉也。」「鄉」與「曏」同。《列子·黄帝》篇云：「曩吾以汝爲達。」張湛注：「曩，昔也。」昔亦久也。聲轉作「乃」。《漢書·曹參傳》云：「乃者，我使諫君也。」《集注》：「乃者，猶言曩者。」是「曩」「乃」音轉字通。蓋語聲有緩急，緩言之爲「曩」者，急言之爲「乃」者，其義則同耳。

塵者，「陳」之叚音也。《詩》：「我取其陳。」傳：「尊者食新，農夫食陳。」是「陳」有「久」義。故《說文》云：「田，陳也。」畂者，从田十久。「韭」云：「一種而久。」皆取陳久

〔一〕也，《爾雅》宋刊十行本無。

之意也。《史記·平準書》云：「於是大農陳。」《集解》：「韋昭云：『陳，久也。』」《素問·鍼解》云：「菀陳則除之者。」《奇病論》云：「治之以蘭，除陳氣也。」王砯注竝云：「陳，久也。」通作「塵」。《文選·思[一]玄賦》云：「允塵邈而難虧。」舊注：「塵，久也。」《書》：「失于政，陳于茲。」傳訓陳爲久。《正義》引《釋詁》文而云：「古者塵、陳同。」又引孫炎曰：「塵，居之久也。久則生塵矣。」此妄説也。郭本孫義以「塵垢」爲訓，亦又失之。「塵」「陳」以聲爲義耳，非塵垢、塵居之謂也。又通作「填」。《詩》：「倉兄填兮。」毛傳：「填，久也。」「孔填不寧」，鄭箋亦以「填」爲久矣。又轉爲「烝」。《釋言》云：「烝，塵也。」《詩》：「烝在桑野。」鄭箋以爲「久處桑野」，「古者聲寘、填、塵同也」。「烝也無戎」，箋亦云「久」，「古聲填、寘、塵同」。是皆義存乎聲矣。孫、郭緣詞生訓，均爲失也。今登萊閒人謂時之久者，或曰「烝日」，或曰「鎮日」，或曰「塵日」；謂年亦曰「烝年」「鎮年」「塵年」，皆古音也。「鎮」與「填」亦古字通，其音義又俱爲「塵」矣。

佇者，「宁」之叚音也。《説文》云：「宁，辨積物也。」《文選·遊天台山賦》注：「宁，猶積也。」「佇」與「宁」同。按：「宁」與「貯」同。《説文》云：「貯，積也。」《史記·平準

〔一〕思，原誤「忠」，據楊胡本、《經解》本改。

書》索隱引《字林》云：「貯，塵也。」「塵」「積」義俱爲久也。通作「佇」。《詩》：「佇立以泣。」傳：「佇立，久立也。」《漢書・敘傳》云：「佇盤桓而且俟。」張晏注：「佇，久也。」又通作「竚」。《文選・幽通賦》作「竚盤桓而且俟」。曹大家注：「竚，立也。」非也。《楚辭・大司命》之「延竚」作立旁「竚」，《離騷》之「延佇」作人旁「佇」，而注俱訓立，亦非也。佇訓久，不訓立，毛傳甚明，是皆望文生義耳。又《楚辭・怨上》篇云：「佇立兮忉怛。」王逸注：「佇，停也。」停亦積久之義也。

淹者，《方言》云：「敗也。水敝爲淹。」按：水敝謂漸漬之，與「漚」同意。故《說文》云：「漚，久漬也。」《禮・儒行》云：「淹之以樂好。」《楚辭・離世》篇云：「淹芳芷於腐井兮。」淹皆訓漬，漬有久義，故又訓久。《公羊・宣十二年傳》：「王師淹病矣。」《晉語》云：「振廢淹。」《離騷》云：「日月忽其不淹兮。」注竝云：「淹，久也。」通作「奄」。《詩》：「奄觀銍艾。」箋：「奄，久也。」是鄭讀「奄」爲「淹」也。

留者，《說文》云：「止也。」是止之久也。故《儒行》云：「悉數之乃留。」鄭注：「留，久也。」《楚辭・湘君》篇云：「蹇誰留兮中洲。」王逸注：「留，待也。」《逸周書・武順》篇注：「留，遲也。」《吴語》云：「一日惕，一日留。」韋昭注：「留，徐也。」徐、遲、待又皆與久義相成也。

逮、及、暨，與也。《公羊傳》曰：「會、及、暨，皆與也。」逮亦及也。

《說文》云：「與，黨與也。」又爲「許與」之「與」，又從也，隨也，如也，皆與及義相近。故《檀弓》《論語》鄭注竝云：「與，及也。」《公羊》注：「與，并也。」《漢書》注：「與，偕也。」偕與并其義亦俱近及也。

逮者，《說文》云：「唐逮，及也。」經典逮俱訓及。通作「隶」。《說文》云：「隶，及也。」又通作「隸」。《說文》云：「隸，及也。」「隸」與「迨」同。「迨」「逮」，《釋言》竝云：「及也。」及亦與也。《詩·摽有梅》釋文引《韓詩》云：「迨，願也。」「願」「與」義近，聲又相轉也。又通作「遝」。徒合切。石經《公羊》殘碑云：「祖之所遝。」《聞州輔碑》云：「遝事和熹后孝安帝。」《劉寬碑》云：「未遝誅討。」《陳球後碑》云：「遝完徂齊。」俱以「遝」爲逮也。《釋言》云：「逮，遝也。」「遝」「逮」古聲義同也。

及者，《說文》云：「逮也。」逮亦與。故《公羊·隱元年傳》：「及者何？與也。會、及、暨，皆與也。及猶汲汲也。」《廣雅》云：「及，連也。」《荀子·儒效》篇注：「及，繼也。」繼、與、連其義亦皆近與也。

暨者，「臮」之叚音也。《說文》云：「臮，衆與詞也。」引《書》曰：「臮咎繇。」又「淮夷蠙珠暨魚」，《史記·夏紀》及《漢書·地理志》「暨」俱作「臮」。「朔南暨」，《地理志》亦作

「息」。通作「暨」。《春秋經》之「暨」，《公羊傳》云：「會、及、暨，皆與也。暨，猶暨暨也。」然則暨亦及也，暨暨猶汲汲也。故《華嚴經音義》上引《珠叢》云：「暨，謂及預也。」預即與矣。又通作「洎」。《書》：「爰洎小人。」鄭注：「洎，與也。」《莊子·寓言》篇云：「後仕三千鍾不洎。」《文選·東京賦》云：「于斯胥洎。」又〔一〕云：「澤洎幽荒。」郭象及薛綜注竝云：「洎，及也。」又通作「塈」。《士喪禮》注引《喪大記》云：「塗不暨于棺。」《釋文》：「暨，劉本作塈。」

隲、假、格、陟、躋、登，陞也。《方言》曰：「魯、衛之閒曰隲，梁、益曰格。」《禮記》曰：「天王登遐。」《公羊傳》曰：「躋者何？陞也。」

陞者，《玉篇》云：「上也，進也。與升同。」《釋畜》云：「善陞甗。」《方言》云：「未陞天，龍謂之蟠龍。」竝以「陞」爲上也。經典俱作「升」。升，登也，亦與「登」通，見《儀禮·喪服》注。《易·升》釋文引《序卦》云：「升，上也。」馬云：『高也。』」《詩·天保》傳：「升，出也。」出與高亦登、上之義也。通作「昇」。《易》釋文：「升，鄭本作昇。」《集解》引

〔一〕又，原誤「文」，據楊胡本、《經解》本改。

鄭注云：「昪，上也。坤地巽木，木生地中，日長而上，故謂之昪。昪，進益之象也。」按：「昪」與「陞」竝从俗作，經典罕用。升本量名，升斗遞增，即具登進之義，何須加「日」、加「阜」，過爲淺俗耶？

騭者，牡馬之名，見於《釋畜》。又訓陞者，牡馬善騰。騰，乘也，乘亦升也。故《書》云：「惟天陰騭下民。」《釋文》引馬融注：「騭，升也。升，猶舉也。」通作「郅」。《方言》云：「郅，音「質」。登也。魯、衛曰郅。」郭引作「騭」，是「郅」「騭」通。《釋文》：「騭，之實反，又音陟。」《説文》亦云「騭，从陟聲」矣。

假者，《説文》「假」「徦」，竝云：「至也。」又訓陞者，「陞」「至」義近，至之言郅也。故郅訓登，又訓至；假亦訓至，又訓陞矣。《漢書·王莽傳》注：「假，至也，升也。」《淮南·齊俗》篇云：「其不能乘雲升假，亦明矣。」高誘注：「假，上也。」上亦升也。郭讀「假」爲「遐」，故引《曲禮》曰：「天王登遐。」今作「登假」。「假」「遐」古音同也。

格者，「佫之叚音也。」《方言》云：「佫，至也。」又云：「登也。」郭注：「佫，古格字。」通作「格」。《書》：「庶有格命。」鄭注：「格，登也。登命謂壽考者。」《釋天》云：「太歲在寅，曰攝提格。」李巡注：「格，起也。」起亦升也。《釋訓》云：「格格，舉也。」舉亦升也。又通作「假」。《詩》「昭假無贏」，「湯孫奏假」，「來假來享」。《釋文》竝云：「假，音格。」箋竝云：「假，升也。」古書「格」多作「假」。故《書》「格于上下」，《説文・人部》作「假于上下」。「祖考來格」，《後漢書・章帝紀》作「祖考來假」。「惟先格王」，《漢書・成帝紀》作「惟先假王」。「格人元龜」，《史記・殷紀》作「假人元龜」。「格于皇天」，「格于上帝」，《史記・燕世家》「格」俱作「假」。經典所以「格」多作「假」者，「假」「格」聲同。故《士冠禮》注：「今文格爲嘏。」「嘏」「假」聲同。又《方言》云：「邠、唐、冀、兗之閒曰假，或曰徦。」皆其證矣。

陟者，《説文》云：「登也。」《玉篇》云：「高也，升也。」《詩・卷耳》《公劉》傳、箋陟俱訓升。《車舝》《皇矣》箋陟俱訓登。「登」「升」一耳。故《書》云「女陟帝位」，《史記・五帝紀》作「女登帝位」矣。「陟」聲近「德」。《説文》云：「德，升也。」《玉篇》云：「德，福升也。」《周禮・大卜》云：「三曰咸陟。」鄭注：「陟之言得也。讀如『王德翟人』之『德』。」是「德」「陟」聲義同。又與「騭」同。《集韵》云：「陟，或作騭。」《釋文》云「騭，又音陟。」是「陟」「騭」又通矣。

躋者，《説文》云：「登也。」引《商書》曰：「予顛躋。」《詩・蒹葭》《斯干》《長發》傳竝云：「躋，升也。」通作「隮」。《詩・蝃蝀》《候人》傳俱以「隮」爲升。《士虞禮・記》注亦云：「隮，升也。」《春秋・文二年經》云：「躋僖公」，《周禮・大宗伯》注作「隮僖公」。又通作「齊」。《詩》「聖敬日躋」，《孔子閒居》作「聖敬日齊」。「至于湯齊」，鄭注：「《詩》讀湯齊爲湯躋。」《樂記》云：「地氣上齊。」鄭注：「齊，讀爲躋。」《士虞禮·記》注：「今文隮爲齊。」又通作「資」。《周禮·眂祲》云：「九曰隮。」鄭注：「故書隮作資。」《易》「得其資斧」，《釋文》引《子夏傳》及衆家竝作「齊斧」，是「齊」「資」又通矣。

登者，上文云：「成也。」物成就則可升，故經典「登」字俱兼成也，升也二義。《左氏·隱五年傳》：「不登於器。」服虔注訓登爲成。又云：「不登於俎。」服注訓登爲升。《周禮·羊人》云：「登其首。」鄭注：「登，升也。」《曲禮》云：「年穀不登。」鄭注又云：「登，成也。」是「成」「升」其義近。又《月令》「登麥」「登黍」，鄭注竝云：「登，進也。」《周禮·司民》：「登民數。」《考工記·輈人》：「登馬力。」鄭注竝云：「登，上也。」《晉語》云：「不哀年之不登。」韋昭注：「登，高也。」高、上、進其義亦俱爲升也。「登」通作「升」，已見上文「登，成」下。又《左氏·僖廿二年傳》釋文：「登陘，本亦作升陘。」亦其證也。「登」轉爲「得」，見《公羊·隱五年傳》「登來之」注。

揮、盝、歇、涸，竭也。《月令》曰：「無漉陂池。」《國語》曰：「水涸而成梁。」揮振去水亦爲竭。歇，通語。

竭者，「渴」之叚音也。《說文》云：「渴，盡也。」《廣韵·十七薛》「傑」紐下云：「渴，渠列切，水盡也。」《周禮・草人》云：「凡糞種渴澤用鹿。」鄭注：「渴澤，故水處也。」賈公彦疏：「故時停水，今乃渴也。」《釋文》：「渴，其列反。」是「渴」讀爲「竭」。《爾雅》釋文亦云：「渴，音竭，本或作竭。」是經典用「渴」字，唯《爾雅》及《周禮》兩見。今《爾雅》已非陸本之舊，經典又借「渴」爲飢潵之字，於是「渴」字音義唯見於《周禮》矣。通作「竭」。《禮・大傳》云：「人道竭矣。」《周語》云：「昔伊洛竭而夏亡。」鄭注及韋昭注竝云：「竭，盡也。」其餘經典亦俱作「竭」而「渴」不復用矣。

揮者，《說文》云：「奮也。」奮猶振也。《考工記・幬氏》云「而揮之」，謂振去之也。《曲禮》云：「飲玉爵者弗揮。」《釋文》引何承天云：「振去餘酒曰揮。」《齊策》云：「揮汗成雨。」高誘注：「揮，振也。」《易》：「六爻發揮。」《釋文》引王肅、王廙竝云：「揮，散也。」《晉語》注：「揮，灑也。」灑散與竭盡義相成也。

盝者，「漉」之叚音也。《說文》云：「漉，浚也。」《廣雅》云：「漉，滲也。」《說文》：「滲，下漉也。」按：滲漉亦言滲漏。然則漉之言漏也，水澤漏下，故爲竭盡也。郭引《月令》云「毋漉陂池」，與「毋竭川澤」句對，知漉亦爲竭。《方言》云：「漉，極也。」極盡義亦爲竭。「竭」「極」聲又相轉也。《素問・瘧論》云：「無刺漉漉之汗。」王砅注以「漉漉」爲汗大出。是亦竭盡之義。今人語以小汗爲漉漉，非矣。通作「盝」。《方言》云：「盝，涸也。」《廣雅》云：「⿰氵盝，盡也。」「⿰氵盝」與「淥」同。《説文》「淥」，即「漉」之重文。又通作「盝」。「盝」即「⿰氵盝」之省文也。《考工記·㡃氏》云：「清其灰而盝之。」鄭注：「於灰澄而出盝晞之。」鄭意蓋謂澄出其水爲盝，而後晞乾之。故《廣韵》云：「盝，去水也，竭也。或作漉。」然則「漉」借爲「盝」，明矣。

歇者，《説文》云：「息也。」按：息，休息也，人倦極則休息。聲轉爲「戲泄」。故《方言》云：「戲、泄，歇也。楚謂之戲泄。」又轉爲「歇泄」。故《説文》云：「歇，一曰气越泄。」《方言》注：「歇，泄气。」《廣雅》云：「歇，泄也。」俱與《説文》合。今俗語亦爲「歇息」爲「歇泄」也。「泄」，《説文》作「渫」，云：「除去也。」除去即竭盡之義。《左氏·宣十二年傳》：「憂未歇也。」杜預注：「歇，盡也。」《方言》云：「歇，涸也。」郭注：「謂渴也。」渴即竭字矣。

涸者，《説文》云：「渴也。讀若狐貈之貈。」《月令》及《吕覽·仲秋紀》竝云：「水始涸。」《周語》云：「天根見而水涸。」涸皆訓竭。《廣雅》云：「涸，盡也。」《淮南·主術》篇云：「不涸澤而漁。」高誘注：「涸澤，漉池也。」《本經》篇云：「竭澤而漁。」高注：「竭澤，漏池也。」「漏池」即「漉池」聲之轉。

挋、拭、刷，清也。振訊、抆拭、埽刷皆所以爲潔〔一〕清。

《説文》云：「清，朖也。澂水之皃。」《考工記・㡆氏》注：「清，澄也。」「澄」，《説文》作「澂」，云：「清也。」是清、澂互訓，其義同。清又静也，淨也。「浄」，《説文》作「瀞」，云：「無垢薉也。」通作「靖」。《書》云：「自靖。」《釋文》：「靖，馬本作清，謂絜也。」又通作「静」。《書》「直哉惟清」，《史記・五帝紀》作「直哉惟静絜」。《禮・經解》云：「絜静精微。」《史記・萬石張叔傳》云：「期爲不絜清。」絜清即絜静也。又通作「凊」。《周禮・宮人》注：「沐浴所以自潔清。」《釋文》：「清，本亦作凊。」《爾雅》釋文亦云：「凊，如字。劉音《儀禮》慈性反。」是「清」「凊」通矣。

挋者，「㨷」之叚音也。《説文》「挋」訓給也，約也。別有「㨷」，訓拭也，从堇聲。經典俱作「挋」，音「震」，與「振」同。《喪大記》云：「挋用浴衣。」鄭注：「挋，拭也。」《士喪禮》云：「挋用巾。」鄭注：「挋，晞也，清也。古文挋皆作振。」《一切經音義》七云：「振，古文宸、挋二形。」是「挋」「振」通。故《曲禮》云：「振書、端書於君前，有誅。」鄭注：「振，去塵也。」去塵即潔清之意。故郭以「振訊」爲挋，得其義與聲矣。今人謂去濁取清

〔一〕潔，《爾雅》宋刊十行本作「絜」。

曰「振」，蓋亦以「振」爲搵耳。

拭者，「飾」之叚音也。《説文》云：「飾，㕞也。讀若式。」《廣韻》云：「拭，刷也。」《釋名》云：「飾，拭也，物穢者，拭其上使明，由他物而後明，猶加文於質上也。」是「拭」「飾」聲義同。經典俱作「拭」。《聘禮》云：「賈人北面坐，拭圭。」鄭注：「拭，清也。」《禮·雜記》云：「雍人拭羊。」鄭注：「拭，静也。」静即浄，浄亦清矣。

刷者，「㕞」之叚音也。《釋文》：「刷，字又作㕞，所劣反。」《説文》云：「㕞，飾也。」通作「刷」。《説文》云：「刷，刮也。」禮有「刷巾」，《周禮·凌人》「秋刷」，鄭注：「刷，清也。」《詩·七月》釋文引《三蒼》云：「刷，埽也。」埽除亦所以爲潔清。《文選·魏都賦》云：「洗兵海島，刷馬江洲。」洗、刷俱潔清之意。張載注：「刷，小嘗也。」李善注：「刷，猶飲也。」竝非。

鴻、昏、於、顯、間，代也。鴻鴈知運代。昏主代明，明亦代昏。顯即明也。間錯亦相代，於義未詳。

《説文》云：「代，更也。」按：代之爲言遞也，迭也。《説文》云：「遞，更易也。」「迭，更迭也。」「迭」「遞」「代」俱一聲之轉。代又易也。《方言》云：「皆南楚、江湘之間代語也。」郭注：「凡以異語相易，謂之代也。」「代」與「忒」同。《説文》云：「忒，更也。」又與「𢘓」同。云：「𢘓，失常也。」按：「忒」「代」俱从弋聲。古讀「代」如「遞」，故與「忒」聲近義同。又與「貣」、「貸」同。故《書・洪範》云「愆忒」，《史記・宋世家》作「衍貣」。《月令》云：「宿離不貸。」又云：「無或差貸。」「貸」皆讀「忒」，此又音近字通矣。

鴻者，往來之代也。《月令》云：「鴻鴈來。」《夏小正》云：「遰鴻鴈。」是往來相代。通作「洪」。《書》：「乃洪大誥治。」《正義》引鄭注以「洪」爲代，「言周公代成王誥也」。是鴻訓代之證。「鴻」與「庸」聲義通。《方言》云：「庸，代也。」亦其證矣。

昏者，明之代也。《文〔一〕選・勸進表》云：「昏明迭用。」昏又幽也。《大戴禮・誥志》篇云：「明幽雌雄也。」「雌雄迭興」，《史記・曆書》作「雌雄代興」。蓋言日月之代明也。又昏禮成於昏，陽往陰來，亦相代之義。故《白虎通》云：「昏亦陰陽交時也。」交猶代也。《郊特牲》云：「昏禮不賀，人之序也。」鄭注：「序，猶代也。」然則昏取序代爲義，亦其證也。

於者，閒之代也。凡言「於」者，以此於彼，以彼於此，「於」字皆居中閒，是即閒訓代

〔一〕文，原誤「又」，據楊胡本改。

之義。又有相連及之義，相連及亦相交代也。《吕覽·不侵》篇云：「豫讓，國士也，而猶以人之於已也爲念。」《論語》云：「君子之於天下也。」是皆經典用「於」字之例。然則人之於己，己之於人，竝以相閒代爲義矣。「於」通作「于」。《孟子·萬章》篇引古書之言曰：「惟兹臣庶，女其于予治。」言汝其代予治之也。趙岐注以「于」爲助，不若以「于」爲代合於《雅》訓也。此義本之邵氏晉涵《正義》所説。前義參之段氏玉裁説。今竝採用，以補郭所未詳焉。

顯者，明也。明者，昏之代也。《左氏·昭元年傳》：「六氣曰陰、陽、風、雨、晦、明也。」《中庸》云：「莫顯乎微。」又云：「夫微之顯。」然則顯與微相代，明與晦相代。其云「微之顯」者，「之」字爲中閒聯屬之詞，亦猶「於」字爲兩相遞代之義矣。

閒者，《書·益稷》正義引孫炎曰：「閒，廁之代也。」《詩》：「皇以閒之。」《鄉飲酒禮》及《燕禮》俱云：「乃閒歌《魚麗》。」毛、鄭竝云：「閒，代也。」蓋閒本訓隙，因有釁隙，他物廁之，故又爲代矣。

餘、饟，饋也。《國語》曰：「其妻餘之。」

《説文》云：「饋，餉也。」《檀弓》及《坊記》注竝云：「饋，遺也。」《士虞禮》注云：

「饋，猶歸也。」《周禮·膳夫》注云：「進物於尊者曰饋。」按：此注似非。「饋」「遺」通名耳。故《玉府》注：「古者致物於人，尊之則曰獻，通行曰饋。」此説是矣。通作「餽」。《説文》云：「吴人謂祭曰餽。」是「餽」、「饋」異。經典則通。故《中山策》云：「飲食餔餽。」高誘注：「吴謂食爲餽，祭鬼亦爲餽，古文通用，讀與饋同。」《爾雅》釋文：「饋，本或作餽。」又通作「歸」。《論語》云：「詠而歸。」《釋文》：「歸，鄭本作饋。饋，酒食也。魯讀饋爲歸，今從古。」《陽貨》及《微子》篇釋文竝同。又「詠而歸」，《論衡·明雩》篇正作「詠而饋」。《檀弓》云：「饋祥肉」，《士虞禮·記》注作「歸祥肉」矣。

饁者，《説文》云：「餉田也。」引《詩》：「饁彼南畝。」毛傳：「饁，饋也。」「有嗿其饁」，鄭箋：「饁，饋饟也。」《正義》引孫炎曰：「饁，野之饋也。」《晉語》韋昭注：「野饋曰饁。」「饁」與「餫」同。《説文》：「野饋曰餫。」《左氏·成四年傳》：「故宣伯餫諸穀。」《廣雅》云：「餫，饋也。」是「餫」「饁」聲轉義同矣。

饟者，《説文》云：「周人謂餉曰饟。」蓋本《周頌》「其饟伊黍」而言也。《漢書·食貨志》及《後漢書·章帝紀》注竝云：「饟，古餉字。」《玉篇》：「餉，式亮切。饟，式尚、式章二切。」是「饟」「餉」聲義同。又借作「攘」。《詩》：「攘其左右。」鄭箋：「攘，讀當爲饟。」《正義》引舍人曰：「饟，自家之野也。」

遷、運，徙也。今江東通言「遷徙」。

《説文》云：「辿，迻也。迻，遷徙也。」「辿」「徙」「迻」「移」竝聲義同。故《華嚴經音義》下引《蒼頡篇》云：「徙，移也。」《荀子・成相》篇注：「徙，遷也。」《楚辭・哀時命》篇云：「獨徙倚而彷徉。」王逸注謂：「徙倚，猶低佪。」非也。徙倚猶徙移，蓋言移倚不定，其彷徉乃低佪耳。

遷者，《説文》云：「登也。」《詩・巷伯》傳：「去也。」去亦爲徙。故《氓》及《賓之初筵》《殷武》傳竝云：「遷，徙也。」《齊語》及《晉語》注竝云：「遷，移也。」移即徙也。《文選・西京賦》注又云：「遷，易也。」易即移也。通作「還」。《曲禮》云：「跪而遷屨。」鄭注：「遷，或爲還。」今按：「還」，讀若「旋」。般旋與遷徙義近。又通作「僊」。《袁良碑》云：「僊修城之鄣。」《魏元丕碑》云：「有畢萬者僊去仕晉。」《尹宙碑》云：「支判流僊。」竝以「僊」爲遷也。

運者，《説文》云：「迻徙也。」《逸周書・史記》篇云：「民運於下。」孔晁注：「運，亂移也。」《莊子・逍遥遊》篇云：「是鳥也，海運。」《釋文》引簡文云：「運，徙也。」司馬云：「運，轉也。」《淮南・天文》篇注：「運，旋也。」旋、轉俱移徙之義。《方言》云：「日運爲躔，月運爲逡。」郭注：「運，猶行也。」「行」與「遷」義亦近。古文「遷」作「拪」。

秉、拱，執也。兩手持爲拱。

「執」，《説文》作「䞇」，云：「捕辠人也。」《詩·執競》箋：「執，持也。」《夏小正》傳：「執，操也。」《曲禮》云：「執爾顔。」鄭注：「執，猶守也。」《周禮·校人》：「執駒。」鄭注：「執，猶拘也。」拘守與操持義近。《執競》釋文引《韓詩》云：「執，服也。」服訓用與執義亦近也。通作「槷」。《月令》「則執騰駒」，《釋文》：「執，蔡本作槷。」《老子》注：「無所繫槷。」《釋文》：「槷，一作執。」《左氏·成九年傳》：「南冠而槷者，誰也？」杜預注：「槷，拘執。」是「執」「槷」聲義同也。

秉者，《説文》云：「禾束也。从又持禾。」是有執持之義。《詩》之「秉簡」「秉心」「秉彝」，《韓詩》及鄭箋竝云：「秉，執也。」《禮運》：「天秉陽。」注：「秉，猶持也。」《詩·定之方中》傳：「秉，操也。」《大田》傳：「秉，把也。」把亦持也，持亦執也。《謚法》云：「秉，順也。」秉訓順與執訓服同也。通作「柄」。《左氏·哀十七年傳》：「國子實執齊秉。」服虔注：「秉，權柄也。」《管子·小匡》篇云：「治國不失秉。」尹知章注：「秉，柄也。」《周禮·鼓人》注：「無舌有秉。」《釋文》：「秉，本又作柄。」據此則知《左傳》《管子》俱借「秉」爲柄也。蓋《説文》「柄」或从秉作「棅」。故「斗柄」，《史記·天官書》作「斗秉」，亦即「棅」字之省矣。

拱者，《説文》云：「歛手也。」《書序》云：「亳有祥桑、穀共生于朝。」《正義》引《書大傳》云：「七日大拱。」鄭注：「兩手搤之曰拱。」《公羊・僖卅三年傳》：「宰上之木拱矣。」何休注：「拱，可以手對抱。」按：對抱即合抱。故《穀梁傳》注：「拱，合抱也。」《孟子》趙岐注：「拱，合兩手也。」郭云「兩手持爲拱」，與《説文》「拱」訓歛手，其義同也。通作「共」。《詩》「克共明刑」，「虔共爾位」，傳竝云：「共，執也。」「受小共大共」，箋亦同。《鄉飲酒禮》云：「退共。」《論語》云：「衆星共之。」鄭注竝云：「共，拱手也。」《釋文》：「共，鄭作拱。」《詩・氓》箋云：「以自拱持。」《釋文》：「拱，本又作共。」

廞、熙，興也。《書》曰：「庶績咸熙。」廞，見《周官》。

《釋言》云：「興，起也。」「起」與「喜」義近。《書》云：「股肱喜哉，元首起哉，百工熙哉。」《檀弓》云：「人喜則斯陶，陶斯咏，咏斯猶。」猶當爲摇，謂身體動摇也。然則興起又爲興喜，義可知矣。「興」與「嬹」同。《説文》云：「嬹，説也。」經典俱通作「興」。「興」有二音。《釋文》：「興，如字，又許應反。」按：「如字」者，《詩》箋：「興迷亂於政。」箋：「興，猶尊尚也。」「許應反」者，讀如「興會」之「興」，謂情興所會也。故《學記》注：「興之言喜也，歆也。」《正義》引《爾雅》云：「歆、喜，興也。」又《曾子問》及《士虞禮・記》「聲三」，注竝以「聲」爲噫歆也。《既夕禮》「聲三」，注又引舊説「以爲聲，噫興也」。《詩》：「噫嘻成王。」又以爲噫嘻也。是「興」「嘻」「歆」俱以聲轉爲義。「歆」，許金反，即「廞」字之音。「廞」「熙」俱叚借之字。《學記》正義引作「歆喜」，是矣。

廞者，「歆」之叚音也。《説文》：「廞，讀若歆。」歆本訓神食气，因而引伸爲喜。《楚語》云：「楚必歆之。」韋昭注：「歆，猶貪也。」「貪」與「喜」義近。「歆」與「淫」聲又近。故《樂記》云：「聲淫及商。」鄭注以爲貪商。《周禮》「廞」，故書皆爲「淫」。淫有浸淫經久之義，故鄭衆讀「淫」爲「廞」，其訓爲陳，亦其義也。《周禮・司裘》《司服》《大司樂》《大師笙》《師典》《庸器》《巾車》《司兵》《圉人》俱言「廞」，後鄭不從先鄭，注皆以「廞」爲興，本於《爾雅》也。但《爾雅》之「廞興」爲興喜，《周禮》之「廞興」爲興作，義各有當，爲用不同，若能觀其會通，則亦無不同耳。

熙者，「嬰」之叚音也。《説文》：「嬰，説樂也。」《左氏・襄十年》釋文：「嬰，本亦作熙。」是「熙」「嬰」通。又通作「巸」。《集韵》云：「熙，或省作巸。」《方言》云：「紛怡，喜也。湘潭之閒曰紛怡，或曰巸巳。」「嬉」「怡」二音。是「巸」「熙」通。《詩》：「時純熙矣。」箋：「熙，興也。」《書》「庶績咸熙」，《史記・五帝紀》作「衆功皆興」，《文選・劇秦美新》作「庶績咸喜」，李善注：「喜與熙古字通。」又通作「嬉」。《論語摘輔象》云：「隕丘受延嬉。」注云：「嬉，興也。」又通作「嘻」。《易・家人》釋文：「嘻嘻，馬云『笑聲』，鄭云『驕佚，喜笑之意』。張作『嬉嬉』，陸作『喜喜』。」然則嬉亦喜也，喜亦興也。今人謂時所喜好爲「時興」，謂人所歡喜爲「高興」，斯言竝有合於古矣。或說「廞」「熙」非叚借字。廞，陳也，是陳之興也。熙，廣也，是廣之興也。興即興作、興起。古無訓興爲喜者，宜從古。

衛、蹶、假，嘉也。《詩序》曰：「假樂，嘉成王也。」餘未詳。

上文云：「嘉，善也，美也。」「美」「善」義同。通作「賀」。《覲禮》云：「予一人嘉之。」鄭注：「嘉之者，美之辭也。今文嘉作賀。」按：今東齊里語美辭亦曰「嘉賀」，蓋古之遺言也。「嘉」「賀」俱从加聲，古讀「嘉」如「柯」，音轉爲「何」，「何」「賀」音同，故「嘉」、「賀」通矣。

衛者，「禕」之叚音也。上文云：「禕，美也。」《釋訓》云：「委委，美也。」「委」「禕」「衛」俱聲義同。又與「偉」「瑋」同，已見上文。又與「麾」同。《禮器》云：「不麾蚤。」鄭注：「齊人所善曰麾。」按：麾有快義。故鄭又云：「麾之言快也。」《淮南・原道》篇云：「鑾棊衛之箭。」高誘注：「衛，利也。」「利」、「快」其義同與「美」「善」義亦近也。今登萊人嘉其物曰「麾」，亦曰「禕」，亦曰「偉」，三者音轉，語有輕重耳。衛訓爲嘉，皆其證也。

蹶者，《釋訓》云：「蹶蹶，敏也。」「敏」「美」音義亦近。「蹶」有「厥」音。《玉篇》：「蹶，渠月、居月、居衛三切。」《廣韵·十月》「厥」紐下云：「蹶，嘉也。」是《爾雅》「蹶」讀居月切。《釋文》云「居衛反」，非也。今東齊里俗見人有善，誇美之曰「蹶」，「蹶」即作「厥」音。證知北方多古語，此言合於雅訓矣。

假者，《詩》「假樂君子」，「假以溢我」，「假哉皇考」，傳竝云：「假，嘉也。」《釋文》：「假，俱音暇。」《爾雅》釋文：「假，户嫁反。」則亦音「暇」。《詩·皇矣》箋：「天須假此二國。」《釋文》：「假，本又作暇。」「昭假遲遲」，箋亦讀「假」爲「暇」。是「假」有「暇」音。《曲禮》：「天王登假。」郭注引作「登遐」。《檀弓》「公肩假」，《漢書·古今人表》作「公肩瑕」。皆其證也。「遐」，古讀如「胡」，音轉爲「何」。故《詩》「假以溢我」，《左氏·襄廿七年傳》作「何以恤我」。「何」又音轉爲「誐」。《説文》引《詩》「誐以溢我」，云：「誐，嘉善也。」是「誐」與「假」音轉義同。「假」本讀如「古」，轉爲「遐」，又轉爲「何」、爲「誐」。然則誐、何亦遐，遐亦假，假亦嘉矣。「假」之轉爲「遐」，亦猶「嘉」之轉爲「賀」。故《詩》「假樂君子」，《中庸》引作「嘉樂君子」矣。今俗聞人有善、嘉、美曰「誐」，與《説文》引《詩》合。

廢、税、赦，舍也。《詩》曰：「召伯所税。」舍，放置。

「舍」有二義，亦有二音。「詩夜切」者，《釋名》云：「舍，於中舍息也。」息即止息。故《周禮・司戈盾》注：「舍，止也。」《漢書・高帝紀》注：「舍，息也。」《後漢・馮異傳》注：「舍，止息也。」《詩・羔裘》箋：「舍，猶處也。」是皆以止息爲義也。其音「書冶切」者，「舍」即「捨」之叚借。《説文》云：「捨，釋也。」「釋，解也。」經典「捨」俱作「舍」。故《詩・行葦》箋及《周禮・司圜》注「舍」俱訓釋。「舍」「釋」雙聲，古字通用。《鄉飲酒禮》及《大射儀》注竝云：「古文釋爲舍。」《楚語》注：「舍，去也。」《詩・雨無正》傳：「舍，除也。」《左・昭四年傳》注：「舍，置也。」是皆以捨釋爲義也。《爾雅》之「舍」，亦兼二音、二義。《釋文》唯主一音，於義疎矣。

廢者，屋之舍也。《説文》：「廢，屋頓也。」蓋屋傾頓則人不居，故其義爲舍。又云：「癈，固病也。」「病」、「頓」義近。故《釋文》：「廢，字亦作癈，同甫穢反。」是「癈」「廢」通。《周禮・大宰》：「廢置以馭其吏。」鄭注：「廢，猶退也。」又「廢以馭其罪」，鄭注：「廢，猶放也。」「放」「退」其義同。《詩・楚茨》箋及《禮・檀弓》《喪大記》注竝云：「廢，去也。」《小爾雅》及《廣雅》竝云：「廢，置也。」「置」、「去」義亦同。《公羊・宣八年傳》：「去其有聲者，廢其無聲者。」何休注：「廢，置也。置者，不去也。」以「不去」爲廢者，廢訓爲舍置而不用，亦與去同。是去爲舍，不去亦爲舍也。又廢亦有止息之義。故《表記》云：「中道而廢。」鄭注：「廢喻力極罷頓，不能復行，則止也。」然則廢又爲止之舍矣。「廢」與「發」通。《方言》云：「發，稅舍車也。」以舍車爲發，發即廢也。《莊子·列禦寇》篇云「曾不發藥乎」，《列子·黄帝》篇作「曾不廢藥乎」。是「廢」、「發」古字通。「發」之與「廢」義若相反而實相成。《晉書·潘岳傳》云：「發槅寫鞍，皆有所憩。」此借「寫」爲卸也。《説文》：「卸，舍車解馬也。」以舍車爲發，其義與《方言》正合矣。

稅者，車之舍也。《方言》以舍車爲稅。郭注：「稅，猶脱也。」是以解脱爲義。「脱」乃「捝」之叚音。《説文》：「捝，解捝也。」經典「捝」俱作「脱」，而又通借作「稅」。《禮·文王世子》云：「不稅冠帶。」《少儀》云：「車則稅綏。」又《少儀》注：「降稅屨。」《投壺》注：「既稅屨。」《釋文》竝云：「稅，本作脱。」《文選·陸機招隱詩》注：「脱與稅古字通。」是也。又通作「説」。凡《禮記》中「稅」字，《釋文》竝云：「稅，本作説。」《檀弓》云：「不説齊衰。」《玉藻》云「無説笏」及《詩》「召伯所説」，「説于農郊」之「説」，《釋文》竝云：「説，本作稅。」《鄉射禮》注：「今文説皆作稅。」是「稅」「説」通。《周禮·典路》鄭衆注：「説，猶舍車也。」是皆以舍釋爲義也。《詩·甘棠》傳：「説，舍也。」《蜉蝣》箋：「説，猶舍息也。」是皆以舍止爲義也。凡「説」「稅」字通者，每多與「脱」同音，《釋文》亦兼「始銳」「他活」二反。故《詩·瞻卬》釋文：「說，音稅，一音他活反。」是也。《爾雅》釋文唯舉「始銳」一音，於義蓋未備矣。

赦者，置之舍也。《說文》云：「赦，置也。」置亦舍。故《一切經音義》五引《三蒼》云：「赦，舍也。」《周禮·司刺》注同。《公羊·昭十九〔一〕年傳》云：「赦止者，免止之罪辭也。」「赦」與「舍」音義同，「說」與「赦」音相轉，凡音同、音轉之字，古人多以爲訓，即六書中轉注、叚借之所由生。故《詩》：「彼宜有罪，女覆說之。」傳云：「說，赦也。」赦即舍，說即稅，稅亦舍矣。

棲遲、憩、休、苦、𡎸、齂、呬，息也。棲遲，遊息也。苦勞者宜止息。憩，見《詩》。𡎸、齂、呬，皆氣息貌。今東齊呼息爲「呬」也。

《說文》云：「息，喘也。」「喘，疾息也。」《詩·殷其靁》《葛生》《蜉蝣》《民勞》傳竝云：「息，止也。」《小明》傳云：「息，猶處也。」《方言》云：「息，歸也。」歸處與止息義近。《檀弓》注：「息，猶安也。」《樂記》注：「息，猶休止也。」《鄉射禮》注：「息，猶勞也。」

〔一〕九，原誤「八」，楊胡本、《經解》本同，據《十三經注疏》本《春秋公羊傳注疏》改。

按：「勞」，讀如「勞勑」之「勞」，謂勞苦休息之也。息之言猶餽也。《方言》云：「餽，息也。」《廣韻》云：「餽，食也。」蓋飲食、燕樂亦休息之義。「息」「餽」聲義同耳。

棲者，《說文》作「㠯」，或作「棲」，云：「鳥在巢上。象形。」日在西方而鳥棲，故因以爲「東西」之「西」。是棲以止息、安息爲義也。《詩》：「如彼棲苴。」《釋文》：「棲，謂棲息也。」《賓之初筵》箋：「舉鵠而棲之於侯。」《釋文》：「棲，著也。」著亦止也。《廣雅》云：「棲，攱也。」攱者，庋閣之名，與止處之義又近也。

遲者，《說文》云：「徐行也。」「徐行」者，舒緩，與休息義近。《文選》有謝靈運《南樓中望所遲客詩》，遲猶待也，待亦止也，李善注以爲「遲猶思」，非矣。《詩》：「可以棲遲。」傳：「棲遲，遊息也。」《正義》引舍人曰：「棲遲，行步之息也。」郭注本毛傳。《後漢書·蘇竟傳》注：「棲遲，偃息也。」「偃息」與「遊息」亦同。「棲遲」字之疊韵，或作「西遲」。《嚴發碑》云：「西遲衡門。」西即棲也。亦作「屖遲」。《說文·尸部》「屖」字解云：「屖，遲也。」又作「㐌遲」。《甘泉賦》云：「靈㐌遲兮。」《說文》以「遲」爲「遲」之或體，㐌遲即棲遲也。

憩者，「愒」之或體也。《說文》云：「愒，息也。」《詩》「不尚愒焉」，「汔可小愒」，毛傳竝云：「愒，息也。」《爾雅》釋文：「憩，本或作愒。」此必晉宋古本也。通作「揭」。《詩·

甘棠》釋文：「憩，本又作揭。」又通作「偈」。《甘泉賦》云：「度三巒兮偈棠黎。」李善注引韋昭曰：「偈，息也。」又通作「憩」。《一切經音義》廿五引《蒼頡篇》「愒」作「憩」，其一又引《蒼頡篇》「憩」作「𡲬」。二文不同，「憩」近俗體，《蒼頡》不應有此。「𡲬」，《玉篇》作「𡲬」，亦近譌俗。唯《説文・尸部》云：「𡰯，卧息也。」此爲正體，但經典罕用，今唯用「憩」字。故《詩・甘棠》傳及《華嚴經音義》下引《珠叢》竝云：「憩，息也。」《一切經音義》二引《爾雅》舊注云：「憩，止之息也。」其十九引舍人云：「憩，卧之息也。」按：卧息義與《説文》合。豈舍人本「憩」字作「𡰯」？然無可考矣。

休者，《説文》云：「息止也。从人依木。或从广，作庥。」《詩・瞻卬》傳：「休，息也。」《民勞》箋：「休，止息也。」又《釋言》云：「休，戾也。」《民勞》傳：「休，定也。」《穆天子傳》注：「休，駐也。」駐、定、戾其義亦皆爲止息也。《釋言》云：「庥，蔭也。」庇蔭與止息義近。聲轉爲「歇」。《説文》云：「歇，息也。」歇息即休息。又轉爲「戲泄」。《方言》云：「戲泄，歇也。」「戲」「歇」「休」俱一聲之轉也。

苦者，《方言》云：「快也。」又云：「開也。」開明、快樂皆與安息義近。「開」「快」「苦」俱以聲轉爲義也。通作「盬」。《周禮・鹽人》及《典婦功》注，杜子春、鄭衆竝云：「苦，讀爲盬。」是「盬」「苦」通。《詩》：「王事靡盬。」「盬」即「苦」之叚借。靡盬言靡有止息耳，傳、箋似失之。又與「嫴」同。《説文》：「嫴，保任也。」「保任」者，《大司徒》云：「以保息六養萬民。」是「嫴」有「息」義。省作「姑」。《檀弓》云：「細人之愛人也以姑息。」《詩・卷耳》傳：「姑，且也。」《廣雅》云：「嫴，且也。」「嫴」與「姑」同，又與「𧇡」同。《廣雅》云：「𧇡，息也。」𧇡息即姑息，亦即姑且，又即苟且，皆率略偷安之意，與休息義近也。「姑」又與「盬」同。《方言》云：「盬，且也。」盬且亦即姑且。蓋此諸文皆从古聲，聲同者，義亦同。郭云「苦勞者宜止息」，殆未了其義與聲耳。

㕦者，「喟」之叚音也。《説文》「喟」，或作「嘳」，云：「大息也。」《楚辭・懷沙》篇云：「永歎喟兮。」王逸注：「喟，息也。」《文選・舞賦》云：「嘳息激昂。」李善注：「嘳，與喟同。」通作「㕦」。《釋文》：「㕦，《字林》以爲喟。又作嘳。墟愧、苦怪二反。」《一切經音義》七云：「喟，又作㕦。」又通作「快」。《釋文》：「㕦，孫本作快。」《詩・斯干》箋：「噲噲，猶快快也。」按：凡人休息者必愉快，故快訓爲息，正與《方言》苦訓快合。

齂者，《説文》云：「卧息也。从隶聲。讀若虺。」《玉篇》云：「齂，鼻息也。呼介切。」《釋文》「齂，郭、施、謝海拜反」，則讀與《玉篇》同。「孫，虚貴反；顧，乎被反」，則音與《説文》近。然二音又即一聲之轉。「齂」與「𪖙」聲近。《玉篇》云：「𪖙，烏快切，喘息也。」又聲轉爲「喙」。《方言》云：「喙，息也。自關而西，秦、晉之閒或曰喙。」《莊子・徐无鬼》篇釋文亦云：「喙，息也。」《詩》：「維其喙矣。」傳：「喙，困也。」困謂倦劇。《方言》云：「㱓，㑗也。」又云：「㾴，極也。」是毛傳之「喙」與㱓、㾴同，與喙息異。然因倦劇而休息，其義亦相成矣。

呬者，《説文》云：「東夷爲息爲呬。」引《詩》：「犬夷呬矣。」《方言》云：「呬，許四反。息也。東齊曰呬。」是郭此注所本。通作「忥」。《廣雅》云：「忥，息也。」又通作「塈」。《詩》「伊余來塈」，「民之攸塈」，傳竝云：「塈，息也。」《泂酌》箋同。《假樂》正義引《釋詁》文。又引某氏曰：《詩》云：「民之攸呬。」是「塈」「忥」皆「呬」之叚音矣。馬瑞辰説：《説文》「犬夷呬矣」，《廣韵》引作「混夷㾴矣」，皆約舉《詩》詞，「呬」「㾴」竝《詩》「維其喙矣」「喙」字之異文也。

供、峙〔一〕、共，具也。皆謂備具。

《説文》云：「具，共置也。」《廣雅》云：「具，備也。」《東京賦》注：「具，足也。」與「俱」通。《詩·大叔于田》《節南山》傳竝云：「具，俱也。」《行葦》《桑柔》箋同。《楚茨》

〔一〕峙，《爾雅》宋刊十行本作「峙」。

箋：「具，皆也。」《士相見》及《特牲饋食禮》注竝云：「具，猶辯也。」蓋「辯」訓治，又同「徧」，徧即俱足之意，治即供備之意。《廣韻》云：「具，辦也。」「辦」即「辯」之俗體字也。具之爲言給也。給兼供備、相足諸義，皆具字之訓也。

供者，《説文》云：「設也。一曰供給。」《周語》云：「事之供給。」韋昭注：「供，具也。」「具」、「給」聲轉，故或言供給，或言供具。又設者，陳設，亦供具之義，故或言設食，或言具食矣。《謚法》云：「敬事供上曰恭。」孔晁注：「供，奉也。」《廣雅》云：「供，進也。」「進」「奉」義又同矣。

峙者，「偫」之叚音也。《説文》云：「偫，待也。」又云：「儲，偫也。」是偫亦儲也，謂儲具以待人用也。《周語》云：「偫而畚梮。」韋昭注：「偫，具也。」《文選・羽獵賦》云：「儲積共偫。」李善注引郭舍人《爾雅》注曰：「共，具物也；偫，具事也。」按：宋翔鳳言，郭舍人即與東方朔爲射覆者，其説是也。據選注所引，則知舍人《爾雅》本「峙」蓋作「偫」矣。通作「峙」。《書》：「峙乃楨榦。」又通作「庤」。《詩》：「庤乃錢鎛。」傳：「庤，具也。」《考工記・總目》注作「偫乃錢鎛」。是「偫」「庤」通。又通作「時」。《玉篇》云：「庤，或作時、峙。」《一切經音義》十二云：「偫，古文作庤、時、畤三形。」又通作「跱」。《音義》一引《字詁》云：「古文峙，今作跱，同，直耳反。」《後漢書・章帝紀》及《陳忠傳》

注竝云：「跱，具也。」《文選・西京賦》注：「跱，猶置也。」置亦具之訓也。聲轉爲「偫」、爲「僎」。《説文》竝云：「具也。」《書・堯典》馬融注：「偫，具也。」

共者，「龔」之叚借也。《説文》：「龔，給也。」《玉篇》：「龔，奉也。今亦作供。」是「供」「龔」通。省作「共」。舍人注云：「共，具物也。」《詩》：「靖共爾位。」《魯語》：「不共有法。」鄭箋及韋昭注竝云：「共，具也。」《周禮・羊人》：「共其羊牲。」《左氏・隱十一年傳》：「不能共億。」注竝云：「共，給也。」給亦具也。通作「供」。《詩・關雎》箋：「共荇菜。」《曲禮》云：「共給鬼神。」《左氏・隱九年傳》：「不共王職。」《釋文》竝云：「共，本或作供。」凡經傳「供」「共」通者非一，餘皆可知也。

㥐、憐、惠，愛也。㥐，韓、鄭語。今江東通呼爲「憐」。

愛者，「㤅」之叚借也。《説文》云：「㤅，惠也。古文作𢟪。」通作「愛」。《廣雅》云：「愛，仁也。」《詩・烝民》箋：「愛，惜也。」愛又嗇也，吝也。吝、嗇亦愛惜之義。故《謚法》云：「嗇於賜與曰愛。」通作「哀」。《樂記》云：「肆直而慈愛者宜歌商。」鄭注：「愛，或爲哀。」《呂覽・報更》篇云：「人主胡可以不務哀士？」高誘注：「哀，愛也。」是「愛」「哀」聲義同。哀憐亦慈愛之意也。

㤰者，《方言》云：「憐也。」《説文》云：「撫也。」撫循義亦爲愛。通作「憮」。《釋言》云：「憮，撫也。」《方言》云：「愛也。韓、鄭曰憮。」《説文》本《方言》。《釋文》云：「㤰，亡矩反，又音無。」按：「無」，古讀如「模」。《説文》：「㤰，从某聲，讀若侮。」是「㤰」「憮」聲義同，古字通用。《方言》又云：「撫，哀也。」哀亦愛。又云：「牟，愛也。」牟亦㤰也。是「㤰」「牟」又聲之轉，義又同矣。

憐者，《説文》云：「哀也。」《方言》云：「愛也。」又云：「憐，通語也。」按：以哀、愛爲憐，古今方俗通語。今登州人謂相閔念曰「㤰㤰憐憐」。讀「憐」爲「蘭」，「蘭」「憐」語有輕重，實一聲也。《方言》又云：「悛，哀也。」郭注：「悛，亦憐耳，音陵。」是「悛」「憐」聲轉，其義則同。《釋訓》云：「矜憐，撫掩之也。」「矜憐」與「悛憐」聲亦相近。《方言》又云：「憐職，愛也，言相愛憐者，吴、越之閒謂之憐職。」按：「職」蓋語詞，或語餘聲耳。

惠者，《説文》云：「仁也。」仁亦愛。故《謚法》云：「惠，愛也。」經典惠訓愛者非一，而訓順者亦多。《書》「亮采惠疇」，《詩》「終温且惠」，惠俱訓順。和順而無所乖忤，亦慈愛之義。惠又賜也，施也。施、賜亦仁愛之義。「惠」與「慧」通。《論語》釋文：「魯讀慧爲惠，今從古。」然則智者無所拂於物，亦與愛人義近。故《謚法》云：「柔質受諫曰慧。」

娠、蠢、震、戁、妯、騷、感、訛、蹶，動也。娠猶震也。《詩》曰「憂心且妯」，「無感我帨兮」，「或寢或訛」。蠢、戁、騷、蹶皆摇動貌。

上文云：「動，作也。」作有奮起之意，故動又訓發也，生也，行也，變也，摇也，移也，俱緣作起之義而生也。通作「董」。《周禮・大祝》云：「四曰振動。」注引鄭大夫云：「動，讀爲董，書亦或爲董。振董，以兩手相擊也。」然則「董」「動」以聲爲義耳。

娠者，《説文》云：「女妊身動也。」引《左氏・哀元年傳》：「后緡方娠。」「一曰官婢女隸謂之娠。」按：女隸，給役使者，是有動作之義也。通作「振」。《方言》云：「官婢女廝謂之振。」《説文》作「娠」，是「娠」「振」通。振爲女廝。故《左氏・昭三年傳》：「辱使董振擇之。」蓋言董督女廝，使選擇之。杜預訓振爲整，失其義也。此義牟廷相爲余説之。又通作「身」。《詩》：「大任有身。」身即娠也。《漢書・高帝紀》云：「已而有娠。」孟康注：「娠，音身。《漢》《史》身多作娠，古今字也。」是「娠」「身」通。故《爾雅》釋文「娠」有「身」音，是矣。

蠢者，上文云：「作也。」作亦動也。《説文》云：「蟲動也。古文作𢦟。」引《周書》曰：「我有𢦟于西。」魏三體石經殘碑《大誥》云：「粵茲𢦟。」即《説文》所引古文也。《詩・采芑》箋：「蠢，動也。」《書》「允蠢鰥寡」、《漢書・翟方進傳》作「誠動鰥寡」。《法言·君子》篇序云：「蠢迪檢押。」李軌注亦以「蠢」爲動也。餘詳上文。

震者，《易·説卦》云：「震，動也。」《雜卦》云：「震，起也。」起亦動也。《詩·生民》《時邁》《閟宫》傳「震」皆訓動。上文云：「震，懼也。」恐懼與變動，義相成也。通作「踬」。《説文》云：「踬，動也。」又通作「振」，亦通作「娠」。《左氏·昭元年傳》：「方震大叔。」《釋文》：「震，本又作娠。」按：「震」，《説文》以爲劈歷振物。是「震」「娠」俱以振動爲義矣。

戁者，上文云：「懼也。」與「震」同義，同訓。聲近「蝡」。《説文》云：「蝡，動也。」與「蠕」同。《史記·匈奴傳》索隱引《三蒼》云：「蠕蠕，動貌。」《一切經音義》十一引《通俗文》云：「摇動蟲曰蠕。」又引《字林》云：「蝡，蟲動也。」是「蝡」「蠕」與「蠢」義又同矣。

妯者，《説文》云：「動也。」《詩》：「憂心且妯。」毛傳同。《方言》云：「妯，擾也。人不静曰妯，齊、宋曰妯。」郭注：「妯，音迪。」則與上文「迪作」之「迪」同。故《爾雅》釋文：「妯，郭盧篤反，又徒歷反。」「徒歷」即「迪」字之音。又云：「顧依《詩》勑留反。」「勑留」即「妯」字之音。是「妯」「迪」通。又通作「陶」。《一切經音義》十二引《詩》作「憂心且陶」，「陶，暢也」。按：「陶」，讀如「厥草惟繇」之「繇」，故訓爲暢，暢遂亦生動之義。又通作「怞」。《説文》引《詩》作「憂心且怞」，「怞，朗也」。「朗」「暢」義亦近也。

騷者，「慅」之叚音也。《説文》云：「慅，動也。一曰起也。」起亦動義。《釋訓》云：「慅慅，勞也。」「勞」「動」其義同。通作「騷」。《詩》：「徐方繹騷。」傳：「騷，動也。」《説文》：「騷，擾也。」「擾」當爲「擾」，擾亦動也。《方言》以「妯」爲擾，《説文》以「騷」爲擾，是皆以聲爲義矣。

感者，《説文》云：「動人心也。」《詩·野有死麕》傳及《樂記》注竝云：「感，動也。」感又觸也，發也。發、觸義亦爲動。感之爲言摵也。《説文》云：「摵，搖也。」「搖」「動」同義。「感」又通借爲「憾」。《左氏·宣二年》《成二年》及《襄十六年》《廿九年》釋文竝云：「感，本作憾。」今按：「憾」，俗字也，古止作「感」，亦猶「撼」俗字也，古止作「摵」耳。

訛者，「吪」之或體也。《説文》云：「吪，動也。」引《詩》：「尚寐無吪。」通作「訛」。《詩》：「或寢或訛。」傳：「訛，動也。」《釋文》引《韓詩》作「譌」，「譌，覺也」。覺寤與動起義近。《方言》云「譌，化也」，《釋言》作「訛，化也」。變化與動作義亦近。《兔爰》釋文：「吪，本亦作訛。」是「訛」「譌」又通矣。

蹶者，《説文》云：「跳也。」跳躍義亦爲動。《詩》「文王蹶厥生」，「天之方蹶」，傳竝云：「蹶，動也。」《文選·風賦》云：「蹷石伐木。」李善注：「蹷，動也。」是「蹷」「蹶」同。《史記·酈生陸賈傳》索隱引《埤蒼》云：「蹶，起也。」《釋訓》云：「蹶蹶，敏也。」敏與起亦皆勤動之意。

覆、察、副，審也。覆校、察視、副長皆所爲審諦。

《説文》云：「宷，悉也。知宷諦也。篆文作審。」《廣雅》云：「審，諟也。」又云：「審，索也。」《考工記》注以「審」爲察也。《吕覽·察微》篇注：「審，詳也。」《音律》篇注：「審，慎也。」「慎」「諟」「詳」「悉」「索」俱「審」聲之遞轉，其義即存乎聲也。

覆者，《説文》云：「覂也。」「覂，反覆也。」反覆即詳審之義。故《廣雅》云：「覆，索也。」「覆」與「審」同訓。索即索字者，索所以爲詳審也。《左氏·定四年傳》：「藏在周府，可覆視也。」《月令》云：「命舟牧覆舟。」「覆」皆考索之意。《文選·思玄賦》云：「神逵昧其難覆兮。」舊注：「覆，審也。」《考工記·弓人》云：「覆之而角至。」鄭注：「覆，猶察也。」通作「復」。《華嚴經音義序》引《珠叢》云：「復，謂重審察也，字又作覆。」是「覆」「復」通。《釋文》：「覆，芳福反。」則與「覆蓋」之「覆」音芳救反者異矣。

察者，《説文》云：「覆也。」《周禮·鄉士》注：「審也。」《禮·中庸》注：「察，猶著也。」《喪服·四制》注：「察，猶知也。」「知」「著」義皆爲審。故《賈子·道術》篇云：「纖微皆審，謂之察。」《書大傳》云：「察者，至也。」《爾雅》下文云：「在，察也。」在與至亦皆審諦之義矣。

副者，《釋文》「音赴」則與「覆」同。故《釋名》云：「副，覆也。」以覆首，亦言副貳也，兼用衆物成其飾也。是「副」「覆」音義同。又音芳救切。故《廣韵・四十九宥》「副」字云：「貳也，佐也。」又「福」字，云：「衣一福。今作副。」是「副」「福」同。《文選・西京賦》云：「仰福帝居。」蓋以「福」爲副耳。李善注：「福，猶同也。」同即副貳之義。按：副，本音普力切，與《周禮》「疈辜」之「疈」同，借爲副貳之字。故《匡謬正俗》以「福」爲正體，「副」爲叚借。又引《西京》《東京賦》皆用「福」字，竝爲副貳，其説是矣。但《爾雅》本爲釋經，「福」字經典所無，相承惟用「副」耳。

契、滅、殄，絶也。今江東呼刻斷物爲「契斷」。

《説文》云：「絶，斷絲也。古文作㡭。」《廣雅》云：「絶，斷也，滅也。」《釋名》云：「絶，截也，如割截也。」

契者，「栔」之叚借也。《説文》云：「栔，刻也。」《廣雅》同。通作「契」。《釋名》云：「契，刻也，刻識其數也。」《淮南・齊俗》篇云：「越人契臂。」高誘注以爲刻臂也。又通作「鍥」。《左氏・定九年傳》：「盡借邑人之車，鍥其軸。」杜預注：「鍥，刻也。」《荀子・

勸學》篇云：「鍥而舍之。」注亦云：「鍥，刻也。」《爾雅》釋文：「契，顧苦結反。」引《左傳》作「契其軸」。又通作「挈」。《釋文》：「契，郭苦計反，字又作挈。」《詩》：「爰契我龜。」《考工記·輈人》注引鄭司農云：「契，讀爲爰挈我龜之挈。」《漢書·敘傳》集注亦作「爰挈我龜」。《文選·封禪文》云：「挈三神之歡。」李善注引應劭曰：「挈，絶也。」「滅」「殄」，上文竝云：「盡也。」「盡」「絶」義同。

郡、臻、仍、迺、俟，乃也。迺即乃。餘未詳。

乃者，《説文》作「𠄎」，云：「曳詞之難也。象气之出難。」《公羊·宣八年傳》云：「而者何？難也。乃者何？難也。曷爲或言而，或言乃？乃難乎而也。」何休注：「言乃者，内而深；言而者，外而淺。」按「而」「乃」語有輕重耳。古讀「而」「乃」音近，二字俱爲語詞，又俱訓汝。故《周禮·小宰》云：「各脩乃職。」《禮·祭統》云：「乃祖莊叔。」鄭注竝云：「乃，猶女也。」《燕禮》及《大射儀》云：「大夫不拜乃飲。」鄭注竝云：「乃，猶而也。」是「而」「乃」其義同。《夏小正》云：「匽之興五日翕，望乃伏。」傳作「而伏」。是

「而」「乃」通矣。又通作「仍」。《周禮・司几〔一〕筵》云：「凶事仍几。」《鄭注》：「故書仍爲乃。」鄭衆注：「乃，讀爲仍。」是「仍」「乃」通矣。蓋「仍」「而」「乃」聲俱相轉，故古字通用。今讀「乃」爲奴亥切，轉爲尼損切，登州福山人又轉爲奴哈切，方音遞變，古讀遂不復可通矣。

郡者，「君」之叚借也。《水經・河水注》引黄義仲《十三州記》云：「郡之爲言君也。」然則「君」與「侯」義近。通作「窘」。《詩》：「又窘陰雨。」傳：「窘，困也。」窘訓困與乃訓難義又近。箋云：「窘，仍也。」《漢書・敘傳》：「窘世薦亡。」窘亦訓仍。「仍」與「乃」其義同矣。

臻者，下文云：「薦也。」「薦」與「荐」同。《釋言》云：「荐，再也。」又與「洊」同，與「臻」通。《易・坎》傳云：「水洊至。」《釋文》引京房作「臻」，干寶作「洊」。《説文》「洊」，作「瀳」，从薦聲，讀若「尊」。是「薦」「臻」聲轉。薦訓重也，再也，與仍義又同矣。

仍者，下文云：「因也。」《説文》云：「仍，从乃聲。」凡「扔」「訒」等字，俱从乃聲，而訓因。《周禮》「乃」，讀爲「仍」；《論語》「仍」，讀爲「仁」，是即古音通轉之證。又通作

〔一〕几，原誤「儿」，據楊胡本、《經解》本改。

「陾」。《詩・緜》傳「陾陾，衆也」，《廣雅》作「仍仍，衆也」。《説文》「陾」，从耎聲；「耎」从而聲。故《詩》釋文：「陾，耳升反，又如之反。」按：如之即「而」字之音。故《廣韻・七之》「而」紐下云：「陾，與隭、陑竝同。又音仍。」是「仍」「而」聲同，「而」、「乃」聲又同。凡聲同之字，義存乎聲。仍之訓爲乃，亦其證也。

迺者，《説文》作「𠧟」，从乃省，西聲，籀文𠧟不省。或曰：「𠧟，往也。讀若仍。」按：「𠧟」，讀若「仍」，即「乃」讀爲「仍」也。𠧟又訓往。《一切經音義》十八引《蒼頡篇》云：「迺，往也。」是「迺」「𠧟」通。《廣雅》云：「乃，往也。」是「乃」「迺」又通矣。經典「迺」、「乃」通者非一，故《廣韻》及《列子》釋文竝以「迺」爲古文「乃」字，是矣。

侯者，下文云：「伊、維，侯也。」是侯訓伊，又訓維。「伊」「維」「侯」俱語詞也。《詩》内「侯」字，傳、箋俱訓維，無異詞。按：《大明》云：「維予侯興。」侯疑訓乃。乃者，難詞，言天維予有德乃興之。箋訓侯爲諸侯，恐非。又《下武》云：「應侯順德。」此侯亦疑訓乃。乃者，汝也，正與《左傳》「應乃懿德」，《禮樂志》「蕩侯休德」，句義相同。古讀「侯」「乃」「伊」「維」疑俱音近義通。故古人謂「汝」爲「乃」，今人謂「彼」爲「伊」。伊亦乃也，乃亦侯也。推是而言，伊亦而也，而亦仍也，仍亦乃也。又古人謂汝爲爾，今人謂汝爲伱，伱即爾也，爾亦而也，而又乃也。是皆古音之展轉相通，聲與義可推求而得也。

郭意未了，故爲疏通證明之如此。

迪、繇、訓，道也。義皆見《詩》《書》。

《説文》云：「道，所行道也。」《釋名》云：「道，導也，所以通導萬物也。」是道取通導之義。故《法言》云：「道也者，通也，無不通也。」又取由行之義。故《史記·袁盎鼂錯傳》云：「道軍所來。」《集解》引臣瓚曰：「道，由也。」由即行。故《釋宫》云：「行，道也。」《射義》及《喪服傳》注竝云：「道，猶行也。」行亦言。故上文云：「行，言也。」《大學》注：「道，言也。」是「道」兼「言」「行」之義。道之爲言蹈也。「蹈」「道」聲同，古字通用。故《列子·黄帝》篇云：「向吾見子道之。」張湛注：「道，當爲蹈。」《荀子·禮論》篇注：「《史記》道作蹈。」倞謂當是「道」誤爲「蹈」，不知此乃古字通借，非誤也。《左氏·襄五年經》云：「會吴于善道。」《公羊》《穀梁》「道」，俱作「稻」，亦其證矣。

迪者，《説文》云：「道也。」「道」「導」同。上文云：「迪，進也。」是迪爲進之道也。《書》「允迪厥德」，《史記·夏紀》作「信其道德」。「各迪有功」，作「各道有功」。「迪朕德」，作「道吾德」。是迪皆訓道。《廣雅》云：「迪，蹈也。」蹈亦道也。《漢書·楊雄傳》注：「迪，由也。」由亦道也。《説文》「迪」从由聲，此古讀也。《詩·桑柔》釋文「迪，徐徒歷反」，則讀如「狄」。《爾雅》釋文從徐邈讀，經典因之，古讀遂不可復尋矣。

繇者，行之道也。《說文》作「繇」，云：「隨從也。」《爾雅》上文云：「由，從也。」是「由」與「繇」同。通作「繇」。《文選・典引》云：「孔繇先命聖孚也。」《上林賦》云：「則仁者不繇也。」蔡邕注及郭注竝云：「繇，道也。」《爾雅・釋水》釋文：「繇，古由字。」《文選・諷諫詩》注亦云：「繇與由古字通。」又通作「猷」。《釋宮》云：「猷，道也。」又通作「猶」。《詩・采芑》《斯干》《小旻》《板》《抑》《訪落》傳竝云：「猶，道也。」《禮器》《緇衣》注亦云：「猶，道也。」是「猶」「猷」「由」竝與「繇」同。上文又云：「猷，言也。」猷又爲言，則與訓義同矣。

訓者，言之道也。道亦爲言，故訓亦爲道。《詩・烝民》《烈文》傳竝云：「訓，道也。」《抑》傳又云：「訓，教也。」教亦道也。「訓」與「馴」、「順」古字通用。又《說文》云：「僢，古文以爲訓字。」

僉、咸、胥，皆也。東齊曰「胥」，見《方言》。

《說文》云：「皆，俱詞也。」《詩・緜》傳：「皆，俱也。」《豐年》傳：「皆，徧也。」《聘禮》注：「皆，猶竝也。」「竝」「徧」一聲之轉。《小爾雅》云：「皆，同也。」同亦俱也。通作

「偕」。《詩》「與子偕作」，「夙夜必偕」，傳竝云：「偕，俱也。」《書》：「予及女皆亡。」《孟子》引《湯誓》「皆」作「偕」。《詩》：「與子偕行。」《漢書·地理志》及《趙充國辛慶忌傳贊》「偕」竝作「皆」。

僉者，衆之皆也。《説文》《方言》「僉」竝訓皆。《方言》又云：「僉，夥也。」郭注：「僉者同，故爲夥。」《廣雅》云：「僉，多也。」《楚辭·天問》篇注：「僉，衆也。」《小爾雅》云：「僉，同也。」同即皆之訓。「衆」「多」「夥」其義亦俱爲「皆」也。僉之爲言齊也。經典或言「齊民」，或言「齊盟」，皆取衆同之義。「齊」「僉」又一聲之轉也。

咸者，盡之皆也。《説文》云：「咸，皆也，悉也。」按：悉訓盡。盡爲賅備之義。故《方言》云：「備、該，咸也。」「該」與「賅」同。《書》「庶績咸熙」，《史記·五帝紀》作「衆功皆興」。「咸若時」，《夏紀》作「皆若是」。是咸訓皆也。《詩》：「克咸厥功。」箋：「咸，同也。」《魯語》：「小賜不咸。」注：「咸，徧也。」「徧」與「同」其義亦俱爲「皆」矣。

胥者，相之皆也。下文云：「胥，相也。」「相」與「皆」義近。「相」「胥」又一聲之轉也。《方言》云：「胥，皆也。東齊曰胥。」按：今文登人或言「都」。都亦總同之詞。其它旁邑人謂「都」爲「兜」。「兜」「都」聲轉，「都」「胥」聲近，語有輕重耳。此即東齊曰「胥」之證矣。《詩》：「君子樂胥。」傳：「胥，皆也。」《角弓》《抑》《韓奕》《有駜》箋同。

育、孟、耆、艾、正、伯，長也。育養亦爲長。正、伯皆官長。

《釋名》云：「長，丁丈反。萇也，言體萇也。」《玉篇》云：「長，直良切，久也。又知兩切，主也。」《爾雅》之「長」，實兼《玉篇》二義，而讀唯一音。「耆」「艾」皆年之長，以久爲義也。「正」「伯」皆官之長，以主爲義也。其音則皆爲知兩切。長訓尊也，君也，上也，率也，是皆以「主」爲義也。又訓老也，先也，是皆以「久」爲義也。「長」通作「丈」。《穀梁·隱元年》釋文云：「長，本又作丈。」《大戴禮·本命》篇云：「丈者，長也。」《淮南·修務》篇注：「丈人，長老之稱。」蓋丈所以度長，因其長而尊以爲長，此又二音相通之證矣。

育者，下文云：「養也。」養亦長。故《詩·谷風》《生民》傳竝云：「育，長也。」《中庸》注：「育，生也。」《晉語》注：「育，遂也。」「遂」「生」義亦爲「長」也。通作「毓」。《說文》「育」或作「毓」。《易·蠱》傳「育德」，《釋文》引王肅本作「毓德」。又通作「鬻」。《淮南·原道》篇云「毛者孕育」，《樂記》作「毛者孕鬻」。又通作「冑」。《書》：「教冑子。」馬融注：「冑，長也，教長天下之子弟。」《說文》及《周禮·大司樂》注竝引作「教育子」。《釋文》云：「育，音冑，本亦作冑。」《書·舜典》釋文：「冑，直又反。」按：「冑」，从由聲。「由」「育」音轉，故古字通。若「冑」音直又反，則與「育」聲不相轉，無緣可通矣。

孟者，《說文》云：「長也。」《方言》云：「姊也。」「始也。」「始」「姊」義亦爲「長」，聲又近也。《管子・任法》篇云：「奇術技藝之人，莫敢高言孟行以過其情。」尹知章注：「孟，大也。」大亦長矣。

耆者，《説文》云：「老也。」老即長。故《玉篇》云：「耆，長也。」《廣雅》及《謚法》云：「耆，彊也。」彊壯義亦爲長。《詩》「上帝耆之」，「耆定爾功」，箋竝云：「耆，老也。」通作「黎」。《書・西伯戡黎》釋文：「黎，《尚書大傳》作耆。」《史記・周紀》正義引鄒誕生云：「耆，本作黎。」然則長老之稱或曰「黎老」，或曰「耆老」，是其義又通矣。

艾者，下文云：「養也。」與「育」同義。《方言》云：「艾，長老也。」《楚辭・少司命》篇云：「竦長劍兮擁幼艾。」王逸注：「艾，長也。」《詩》：「夜未艾。」毛傳：「艾，久也。」久亦爲長。《小爾雅》云：「艾，大也。」大亦爲長。「艾」，古讀爲「刈」。故《説文》云：「艾，从乂聲。」《釋名》云：「五十曰艾。艾，乂也。乂，治也，治事能斷割芟刈，無所疑也。」《曲禮》釋文：「艾，一音刈。」此古音也。經典多言「耆艾」。《謚法》云：「保民耆艾曰胡。」《周語》云：「耆艾修之。」韋昭注：「耆艾，師傅也。」師傅亦長老之稱矣。

正者，《詩・鳲鳩》《斯干》《節南山》《烈祖》傳竝云：「正，長也。」《正月》《雨無正》《皇矣》箋同。蓋正爲官長之稱，故「宫正」「樂正」「射正」「酒正」之屬，皆以「正」名。而「正室」亦謂嫡子之長也，「正月」亦謂衆月之長也。「正」「長」又一聲之轉。《廣雅》云：

「正，君也。」《呂覽·君守》篇注：「正，主也。」「主」「君」其義亦皆爲「長」也。通作「政」。《詩》：「其政不獲。」箋以正長爲訓。是「正」「政」通矣。

伯者，與「孟」同意。《詩》：「將伯助予。」毛傳：「伯，長也。」《周禮·序官》「宫伯」注同。古人官之長者稱伯，年之長者亦稱伯。故《詩》：「侯主侯伯。」傳：「伯，長子也。」《白虎通》云：「伯者，子最長迫近父也。」此皆伯施於年之長也。《一切經音義》九引舍人云：「伯，位之長也。」《曲禮》云：「五官之長曰伯。」《王制》注：「殷之州長曰伯。」《風俗通》云：「伯者，長也，白也，言其咸建五長，功實明白。」《廣雅》云：「伯，君也。」此皆伯施於官之長也。通作「霸」。《白虎通》云：「霸者，伯也，行方伯之職。」《漢書》「霸」皆作「伯」。《集注》竝云：「伯，讀曰霸。」「霸」即「伯」之叚借也。又通作「柏」。「柏」亦「伯」之叚借也。《穆天子傳》注：「古伯字多以木。」

艾，歷也。長者多更歷。

《説文》云：「歷，過也。」《廣雅》云：「行也。」《漢書》注：「經也。」《小爾雅》云：「久也。」按：歷有經久之義，與艾訓長、老，其義又近也。艾者，亦讀爲「刈」。《詩·訪落》云：「朕未有艾。」鄭箋以「艾」爲數，蓋本下文「歷，數」爲説，似不如用此文「艾，歷」爲訓也。「歷」通作「麗」。《淮南·俶真》篇云：「猶條風之時麗也。」高誘注：「麗，過也。」是麗即歷矣。

厤、秭、算，數也。厤，厤數也。今以十億爲秭。《論語》云：「何足算也。」

《釋文》云：「數，色具反。注同。謝色主反。」按：「數」有二音、二義。《爾雅》之「數」兼包二義，故《釋文》亦具二音也。《説文》云：「數，計也。計，算也。」《周禮·廩人》云：「以歲之上下數邦用。」鄭注：「數，猶計也。」此「數」讀「色主反」者也。《王制》云：「度量數制。」鄭注：「數，百十也。」此「數」讀「色具反」者也。「數」，从婁聲，古讀「婁」力俱切，故「數」从婁聲矣。

厤者，《書》云「厤象日月星辰」，《史記·五帝紀》作「數法日月星辰」。《管子·海王》篇云：「此其大厤也。」《離騷》云：「喟憑心而厤兹。」王逸及尹知章注竝云：「厤，數也。」聲轉作「𢿱」。《方言》及《説文》竝云：「𢿱，數也。」又通作「麗」。《詩》：「其麗不億。」傳：「麗，數也。」《小爾雅》及《孟子》注同。皆古字叚借也。

秭者，《説文》云：「數億至萬曰秭。」《一切經音義》六引《算經》云：「黄帝爲法，數有十等，謂億、兆、京、垓、壤、秭、溝、澗、正、載。及其用也有三，謂上、中、下。下數十萬曰億，中數百萬曰億，上數萬萬曰億。」《廣韵》「秭」字下引《風俗通》云：「千生萬，萬生億，億生兆，兆生京，京生秭，秭生垓，垓生壤，壤生溝，溝生澗，澗生正，正生載。載，地不能載也。」《御覽》七百五十引《風俗通》云：「十垓謂之秭。」與《廣韵》所引又異。《詩·豐年》傳：「數億至億曰秭。」《正義》云：「於今數爲然。」定本、《集注》皆云：「數億至萬曰秭。」則與《説文》同。郭注又云：「今以十億爲秭。」《廣韵》又云：「秭，千億也。」然則秭之爲數，諸家異説，未有定論。《豐年》釋文：「秭，一本作數。」按：「數」是總名，「秭」爲散數，二字聲義又別，理無可通，恐是誤本耳。

算者，《説文》云：「數也。讀若筭。」蓋《説文》「筭」「算」異字，故云「讀若」，俗書二字相亂。故《爾雅》釋文：「算，字又作筭。」《論語·八佾》篇《集解》：「馬融云：『多筭飲少筭。』」《釋文》：「筭，本今作筭。」是「筭」又別作「筭」也。《儀禮·鄉飲酒》及《燕禮》《大射儀》俱云：「無算爵。」《士喪禮》云：「明衣不在算。」鄭注竝云：「算，數也。」《書·盤庚》正義引舍人云：「釋數之曰算。」按：釋謂解散分析之，此布算法也。古者以竹爲籌，布算謂之爲筭。《説文》云：「筭，長六寸計，厤數者。」《禮·投壺》云：「算，長尺二寸。」鄭注或曰：「算，長尺有握。」明古今爲筭不同也。「算」通作「選」。《詩》言威儀閑富，不可選數，選即算也。《論語》「何足算也」，《漢書·傳贊》作「何足選也」。《御覽》引

《風俗通》云：「十秭謂之選。」選亦算也。是「算」與「秭」又同爲計數之名矣。又通作「撰」。《易·繫辭》云：「雜物撰德。」《釋文》：「撰，鄭作算，云數也。」「以體天地之撰」，《釋文》亦云：「撰，數也。」

歷，傅也。傅，近。

傅者，近也，箸也。《晉語》注：「傅，箸也。」《小爾雅》云：「傅，近也。」歷者，過也，經也。凡所經過、涉歷即爲近箸。故歷訓傅也。「傅」與「附」同。故《玉篇》云：「附，近也，箸也。」「歷」與「麗」同。故《王制》云：「郵罰麗於事。」鄭注：「麗，附也。」《大司徒》云：「其附於刑者歸於士。」鄭注：「附，麗也。」又《大司寇》《小司寇》及《鄉士》凡言「麗灋」，鄭注竝云：「麗，附也。」是麗附即歷傅。又與「戾」同。《詩》：「亦傅於天。」箋：「傅，猶戾也。」按：戾訓至，至亦近箸之意。「戾」又通作「厲」。《詩》：「翰飛戾天。」《文選·西都賦》注引《韓詩》「戾」作「厲」。薛君曰：「厲，附也。」是厲附亦即歷傅，皆聲之通借矣。

艾、歷、覛、胥，相也。覛，謂相視也。《公羊傳》曰：「胥盟者何？相盟也。」艾、歷，未詳。

《釋文》云：「相，息羊反，讀者或息亮反，今不用。」按：「今不用」者，非也。「相」字凡有數義，而讀兼二音。相訓導也，助也，又訓視也，竝詳上文。又訓隨也。則《左氏·昭三年傳》云：「其相胡公大姬。」《正義》引服虔注：「相，隨也。」按：隨亦有導助之義。故《釋文》云：「相，息亮反，服如字。」又《詩》：「金玉其相。」傳：「相，質也。」《釋文》亦云：「相，如字，鄭息亮反。」是經典「相」字每兼二音，古無四聲之説，音讀皆通。《爾雅》此一「相」字亦應兩讀，《釋文》獨主「息羊」一音，蓋失之矣。《小爾雅》云：「相，治也。」《左氏·昭九年傳》：「而楚所相也。」相亦訓治。

艾者，音「刈」而訓「治」。上文云：「艾，長也。」長率治理，是即艾訓相之證也。

歷者，上文云：「艾，歷也。」又云：「歷，傅也。」歷之訓相，亦猶歷之訓傅。「傅」「相」義同，是即歷訓相之證也。《方言》云：「裔、歷，相也。」「裔」即「艾」之叚音，與《爾雅》義正合，不知郭何以未詳耳。

覛者，《説文》云：「衺，視也。」「䀎」云「目財視也」，《廣韵》引作「目邪視也」。是「䀎」與「覛」同，古字通用。《周語》云：「太史順時覛土。」韋昭及薛綜《西京賦》注竝云「覛，視也」，《文選·靈光殿賦》及《古詩十九首》《運命論》注竝引《爾雅》作「䀎，相視也」。蓋引郭注之文。郭所以必言「相視」者，以「相」是䀎之訓。不知相自訓視，䀎亦訓視，其義甚明，雖不言相可也。古詩云：「䀎䀎不得語。」《運命論》篇亦用「䀎䀎」，今本皆作「脉脉」，竝爲譌俗。又今人多用「尋覓」字，古書不見有「覓」，蓋亦即「覛」字之譌矣。

胥者，上文云：「皆也。」皆有相連及之意。故郭引《公羊·桓三年傳》云：「胥盟者何？相盟也。」「盟」本作「命」。以證胥相之義。今按：郭義亦恐未然。證以《詩》云：「聿來胥宇。」又云：「于胥斯原。」胥皆訓爲「相視」之「相」。故《釋文》竝云：「相，息亮反。」然則「相」兼二音，其證甚明。陸德明於《爾雅》「相」字獨用「息羊反」，於義蓋未通矣。

又、亂、靖、神、弗、淈，治也。《論語》曰：「予有亂臣十人。」「淈」，《書序》作「汩」，音同耳。神，未詳。餘竝見《詩》《書》。

《釋文》云：「治，直吏反，謝如字。」按：「如字」者，直之反也。然二音特語有輕重耳，其實非有異也。治訓整也，正也，飭也，理也。《喪服傳》云：「故名者，人治之大者也。」鄭注：「治，猶理也。」《禮·大傳》云：「上治祖禰。」鄭注：「治，猶正也。」是「治」有二音，其義則一。故《釋名》云：「治，值也，物皆值其所也。」通作「殆」。《荀子·彊國》篇云：「彊殆中國。」楊倞注：「殆，或爲治。」《公羊·襄五年傳》「故相與往殆乎晉」，即往治乎晉也。又通作「理」。《論語·季氏》篇釋文：「治，本作理。」理即治之訓也。

乂者，「嬖」之叚借也。《説文》云：「嬖，治也。」引《虞書》曰：「有能俾嬖。」《爾雅》釋文：「乂，字又作嬖。」通作「乂」。《謚法》云：「乂，治也。」《洪範五行傳》云：「言之不從，是謂不乂。」鄭注：「乂，治也。」凡《書》内「乂」字，《史記》俱作「治」。又通作「艾」。《詩》：「或肅或艾。」傳：「艾，治也。」《書》「乂用三德」，《漢書·五行志》作「艾用三德」。「俊乂在官」，《谷永傳》作「俊艾在官」。又通作「刈」。《爾雅》釋文：「乂，亦作刈，同魚廢反。」按：「艾」，古讀爲「刈」。《説文》「刈」、「乂」同字，故古通用矣。

亂者，《説文》云：「治也。从乙。乙，治之也。」《書》「亂而敬」，《史記·夏紀》作「治而敬」。「殷其弗或亂正四方」，《宋世家》作「不有治政不治四方」。馬融注：「亂，理也。」理亦治也。故《書》正義引舍人曰：「亂，義之治也。」孫炎曰：「亂，治之理也。」通作「𤔔」。《説文》：「𤔔，治也。幺子相亂，𠬪治之也。讀若『亂』同。一曰理也。」又通作「䜌」。《説文》：「䜌，亂也。一曰治也。」是「䜌」兼「治」「亂」二義。經典通以「亂」字代之，蓋「亂」「䜌」聲義同耳。

靖者，上文云：「謀也。」謀亦治。故《詩》：「俾予靖之。」毛傳：「靖，治也。」鄭箋：「靖，謀也。」「日靖四方」，毛傳：「靖，謀也。」鄭箋：「靖，治也。」是「治」「謀」二義同。《類聚》八十七引《韓詩》曰：「有靖家室。靖，善也。」靖訓善者，蓋善之爲言繕也。繕亦精治之義矣。

神者，引之治也。神訓引，引伸與治義近。《廣雅》云：「伸，理也。」理即治也。「伸」本作「㑊」。《説文》云：「㑊，理也。」通作「佃」。《小爾雅》及《廣雅》竝云：「佃，治也。」按：古「神」字，篆文作「𤕦」，見《郊特牲》注。蓋「𤕦」之省爲「佃」，猶「𤕦」之省爲「甴」也。又通作「敶」與「佃」。《詩·信南山》及《韓奕》兩言「維禹佃之」，傳竝云：「佃，治也。」《周禮·稍人》注：「佃，讀與維禹敶之之敶同。」賈公彥疏：「《韓詩》作敶。」是「敶」「佃」古音同，「敶」「神」聲又近，故古字竝通矣。洪頤煊按：《月令》：「毋發令而待，以妨神農之事也。」《孟子·滕文公上》：「有爲神農之言者許行。」神農，皆謂治農。

弗者，不之治也。弗訓不，《説文》云：「撟也。」撟揉所以治之。故《詩》：「以弗無子。」毛傳：「弗，去也。」鄭箋：「弗之言祓也。」然則祓除、消去皆撟除之義也。通作「茀」。《詩》：「茀厥豐草。」毛傳：「茀，治也。」鄭箋：「除，治也。」又通作「拂」。《釋文》：「茀，《韓詩》作拂。拂，弗也。」蓋言「拂」與「弗」同。《文選·顏延年應詔讌曲水詩》注：「拂，亦作弗，古字通。」是其證也。

淈者，「汩」之叚音也。《説文》云：「汩，治水也。」《書序》云：「作《汩作》。」《楚辭·天問》篇云：「不任汩鴻。」王逸注：「汩，治也。」通作「淈」。《書》：「汩陳其五行。」《漢書·五行志》注：「汩，亂也。」《後漢書·張衡傳》注：「淈，亂也。」是「淈」「汩」同。汩訓治，又訓亂者，亦如「亂」字兼「治」「亂」二義也。《書》釋文及《漢書》注竝云：「汩，音骨。」《廣韻》：「淈汩同音。」《玉篇》：「淈，亦汩字。」是皆「淈」「汩」字通之證。又通作「滑」。《小爾雅》及《周語》《晉語》注竝云：「滑，亂也。」《莊子·繕性》篇云：「滑欲于俗思。」《釋文》：「滑，音骨，亂也。崔云：『治也。』」《齊物論》釋文：「滑，向本作汩。」《史記·樗里子甘茂傳》正義云：「滑，讀爲淈。」是「淈」「汩」「滑」三字俱音義同。又通作「屈」。《詩》：「屈此羣醜。」鄭箋：「屈，治也。」《正義》云：「《釋詁》文彼『屈』作『淈』。某氏引此《詩》，是音義同也。」

頤、艾、育，養也。汝、潁、梁、宋之閒曰「艾」，《方言》云。

《説文》云：「養，供養也。」《夏小正》云：「執養宮事。」又云：「時有養日。」傳竝云：「養，長也。」《詩》：「遵養時晦。」傳：「養，取也。」養猶將也。《詩》「不遑將父」，「天不我將」，傳、箋竝云：「將，養也。」《淮南·原道》篇云：「聖人將養其神。」是其義也。今俗亦有「將養」之言矣。

頤者，「宧」之叚音也。《説文》云：「宧，養也。室之東北隅，食所居。」本《釋宮》爲說也。李巡注：「宧，養也。」通作「頤」。《易·序卦》云：「頤者，養也。」《雜卦》云：「頤，養正也。」《曲禮》云：「百年曰期頤。」《文選·典引》云：「微胡瑣而不頤。」頤皆訓養。又通作「台」。《方言》云：「台，養也。」郭注：「台，猶頤也，音怡。」又通作「胎」。《說文》「台」从㠯聲，「胎」从台聲，古讀二字音同。故《方言》「台」「胎」竝訓養。《爾雅》舊注亦云：「胎，始養也。」《釋文》：「胎，本或作台。」是「台」「胎」同矣。

艾者，上文云：「長也。」長亦養。《詩》「保艾爾後」，「福禄艾之」，毛傳竝云：「艾，養也。」《左氏·襄九年傳》：「大勞未艾。」杜預注：「艾，息也。」《哀十六年傳》：「是得艾也。」杜注：「艾，安也。」「安」「息」與「養」義近。通作「乂」。《書》：「萬邦作乂。」鄭注：「乂，養也。」是乂即艾矣。

育者，上文云：「長也。」長亦養。故《說文》云：「育，養子使作善也。」蓋本《虞書》「教育子」爲說也。《詩》：「帝命率育。」《易》：「君子以果行育德。」鄭箋及虞翻注竝云：「育，養也。」通作「鬻」。《莊子·德充符》篇云：「四者天鬻也。」《釋文》：「鬻，音育，養也。」又通作「粥」。《周禮·修閭氏》云：「與其國粥。」《夏小正》云：「雞粥。」傳、注竝云：「粥，養也。」「育」聲近「鞠」。《詩·蓼莪》傳及《方言》竝云：「鞠，養也。」「育」「艾」「頤」又俱聲轉之字。

汱、渾、隕，墜也。 汱、渾，皆水落貌。

墜者，上文云：「落也。」《説文》作「隊」。通作「墜」，或作「隧」，俱詳上文。「汱」當爲「汏」字之譌。汏者，淅米之墜也。故《説文》云：「汏，淅澗也。」「淅，汏米也。」《廣韵》云：「汏，濤汏。」然則濤之汏之，沙礫處下，故《爾雅》以爲墜落之義。《釋文》既作「顧音汏，徒蓋反」，則其字宜作「汏」，而又爲誤本之「汱」字作音，非矣。今據《説文》及顧本訂正之。「汏」聲轉爲「隤」。隤亦墜也。故《説文》云「隤，下隊」矣。

渾者，水流之墜也。《説文》云：「混流聲也。一曰洿下皃。」洿下亦沈墜之義也。郭云：「汱渾皆水落貌。」此無成文，蓋以意説耳。

隕者，上文與「墜」竝云：「落也。」「落」「墜」其義同。故《詩·氓》《七月》《緜》傳竝云：「隕，墜也。」《小弁》傳：「隕，隊也。」「隊」「墜」同。

際、接、翜，捷也。 捷謂相接續也。

捷者，接也。《説文》云：「捷，獵也。」《初學記》廿二引蔡邕《月令章句》云：「獵，捷也。」是捷、獵互訓，二字疊韵，其義則皆爲「接」也。故《文選·魯靈光殿賦》云：「捷獵鱗集。」《景福殿賦》云：「獵捷相加。」李善注竝云：「相接貌。」《洞簫賦》云：「羅鱗捷獵。」又作「緁獵」。《羽獵賦》云：「鴻絧緁獵。」李善注：「緁獵，相次貌也。」又作「狎獵」。《西京賦》云：「披紅葩之狎獵。」薛綜注：「狎獵，重接貌。」然則狎獵猶捷獵也。《莊子·人閒世》篇云：「必將乘人而鬭其捷。」《釋文》：「捷，引續也。」《韓詩外傳》云：「宏演可謂忠士矣！殺身以捷其君。」蓋演刳腹納君之肝。捷訓接、續，皆其證矣。

際者，《説文》云：「壁會也。」《小爾雅》云：「際，接也。」《左氏·昭四年傳》：「爾未際。」《孟子·萬章》云：「敢問交際。」《淮南·本經》篇云：「上際青雲。」注竝云：「際，接也。」通作「瘵」。《詩》：「無自瘵焉。」箋：「瘵，接也。」《易》：「天際翔也。」《釋文》引鄭云：「際，當爲瘵。」是「瘵」「際」通。又通作「戢」。《詩》：「戢其左翼。」《釋文》引《韓詩》云：「戢，捷也，捷其噣於左也。」是「戢」「際」又通矣。

接者，《説文》云：「交也。」《聘禮》云：「接聞命。」《楚辭·哀郢》篇云：「憂與愁其相接。」注竝云：「接，續也。」《淮南·本經》篇云：「接經歷遠。」高誘注：「接，疾也。」接訓疾者，「捷」有「疾」義，「捷」「接」聲同，故古字通。《易》云：「晝日三接。」《内則》云：「接以大牢。」鄭皆讀「接」爲「捷」。《春秋經》「宋萬弒其君捷」，又「鄭伯捷卒」，《公羊》「捷」俱作「接」。《漢書·古今人表》「捷子」，《莊子·則陽》篇作「接子」。是「接」「捷」通，皆其證矣。

翜者，《釋文》云：「所甲反。」《説文》云：「翜，捷也。飛之疾也。」「翜」聲近「霅」。《文選・吴都賦》云：「靸霅警捷。」李善注：「靸霅，走疾貌。」按：俗語云「一霅時」，亦捷疾之意也。此「翜」字與際接義異，而同訓捷，《爾雅》此例甚多。

毖、神、溢，慎也。神，未詳。餘見《詩》《書》。

慎者，上文云：「誠也，静也。」「誠」「静」與謹慎義近。故《説文》云：「慎，謹也。」慎猶馴也，遜也。「馴」「遜」亦謹敬之義也。

毖者，《説文》云：「慎也。」引《書》：「無毖于卹。」《詩》：「爲謀爲毖」，「予其懲而毖後患」，傳竝云：「毖，慎也。」通作「閟」。《書》：「天閟毖我成功所。」傳云：「閟，慎也。」《詩・閟宫》箋：「閟，神也。」神亦慎也。又通作「祕」。《説文》云：「祕，神也。」是「祕」「閟」「毖」竝音義同。

神者，祕之慎也。神訓申。上文云：「治也。」自治理與自申束，皆所以爲慎也。慎兼誠、静之訓，神有幽閟之義，故鄭箋訓閟爲神，《爾雅》訓神爲慎，是其義同。《荀子・非相》篇云：「貴之神之。」楊倞注：「神之謂不敢慢也。」不敢慢即慎矣。

溢者，上文云：「静也。」「静」「慎」義近。故《詩》：「假以溢我。」傳：「溢，慎也。」

《正義》引舍人曰：「溢，行之慎也。」《釋文》：「溢，音逸，徐云：『毛音謚。』」《文王》釋文云：「謚，音示，慎也。」然則毛公讀「溢」爲「謚」，謚，行之迹，故舍人以爲「行之慎」，蓋義本毛音也。「溢」通作「謐」。「假以溢我」，《説文》引作「誐以謐我」。謐、溢上文又俱訓静，故「静」「慎」二義通。神之訓慎，義亦同矣。

鬱陶、繇，喜也。《孟子》曰：「鬱陶思君。」《禮記》曰：「人喜則斯陶，陶斯詠，詠斯猶。」猶即繇也，古今字耳。

上文云：「喜，樂也。」此又廣釋「喜」義也。

鬱陶者，「陶」音「遥」，《釋文》「陶，徒刀反」，非矣。「鬱陶」猶言「怡悦」，竝字之雙聲，其義又俱爲喜也。《孟子》云：「鬱陶思君爾。」鬱陶即喜。故《檀弓》云：「人喜則斯陶。」鄭注：「陶，鬱陶也。」「鬱陶」連文，本《爾雅》爲訓也。《文選·七發》注引薛君《韓詩章句》曰：「陶，暢也。」暢亦喜也。「鬱陶」轉爲「鬱悠」。《方言》云：「鬱悠，思也。」郭注：「鬱悠，猶鬱陶也。」然則「悠」「陶」疊韵，「陶」讀爲「遥」，亦其證矣。

繇者，「嗂」之叚音也。《説文》云：「嗂，喜也。」通作「傜」。云：「傜，喜也。」又通作「繇」。「繇」「陶」聲同也。又通作「猶」。《莊子·逍遥遊》篇云：「宋榮子猶然笑之。」

《釋文》引崔、李云：「猶，笑貌。」《檀弓》云：「咏斯猶。」鄭注：「猶，當爲搖。秦人猶、搖聲相近。」是鄭讀「猶」爲「搖」，郭讀「猶」爲「繇」。「繇」「搖」疊韵，亦雙聲也。又通作「由」。《孟子》云：「由由然。」《管子·小問》篇云：「由由乎。」尹知章注：「由由，悦也。」又通作「油」。《逸周書·官人》篇云：「喜色猶然以出。」「猶」，本或作「油」。《玉藻》云：「禮已三爵而油油。」鄭注：「油油，説敬貌。」是油油即由由。又轉爲「言言」。《廣雅》云：「言言，喜也。」蓋言言即誾誾，和説貌也。又轉爲「陽陽」。《詩》：「君子陽陽。」自得貌也。又轉爲「陶陶」。「君子陶陶」，毛傳：「和樂貌。」鄭箋：「陶陶，猶陽陽也。」《釋文》：「陶，音遥。」此音是也。《爾雅》及《檀弓》釋文俱失之。古讀「陶」「繇」聲同。《書》之「臯陶」，古作「咎繇」，是其證。「繇」即「鬱陶」之合聲也。

馘、穧，獲也。今以獲賊耳爲馘，獲禾爲穧。竝見《詩》。

獲之言得也，經典獲皆訓得。《左氏·定九年傳》：「凡獲器用曰得，得用曰獲。」此單主物而言。實則人亦曰「獲」。故《墨子·小取》篇云：「獲人也。」《楚辭·哀時命》篇云：「釋管晏而任臧獲兮。」王逸注：「獲，爲人所係得也」或曰獲主禽者也。按：魯人展獲字禽，與或説合。是「獲」兼人、物而言。《説文》以「獲」爲獵所獲，亦單主物言耳。

「獲」通作「穫」，以聲爲義也。

馘者，《説文》作「聝」，或作「馘」，云：「軍戰斷耳也。」引《春秋傳》曰：「以爲俘聝。」是「聝」有从耳、从首之别。故《詩·皇矣》釋文引《字林》「截耳則作耳旁，獻首則作首旁」，此亦不必然也。「聝」「馘」二形，實同一義。故《皇矣》傳：「馘，獲也。不服者，殺而獻其左耳曰馘。」《泮水》箋：「馘，所格者之左耳。」是皆首旁「馘」亦訓斷耳，可知吕説非矣。《王制》注：「馘，或作國。」此於義無可通，唯聲近耳。

穧者，《説文》云：「穫刈也。」《詩》：「此有不斂穧。」《釋文》：「穧，穫也。」《正義》云：「穧者，禾之鋪而未束者。」此以「穧」對「秉」言，故云「未束」，實則穧亦穫禾之總名。「穫」、「獲」古通用。故《爾雅》釋文：「穫禾，一本作獲禾。」《禮·儒行》云：「不隕獲於貧賤。」《釋文》：「獲，本又作穫。」《荀子·富國》篇云：「一歲而再獲之。」楊倞注：「獲，讀爲穫。」《逸周書·大開武》篇云：「既秋而不獲，維禽其饗之。」是皆以「獲」爲穫也。「穧」通作「齊」。《釋文》：「穧，本或作齊。同才細反。依注字宜从禾。」

阻、艱，難也。皆險難。

《釋文》：「難，奴旦反，注同，一音如字。」今按：二讀俱通。《左氏·哀十二年傳》：「而藩其君，舍以難之。」杜預注：「難，困苦也。」《周禮·占夢》注：「杜子春難讀爲難問之難。」是皆主前一音也。《釋名》云：「難，憚也，人所忌憚也。」《莊子·説劒》篇云：「瞋目而語難。」《釋文》：「難，如字，艱難也。」是皆主後一音也。實則二音理自通矣。

阻者，《説文》云：「險也。」「險，阻難也。」《詩·雄雉》《谷風》傳竝云：「阻，難也。」《書》：「黎民阻飢。」鄭注：「阻，讀曰俎。阻，戹也。戹亦難也。《左氏·閔二年傳》：「狂夫阻之。」杜預注：「阻，疑也。」《正義》引服虔注：「阻，止也。」止、疑皆畏憚之意，其義亦爲難也。通作「沮」。沮亦止也，疑也。故《詩》：「亂庶遄沮。」傳：「沮，止也。」《小爾雅》云：「沮，疑也。」《禮·儒行》云：「沮之以兵。」《家語·儒行》篇作「沮之以兵而不懾」，王肅注：「沮，難也。」

艱者，《説文》云：「土難治也。」《釋名》云：「艱，根也，如物根也。」《詩·中谷有蓷》傳及《北門》《何人斯》《鳧鷖》箋竝云：「艱，難也。」《書》「曁稷播奏庶艱食」，《史記·夏紀》作「與稷予衆庶難得之食」。又《大誥》篇内「艱」字，《漢書·翟方進傳》竝作「難」也。「艱」義與「蹇」同。《易·彖傳》及《雜卦》竝云：「蹇，難也。」《離騷》云：「謇吾法夫前修兮。」王逸注：「謇，難也。」

剡、絜，利也。《詩》曰：「以我剡耜。」

《說文》云：「利，銛也。从刀。和然後利，从和省。」引《易》曰：「利者，義之和也。」按：「和」「利」字亦通用。《荀子·正論》篇云：「利而不流。」楊倞注：「利，或爲和。」是「和」「利」通。利又廉也。《吕覽·孟秋紀》云：「其器廉以深。」《必己》篇云：「廉則挫。」高誘注竝云：「廉，利也。」按：「廉」「利」雙聲。今人作事敏速，亦稱「廉利」矣。

剡者，《說文》云：「鋭利也。」《楚辭·橘頌》篇云：「曾枝剡棘。」《淮南·氾論》篇云：「古者剡耜而耕。」王逸及高誘注竝云：「剡，利也。」通作「覃」。《詩》：「以我覃耜。」傳：「覃，利也。」《釋文》：「覃，以冉反，徐以廉反。」《爾雅》釋文：「剡，羊冉反。」今按：三音俱非古讀也。古讀「剡」蓋如「禫」。知者，《說文》「剡」从炎聲，《木部》「棪」亦从炎聲，讀若「三年導服」之「導」。《士虞禮·記》注：「古文禫，或爲導。」《喪大記》注：「禫，或皆作道。」「道」與「導」同。是導服即禫服。古讀「棪」若「導」，亦當讀「剡」若「禫」矣。「剡」讀若「禫」，故與「覃」通，此古音也。郭引《詩》「覃耜」作「剡耜」，蓋齊、魯、韓三家作「剡」，《毛詩》叚借作「覃」耳。

絜者，《說文》作「㓷」，籀文作「絜」，云：「刀劒刃也。」通作「略」。《詩》：「有略其耜。」傳：「略，利也。」《釋文》：「略，《字書》本作絜。」《匡謬正俗》引張揖《古今字詁》

云：「略，古作䂮，一本作畧。」按：「畧」蓋「䂮」之或體。「䂮」「利」一聲之轉。《淮南·脩務》篇云：「誦詩者期於通道略物。」略當訓利。高誘注：「略，達也。」通達與利義亦近。

允、任、壬，佞也。《書》曰：「而難任人。」允信者，佞人似信。壬，猶任也。

《説文》云：「佞，巧讇高材也。」按：「佞」有二義。《廣雅》云：「佞，巧也。」《韓詩外傳》云：「佞，諂也。」與《説文》前義合也。《左氏·成十三年傳》：「寡人不佞。」《魯語》云：「寡君不佞。」服虔及韋昭注竝云：「佞，才也。」與《説文》後義合也。「佞」，从女、从信省。徐鉉以爲女子之信近於佞。是「佞」又似「信」也。允、任、壬本訓爲信、爲大，而又爲佞，美惡不嫌同詞也。韋昭《晉語》注：「僞善爲佞。」然則佞者以巧辯飾其僞善，故世俗以爲才美之稱，君子惡而遠之矣。

允者，上文云：「信也，誠也。」又訓佞者，《逸周書·寶典》篇云：「展允干信。」蓋展允雖訓信，亦容有信不近義者，故曰「干信」。是允又爲佞矣。

任者，《釋文》：「而鴆、而淫二反。」《説文》云：「任，保也。」《詩·燕燕》箋：「任，以恩相親信也。」《周禮·大司徒》注：「任，信於友道。」《史記·季布欒布傳》云：「爲氣任俠。」《集解》引如淳曰：「相與信爲任。」是皆任訓爲信也。又訓佞者，佞人似信。故《書·舜典》正義引孫炎云：「似可任之佞也。」而「難任人」，《史記·五帝紀》作「遠佞人」矣。

壬者，上文云：「大也。」《詩·燕燕》傳：「任，大也。」是「任」「壬」同。又訓佞者，佞人好作大言以欺人。故《書》云：「何畏乎巧言令色孔壬？」壬，佞也。孔，甚也。甚佞言大佞也。必言大者，壬本訓大也。「壬」通作「任」。故《後漢書·郅惲傳》云：「孔任不行。」孔任即孔壬矣。

俾、拼、抨，使也〔一〕。皆謂使令。見《詩》。俾、拼、抨、使，從也。四者又爲隨從。

《説文》云：「使，伶也。」《玉篇》云：「使，令也。使，所里切，又疏事切。」又云：「伶，使也。」《詩·車鄰》釋文引《韓詩》「令」作「伶」，云：「使伶。」是「使令」，古作「使伶」，今借爲「使令」。通作「史」。《禮·雜記》云：「客使自下由路西。」鄭注：「使，或爲史。」史、使聲同也。《左氏·襄卅年傳》：「使走問諸朝。」《釋文》：「使，服虔、王肅本作

〔一〕「也」字原脱，楊胡本同，據《爾雅》宋刊十行本、《經解》本補。

吏。」《詩》：「靡使歸聘。」《釋文》：「使，本又作所。」「所」「使」聲轉，「吏」「使」聲同，古字或相通借，非義例也。

俾者，《釋言》云：「職也。」是職之使也。《詩》《書》內「俾」訓使者非一。通作「卑」。《詩》：「俾予靖之。」《釋文》：「俾，本作卑，使也。」《書》：「文王卑服。」《釋文》：「卑，馬本作俾，使也。」又通作「辯」。《小爾雅》云「辨，使也」，《廣雅》作「辯，使也」。《書》：「勿辯乃司。」傳亦同。又《書序》云：「王俾榮伯作《賄肅慎之命》。」《釋文》：「俾，馬本作辯。」「辯」「卑」「俾」俱一聲之轉也。

拼者，當作「并」，是從之使也。《說文》云：「并，相從也。」從亦使也，使亦從也，故訓從之字，即可訓使。「并」別作「拼」。《釋文》：「拼，北萌反。以利使人曰拼，從手。」按：「从手」之「拼」，蓋後人所加。「以利使人」，此語未見所出。通作「荓」。《詩》：「荓云不逮。」傳：「荓，使也。」《釋文》：「荓，本或作拼。」又通作「絣」。《文選·典引》云：「將絣萬嗣。」蔡邕注：「絣，使也。」「絣」「荓」「拼」俱「并」之叚音矣。

抨者，「俜」之叚音也。《說文》云：「俜，使也。」通作「𠐳」。又云：「𠐳，使也。」又通作「抨」。「抨」本訓彈，又借爲「使」。《釋文》：「抨，普耕反，亦从手。」《文選·思玄賦》云：「抨巫咸以占夢兮。」舊注：「抨，使也。」《一切經音義》十二云：「拼，古文抨，同。」

此説非也。「拼」字非古文，「拼」「抨」又不同音，蓋本《玉篇》而誤也。又通作「伻」。《釋文》：「抨，字又作伻，音同。使人也。」《書》：「伻來來。」《正義》引鄭注：「伻來來者，使二人也。」《漢書・劉向傳》孟康注亦云：「伻，使也。」又通作「苹」。《書》：「平秩東作。」《釋文》：「平，馬作苹，云：『使也。』」凡此訓使之字，又俱訓從者，《説文》：「從，隨行也。」「隨」「從」亦「使」「令」之義。《玉篇》《廣韵》「俾」竝作「𢔩」。《廣韵》云：「𢔩，使也，從也，與俾同。」拼訓從者，《説文》作「并」，云：「相從也。」

儴、仍，因也。皆謂因緣。

《説文》云：「因，就也。」《廣韵》云：「仍也。」《玉篇》云：「緣也。」《後漢書・陳寵傳》注：「因緣，謂依附以生輕重也。」《逸周書・作雒》篇云：「北因于郟山。」孔晁注：「因，連接也。」連接亦因緣依就之義也。

儴者，「攘」之叚音也。《釋文》：「儴，樊、孫如羊反。」引《論語》：「其父攘羊。」釋之作「攘」，注云：「因來而盜曰攘。」是樊光、孫炎本「儴」作「攘」。《禮器》云：「匹士大牢而祭，謂之攘。」鄭注：「攘，盜竊也。」是攘訓盜竊，因來而取，故又訓因也。《書》：「奪攘撟虔。」鄭注：「有因而盜曰攘。」「無敢寇攘」，鄭注：「因其失亡曰攘。」是皆攘訓因之證。故《漢書·五行志》注亦云：「攘，因也。」通作「襄」。《書》：「日贊贊襄哉。」《釋文》引馬融注：「襄，因也。」《爾雅》釋文：「儴，施息羊反。」然則「儴」有「襄」音。故邢疏云：「儴，施博士讀曰襄。」按：《謚法》云：「因事有功曰襄。」是襄訓因之證。又通作「儴」。《周禮·司几筵》鄭衆注引《爾雅》曰：「儴、仍，因也。」與今本同。

仍者，《説文》云：「因也。」《詩·常武》傳：「仍，就也。」就亦因也。通作「扔」。《説文》云：「扔，因也。」《常武》釋文：「仍，本或作扔。」上文「仍，厚」，《釋文》亦云：「仍，本或作扔。」又通作「乃」。《司几筵》注：「故書仍爲乃。」上文亦云：「仍，乃也。」汪氏中《知新記》云：「乃、仍雙聲兼疊韵。」

董、督，正也。皆謂御正。

《説文》云：「正，是也。从止。一以止。」《繫傳》云：「守一以止也。」按：止一爲正，所以爲是也；反正爲乏，所以爲非也。「正」聲近「定」。故《周禮·宰夫》注：「正，猶定也。」《考工記·韗人》注：「正，直也。」《文選·東京賦》注：「正，中也。」「中」「直」皆「是」之義也。《士冠禮》注：「正，猶善也。」「善」亦「是」之義也。上文云：「正，長也。」《呂覽·順民》篇注：「正，治也。」「治」「長」與「是」義亦近。通作「政」。《周禮·凌人》注：「故書正爲政。」《詩・大序》及《周禮・都司馬》釋文竝云：「正，本又作政。」《説文》云：「政，正也。」《莊子・天運》篇云：「正者，政也。」故「政」「正」通矣。

董者，《方言》云：「固也。」董訓固，與正訓定義近。故《楚辭・涉江》篇云：「余將董道而不豫兮。」王逸注：「董，正也。」《左氏・桓六年》《昭三年傳》杜預注同。《文六年傳》：「董逋逃。」《七年傳》引《夏書》：「董之用威。」《昭十三年傳》：「董之以武師。」杜注竝云：「董，督也。」督亦正也。「董」「督」又一聲之轉也。

督者，《説文》云：「察也。」察舉與正理義近。故《方言》云：「督，理也。」郭注：「言正理也。」《周禮・大祝》注：「督，正也。」《莊子・養生主》篇：「緣督以爲經。」司馬彪及李頤注竝云：「督，中也。」中亦正也。通作「篤」。上文云：「篤，固也。」則與「董」同訓。《廣雅》云：「篤，理也。」又與「督」同訓。《左氏・昭廿一年傳》「司馬督」，《漢書・古今人表》作「司馬篤」。是「篤」「督」通。聲轉爲「端」。《説文》云：「端，直也。」直亦正。故《曲禮》云：「振書、端書於君前。」《祭義》云：「以端其位。」端俱訓正。

享，孝也。享祀孝道。

《釋訓》云：「善父母爲孝。」主生存而言。此云「享，孝」，主祭祀而言。故《釋名》引

《孝經説》曰：「孝，畜也。畜，養也。」是孝以畜養爲義也。享者，祭祀之義也。享訓祭祀，又訓孝者，孝以畜養爲義，享又以養爲義。故《廣雅》云：「享，養也。」《祭統》云：「祭者，所以追養繼孝也。」蓋緣孝子之心畜養無已，故於祭祀追而繼之。《謚法》云：「協時肇享曰孝。」正與《爾雅》義合。

珍、享，獻也。珍物宜獻。《穀梁傳》曰：「諸侯不享覲。」

《玉篇》云：「獻，奉也，進也，上也，奏也。」《詩・瓠葉》傳：「獻，奏也。」《鄉飲酒禮》注：「獻，進也。」「進」「奏」義同。《呂覽・異寶》篇云：「願獻之丈人。」高誘注：「獻，上也。」《公羊・隱五年經》云：「初獻六羽。」何休注：「獻者，下奉上之辭。」《周禮・玉府》注：「古者致物於人，尊之則曰獻。」是皆「獻」之義也。

珍者，上文云：「美也。」是美之獻也。《文選・羽獵賦》注引犍爲舍人云：「獻珍物曰珍，獻食物曰享。」今按：舍人注但舉一邊耳。實則《周禮・膳夫》「珍用八物」，皆謂食物。《王制》云：「八十常珍。」又云：「就其室以珍從。」是獻食物稱「珍」也。《詩》：「莫敢不來享。」《曲禮》云：「五官致貢曰享。」是獻珍物稱「享」也。然則「珍」「享」對文則別，散則通矣。

亨者,《説文》作「亯」,云:「獻也。从高省。曰象進孰物形。」按:孰物即食物,是許君義與舍人同。《詩》「是用孝享」,「我將我享」,《洪範·五行傳》云:「飲食不享。」毛傳、鄭注竝云:「享,獻也。」是皆食物稱「享」之證也。《考工記·玉人》云:「諸侯以享天子。」《聘禮》云:「受享束帛加幣。」《穀梁·昭卅一年傳》云:「諸侯不享覲。」鄭注及范甯注竝云:「享,獻也。」是皆非食物亦稱「享」之證也。通作「饗」。《月令》云:「以共皇天、上帝、社稷之饗。」鄭注:「饗,獻也。」《曲禮》釋文:「饗,本又作享。」《聘義》釋文:「享,本又作饗。」又通作「亨」。古多以「亨」爲享。《易》云:「亨于西山。」《劉熊碑》云:「子孫亨之。」皆借「亨」爲享也。

縱、縮,亂也。縱放、掣縮〔一〕,皆亂法也。

亂者,治之對也。《爾雅》此「亂」蓋「𤔔」之叚借也。《説文》云:「𤔔,煩也。」《玉篇》云:「𤔔,亂也。」通作「亂」。亂本治之反,因借爲煩亂之義也。故《釋訓》云:「傉傉、洄洄,亂也。」《釋名》云:「亂,渾也。」《荀子·解蔽》篇注:「亂,雜也。」《樂記》注:「亂,謂

〔一〕縮,《爾雅》宋刊十行本作「緒」。

失行列也。」《大戴禮·曾子立事》篇云：「好道煩言亂也。」此即亂訓煩之意矣。

縱者，放也，散也，皆與「亂」義近。又縱横交午，亦有亂義。故《淮南·覽冥》篇云：「縱横閒之。」高誘注：「南與北合爲縱。」是縱即交亂之意也。通作「從」。《論語》云：「從之。」皇侃疏：「從，放從也。」《内則》云：「姑縱之。」《釋文》：「縱，本又作從。」又通作「總」。《逸周書·大聚》篇云：「殷政總總若風草。」孔晁注：「總總，亂也。」按：總總猶縱縱也。《檀弓》云：「喪事欲其縱縱爾。」鄭注：「縱，讀如總領之總。」是「總」「縱」通矣。

縮者，《説文》云：「亂也。」下文云：「綸也。」「綸」「亂」一聲之轉。《鄉飲酒禮》云：「磬階閒縮霤。」鄭注：「縮，從也。霤以東西爲從爾。」凡《儀禮》《禮記》内「縮」字，鄭訓從者非一，皆以從爲縱。「縱横」，經典本作「從横」也。通作「槒」。《一切經音義》廿云：「縮，《字書》作槒，同，所六反。」《詩·巷伯》釋文：「縮，又作槒，同。」又通作「數」。《周禮·司尊彝》云：「醴齊縮酌。」鄭注：「故書縮爲數。」按：數有煩碎之意，與「亂」義近。又通作「蹙」。《鄉飲酒》及《鄉射》《大射》《士虞》《少牢饋食》《有司徹》鄭注竝云：「古文縮爲蹙。」

採、篡、俘，取也。《書》曰：「俘厥寶玉。」篡者，奪取也。採者，摸取也。

《説文》云：「取，捕取也。」《釋名》云：「取，趣也。」《廣雅》云：「取，爲也。」按：取訓爲者，爲爲禽好爪，蓋會以爪取物之意也。

採者，《説文》云：「遠取之也。」《易・繫辭》云：「採嘖索隱。」《文選・西京賦》云：「採封狐。」虞翻及薛綜注竝云：「採，取也。」通作「撢」。《説文》云：「撢，採也。」《集韵》云：「採，或作撢。」《周禮・撢人》釋文：「撢，與採同。」《一切經音義》十四引《蒼頡篇》云：「撢，持也。」「持」「取」義亦近也。聲近「撏」。《方言》云：「撏，常舍反。取也。」

篡者，《説文》云：「屰而奪取曰篡。」《方言》云：「自關而西，秦、晉之閒，凡取物而逆謂之篡。」音「饌」。《後漢書・逸民傳》引楊雄曰：「鴻飛冥冥，弋者何篡焉。」李賢注引宋衷云：「篡，取也。」《一切經音義》一引《爾雅》舊注云：「盜位曰篡。」《白虎通》云：「篡，猶奪也，取也。欲言庶奪嫡，孼奪宗，引奪取其位。」按：「篡」从厶，音「私」，言以計數取之，不敢公然劫奪。故《逸民傳》注云：「今人謂以計數取物爲篡。」是其義矣。

俘者，《説文》云：「軍所獲也。」引《春秋傳》曰：「以爲俘馘。」《一切經音義》十二引《國語》賈逵注云：「伐國取人曰俘。」《左氏・僖廿二年》正義引李巡云：「因敵曰俘，伐執之曰取。」按：賈、李二説，俱以俘爲獲取人。實則獲取物亦曰「俘」。故《書序》云：

「俘厥寶玉。」是取物言「俘」也。李言「伐執曰取」，實則凡取物亦曰「取」也。通作「捊」。《說文》云：「捊，引取也。从孚聲。」是「捊」「俘」同。「捊」又蒲侯切，亦聲之轉也。《易》云：「裒多益寡。」《釋文》引鄭、荀、董、蜀才作「捊」，云：「取也。」《字書》作「掊」。按：《說文》云：「今鹽官入水取鹽爲掊。」是掊亦取矣。

徂、在，存也。以徂爲存，猶以亂爲治，以曩爲曏，以故爲今，此皆詁訓，義有反覆旁通，美惡不嫌同名。

《說文》云：「存，恤問也。」《玉篇》云：「有也。」有與恤問義近。故《王制》云：「八十月告存。」《月令》云：「存諸孤。」竝以存問爲義。《釋訓》云：「存存，在也。」在既訓存，存亦訓在。故《公羊·隱三年傳》：「有天子存。」何休注：「存，在也。」《楚辭·大招》篇云：「遽爽存只。」王逸注：「存，前也。」前，謂有在前也。

徂者，「且」之叚音也。《詩·出其東門》箋云：「匪我思且，猶匪我思存也。」《釋文》：「且，音徂。《爾雅》云『存也』。」是「且」爲本字，「徂」爲叚音，其證甚明。《說文》云：「且，薦也。」薦爲承藉之意，存問亦相慰藉也。「且」「薦」「存」又聲相轉也。經內「且」字，如《詩》「籩豆有且」及「有萋有且」，皆與薦藉義近。箋於《韓奕》之「且」，則云：「多貌。」傳於《有客》之「且」，則云：「敬慎貌。」此於詁訓俱無明文，各以意說耳。今按：「籩豆盛多」，即爲意存獎藉，萋爲文章之貌，且爲藴藉之貌，竝與且薦義合。且又語詞。如云「乃見狂且」，「其樂只且」，竝爲助詞韵句。是且又言之薦矣。又《儀禮》《禮記》注每言某甫且字，於義亦當爲「薦」也。郭蓋未明叚借之義，誤據上文「徂往」爲訓，而云「以徂爲存」，義取相反，斯爲失矣。殊不思「徂往」之「徂」，本應作「退」，「徂存」之「徂」，又應作「且」耳。

在者，《説文》云：「存也。」《聘禮・記》云：「子以君命在寡君。」《左氏・僖九年傳》：「其在亂乎？」鄭注及杜預注竝云：「在，存也。」《大戴禮・曾子立事》篇云：「存往者，在來者。」盧辯注：「在，猶存也。」按：「存」「在」俱从才聲，古讀「才」如「孳」，且子餘切。是「且」「在」「存」俱一聲之轉。

在、存、省、士，察也。《書》曰：「在璿璣玉衡。」士，理官，亦主聽察。存即在。

上文云：「察，審也。」《離騷》注：「察，視也。」《吕覽・本味》篇注：「察，省也。」省、察互相訓也。通作「詧」。《顔氏家訓・書證》篇：「詧，古察字也。」

在者，《書・堯典》正義引舍人曰：「在，見物之察。」《詩》：「在帝左右。」《禮・文王世子》：「必在視寒煖之節。」《逸周書・大聚》篇：「王親在之。」箋、注竝云：「在，察也。」「在」「察」一聲之轉。

存者，恤問，是問之察也。《禮運》：「處其所存。」《大傳》：「五曰存愛。」鄭注竝云：「存，察也。」《周禮・司尊彝》：「大喪存奠彝。」鄭注：「存，省也。」省亦察矣。

省者，《說文》云：「視也。」是視之察也。《書證》篇引李登云：「省，察也。」張揖云：「省，今省瞀也。」通作「眚」。《書》「王省惟歲」，《史記・宋世家》作「王眚惟歲」。《周禮・大宗伯》云：「省牲鑊。」《釋文》：「省，本又作眚。」

士者，《說文》云：「事也。」是事之察也。《書》：「汝作士。」《正義》引鄭注：「士，察也。主察獄訟之事。」《周禮・序官》「士師」注同。通作「仕」。《詩》：「弗問弗仕。」箋：「仕，察也。」《曲禮》云：「前有士師。」鄭注：「士，或爲仕。」是「仕」「士」通。又與「伺」同。《一切經音義》二引《字林》云：「伺，候也，察也。」《玉篇》同，而云：「《廣雅》《埤蒼》竝作覗。」

烈、枿，餘也。晉、衛之間曰「櫱〔一〕」，陳、鄭之間曰「烈」。

《說文》云：「餘，饒也。」《玉篇》云：「殘也。」《廣韵》云：「賸也。」按：俗以物餘爲

〔一〕 櫱，《爾雅》宋刊十行本作「蘖」。

賸，非古義也。「賸」，俗作「剩」，非正體也。餘又羡也，多也。通作「余」。《周禮・委人》云：「凡其余聚以待頒賜。」鄭注：「余，當爲餘，聲之誤也。」按：古字通借，非誤也。《史記・屈原賈生傳》：「餘何畏懼兮。」《索隱》曰：「《楚辭》『餘』，竝作『余』。」是「余」「餘」字通之證也。

烈者，「裂」之叚音也。《説文》云：「裂，繒餘也。」《玉篇》云：「⿰巾列，帛餘也。」《廣雅》云：「⿱列巾，餘也。」「⿱列巾」「⿰巾列」竝與「裂」同。通作「烈」。《方言》云：「烈，餘也。」《詩・雲漢序》：「宣王承厲王之烈。」箋亦云：「烈，餘也。」又通作「厲」。《詩》：「垂帶而厲。」下云：「帶則有餘。」是厲訓餘也。故箋謂「厲字當作裂」。「裂」「厲」聲相轉也。

枿者，「㭒」之别體也。《説文》作「巘」，或作「櫱」，云：「伐木餘也。」引《商書》曰：「若顛木之有甹巘。」古文作「不」，亦作「㭒」。按：「㭒」，蓋从⿱人𢆉聲。「⿱人𢆉」即「㚔」字之省，隸書變「⿱人𢆉」爲「卉」，經典因之作「枿」。故《方言》云：「枿，餘也。」《書・盤庚》正義引李巡曰：「枿，槁木之餘也。」《詩》「苞有三櫱」，《廣韵》引作「枹有三枿」。俱「㭒」變爲「枿」耳。然亦有未變者。《淮南・俶真》篇云：「百事之莖葉條㭒。」高誘注：「㭒，讀《詩・頌》『苞有三蘖』同。」又云：「則必無餘㭒。」高注：「㭒，蘖。」經典「㭒」字，唯此二見，高氏恐人不識，故以「蘖」字代音。《爾雅》釋文：「枿，本作㭒。」《玉篇》亦「㭒」下復出「栟」字。皆從隸變也。「栟」轉爲「肄」。《詩》：「伐其條肄。」傳：「肄，餘也。斬而復生曰肄。」《玉藻》云：「肆〔一〕束及帶。」鄭注：「肆，讀爲肄。肄，餘也。」《左氏·襄廿九年傳》：「而夏肄是屏。」肄亦訓餘。「肄」「栟」一聲之轉。郭注本《方言》而文小異。

迓，迎也。《公羊傳》曰：「跛者迓跛者。」

《説文》云：「迎，逢也。逆，迎也。關東曰逆，關西曰迎。」是「迎」「逆」義同。又與「御」同。《史記·天官書》云：「迎角而戰者不勝。」《集解》：「徐廣曰：『迎，一作御。』」「御」「逆」「迎」俱一聲之轉也。迓者，《説文》作「訝」，或作「迓」，云：「相迎也。」引《周禮·掌訝》曰：「諸侯有卿訝也。」《聘禮》云：「訝賓。」《書》云：「予迓續乃命于天。」迓、訝竝訓迎也。通作「御」。《詩》「百兩御之」，「以御田祖」，「以御于家邦」，箋、傳竝云：「御，迎也。」《士昏禮》云：「媵御沃盥交。」鄭注：「御，當爲訝。」按：古讀「訝」如「御」，二字音同。故《文選·幽通賦》云：「昔衛叔之御昆兮。」亦以「御」爲訝。郭引《公羊·成公二年傳》：「跛者迓跛者。」《穀梁傳》「迓」亦作「御」也。又通作「禦」。《書》「弗迓克

〔一〕肆，原誤「肄」，楊胡本同，據《經解》本改。

奔」，《史記·周紀》作「不禦克奔」。又通作「梧」。《聘禮》云：「訝受几于筵前。」鄭注：「今文訝爲梧。」《釋文》：「梧，五故反。」是「梧」「訝」「禦」俱音近，古皆通用。

元、良，首也。《左傳》曰：「狄人歸先軫之元。」良，未聞。

上文云：「首，始也。」此訓頭也，蓋頭爲諸陽之會，居上而得氣最先，故首謂之始，亦謂之頭。《説文》云：「頭，首也。百，頭也。」《禮稽命徵》云：「三旒齊首。」宋衷注：「首，頭也。」

元者，上云：「始也。」《王制》注：「善也。」又訓首者，善之首也。故《易》云：「元者，善之長也。」首亦衆體之長。故《玉篇》引《韓詩》云：「元，長也。」長亦首。故《詩》：「建爾元子。」《士冠禮》：「始加元服。」傳、注竝云：「元，首也。」《左氏·僖卅三年傳》：「狄人歸其元。」《哀十一年傳》：「歸國子之元。」竝以「元」爲首矣。

良者，《説文》云：「善也。」《廣雅》云：「元、良，長也。」「長」「善」與「首」同義。但經典「良」字無訓首之文。或謂元良稱君協於首出之義。又婦人稱夫爲良，亦以爲君。以此詮釋，義固可通。今以字形考之。《説文》「良」，古文作「目」。「首」，篆文作「𦣻」。二字形近相亂，疑《爾雅》元良即元首之譌也。或頗以「元首首」重文爲疑，殊不知「元首」

連文，經典非一。《書》：「元首起哉。」《文選·辨亡論》注引《尚書大傳》云：「元首，君也。」《廣雅》同。是皆以「元首」爲君。或單稱「元」亦爲君，猶之以「元首」爲首，或單稱「元」亦爲首，皆省文耳。證以《逸周書·武順》篇云：「元首曰末。」孔晁注：「元首，頭也。」此即本《爾雅》爲訓。故《書·益稷》正義引《釋詁》云：「元首，首也。」又申之云：「元與首各爲頭之别名。此以元首共爲頭也。」是孔穎達所據《爾雅》本即爲「元首」，不作「元良」。一孔所見古本俱不誤。唯郭本作「元良」，故云〔一〕「良未聞」矣。又「元良」連文，見於經典亦非一，而俱不訓首。故《文王世子》云：「一有元良。」鄭注：「元，大也。良，善也。」梅《書·太甲下》作「一人元良」。孔傳以爲「天子有大善」，與鄭義同。《廣雅》云：「元良，長也。」是皆不以元良訓首之證。然則《爾雅》之元良爲元首，殆無可疑矣。

薦、摯，臻也。薦，進也。摯，至也，故皆爲臻。臻，至也。

臻者，上文云：「至也。」通作「轃」。《文選·甘泉賦》云：「是時未轃夫甘泉也。」李

〔一〕云，原誤「元」，楊胡本同，據上下文意及郭注改。

善注：「輳，與臻同，至也。」

薦者，「瀳」之叚音也。《說文》云：「瀳，水至也。从薦聲。讀若尊。」通作「薦」。上文云：「薦，進也。」「進」「至」義相成。又通作「洊」。《易》云：「水洊至。」按：「洊」與「瀳」同。石經作「洊」，蓋「瀳」之或體；《爾雅》作「薦」，蓋「瀳」之省聲耳。「洊」，京房作「臻」，臻又薦之訓矣。

摯者，「𡠗」之叚音也。《說文》云：「𡠗，至也。」引《書·西伯戡黎》云：「大命不𡠗。」「讀若摯同。」按：今《書》「𡠗」正作「摯」。《史記·殷紀》作「大命胡不至」。《考工記·弓人》云：「斲摯必中。」《函人》云：「凡甲鍛不摯。」鄭注竝云：「摯之言致也。」致亦至。故《曲禮》注：「摯之言至也。」「摯」又作「贄」。故《書·舜典》鄭注：「贄之言至，所以自致也。」是「贄」「摯」俱「𡠗」之通借。

賡、揚，續也。《書》曰：「乃賡載歌。」揚，未詳。

續者，上文云：「繼也。」《說文》云：「連也。」「連」「繼」爲屬。故《說文》云：「屬，連也。」「屬」「續」義同，二字互訓。故《禮·深衣》注：「續，猶屬也。」《釋名》云：「屬，續也。」「續」「屬」以聲爲義也。

賡者，「庚」之叚音也。《說文》以「賡」爲古「續」字。《書》云：「乃賡載歌。」言續爲歌也。《史記·夏紀》作「乃更爲歌」，更亦續也。《管子·國蓄》篇云：「愚者有不賡本之事，言不續本也。」尹知章注：「賡，猶償也。」「償」「續」義亦近也。經典「賡」字止此二見。「賡」字从庚，因借爲「庚」。《詩》：「西有長庚。」傳：「庚，續也。」《正義》引《釋詁》文。《楚辭·遠逝》篇云：「立長庚以繼日。」亦以「庚」爲續也。《檀弓》云：「請庚之。」鄭注：「庚，償也。」通作「更」。《周禮·司弓矢》云：「弗用則更。」鄭注：「更，償也。」更訓償者，爲有虧損，償還如前，義亦爲「續」。故《晉語》云：「姓利相更。」韋昭注：「更，續也。」《漢書·食貨志》云：「不足以更之。」《集注》亦云：「更，續也。」更迭相代有「續」之義，故訓爲續。是皆「賡」借爲庚也。《爾雅》之「賡」亦借爲庚，因讀爲「庚」，不得如《說文》以「賡」爲古「續」字矣。《爾雅》「賡、揚，續」及「元首，首」，皆特釋《書·益稷》篇文，讀者或失之耳。

揚者，通作「颺」。《書》之「颺言」，《史記·夏紀》作「揚言」。揚訓續者，蓋飛揚輕舉亦有連續之形，故又訓續，古義或如此也。錢氏大昕《潛研堂文集》十云：「《燕禮》『主人媵觚于賓』，注云：『媵，送也。讀或爲揚。』《檀弓》『杜蕢洗而揚觶』，注云：『《禮》揚作媵。』按：《禮》賓主獻酢畢，乃有媵觚、媵爵者，則『揚觶』之『揚』，蓋取義於續矣。

《書・立政》「以揚武王之大烈」，亦當訓續。」

祔，祪祖也。祔，付也，付新死者〔一〕於祖廟。祪，毀廟主。

祖者，上文云：「始也。」《説文》云：「始廟也。」是祖兼廟而言。此文當「祪」「祖」連讀。祪者，《説文》云：「祔祪祖也。」文義未明。故《玉篇》《廣韵》申之云：「祪，毀廟之祖也。」是祪訓爲毀。上文云：「垝，毀也。」「垝」與「祪」聲義同。

祔者，《説文》云：「後死者合食於先祖。」《釋名》云：「又祭曰祔。祭於祖廟，以後死孫祔於祖也。」《喪服小記》云：「祔必以其昭穆。」故《既夕禮》云：「明日以其班祔。」「班」即昭穆。明日，卒哭之明日也。鄭注：「祔，猶屬也。祭昭穆之次而屬之。」是其義也。祔必於毀祖者，祖親盡則廟毀，祔祭於此，以新死之主將入此廟，故祭而屬之也。郭訓祔爲付，義亦如此。通作「付」。《周禮・大祝》云：「付練祥。」鄭注：「付，當爲祔。」又通作「附」。《曾子問》云：「殤不附祭。」《釋文》：「附，本或作祔。」《雜記》上、下篇言「附」者非一，鄭注竝云：「附，皆當爲祔。」

〔一〕者，《爾雅》宋刊十行本無。

即，尼也。即猶今也。尼者，近也。《尸子》曰：「悦尼而來遠。」尼，定也。尼者，止也。止亦定。

邇、幾、暱，近也。暱，親近也。

《説文》云：「尼，從後近之。」《小爾雅》云：「尼，近也。」通作「昵」。《釋文》：「尼，本亦作昵，同，女乙反。」即者，《方言》云：「就也。」是就之尼也。《詩·東門之墠》傳：「即，就也。」通作「則」。《禮·王制》云：「必即天論。」鄭注：「即，或爲則。」按：「則」「即」又皆語詞而義亦爲近。故《廣雅》云：「則，即也。」「則」「即」聲相轉。則之言側也。側訓邊近，與即義同。郭云「即猶今也」者，今亦爲近。又引《尸子》曰：「悦尼而來遠。」以證「尼近」之義。《書》釋文引《尸子》云：「不避遠昵。」按：「昵」，亦當爲「尼」。

尼又訓定者，「尼」「定」上文竝云：「止也。」止亦定。邢疏引舍人曰：「尼者，私之定也。」以「尼」爲私者，「尼」與「暱」通。

尼既訓近，因廣釋「近」義也。《説文》：「近，附也。」古文「近」，作「岓」，从止。是近亦止意。近之義爲迫。故《説文》：「迫，近也。」《玉篇》：「迫，附也。」附近即親暱。故《華嚴經音義》下引顧野王云：「近所以爲親也。」

邇者，《説文》云：「近也。」《詩·汝墳》《東門之墠》《杕杜》傳竝云：「邇，近也。」通作「爾」。《釋名》云：「爾，昵也。」《周禮·肆長》云：「實相近者相爾也。」鄭注：「爾，亦近也。」《儀禮·燕禮》云：「南鄉爾鄉。」鄭注：「爾，近也，移也。揖而移之近之也。」是皆「邇」通作「爾」。故《爾雅序》釋文云：「爾，字又作邇矣。」

幾者，上文云：「危也。」《説文》云：「殆也。」殆亦近。《易》：「月幾望。」《詩》：「維其幾矣。」《左氏·昭十六年傳》：「幾爲之笑。」《魯語》云：「民羸幾卒。」竝以「幾」爲近也。通作「譏」。《大司馬·九畿》注云：「故書幾爲近。」是「近」與「譏」「幾」古俱音同字通。又通作「冀」。李巡注《爾雅》「冀州」云：「冀，近也。」《史記·孝武紀》云：「冀至殊庭焉。」《索隱》曰：「冀，《漢書》作幾。幾，近也。」是「幾」「冀」又通矣。

暱者，《説文》云：「日近也。」引《左氏·昭廿五年傳》：「私降暱燕。」《詩》：「無自暱焉。」《齊語》云：「野處而不暱。」毛傳及韋注竝云：「暱，近也。」《左氏·閔元年》正義引舍人曰：「暱，戚之近也。」《文選》注引孫炎曰：「暱，親之近也。」通作「昵」。《説文》：「暱，或作昵。」《書·大誓》正義引孫炎曰：「昵，親近也。」《高宗肜日》釋文：「昵，近也。」「私降暱燕」，今《左傳》作「私降昵宴」。又通作「尼」。《書》正義引孫炎曰：「尼者，近也。」是「尼」「昵」通。

妥，安坐也。《禮記》曰：「妥而后傳命。」

《説文》云：「垩，止也。从土，从畱省。」土，所止也。此與「畱」同意。古文作「坐」。《釋名》云：「坐，挫也，骨節挫詘也。」按：「坐」有二義。古有「危坐」，危坐者，跪也。故《釋名》云：「跪，危也，兩膝隱地，體危阸也。」《詩》云：「不遑啟處。」啟即跪也。是危坐之義也。安坐者，亦兩膝隱地，而體不危阸，即安坐矣。

妥者，上文與安竝訓止。郭注：「妥者，坐也。」即本此爲訓也。「坐」「止」義同，「妥」「安」義同，故此四字反覆互訓，義得兼通。《爾雅》此讀當從「坐也」斷句，蓋以妥、安訓坐。是即上文妥、安訓止之義也。然「妥」亦可斷句，妥訓安坐，亦即妥、安訓坐之義也。蓋此二讀於義俱通矣。以妥、安訓坐者，《玉篇》引《爾雅》云：「妥，坐也。」《廣韵》云：「妥，安也。」《漢書·燕刺王旦傳》集注亦云：「妥，安也。」「妥」與「綏」同。綏訓安，即妥訓安也。故《漢書》注：「妥，古綏字。」《曲禮》云：「大夫則綏之。」又云：「國君綏視。」鄭注竝云：「綏，讀爲妥。」是「妥」「綏」古字通。徐鍇疑「綏」不當从妥，此安説也。以妥訓安坐者，《詩》：「以妥以侑。」傳：「妥，安坐也。」《士相見禮》云：「妥而後傳言。」《士虞禮》及《特牲》《少牢饋食禮》竝云：「拜妥尸。」《郊特牲》云：「詔妥尸。」鄭注竝云：「妥，安坐也。」又云：「拜之使安坐也。」然則毛、鄭俱以安坐訓妥，郭及《玉篇》

《廣韻》竝以妥安訓坐，二讀不同，於義俱通。郭引《儀禮》作《禮記》，「傳言」作「傳命」，俱字之誤。

貉縮，綸也。綸者，繩也，謂牽縛縮貉之。今俗語亦然。

《釋名》云：「綸，倫也，作之有倫理也。」《說文》云：「綸，青絲綬也。」綬亦繩。故《詩》：「言綸之繩。」《說文》：「繩，索也。」《釋器》云：「繩之謂之縮之。」即《詩》「縮版以載」也。

「貉」，讀爲「貊其德音」之「貊」。貉縮謂以縮牽連綿絡之也。聲轉爲「莫縮」。《檀弓》云：「今一日而三斬板。」鄭注：「斬板，謂斷莫縮也。」莫縮即貉縮，謂斬斷束板之繩耳。又轉爲「摸蘇」。《淮南·俶真》篇云：「以摸蘇牽連物之微妙。」高誘注：「摸蘇，猶摸索。」又變爲「落索」。《顏氏家訓》引諺云：「落索阿姑餐。」落索蓋綿聯不斷之意，今俗語猶然。又變爲「莫落」。《新序·雜事》二云：「翡翠珠璣，莫落連飾。」又爲「幕絡」。《釋名》云：「幕，膜也，幕絡一體也。」又云：「幕，絡也，言牢絡在衣表也。」又云：「煑繭曰莫。莫，幕也。貧者箸衣可以幕絡絮也。或謂之牽離，煑熟爛牽引，使離散如絲然也。」凡〔一〕此諸文，皆與《爾雅》「貉縮」義近。

貉、嗼、安，定也。皆静定。見《詩》。

「安」「定」，上文竝云：「止也。」止亦定也。

貉者，上文云：「静也。」静亦定也。通作「貊」。《詩・皇矣》傳：「貊，静也。」《釋文》：「貉，本又作貊。」又通作「莫」。《釋文》：「貉，《左傳》作莫，《韓詩》同，云：『莫，定也。』」又「求民之莫」，「民之莫矣」，傳竝云：「莫，定也。」《莊子・大宗師》篇云：「莫然有閒。」《釋文》引崔譔注：「莫，定也。」

嗼者，《説文》云：「嗼，嗼也。」《玉篇》云：「静也。」《廣雅》云：「安也。」安、静亦定。故《廣雅》又云：「嗼，定也。」《吕覽・首時》篇云：「飢馬盈廄，嗼然未見芻也。」《楚辭・哀時命》篇云：「嗼寂默而無聲。」竝以「嗼」爲静定也。通作「寞」。《文選・西征賦》注引《韓詩章句》云：「寞，静也。」又通作「莫」。《釋文》：「嗼，音莫，本亦作莫。」

安者，《説文》云：「静也。」《燕禮》云：「君曰『以我安』。」又云：「皆對曰『諾，敢不

〔一〕 凡，原誤「几」，據楊胡本改。

安』。」竝以「安」爲坐定也。

伊，維也。發語辭。伊、維，侯也。《詩》曰：「侯誰在矣。」互相訓。時、寔，是也。《公羊傳》曰：「寔來者何？是來也。」

三者皆語詞也。凡語詞之字，多非本義，但取其聲。

維者，「惟」之叚音也。上文云：「惟，謀也，思也。」「思」又語詞。故「惟」亦語詞。《玉篇》云：「惟，有也，辭也，伊也。」《離騷》云：「惟庚寅吾以降。」王逸注：「惟，辭也。」《文選・羽獵賦》注引《韓詩章句》亦云：「惟，辭也。」《東京賦》及《甘泉賦》注竝云：「惟，有也。」《東征賦》注又云：「惟，是也。」「是」與「有」亦皆語詞也。通作「維」。《詩》「維天之命」之「維」，《韓詩》訓念，則與「惟」同。毛、鄭無訓，則亦爲語詞矣。

伊者，亦叚借字也。《詩・何彼襛矣》及《雄雉》《蒹葭》傳竝云：「伊，維也。」《士冠禮》云：「嘉薦伊脯。」《楚辭・悼亂》篇云：「伊余兮念茲。」鄭注及王逸注竝云：「伊，惟也。」《逸周書・大匡》篇云：「展盡不伊。」孔晁注：「伊，推也。」「推」蓋「惟」字之譌耳。又《詩》：「匪伊垂之。」箋：「伊，辭也。」《漢書・禮樂志》及《楊雄傳》注竝云：「伊，是也。」是亦惟也，惟亦辭也。通作「繄」。《左氏・僖五年傳》：「民不易物，惟德繄物。」服虔注：「繄，發聲也。」《襄十四年傳》：「繄伯舅是賴。」杜注與服注同。《隱元年傳》：「繄我獨無。」杜注：「繄，語助。」是「繄」「伊」同。故《詩・雄雉》《蒹葭》《東山》《白駒》《正月》箋竝云：「伊，當作繄。繄猶是也。」《史記・周紀》云：「共王繄扈。」《索隱》引《世本》作「伊扈」。是皆「伊」「繄」字通之證。又與「嫛」同。《釋名》云：「人始生曰嬰兒，或曰嫛婗。嫛，是也，言是人也。」然則嫛之訓是與繄之訓是同爲語詞。又與「猗」同。《書》「斷斷猗」，《禮記・大學》作「斷斷兮」。「兮」「猗」皆語詞也。故《莊子・大宗師》篇云：「而我猶爲人猗。」《釋文》引崔譔注：「猗，辭也。」又與「欸」同。《方言》云：「欸，音「醫」，或音「塵埃」。瞖然也。南楚凡言然者曰欸，或曰瞖。」是「瞖」「欸」皆語詞，與「嫛」「繄」同。

侯者，上文云：「乃也。」「乃」既語詞，故「侯」亦語詞。《史記・樂書》云：「高祖過沛，詩三侯之章。」《索隱》曰：「侯，語詞也。」按：詩即《大風歌》，當言「三兮」。云「三侯」者，「兮」「侯」皆語詞，蓋讀同也。伊訓侯者，《詩》：「伊其相謔。」箋：「伊，因也。」因亦仍也，仍亦乃也，乃亦侯也，此即伊訓侯之證。維訓侯者，《詩》「侯誰在矣」，「侯文王孫子」，「應侯順德」，傳竝云：「侯，維也。」《正月》《四月》《蕩》箋竝同。《漢書・禮樂志》云：「蕩侯休德。」《敘傳》云：「侯屮木之區別兮。」服虔、應劭注竝云：「侯，惟也。」《文選·東京賦》云："俟其禕而。"亦以"俟"爲語詞也。俟訓維，維訓俟，故郭云："互相訓。""伊""維""俟"古音疑俱相近。

是者，亦語詞也。詞有宜施，各指所之。伊、維俱語詞而訓是，是亦語詞而訓此。故《廣雅》云："是，此也。"經典"是""此"二字通用。《説文》云："此，止也。从止。""是，直也，从正。""正，是也。从止。"故"止""此""是"三字聲義近而又皆爲語詞矣。

時者，"是"聲之輕而浮者也。古人謂"是"爲"時"，今人謂"時"爲"是"，"是""時"一聲也，"時""是"一義也。故《書》"惟時懋哉"，《史記·五帝紀》作"維是勉哉"。"咸若時"，《夏紀》作"皆若是"。"時日曷喪"，《殷紀》作"是日何時喪"。竝以"時"爲是也。《詩》内"時"字，傳、箋訓是者非一。《考工記·㮚氏》云："時文思索。"《士冠禮》云："孝友時格。"《内則》云："共帥時。"鄭注竝云："時，是也。"竝以"是"訓時也。"時"與"之"同，之亦語詞，又訓爲是。故《書》云"惟耽樂之從"，《漢書·鄭崇傳》作"惟耽樂是從"。《詩》："欲報之德。"鄭箋："之，猶是也。""彼其之子"，箋："之子，是子也。""時"又與"只"同，只亦語詞，又訓爲是。故《詩·南山有臺》及《采菽》箋竝云："只之言是也。"《樛木》釋文："只，猶是也。"蓋"之""只"聲有輕重，亦猶時、之與是矣。

寔者，是聲之弇而下者也。"寔"，从是聲，而訓止。《説文》云："寔，止也。"止亦是也。故《詩》：「寔命不同。」傳：「寔，是也。」《公羊・桓六年傳》：「寔來者何？猶曰是人來也。」《穀梁傳》：「寔來者，是來也。」《大學》云「寔能容之」，「寔不能容」。《書・秦誓》「寔」俱作「是」矣。通作「實」。《詩》：「實維伊何。」箋：「實，猶是也。」「實墉實壑，實畝實藉」，箋：「實，當作寔。趙魏之東實、寔同聲。」《左氏・桓六年經》云：「寔來。」《文選・西京賦》云：「寔蕃有徒。」杜預及薛綜注竝云：「寔，實也。」《詩・小星》釋文：「寔，《韓詩》作實，云：『有也。』」是「寔」「實」通。今按：《釋文》，《小星》「寔」，時職反；《韓奕》「寔」，市力反；《公羊・桓六年》「寔」，亦市力反；《穀梁》「寔」，常式反；《左氏》「寔」，時力反。是陸德明凡遇經傳「寔」字，即必加音，其於實字則不加音。故《韓奕》釋文：「實，毛如字。」是其例也。唯《爾雅》之「寔」及《大學》之「寔」二文俱不加音，蓋脱漏也。或疑二「寔」，陸本作「實」，非也。

卒、猷、假、輟，已也。猷、假，未詳。

《説文》：「已，已也。」《玉篇》：「止也，畢也，又訖也。」「畢」「訖」義皆爲盡，盡爲止，故經典已訓爲止。《爾雅》上云：「已，此也。」此訓止，故已亦止。「止」「已」又皆語詞之終也。

卒者，上文云：「盡也。」下文云：「終也。」《釋言》云：「既也。」既亦已之詞也。《釋名》云：「止也。」止即已之訓也。《一切經音義》九引李巡曰：「卒事之已也。」

猷者，《春秋·文六年》云：「猶朝于廟。」《公羊傳》：「猶者何？通可以已也。」《穀梁傳》：「猶之爲言可以已也。」《宣八年》云：「壬午猶繹。」《公羊傳》與《文六年》同。《穀梁傳》：「猶者，可以已之辭也。」《左氏·僖卅一年》云：「猶三望。」杜預注：「猶者，可止之辭。」是傳、注竝以「猶」爲止已之義。「猶」「猷」古字通。「猶」必兼「可」「已」二義者，《釋言》云：「猶，可也。」猶有疑惑之意，又有遲回之意，竝與止已義近。故凡言「猶」者，必兼「可」「已」二義。「猶」「已」聲相轉也。

假者，《曲禮》云：「天王登假。」鄭注：「假，已也。」通作「瑕」。《詩》：「烈假不瑕。」箋：「瑕，已也。」《正義》引《釋詁》文。「假」與「格」古通用。《書》「格于上下」，《說文》引作「假于上下」。「假」，古音與「格」相轉。格訓至也，至亦止也，止亦已也。故《小爾雅》以「格」爲止，《爾雅》以「假」爲已，其義正同矣。

輟者，《曲禮》云：「輟朝而顧。」及《論語·微子》篇鄭注竝云：「輟，止也。」輟所以訓止者，《說文》云：「車小缺復合者。」然則輟有車行中斷之義，故會意爲「止」。止即已矣。

求、酋、在、卒、就，終也。《詩》曰：「嗣先公爾酋矣。」成就亦終也。其餘未詳。

此又因已義，而廣釋終義也。終亦已也，極也，畢也，盡也，竟也。《釋言》云：「彌，終也。」郭注：「終，竟也。」《釋名》云：「終，盡也。」《周語》云：「今自大畢伯士之終也。」韋昭注：「終，卒也。」《士冠禮》云：「廣終幅。」鄭注：「終，充也。」「充」「終」聲義近。《廣雅》云：「終，極也。」「極」與「畢」「竟」義竝同矣。

求者，索之終也。「求索」之「索」，本作「索」。山戟切。通作「索」。又蘇合切。索訓盡也，盡亦終也。故《詩》「世德作求」，「遹求厥寧」，箋竝云：「求，終也。」《周禮・牛人》云：「凡祭祀共其享牛求牛。」注亦云：「求，終也。」通作「救」。《大司徒》：「正日景以求地中。」注：「故書求爲救。」杜子春云：「救，當爲求。」是「求」「救」通。故《說文》云：「救，止也。」止亦已也，已亦終也。聲與「究」近。究訓盡，盡亦終矣。

酋者，久之終也。《方言》云：「久熟曰酋。」「久」「終」義近。「酋」从酉，酉訓就，然則酉之爲言就也。故范望《太玄》注：「酋，就也。」就亦終。故《詩・卷阿》傳：「酋，終也。」《漢書・敘傳》音義引韋昭亦云：「酋，終也。」通作「遒」。《爾雅》釋文：「酋，郭音遒。」《詩・卷阿》正義：「酋，正作遒。」是「遒」「酋」通。《史記・魯世家》云：「考公酋。」《索隱》引《系本》作「就」，鄒本作「遒」。《詩》及《爾雅》釋文「酋」，俱在由、子由二反，亦即「遒、就」之音。又與「傮」同。《說文》：「傮，終也。」「傮」「酋」「就」又俱一聲之轉矣。

在者，上文云：「察也。」是察之終也。《尚書大傳》云：「察者，至也。」至亦極也，極亦終也。《書》「平在朔易」，《史記·五帝紀》作「便在伏物」。在亦訓察。按：春夏秋皆言「平秩」，唯冬言「平在」。冬爲歲之終，察之訓終，此亦其證。《左氏·成十六年傳》：「多怨而階亂，何以在位。」《昭十二年傳》：「將何以在？」在亦終矣。

卒者，《說文》作「猝」。通作「卒」。《曲禮》云：「大夫曰卒。」鄭注：「卒，終也。」《詩·日月》《七月》《節南山》《蓼莪》箋竝與《曲禮》注同。《白虎通》云：「大夫曰卒。精熠終卒。卒之爲言終於國也。」《一切經音義》九引舍人曰：「卒，病之終也。」

就者，上文云：「成也。」是成之終也。《廣雅》云：「就，歸也。」又云：「久也。」「久」與「酉」義近，「歸」與「卒」義近也。《越語》云：「先人就世，不穀即位。」韋昭注：「就世，終也。」《南史·徐陵傳》：「光宅寺慧雲法師每嗟陵早就，謂之顏回。」是亦以「就」爲終。早就言不壽，故比之顏回。而陵年七十七而終，明慧雲之言不驗也。今時俗語亦言「就了」，或言「就已」，斯皆謂終爲就，方俗之語合於雅訓矣。《釋文》：「就，或作𡰪，又作𣨛。」《玉篇》云：「𣨛，千六切，𣦼也。」又云：「𣦼，今作終。」又云：「𣨛，終也。亦作求。」《釋文》：「𣨛，又作求。𣦼，又作終。」今按：以上三體，皆極淺俗，所謂近鄙別字，經典斷不可用。

崩、薨、無祿、卒、徂落、殪，死也。古者死亡尊卑同稱耳，故《尚書》堯曰「殂落」，舜曰「陟方乃死」。

《説文》云：「死，澌也。人所離也。」《檀弓》云：「君子曰終，小人曰死。」鄭注：「死之言澌也。事卒爲終，消盡爲澌。」按：「死」「終」二字，對文則别，散文則通。故《淮南·精神》篇云：「生，寄也；死，歸也。」是雖君子稱死也。《説苑·雜言》篇云：「死者，民之終也。」是雖小人稱終也。《周禮·疾醫》注：「少者曰死，老者曰終。」此亦對文，若散文，則「終」「死」亦老、少之通稱矣。

崩、薨、無祿、卒者，《曲禮》云：「天子死曰崩，諸侯曰薨，大夫曰卒，士曰不祿，庶人曰死。」《大戴禮》及《白虎通》俱依此次，《爾雅》則以「無祿」居「卒」之前，蓋順文無别義也。析言其義，則《穀梁·隱三年傳》：「高曰崩，厚曰崩，尊曰崩，天子之崩以尊也。」《説文》：「崩，山壞也。」「薨，公侯猝也。」「大夫死曰猝。」《釋名》云：「崩，壞之形也。崩，硼聲也。薨，壞之聲也。不祿，不復食祿也。卒，言卒竟也。」是《釋名》本《爾雅》爲序，亦以「無祿」居「卒」之前矣。《白虎通》云：「崩之爲言倗然伏僵。薨之言奄也，奄然亡也。卒之爲言終於國也。祿之言消也，身消名彰。」《曲禮》注：「異死名者，爲人褻其無知，若猶不同然也。自上顛壞曰崩。薨，顛壞之聲。卒，終也。不祿，不終其祿。」《公羊·隱三年》注：「不祿，無祿也。」然則諸家之説大意相同。「無祿」俱作「不祿」，其義同也。然「不祿」之言俱屬之士，故言「不終其祿」，或言「不復食祿」，此皆望文生義。古說又復不同。按：《通典》八十三引漢《石渠議》聞人通漢問云：「記曰：『君赴於佗國之君曰不祿。夫人曰寡小君不祿。大夫士或言卒死。皆不能明。』戴聖對曰：『君死未葬曰不祿，既葬曰薨。』」此則諸侯亦稱「不祿」矣。故《晉語》云：「又重之以寡君之不祿。」韋昭注：「士死曰不祿。禮，君死赴於他國曰『寡君不祿』，謙也。」韋昭注及《石渠議》所據皆《禮·雜記》之文也。又大夫亦稱「不祿」。故《雜記》云：「大夫訃於同國適者曰某不祿；訃於士，亦曰某不祿。」又庶人亦稱「不祿」。故《曲禮》云：「壽考曰卒，短折曰不祿。」鄭注：「祿，謂有德行任爲大夫士而不爲者，老而死從大夫之稱，少而死從士之稱。」然則「不祿」之言通於上下。今攷其義，不祿猶言不祥。祥、祿皆訓善。《廣雅》云：「祿，善也。」不祿即不善，謂遭凶禍也。祿又福也。無祿猶言無福，亦謂遭死喪也。《詩》：「民今之無祿。」《左氏·昭七年傳》：「今無祿早世。」其義竝同。不祿又即不淑。上文云：「淑，善也。」不淑即不善。故《雜記》云：「寡君使某問君如何不淑。」又云：「寡君使某如何不淑。」是皆弔問凶喪之詞也。王照圓《葩經小記》說：「《君子偕老》云『子之不淑，云如之何』。《詩》意當與《雜記》同，箋以不淑爲不善之行。《中谷有蓷》云『遇人之不淑』，亦當謂良人遭死亡之禍，而箋以爲君子於己不善也。夫溫柔敦厚，詩人之教，而二詩直露刺譏，似傷忠厚之意，疑皆説者失其義耳。」卒者，「殚」之叚借也。經典通作「卒」而訓終。終歿義亦爲死也。故《通典》引《石渠議》云：「孝子諱死曰卒。」又引許慎《五經通義》云：「卒之爲言終於國也。」《曲禮》云：「壽考曰卒。」三説互異，蓋「卒」亦上下之通稱，義與「無禄」同矣。

徂者，「殂」之叚借也。徂落者，《説文》云：「殂，往死也。」引《虞書》曰：「放勛乃殂。」「落」通作「徂」。《舜典》正義引李巡云：「徂落，堯死之稱。」郭此注又引「舜陟方乃死」之文，《白虎通》兩釋之，云：「《書》言殂落死者，各有見義。堯見憯痛之，舜見終各一也。」《釋名》云：「徂落，徂祚也，福祚殞落也。徂亦往也，言往去落也。」《孟子》注本《爾雅》云：「徂落，死也。」今按：梅《書·舜典》作「帝乃殂落」，《孟子》引《堯典》作「放勳乃徂落」，《説文》引《書》與《孟子》同，《書》之真古文也。《釋文》：「殂，音徂。本又作徂。殆，音落。本又作落。」今從宋本作「徂落」，與《孟子》合，此古本矣。

殪者，《説文》云：「死也。」《釋名》云：「殪，翳也，就隱翳也。」按：「殪」亦「死」之通稱。故《晉語》云：「擊人盡殪。」《左氏·隱九年傳》：「衷戎師前後擊之，盡殪。」是皆以人死爲殪也。《楚辭·國殤》篇云：「左驂殪兮右刃傷。」《晉語》云：「射兕于徒林，殪，以爲大甲。」是又以物死爲殪矣。

爾雅郭注義疏上之二

釋言第二

言者，《説文》云：「直言曰言。」《釋名》云：「言，宣也，宣彼此之意也。」「言」與「詁」異。詁之爲言古也，博舉古人之語而以今語釋之也。言之爲言衍也，約取常行之字而以異義釋之也。言即字也，「釋言」即解字也。古以一字爲一言，此篇所釋皆單文起義，多不過二三言，與《釋詁》之篇動連十餘文而爲一義者殊焉，故次《釋言》。

殷、齊，中也。《書》曰：「以殷仲春。」《釋地》曰：「岠齊州以南。」

上篇首言「始」，末言「終」，此篇首言「中」，亦末言「終」，蓋以中統始終之義而包上下之詞也。中者，《玉篇》云：「半也。」半者，適均。故《考工記·弓人》注：「中，猶均也。」均者，平和。故《説文》云：「中，和也。」和者，在其間。故《喪服小記》注：「中，猶間也。」《儒行》注：「中，中間。」中則正，正亦長。故《墨子·經上》篇云：「中同長也。」是皆以引伸爲義矣。

殷者，《周禮・大行人》云：「殷相聘也。」《掌客》云：「殷膳大牢。」鄭注竝云：「殷，中也。」《書・堯典》馬、鄭注同。《廣雅》云：「殷，正也。」正亦中。「以殷仲秋」，《史記・五帝紀》作「以正中秋」。是「中」「正」義同。中之言衆也，居中央應四方，有以寡御衆之意，故殷又訓衆也，盛也，大也，多也，皆從中、正之義而生也。通作「隱」。《詩・殷其靁》之「殷」音「隱」。「如有隱憂」，《韓詩》作「殷」。《易・豫》釋文：「殷，京本作隱。」皆其證矣。

齊者，平也，等也，皆也，同也，又整齊也。五者實一義，皆無長短高下之差，故爲中也。《易・繫辭》集解引王肅曰：「齊，猶正也。」正即中之訓。故《詩》「人之齊聖」，箋訓齊爲中正。《書》：「天齊于民。」馬融注：「齊，中也。」《列子・黄帝》篇云：「不知斯齊國幾千里。」《湯問》篇云：「猶齊州也。」張湛注竝云：「齊，中也。」《周穆王》篇云：「四海之齊，謂四海之中也。」亦齊爲中之證。

斯、誃，離也。齊、陳曰「斯」。誃，見《詩》。

離者，《玉〔一〕篇》云：「散也，去也，兩也，判也。」《曲禮》云：「離坐離立。」鄭注：

〔一〕玉，原誤「二」，據楊胡本改。

「離，兩也。」《廣雅》云：「離，分也。」「兩」「判」「去」「散」，其義皆爲分也。「離」與「蠡」音義同。《方言》云：「蠡，分也。楚曰蠡，秦、晉曰離。」又與「劙」同。《荀子·賦》篇注：「攠與劙同。攠兮，分判貌。」是矣。

斯者，《説文》云：「析也。」引《詩》：「斧以斯之。」《書》：「有斯明享。」鄭注：「斯，析也。」《廣雅》云：「斯，分也。」「分」「析」義皆爲離，故《詩·墓門》釋文及正義引孫炎曰：「斯，析之離。」《方言》云：「斯，離也。齊、陳曰斯。」是郭所本。通作「廝」。《廣雅》云：「廝，散也。」《史記·河渠書》云：「乃廝二渠以引其河。」《集解》引《漢書音義》云：「廝，分也。」又通作「廝」。《方言》云：「廝，散也。」又與「參」同。《方言》云：「參，分也。」按：參之言三也，夜參半即夜分半矣。

誃者，《説文》云：「離別也。周景王作洛陽誃臺。」按：「誃臺」猶離宮別館也。郭云「誃見《詩》」者，邢疏引《巷伯》云：「哆兮侈兮。」《説文》云：「哆，張口也。」張開與分離義近。又與「陊」近。《説文》：「陊，落也。」落有離意，故《吴語》云：「民人離落。」又與「坼」近。《説文》：「㙇，裂也。」《廣雅》：「坼，分也。」「分」「落」義皆爲離。

謏、興，起也。《禮記》曰：「尸謏。」

起者，《説文》云：「能立也。」《釋名》云：「起，啟也；啟，一舉體也。」《禮·孔子閒居》注：「起，猶行也。」《史記·樂書》正義云：「起，動也。」行、動皆從起義而生也。謏者，《特牲》《少牢饋食》俱云：「尸謏。」《列子·黄帝》篇云：「則未嘗見舟而謏操之者也。」鄭注及張湛注竝云：「謏，起也。」通作「休」。《少牢饋食》及《士虞禮》注竝云：「古文謏或作休。」又與「慉」同。《詩》：「不我能慉。」傳：「慉，興也。」《説文》：「慉，起也。」「慉」「謏」聲近，「慉」「休」聲轉，其義俱同矣。

興者，動也，作也，發也，舉也，皆起之義也。與「廞」同。《周禮》注：「廞，興也。」「興」、「廞」聲轉。

還、復，返也。皆迴返也〔一〕。

返者，《説文》云：「還也。」引《商書》曰：「祖甲返。」又引《春秋傳》作「彶」。通作「反」。《儀禮》注：「反，還也。」《詩·猗嗟》箋及《執競》傳竝云：「反，復也。」《氓》箋及

〔一〕皆迴返也，《爾雅》宋刊十行本無。

《説文》云：「反，覆也。」「覆」「復」聲同，其義亦近也。

還者，《説文》云：「復也。」《越語》注：「反也。」《詩》：「還而不入。」箋：「還，行反也。」通作「環」。又通作「旋」，周旋亦反復之義也。

復者，《説文》云：「往來也。」又云：「夏，行故道也。」「夏」「復」音義同。《易·雜卦》云：「復，反也。」《詩·黄鳥》及《我行其野》箋、傳竝同。又通作「反」。《特牲饋食禮》注：「今文復爲反。」蓋「反」「復」一聲之轉，故其字通。

宣、徇，徧也。皆周徧也。

徧者，《説文》云：「帀也。」《易·象傳》云：「莫益之徧辭也。」虞翻注：「徧，周帀也。」俗作「遍」。通作「辯」。又作「辨」。《廣雅》云：「辨，徧也。」《樂記》注：「辯，徧也。」《書》「徧于羣神」，《史記·五帝紀》作「辯於羣神」。《鄉飲酒禮》：「衆賓辯有脯醢。」《有司徹》云：「若是以辯。」鄭注竝云：「今文辯皆作徧。」又轉爲「備」。《玉藻》注：「必先徧嘗之。」《釋文》：「徧，本又作備。」「備」「徧」聲相轉也。

宣者，《詩》内「宣」字，傳、箋俱訓爲徧。《逸周書·謚法》篇云：「聖善周聞曰宣。」亦以「宣」爲周徧也。《詩》：「恒之秬秠。」傳：「恒，徧也。」《釋文》：「恒，古鄧反，本又作亙。」按：「亙」爲「栖」之古文，其義訓竟，而音爲「古鄧」。「栖」，从恒聲，恒訓長、久，皆與周徧義近，故其義同矣。

徇者，「旬」之叚音也。《説文》云：「旬，徧也。十日爲旬。」《詩》：「來旬來宣。」傳：「旬，徧也。」通作「徇」。《史記・五帝紀》云：「幼而徇齊。」《索隱》引《爾雅》以「徇」爲周徧也。「徇」，《説文》作「侚」，《爾雅》釋文：「徇，本又作侚。」又通作「袀」。《釋文》：「徇，樊本作袀，郭音巡。」張揖《字詁》云：「袀，今巡。」按：《説文》：「袀，行示也。」行示與周徧義亦近。故《一切經音義》一引《三蒼》云：「袀，徧也。」《左氏・桓十二年傳》：「三巡數之。」杜預注：「巡，徧也。」又通作「洵」。下文云：「洵，均也。」「均」「徧」義同，故《詩・桑柔》正義引李巡曰：「洵，徧之均也。」

駲、遽，傳也。皆傳〔一〕車、駲〔二〕馬之名。

《説文》云：「傳，遽也。遽，傳也。」互相訓。古以傳、遽竝稱，故《周禮・行人》云：

〔一〕傳，《爾雅》宋刊十行本作「轉」。
〔二〕駲，《爾雅》宋刊十行本作「驛」。

「掌邦國傳遽之小事。」鄭注：「傳遽，若今時乘傳騎驛而使者也。」《玉藻》云：「士曰傳遽之臣。」鄭注：「傳遽，以車馬給使者也。」《詩·江漢》釋文：「以車曰傳，以馬曰遽。」故《左氏·僖卅三年傳》：「且使遽告於鄭。」《成五年傳》：「晉侯以傳召伯宗。」則知召伯宗必以車，告於鄭必以馬矣。蓋傳之爲言轉也，以車展轉，而期於早達也。遽之爲言急也，以馬急促，而期於速到也。後世驛傳起於此矣。

馹者，《說文》云：「傳也。」「驛，置騎也。」「騎，跨馬也。」是「驛」「馹」義別，俗或通用。故《左氏·文十六年》正義引《爾雅》作「驛傳」，又引舍人曰：「驛，尊者之傳也。」「驛」皆當作「馹」。《釋文》反音可證。舍人之意蓋據傳云：「楚子乘馹。」又云：「子產乘遽。」故知尊者乘馹，卑者乘遽也。《左氏·昭二年》，《釋文》及《正義》竝引孫炎云：「傳車驛馬也。」郭注本孫炎，今《爾雅》注「驛」，又誤作「馹」矣。《釋文》：「馹，而實反，郭《音義》云：『本或作遷。』《聲類》云：『亦馹字，同。』」

蒙、荒，奄也。奄，奄覆也。皆見《詩》。

奄者，《說文》云：「覆也。」《詩》「奄有下國」，「奄有龜蒙」，箋竝以爲覆。通作「揜」。《說文》：「揜，一曰覆也。」又通作「弇」。下文云：「弇，蓋也。」蓋亦覆，故《廣雅》云：

「弇，覆也。」又通作「掩」。《文選・懷舊賦》注引《埤蒼》曰：「掩，覆也。」《晉語》及《吳語》注竝云：「掩，蓋也。」《方言》云：「掩，薆也。」薆亦覆蓋之意矣。

蒙者，冡之叚音也。《説文》云：「冡，覆也。」通作「蒙」。《詩・君子偕老》傳：「蒙，覆也。」按：「葛生蒙楚」「蒙棘」，皆以「蒙」爲覆也。又通作「幏」，或作「幪」。《説文》：「幏，蓋衣也。」《法言・吾子》篇云：「然後知夏屋之爲帡幪也。」李軌注：「帡幪，蓋覆也。」又轉爲「冖」。《説文》云：「冖，覆也。」按：「冖」與「冪」「幎」「鼏」「幦」竝字異而義同。「冖」「蒙」又一聲之轉也。

荒者，與「奄」竝訓大也，大與覆義相成。《説文》云：「荒，艸掩地也。」掩即覆蓋。《書》：「惟荒度土功。」《詩》：「葛藟荒之。」毛、鄭竝云：「荒，奄也。」《皇矣》及《公劉》正義引孫炎曰：「荒，大之奄也。」通作「幠」。《説文》云：「幠，覆也。」《詩》「遂荒大東」，郭注《釋詁》引作「遂幠大東」。《禮・投壺》云「毋幠毋敖」，《大戴禮》作「無荒無慠」。「荒」「幠」亦一聲之轉。

告、謁，請也。皆求請也。

「請、謁，告也」，已見《釋詁》。告、謁又爲請，轉相訓。

肅、噰，聲也。《詩》曰：「肅噰和鳴。」

經典言「肅」「雝」者多矣，此言其聲耳。《詩·鴻雁》傳：「肅肅，羽聲也。」《鴇羽》傳：「肅肅，鴇羽聲也。」是皆重文。若單文亦爲聲。《禮·祭義》云：「肅然必有聞乎其容聲。」《史記·孝武紀》云：「神君來則風肅然。」是皆以「肅」爲聲也。以「噰」爲聲者，《詩·匏有苦葉》傳：「雝雝，鴈聲和也。」「雝」與「噰」同，已詳《釋詁》「噰噰，音聲和也」下。

格、懷，來也。《書》曰：「格爾〔一〕衆庶。」懷，見《詩》。

「來、格、懷，至也」，已見《釋詁》。至即來，故格、懷又爲來，轉相訓。「來」通作「戾」，戾亦至，「戾」「來」古音同也。

格者，當作「假」，亦作「徦」，竝詳《釋詁》。通作「狢」。《方言》：「狢，來也。」又通作「格」。《詩》：「神保是格。」「神之格思。」《緇衣》云：「則民有格心。」《大學》云：「致知在格物。」傳、注竝云：「格，來也。」

〔一〕爾，《爾雅》宋刊十行本作「尒」。

懷者，《方言》云：「來，自關而東或曰懷。」《釋名》云：「懷，回也，本有去意，回來就己也。亦言歸也，來歸己也。」《詩》「曷又懷止」，「懷柔百神」，傳、箋竝云：「懷，來也。」《周禮·序官》：「懷方氏。」《學記》云：「近者說服而遠者懷之。」鄭注亦云：「懷，來也。」《詩》傳、箋及《學記》注又云：「懷，歸也。」歸亦來。《釋詁》又云：「懷，止也。」止亦至，至亦來矣。

眕、厎，致也。皆見《詩》傳。

致者，《説文》云：「送詣也。」「詣，候至也。」然則致亦至也，「至」「致」聲同，字亦通矣。

眕者，《釋詁》云：「告也。」《玉篇》引《禮記》曰「眡於鬼神」，亦作「聆」，今《曲禮》作「眕於鬼神」。鄭注：「眕，致也，祝告致於鬼神辭也。」是「致」「告」義相成，故眕既訓告，又訓致。郭云「見《詩》傳」者，今毛傳無，或當在齊、魯、韓《詩》矣。

厎者，《釋詁》云：「止也。」止亦致也。《書》「乃言厎可績」，《史記·夏紀》作「汝言致可績」。凡《禹貢》「厎」字，《夏紀》俱作「致」。又「敷重厎席」，鄭注亦云：「厎，致也。」通作「耆」。《詩》：「耆定爾功。」傳：「耆，致也。」《釋文》：「耆，毛音指。」《文選·報任少卿書》注引《爾雅》郭璞曰：「厎音指。」蓋郭氏《音義》之文。

恀、怙，恃也。今江東呼母〔一〕爲「恀〔二〕」。

《説文》云：「恃，賴也。」《詩・蓼莪》釋文引《韓詩》云：「恃，負也。」《楚辭》注：「恃，怙也。」恃、怙互相訓也。

恀者，《説文》作「垑」，云：「恃也。」《廣韻》云：「恃土地也。」通作「恀」。《廣韻》引《爾雅》：「一云恃事曰恀。」此蓋《爾雅》舊注，故《龍龕手鑑》一引《爾雅》云：「恃事自恀也。」《荀子・非十二子》篇云：「儉然恀然。」楊倞注：「恀然，恃尊長之貌。」然則恀之爲言侈也。有所憑恃，而侈然自多，故侈訓汰，恃訓賴也。郭云「今江東呼母爲恀」者，《方言》云：「南楚、瀑洭之閒，謂婦妣曰母姼。」《説文》則云：「江、淮之閒謂母曰媞。」是「媞」「姼」音義同。郭意蓋借「姼」以證「恀」之爲恃，取其聲同，非「恀」有母稱也。注内「恀」字，蓋傳寫之譌。

〔一〕母，「母」上原脱「呼」字，楊胡本同，據《爾雅》宋刊十行本、《經解》本補。
〔二〕「恀」下《爾雅》宋刊十行本有「音是」二字。

怙者，《謚法》及《詩·鴇羽》傳竝云：「怙，恃也。」《韓詩》云：「怙，賴也。」賴即恃之訓，故《説文》依《爾雅》云：「怙，恃也。」

律、遹，述也。皆敘述也。方俗語耳。

述者，《説文》云：「循也。」《詩·日月》傳及《士喪禮》《少牢饋食禮》注竝云：「述，循也。」述又修也。「脩」「循」「述」俱一聲之轉。通作「術」。《詩》：「報我不述。」《釋文》：「述，本亦作術。」《文選·廣絶交論》注引《韓詩》作「報我不術」。《士喪禮》注：「古文述，皆作術。」按：「術」，《韓詩》云：「法也。」「法」與「律」其義又同矣。

律者，《釋詁》云：「常也，法也。」奉爲常法，即述之義，故又訓述。《中庸》注及《史記·律書》索隱引《釋名》竝云：「律，述也。」《周禮·典同》注：「律，述氣者也。」《廣雅》云：「律，率也。」率循即述也。通作「聿」。「律」，从聿聲。《説文》：「聿，所以書也。楚謂之聿，吴謂之不律。」是律、聿皆謂筆，故《釋名》云：「筆，述也。」《詩》正義引《爾雅》作「聿，述也」。聿即律矣。

遹者，《釋詁》云：「自也，循也。」循與自皆述之義也。《書》：「今民將在祇遹乃文考。」馬融注：「遹，述也。」《詩·文王有聲》箋同。通作「曰」。《詩》正義引《爾雅》作

「曰，述也。」又通作「聿」。《詩》「遹追來孝」，《禮器》引作「聿追來孝」。「遹」，孫炎以爲古「述」字，讀「聿」。故《詩》「聿修厥德」，《漢書・東平思王宇傳》作「述修厥德」。

俞、盒，然也。《禮記》曰：「男唯女俞。」盒者，應也，亦爲然。

然者，《廣雅》云：「譍也。」又云：「成也。」成、定亦然諾之意。《禮・大傳》注：「然，如是也。」《祭義》注：「然，猶而也。」按：而猶爾也，爾之爲言，猶云如是也。「而」聲近「唉」，今順天人謂「然」爲「唉」。音「哀」。《說文》云：「唉，譍也。」又云：「誒，然也。」《方言》云：「欸，然也。南楚凡言然者曰欸。」「欸」與「誒」「唉」竝聲義同。

俞者，然之聲也。「俞」與「唯」皆譍聲。故《說文》云：「唯，諾也。」《廣雅》云：「唯、諾，然也。」《內則》云：「男唯女俞。」鄭注：「俞，然也。」凡《書》「曰俞」，《史記・五帝紀》俱作「曰然」。「然」「俞」「唯」俱聲相轉，與「吁」同。《方言》云：「譕、呼瓜反。吁，音「于」。然也。」郭云：「皆應聲。」是吁亦俞矣。

盒者，《釋文》云：「古荅字，一本作荅。」《玉篇》云：「荅，當也。」當亦對，故《鄉射禮・記》及《郊特牲》《祭義》注竝云：「荅，對也。」「荅」「對」「當」俱聲相轉。當訓應也，故荅又爲譍，譍亦然也。通作「對」。《詩》「聽言則荅」，《新序・雜事》五及《漢書・賈山傳》俱作「聽言則對」。

豫、臚，敘也。皆陳敘也。

敘者，《説文》云：「次弟也。」次弟其先後，故《釋詁》云：「敘，緒也。」有耑緒可陳述，故《晉語》注：「敘，述也。」通作「序」。《書》内「敘」字，《史記》俱作「序」。序有更代之義，故序又訓更也，代也。

豫者，舒也，序也，故《釋地》釋文引《春秋元命包》云：「豫之言序也。」亦通作「序」。《祭義》注：「序或爲豫。」《鄉射禮》云：「豫則鉤楹内。」鄭注：「豫讀如成周宣榭災之榭。今文豫爲序。」是「序」「豫」同。「豫」「榭」古音又同。又通作「舒」。《釋詁》云：「舒，敘也，緒也。」《書》曰「豫恒燠若」，《史記·宋世家》作「曰舒常奥若」。《大戴禮·五帝德》篇云：「貴而不豫」，《史記·五帝紀》作「貴而不舒」。是「舒」「豫」音又同矣。

臚者，《玉篇》云：「陳也。」韋昭注《漢書》及《辯釋名》竝云：「臚，陳敘也。」通作「攄」。《廣雅》云：「攄，舒也。」《史記·司馬相如傳》云：「攄之無窮。」《集解》引徐廣曰：「攄，一作臚，臚，敘也。」又通作「旅」。《釋詁》云：「旅，陳也。」《鄉飲酒》及《鄉射禮》《燕禮》《大射儀》注竝云：「旅，序也。」《士冠禮》注：「古文旅作臚。」是「臚」「旅」通。

「旅」有「臚」音。故《周禮·司儀》云：「皆旅擯。」鄭注：「旅讀爲鴻臚之臚。」

庶幾，尚也。《詩》曰：「不尚息焉。」

尚者，上也，加也。有尊高之義，故《釋詁》云：「尚，右也。」右爲嘉好之稱，故尚又訓慕也，願也。願、慕與庶幾義近，故《説文》云：「尚，庶幾也。」本《爾雅》爲訓也。

庶者，下文云：「幸也。」幾者，《釋詁》云：「危也。」危猶近也。「幾」與「覬」同，覬亦幸也，然則庶幾爲近幸之義。《詩》「尚無爲」，「尚可載也」，「不尚息焉」，《儀禮》「尚饗」，《檀弓》云：「尚行夫子之志乎哉？」《大學》云：「尚亦有利哉。」箋、注竝云：「尚，庶幾也。」然「庶」「幾」二字亦可單言。如《論語》云：「其庶乎？」《左傳》云：「庶有豸乎？」《易》：「月幾望。」《繫辭》云：「或幾乎息矣。」義皆爲近。近即尚也。故《家語·終記》篇王肅注：「尚，庶也。」「庶」字斷文，亦其證矣。

觀、指，示也。《國語》曰：「且觀之兵。」

《釋名》云：「示，示也。」《玉篇》云：「示者，語也，以事告人曰示也。」《華嚴經音義》上引《蒼頡篇》云：「示，現也。」《説文》云：「天垂象，見吉凶，所以示人也。」通作「視」。

《詩》：「視民不恌。」箋：「視，古示字也。」《曲禮》：「幼子常視毋誑。」注：「視，今之示字。」《士昏禮·記》：「視諸衿鞶。」注：「示之以衿鞶。」「視」乃正字，今文作「示」，俗誤行之。《莊子·應帝王》及《徐无鬼》篇釋文竝云：「示，本作視。」又通作「寘」。《周禮·朝士》注：「示于叢棘。」《釋文》：「示，本或作寘。」

觀者，見之示也。《考工記·㮚氏》云：「以觀四國。」《莊子·大宗師》篇云：「以觀衆人之耳目。」《釋文》竝云：「觀，示也。」按：《釋宫》云：「觀謂之闕。」亦所以表示於人也。《釋文》：「觀，施音館，謝音官。」二音俱通矣。

指者，手之示也。《廣雅》及《離騷》注竝云：「指，語也。」語亦示也。《曲禮》云：「指使。」使亦示也。《仲尼燕居》云：「治國其如指諸掌而已乎。」《中庸》云：「治國其如示諸掌乎。」

若、惠，順也。《詩》曰：「惠然肯來。」

順者，《釋詁》云「敘也」，「緒也」，「陳也」，義皆相成。順者，不逆也。故《釋名》云：「順，循也，循其理也。」逆理爲凶，順理爲從。故《特牲饋食記》注：「順，從也。」順從與慈愛義近。故《謚法》云：「慈和徧服曰順。」《孟子》注云：「順，愛也。」通作「循」。《大射儀》云：「以柣順左右限。」鄭注：「今文順爲循。」又通作「慎」。《禮器》云：「順之至也。」《釋文》：「順，亦作慎。」《易・繫辭》云：「慎斯術也。」《釋文》：「慎，一本作順。」皆其證矣。

若者，《釋詁》云：「善也。」善者，和順於道德，故又訓順。《詩・烝民》及《閟宮》傳、《禮・曾子問》及《禮器》注竝云：「若，順也。」《書》之「欽若」及「疇咨若時」，《史記・五帝紀》「若」，俱作「順」。通作「如」。《有司徹》注：「今文若爲如。」按：如、若皆相似之言。《說文》：「如，从隨也。」从隨即順，亦其義也。

惠者，《釋詁》云：「愛也。」惠訓愛與順訓愛同。《表記》云：「節以壹惠。」鄭注：「惠，猶善也。」惠訓善與若訓善又同矣。《詩》「終温且惠」，「維此惠君」，傳、箋竝云：「惠，順也。」

敖、憮，傲也。《禮記》曰：「無憮無傲。」傲，慢也。

敖者，《說文》云：「倨也。」「倨，不遜也。」《廣雅》云：「傲，傷也。」傷慢亦倨傲也。通作「敖」。《詩》「彼交匪敖」，《漢書・五行志》作「匪儌匪傲」。又通作「奡」。《說文》云：「奡，嫚也。」引《虞書》曰：「若丹絑奡。」《漢書・劉向傳》作「毋若丹朱敖」，今《書》

作「無若丹朱傲」。

敖者，《說文》云：「出游也。从出，从放。」按：出外、放游皆無拘檢之意，故又訓傲。《釋詁》云：「謔浪笑敖，戲謔也。」舍人注：「敖，意舒也。」《詩·鹿鳴》傳：「敖，遊也。」《廣雅》云：「敖，戲也。」戲、遊、舒、放俱與傲慢義近，重文亦然，故《釋訓》云：「敖敖，傲也。」俗作「遨」。《詩》：「以敖以遊。」《釋文》：「敖，本亦作遨。」《莊子·列禦寇》篇釋文同。

幠者，《釋詁》云「大也」，「有也」，皆與傲慢義近，故又訓傲。《禮·投壺》云：「毋幠毋敖。」鄭注：「幠，敖慢也。」通作「憮」。《詩》：「亂如此憮。」箋：「憮，敖也，甚敖慢無法度也。」又通作「荒」。荒怠亦傲慢，故《謚法》云：「好樂怠政曰荒。」餘詳《釋詁》。

幼、鞠，稺也。《書》曰：「不念鞠子哀。」

《說文》云：「稺，幼禾也。」《方言》云：「稺，小也。稺，年小也。」通作「稚」。《方言》注：「稺，古稚字。」《五經文字》云：「稺，《字林》作稚。」《詩》「稙稺菽麥」，《說文》作「稙稚尗麥」。

幼者，《說文》云：「少也。」《釋名》云：「言生日少也。」《曲禮》云：「人生十年曰幼。」按：「十年」者，舉成數，實則十五以前通曰幼，故《喪服傳》注：「子幼謂年十五已下。」《管子·幼官》篇注：「幼，始也。」「始」「穉」義亦近也。

鞠者，「毓」之叚音也。《説文》「毓」同「育」，云：「養子使作善也。」是育訓養，與穉義近。故《詩》：「昔育恐育鞠。」鄭箋：「昔育，育稚也。」《廣雅》云：「毓，穉也。」通作「鬻」。《詩》：「鬻子之閔斯。」傳：「鬻，稚也。」《文選·洞簫賦》注：「鬻、育古字同。」又通作「鞠」。鞠者，下文云：「生也。」「生」「養」義近。故《詩·鴟鴞》正義引《爾雅》作「鬻，稚也」，而云：「郭璞曰：『鞠一作毓。』」證知《爾雅》古本作「毓稚」，所引蓋郭《音義》之文也。「毓」「鬻」「鞠」俱聲義近而字亦通。又通作「粥」，即「鬻」字之省。

逸、僁，過也。《書》曰：「汝則有逸罰。」

過者，《説文》云：「度也。」《玉篇》云：「越也。」因度越之義又爲失，因失之義又爲誤也，謬也，皆展轉相生。《爾雅》此義則主於謬失也。

逸者，《説文》云：「失也。」失兼縱也，放也，逃也，亡也諸義，而俱名爲「過」。故《周語》引《書·盤庚》曰：「國之不臧，則惟余一人，是有逸罰。」韋昭注：「逸，過也。」《文選・荅盧諶詩》云：「逸珠盈椀。」李善注：「逸謂過於衆類。」通作「佚」。《公羊・宣十二年傳》：「令之還師而佚晉寇。」何休注：「佚，猶過。」《説文》云：「佚，佚民也。」《論語・微子》篇作「逸民」。又「夷逸」，漢石經作「夷佚」。又通作「軼」。《廣雅》云：「軼，過也。」《一切經音義》九云：「逸，古文軼，同。」又通作「泆」。《書》「誕淫厥泆」，《史記・魯世家》作「誕淫厥佚」。《集解》引馬融注：「紂大淫樂其逸。」《書》：「淫泆于匪彝。」《釋文》：「泆，又作逸，亦作佚。」又通作「佾」。《書》：「大淫泆有辭。」《釋文》：「泆，又作佾，馬本作肩，云：過也。」按：「肩」，从肙聲，與「逸」音近。今「肩」作「屑」，音私列切，其音遠矣。又通作「淫」。淫訓過度。《文選・七發》注引《爾雅》作「淫，過也」。「淫」「逸」聲相轉也。

僁者，籀文「愆」字。《説文》：「愆，過也。」經典「愆」「僁」通用。故《詩》「不愆于儀」，《禮・緇衣》作「不僁于儀」。《氓》《蕩》釋文竝云：「愆，本又作僁。」又通作「迡」。《説文》：「迡，過也。」又通作「㥶」。《説文》：「愆，或从寒省。」《謚法》云：「㥶，過也。」《詩》「不愆不忘」，《春秋繁露》作「不騫不忘」，疑「騫」即「㥶」字耳。又通作「𠐊」。《文選・贈士孫文始詩》注引《詩》作「不𠐊不忘」。《後漢書・馬防傳》注：「𠐊，過也。」《一切經音義》三云：「𠐊，古文㥶、迡二形。」《玉篇》云：「𠐊同㥶，俗。」

疑、休，戾也。戾、止也。疑者亦止。

戾者，《釋詁》云：「止也。」止亦定。故《詩》傳竝云：「戾，定也。」已詳《釋詁》。疑者，「矤」之假借也。説文：「矤，未定也。」「未」字蓋衍。經典俱借作「疑」。《詩》：「靡所止疑。」傳：「疑，定也。」《鄉射禮》注：「疑，止也。」《士昏禮》云：「婦疑立于席西。」注：「疑，止今作「正」，誤。立自定之貌。」是「疑」俱兼「止」「定」二義。《儀禮》凡言「疑立」，同。其音讀則《鄉飲酒禮》注：「疑，讀如『仡然從於趙盾』之『仡』。」是「疑」，鄭讀爲「仡」。《儀禮》釋文竝云：「疑，魚乙反。」此音是也。《爾雅》釋文無音，蓋讀如字，非矣。此不知「疑」乃叚借耳。

休者，《釋詁》云：「息也。」息亦止。《詩・民勞》傳：「休，定也。」定即戾矣。

疾、齊，壯也。壯，壯事，謂速也。齊亦疾。

壯者，《廣雅》云：「健也。」健彊與疾速義近。《莊子・徐无鬼》篇云：「百工有器械之巧則壯。」《釋文》引李頤注：「壯，猶疾也。」通作「莊」。莊訓嚴也，嚴有急意。故《謚法》云：「兵甲亟作曰壯。」亟猶急也。《詩・君子偕老》釋文：「莊，本又作壯。」《荀子・非十二子》篇注：「壯，或當爲莊。」《公羊・定八年傳》：「矢箸于莊門。」《釋文》：「莊，本或作嚴。」

疾者，《釋詁》云：「速，疾也。」疾有急義，亦有害義。故《後漢書・傅毅傳》注：「疾，害也。」壯有盛義，亦有傷義。故《易》「大壯」，馬融注：「壯，傷也。」壯訓傷與疾訓害，其義又同矣。

齊者，《釋詁》云：「疾也。」故又爲壯。《詩》：「思齊大任。」傳：「齊，莊也。」《正義》以爲《釋言》文。《内則》云：「進退周旋慎齊。」注亦云：「齊，莊也。」《緇衣》云：「心莊則體舒。」注：「莊，齊莊也。」《謚法》云：「執心克莊曰齊。」是「齊」有「莊」義，莊即壯矣。

悈、褊，急也。皆急狹。

急者，《説文》云：「褊也。」《釋名》云：「急，及也，操切之使相逮及也。」然則急之爲言猶汲汲矣。

悈者，心之急也。「悈」與「亟」音義同。《釋詁》云：「亟，疾也，速也。」速、疾皆急悈。通作「戒」。《詩》「我是用急」，《鹽鐵論・繇役》篇作「我是用戒」。戒即悈也。又通作「革」。《文選・三國名臣序贊》注引《蒼頡篇》曰：「革，戒也。」戒亦悈也，「戒」俱「悈」

字之省。《釋文》：「悈，或音戒。」非矣。又通作「棘」。《詩》：「棘人欒欒兮。」毛傳：「棘，急也。」《正義》引《釋言》文。「棘人」，崔靈恩《集注》作「悈人」。皆其證也。

褊者，衣之急也。《賈子·道術》篇云：「包衆容易謂之裕，反裕爲褊。」《詩》：「維是褊心。」按：「褊」「裕」俱从衣。《説文》別有「辡」字从心，云：「辡，急也。」然經典俱不用，唯借用「褊」。

貿、賈，市也。《詩》曰：「抱布貿絲。」

《詩·東門之枌》正義引《風俗通》云：「市，恃也，養贍老少，恃以不匱也。」《説文》云：「市，買賣所之也。」按：「市」兼「買」「賣」二義。《齊策》云：「竊以爲君市義。」此以「買」爲市也。《越語》云：「又身與之市。」此以「賣」爲市也。故《史記·項羽紀》集解云：「市，貿易也。」《周禮·司市》注：「市者，人之所交利。」皆其義也。

貿者，《説文》云：「易，財也。」《一切經音義》六引《三蒼》云：「貿，易也，交易物爲貿也。」聲轉爲「買」。故下文云：「貿，買也。」《詩·氓》傳用下文。實則買亦爲市，故《説文》云：「買，市也。」

賈者，《説文》云：「賈，市也。一曰坐賣售也。」《白虎通》云：「賈之爲言固也，固其有用之物以待民來，以求其利者也。行曰商，止曰賈。」然則居處賣貨物曰「賈」。故《逸周書·命訓》篇云：「極賞則民賈其上。」孔晁注：「賈，賣也。」《左氏·桓十年傳》：「若之何其以賈害也。」《成二年傳》：「欲勇者，賈余餘勇。」杜預注竝云：「賈，買也。」是「賈」亦兼「買」「賣」二義。通作「沽」。《論語》云：「求善賈而賈諸。」漢石經「賈」作「沽」。「沽」，依正文當爲「夃」，《說文》云：「秦以市買多得爲夃。」即沽矣。

厞、陋，隱也。《禮記》曰：「厞用席。」《書》曰：「揚側陋。」

隱者，《釋詁》云：「微也。」《說文》云：「蔽也。」通作「乚」。《玉篇》云：「乚，古文隱字。」《說文》云：「匿也。象迟曲隱蔽形。讀若隱。」是「隱」「乚」同。

厞者，《說文》云：「隱也。」《士虞禮》及《有司徹》俱云：「厞用席。」《特牲〔二〕饋食》云：「厞用筵。」鄭注竝云：「厞，隱也。」通作「陫」。《釋文》：「厞，符沸反。字又作陫，同。」《楚辭·湘君》篇云：「隱思君兮陫側。」王逸注：「陫，陋也。」又通作「茀」。《有司徹》注：「古文厞作茀。」按：「茀」訓蔽，與「隱」同義。「茀」「厞」又一聲之轉。

〔二〕牲，原誤「特」，楊胡本同，據《經解》本改。

陋者，《説文》云：「阸陜也。」阸陜亦隱蔽之義。《荀子・修身》篇云：「少見曰陋。」通作「漏」。《詩》：「尚不愧于屋漏。」鄭箋：「漏，隱也。」《正義》云：「《釋言》文。」

遏、遾，逮也。東齊曰「遏」，北燕曰「遾」，皆相及逮。

《釋詁》云：「逮，與也。」此篇下云：「逮，及也。」通作「隶」與「隸」。《説文》竝云：「隶，及也。」

遏、遾者，《方言》七云：「蝎、噬，逮也。」「蝎」「噬」與「遏」「遾」竝字之叚音。證以《易》之「噬嗑，食相逮也」，「噬嗑」倒轉即「遏遾」矣。《玉篇》云：「迨〔一〕遝，行相及也。」迨遝即遏逮矣。《左氏・莊六年傳》：「若不早圖，後君噬齊。」噬齊即遾逮矣。杜預注：「若齧腹齊。」此爲望文生義。凡借聲之字，不論其義，但取其聲，皆此類也。「遏」又通作「曷」。《詩》：「曷云能穀。」傳：「曷，逮也。」《正義》云：「《釋言》文。」「遾」又通作「逝」。《詩》「逝不古處」，「噬肯適我」，傳竝云：「逮也。」《釋文》引《韓詩》：「噬，作逝。逝，及也。」

〔一〕迨，原誤「追」，楊胡本同，據《玉篇》改。

征、邁，行也。《詩》曰：「王于出征。」邁亦行。

行者，《説文》云：「人之步趨也。从彳，从亍。」《釋名》云：「兩腳進曰行。行，抗也，抗足而前也。」按：行訓步趨，故去也，之也，往也，還也，皆行之義也。行由道路，故《釋宫》云：「行，道也。」又云：「堂上謂之行。」皆緣步趨之義而生也。

征者，《説文》作「延」或「征」，云：「正行也。」通作「延」。云：「行也。」《漢書·武帝紀》「征和」，《功臣表》俱作「延和」。顔師古曰：「延，亦征字也。」征訓行，故宵征即宵行，征夫即行人，征伐亦即行伐也。征之言正，故《管子·心術下》篇云：「行者正之義也。」

邁者，《説文》云：「遠行也。」故于邁即往行，時邁即時行。邁又往也，與行訓往同。

圮、敗，覆也。謂毁覆。

覆者，《説文》云：「覂〔一〕也。」「覂，反覆也。」反覆即敗。故《王制》云：「不覆巢。」鄭注：「覆，敗也。」敗亦毁。故《周禮·哲蔟氏》注：「覆，猶毁也。」然則覆舟、覆車、覆邦

〔一〕覂，原誤「覂之」，楊胡本同，據《經解》本改。下「覂」字同。

家，其義皆爲毀敗矣。

圮者，《釋詁》云：「毀也。」敗亦毀也，毀亦覆也。《淮南·説林》篇云：「蘭芝欲修而秋風敗之。」

荐、原，再也。《易》曰：「水荐至。」今呼重蠶爲「㠫蝅」。

再者，《説文》云：「一舉而兩也。」《玉篇》云：「兩也，重也，仍也。」

荐者，《説文》云：「薦席也。」席下施薦與再義近。《左氏·襄四年傳》：「戎狄荐居。」《正義》引服虔云：「荐，草也。」孫炎云：「荐，草生之再也。」按：荐又訓仍也，重也。通作「薦」。《詩》：「饑饉薦臻。」傳：「薦，重也。」重即再矣。

原者，《文王世子》云：「末有原。」《周禮·馬質》云：「禁原蠶者。」《淮南·泰族》篇云：「原蠶，一歲再收。」鄭注及高誘注竝云：「原，再也。」再亦重，故《漢書·禮樂志》及《叔孫通傳》集注竝云：「原，重也。」「原」或作「㠫」。《釋文》：「原，舍人本作㠫。」郭義本舍人。

憮、敉，撫也。憮，愛憮也。敉義見《書》。

撫者，《説文》云：「安也。一曰循也。古文作㐅。」按：「亡」「無」古字通，故「撫」作

「亡」矣。《周禮·大行人》注：「撫，猶安也。」《禮·文王世子》注：「撫，猶有也。」有亦存恤之意，與「安」義近。通作「拊」。《説文》：「拊，揗也。」拊揗猶撫循。故《荀子·富國》篇注：「拊與撫同。撫循，慰悦之也。」《爾雅·釋訓》釋文：「拊，本亦作撫。」

憮者，《方言》云：「哀也。」《説文》云：「愛也。」竝與撫循義近。「一曰不動」，與「安」義又近矣。通作「改」。《説文》云：「改，撫也。从亡聲。讀與撫同。」又通作「㷻」。《説文》云：「㷻，撫也。从某聲。讀若侮。」按：「侮」「某」「無」「亡」古俱聲同，聲轉之字，與今讀異也。

敉者，《説文》云：「撫也。」引《周書》曰：「亦未克敉公功。」讀若「弭」。或从人，作「侎」。《周禮·小祝》及《男巫》注竝云：「敉，安也。」《書·洛誥》注亦云[一]：「敉，安也。」

臞、脙，瘠也。齊人謂瘠瘦爲「脙」。

瘠者，《説文》作「膌」，云：「瘦也。」《大司徒》注：「瘠，臞也。」通作「瘠」。《説文》以

[一] 云，原誤「至」，楊胡本同，據《經解》本改。

爲「膌」古文也。《一切經音義》二云：「瘠，古文膌、㾜、膌三形。」又通作「柴」。《易·説卦》云：「爲瘠。」《釋文》：「瘠，京、荀作柴。」

臞者，《説文》云：「少肉也。」《史記·司馬相如傳》云：「形容甚臞。」《索隱》引韋昭曰：「臞，瘠也。」舍人曰：「臞，瘦也。」《文選·謝靈運初去郡詩》注引《爾雅》舊注曰：「臞，肉之瘦也。」通作「癯」。《釋文》：「臞，字又作癯。」《文選》注：「臞與癯同。」

脙者，《説文》云：「齊人謂臞脙也。」《玉篇》云：「齊人謂瘠腹爲脙。」按：「瘠腹」之義，《玉篇》當有所本，今驗蛷螋之蟲，腹甚瘠瘦，《廣雅》謂之「蛷螋」，《博物志》謂之「蠷螋」，與「臞」「脙」「瘦」聲義正同。「臞」「脙」雙聲，「脙」「瘦」疊韵也。

桄、熲，充也。皆充盛也。

充者，盈也，滿也。盈滿則實矣，故《小爾雅》云：「充，塞也，竟也。」塞竟即肥䀚，故《方言》云：「充，養也。」養即長，故《説文》云：「充，長也，高也。」高即崇，故《釋詁》云：「崇，充也。」凡此諸義，又皆爲充盛也。

桄者，《説文》云：「充也。」通作「光」。《釋文》：「桄，孫作光。」《書》：「光被四表。」傳云「光，充」，本《爾雅》爲訓也。《淮南·修務》篇云：「段干木光於德，寡人光於勢。」

亦以「光」爲充也。光之爲言廣也。「廣」「光」聲同，「廣」「充」義近。故《詩·敬之》傳：「光，廣也。」《水經·濟水注》云：「光里齊人。」言「廣」音與「光」同，即《春秋》所謂「守之廣里」者也。「光」通作「横」。「横」「廣」俱从黄聲，「黄」从光聲，古讀「横」「廣」竝如「光」。故《樂記》云：「號以立横。」《孔子閒居》云：「以横於天下。」鄭注竝云：「横，充也。」《書》之「光被四表」，《後漢書》作「横被四表」。漢之「横門」亦稱「光門」矣。《一切經音義》十四云：「桄，古文撗、横二形，同音光。」是其證也。

熲者，《釋詁》云：「光也。」「光」「熲」聲轉，故其義同。

屢、暱，亟也。親暱者亦數。亟亦數也。

亟者，《釋詁》云「疾也」，「速也」。速亦數也，言頻數也。《禮·少儀》云：「亟見曰朝夕。」《吳語》云：「而天禄亟至。」鄭注及韋昭注竝云：「亟，數也。」《方言》云：「亟，愛也。」《廣雅》云：「亟，敬也。」敬愛亦緣亟數而生也。

屢者，《釋詁》與「亟」俱訓疾。「屢」「婁」字同。故《釋言》釋文云：「婁，本又作屢。」《詩·賓之初筵》傳：「屢，數也。」《恒》箋：「屢，亟也。」《正月》及《巧言》箋又云：「屢，數也。」亦通作「數」。《公羊·宣十二年傳》注：「屢往來爲惡言。」《釋文》：「屢，又作數，音朔。」是「數」「屢」通。

暱者，《釋詁》云：「近也。」暱訓親近與亟訓愛敬義同。

靡、罔，無也。

無者，《說文》作「橆」，云：「亡也。」《一切經音義》六引《聲類》云：「無，虛無也。」通作「无」。《易》以「无」爲無。《說文》云：「奇字無，通於无者，虛無道也。」又通作「亡」。古「有無」字俱作「亡」。《詩》「何有何亡」，《論語》「亡而爲有」，是也。又通作「毋」。《史記·魯世家》引《書·無逸》作《毋逸》，《漢書·車千秋傳》引「無偏無黨」作「毋偏毋黨」，是也。

靡者，細也，小也，皆與「無」義近。又訓盡也，空盡即虛無。故《詩》「靡日不思」，「之死矢靡他」，箋、傳竝云：「靡，無也。」

罔者，从亡，亡亦無。《易》：「君子用罔。」馬融、王肅注竝云：「罔，无也。」《書》「罔水行舟」，《史記·夏紀》作「毋水行舟」。「罔有攸赦」，《殷紀》作「無有攸赦」。「罔」，古讀如「莽」，「無」，古讀如「模」。「靡」「罔」「無」俱一聲之轉。《小爾雅》云：「勿、蔑、微、曼、末、没，無也。」今人言無有曰「没有」，或曰「末有」，亦曰「靡有」，皆一義也。「蔑以加」言無以加也；「微管仲」言無管仲也。「微」，古讀如「眉」，「勿」，古讀如「没」，是「勿」「微」「曼」「末」亦「靡」「罔」之聲轉。

爽，差也。爽，忒也。皆謂用心差錯，不專一。

差者，《説文》作「𢀩」，云：「貳也。」段氏注「貳」作「貣」。按：籀文「𢀩」，从二，二謂心不一也。士或「二三其德」，所以過差也。故參差之字从二、三。《太玄·廓》云：「或生之差。」范望注：「差，過差也。」

爽者，《説文》云：「明也。从㸚。」力几切。二爻也，二不專一，故又訓差。《詩》「女也不爽」，「其德不爽」，傳竝云：「爽，差也。」《方言》云：「爽，過也。」過亦差。《謚法》云：「爽，傷也。」傷敗亦過差也。《書》云：「惟事其爽侮。」《老子》云：「五味令人口爽。」《列子·黄帝》篇云：「昏然五情爽惑。」竝以「爽」爲差也。《周語》云：「實有爽德。」又云：「言爽日反其信。」韋昭注竝云：「爽，貳也。」依段注，貳亦貣矣。

爽又訓忒者，忒亦差也，廣異訓耳。《老子》云：「常德不忒。」《釋文》引顧云：「忒，爽也。」《漢書·賈誼傳》注：「爽，忒也。」「忒」，《説文》作「⿰亻忒」，云：「失常也。」通作「忒」，云：「更也。」更變亦失常。故《詩》：「鞫人忮忒」，「享祀不忒」，傳、箋竝云：「忒，變也。」《正義》俱引孫炎曰：「忒，變雜不一。」不一即貳，貳即差矣。《爾雅》釋文：「忒，或作⿰亻忒。」是「⿰亻忒」「忒」通。又通作「貸」。《易·豫》釋文：「忒，京本作貸。」《月令》云：「宿離不貸。」又云：「無或差貸。」《呂覽》「貸」俱作「忒」。又通作「貣」。《書》云「衍忒」，《史記·宋世家》作「衍貣」。又通作「貳」。《禮·緇衣》引《詩》：「其儀不忒。」《釋文》：「忒，本或作貳，音二。」

佴，貳也。佴次爲副貳。

貳者，《説文》云：「副益也。」《周禮·道僕》「掌貳車」，《王制》「七十有貳膳」，《孟子》「館甥於貳室」，竝以「貳」爲副也。貳又代也，相更代亦爲副益也。

佴者，《説文》云：「佽也。」佽亦次。故《文選·報任少卿書》注引如淳曰：「佴，次也。」《詩》「決拾既佽」，《周禮·繕人》注作「抉拾既次」。佽又代也，與貳同義。佴之爲言猶亞也，亞，次也。「亞」「佴」之聲又相轉。

劑、翦，齊也。南人呼翦刀爲劑刀。

齊者，斷也。《既夕·記》云：「馬不齊髦。」鄭注：「齊，翦也。」「翦」「斷」其義同。

劑者，《説文》云：「齊也。」《玉篇》云：「翦，齊也。」《太玄·永》云：「其命劑也。」范望注：「劑，剪絶也。」《周禮·小宰》云：「聽賣買以質劑。」鄭注：「質劑，謂兩書一札。同而别之，皆今之券書也。是亦取齊斷爲義也。

翦者，《説文》作「歬」，云：「齊斷也。」通作「翦」。《詩》：「實始翦商。」毛傳：「翦，齊也。」鄭箋：「翦，斷也。」《莊子·人閒世》篇云：「且幾有翦乎？」《釋文》：「翦，崔本作前。」是「前」「翦」通。又通作「戩」。《説文》引《詩》「翦」作「戩」，云：「滅也。」滅亦斷絶之義。故《周禮·序官》「翦氏」注：「翦，斷滅之言也。」郭云「南方人呼翦刀爲劑刀」者，「劑」「翦」聲轉。《釋文》：「劑，即隨反。」《釋名》云：「翦刀。翦，進也，所翦稍進前也。」「翦」俗作「剪」。

饋、餾，稔也。今呼餐飯爲「饋」。饋熟爲餾。

稔者，「飪」之叚音也，《説文》：「飪，大熟也。」又「䏁」，云：「食飪也。」引《易》曰：「䏁飪。」今《易·鼎》文作「亨飪」。《方言》云：「飪，熟也。」通作「腍」。《聘禮·記》云：「賜饔唯羹飪。」鄭注：「古文飪作腍。」《詩·楚茨》傳：「亨飪之也。」《釋文》：「飪，本又作腍。」又通作「稔」。稔，穀熟也。《釋文》：「稔，字又作飪。」《詩·泂酌》釋文引《爾雅》

正作「飪」，《說文》亦「饙」「餾」「飪」三字連文，可證矣。

饙者，《說文》作「餴」，或作「饙」「餴」，云：「脩飯也。」郭云「餐飯」者，《釋文》引《蒼頡篇》云：「餐，饙也。」是「餐」「脩」同。又引《字書》云：「饙[一]，一蒸米。」《玉篇》云：「半蒸飯。」《洞酌》釋文引孫炎云：「蒸之曰饙，均之曰餾。」然則饙者，半蒸之，尚未熟，故《釋名》云：「饙，分也，衆粒各自分也。」

餾者，《說文》云：「飯气蒸也。」《詩》正義引作「飯氣流也」。蓋餾之爲言流也。飯皆烝熟則氣欲流，故孫炎云：「均之曰餾。」郭云「饙熟爲餾」，《詩》正義引作「飯均熟爲餾」，義本孫炎。

媵、將，送也。《左傳》曰：「以媵秦穆姬。」《詩》曰：「遠于將之。」

送者，《說文》云：「遣也。从倂省。籀文不省。」《荀子·富國》篇云：「送逆無禮。」楊倞注：「送，致女。」是送以致爲義。故《漢書·食貨志》應劭注：「送，致也。」媵者，「倂」之叚音也。《說文》云：「倂，送也。」引呂不韋曰：「有侁氏以伊尹倂

[一] 饙，原誤「饋」，楊胡本同，據《經解》本改。

女。」通作「媵」。《後漢書・皇后紀》注引孫炎曰：「送女曰媵。」按：本解以送女爲媵，經典凡送亦通曰「媵」。故《易・象傳》云：「媵口説也。」《燕禮》及《大射儀》云：「媵觚于賓。」鄭注竝云：「媵，送也。」《方言》云：「寄物爲艐。艐，寄也。」又云：「艐，託也。」託寄亦送致之義。又通作「騰」。《燕禮》注：「今文媵皆作騰。」《大射儀》注：「古文媵皆作騰。」《公食大夫禮》云：「衆人騰羞者。」鄭注：「騰，當作媵。」《易》之「媵口説」，今作「滕口説」，亦其證矣。又通作「揚」。《檀弓》云：「杜蕢揚觶。」鄭注：「《禮》揚作媵。揚，舉也；媵，送也，揚近得之。」《鄉飲酒義》及《射義》「揚觶」，鄭注竝云：「今《禮》，揚皆作騰。」《燕禮》「媵觚」，鄭注又云：「媵，讀或爲揚。揚，舉也。」然則「揚」「媵」聲轉，「媵」「騰」聲近，「騰」「揚」之義又近，揚舉與媵送義亦近矣。

將者，《説文》：「𢪃，扶也。」通作「將」。《詩・我將》箋：「將，猶奉也。」《聘禮・記》注：「將，猶致也」義皆爲送。故《詩》：「百兩將之。」《周禮・小宰》：「祼將之事。」傳、注竝云：「將，送也。」《詩・燕燕》箋：「將亦送也。」傳云：「將，行也。」行與送義相成，凡送兼行而言。故《公羊・文十五年傳》：「筍將而來也。」蓋言筍輿行而送來也。又凡將事、將命，亦言銜命、受事，行而傳送之也，故《詩・敬之》正義引孫炎曰：「將，行之送也。」

作、造，爲也。

爲者，行也，成也，施也，治也，用也，使也，皆不出造、作二義。「造」「作」「爲」三字竝見《詩・緇衣》篇。「爲」與「僞」古通用，凡非天性而人所造作者，皆僞也，僞即爲矣。

作者，《説文》云：「起也。」起而動作即爲之之義。《書》凡言「作」，《史記》俱訓爲。《詩・天作》傳：「作，生也。」《駉〔一〕》傳：「作，始也。」始與生亦皆爲之之義也。《易・離》荀爽注：「作，用也。」《詩・常武》箋：「作，行也。」《周禮・稻人》注：「作，猶治也。」《象胥》注：「作，使也。」諸義又皆爲之訓也。「作」與「詐」古通用。《月令》注「作爲」爲「詐僞」。然則「詐」之通「作」，亦猶「僞」之通「爲」。「作」「僞」二字俱从人，是皆人之所爲矣。

造者，《説文》云：「就也。」就猶成也，成亦爲之訓也。故《詩》「小子有造」，「遭家不造」，傳竝云：「造，爲也。」「尚無造」，傳又云：「造，僞也。」僞亦爲也。《周禮・膳夫》及《儀禮・士冠禮・記》注竝云：「造，作也。」作亦爲也。按：《玉篇・爪部》「爲」下引《爾雅》曰：「造、作，爲也。」今本誤倒，宜訂正。

〔一〕 駉，原誤「駉」，據楊胡本改。

饔、餱，食也。《方言》云：「陳、楚之間，相呼食爲饔。」

食者，《釋名》云：「食，殖也，所以自生殖也。」「食」與「飯」異。故《少牢饋食》云：「尸又食。」鄭注：「或言食，或言飯。食大名，小數曰飯。」「食」與「糧」異。故《周禮・廩人》云：「則治其糧與其食。」鄭注：「行道曰糧，謂糒也；止居曰食，謂米也。」然則「食」兼「乾」「濡」二義，《爾雅》之食亦兼二名也。

饔者，《方言》云：「食也。陳、楚之内，相謁而食麥饘謂之饔。」郭注：「饘，糜也，音旃。」是饔爲濡食。《説文》云：「餱也。」則亦爲乾食矣。麥饘者，《荀子・富國》篇云：「夏日則與之瓜麮。」丘舉切。《一切經音義》十三引《字書》曰：「麮，麥甘粥也。」《蒼頡篇》云：「麮麥也。」按：今人麮大麥爲粥，夏日食之解暑，其遺象也。

餱者，《説文》云：「乾食也。」《一切經音義》七引《字林》云：「乾飯也。」飯、食亦通名耳，故《詩・伐木》傳：「餱，食也。」《公劉》釋文：「餱，字或作糇。」通作「糗」。《書》「峙乃糗糧」，《説文》引作「峙乃餱糧」。是「餱」「糗」通。糗，糒也。《説文》：「糒，乾也。」「糗，熬米麥也。」按：今時碎大麥爲削，𥺈食之謂爲𥺈麪，即乾餱矣。《釋名》云：「餱，候也，候人飢者以食之也。」餱善止飢，夏月食之又解暑。

鞫、究，窮也。皆窮盡也。見《詩》。

窮者，《說文》云：「極也。」《小爾雅》云：「竟也。」「竟」「極」聲轉義同，又訓終也，已也，窘也，困也，諸義又皆爲盡也。

鞫者，「簕」之叚音也。《說文》云：「簕，窮也。从簕聲。簕與簕同。」「簕，窮理罪人也。」《楚辭·天問》篇云：「皆歸躲簕。」王逸注：「簕，窮也。」通作「鞫」。《詩·谷風》傳及《雲漢》《瞻卬》箋竝云：「鞫，窮也。」《公劉》傳：「鞫，究也。」究亦窮也。又通作「鞠〔一〕」。《爾雅》釋文：「鞠，字又作鞫。」《詩·南山》及《小弁》傳竝云：「鞠，窮也。」《南山》及《節南山》箋、傳竝本《釋詁》云：「鞠，盈也。」盈與窮亦義相成也。

究者，《詩·鴻鴈》及《蕩》傳、《節南山》箋竝云：「究，窮也。」《常棣》傳：「究，深也。」深亦窮也。《逸周書·文酌》篇云：「維有永究。」孔晁注：「究，終也。」終亦窮也。究又畢也，盡也，竟也，極也，皆窮之訓也。「究」聲與「九」近，陽窮於九，故《列子·天瑞》篇云：「九變者，究也。」「究」「鞫」「窮」俱一聲之轉。

〔一〕鞠，原誤「鞫」，楊胡本同，據《經解》本改。

滷、矜、鹹，苦也。滷，苦地也。可矜憐者亦辛苦。苦即大鹹。

苦者，對甘而言。《月令》云：「苦雨數來。」苦雨亦對甘雨而言也。《釋名》云：「苦，吐也，人所吐也。」《書》：「炎上作苦。」「苦」聲近「鹽」。鹽，苦鹽也。《周禮·鹽人》云：「祭祀共其苦鹽。」杜子春讀「苦」爲「鹽」，是「鹽」「苦」通矣。

滷者，《説文》作「鹵」，云：「西方鹹地也。東方謂之㡿，西方謂之鹵。」《玉篇》作「滷」，云：「苦地也。」引《書》：「海濱廣滷。」《易·説卦》云：「爲剛鹵。」《釋名》云：「地不生物曰鹵。鹵，爐也，如爐火處也。」然則㡿鹵之地，不生草木，其土苦惡，故曰「苦」矣。

矜者，《釋訓》：「憐也。」「矜」「憐」古音疊韵。「矜」，本作「矜〔一〕」，从令得聲，「令」，古讀如「憐」也。矜訓苦者，苦味近辛，故言辛苦、愁苦、悲辛，皆可矜憐。然則「苦」有二義：味苦曰苦，矜憐其苦亦爲苦也。《詩》：「爰及矜人。」毛傳：「矜，憐也。」「居以凶矜」，傳：「矜，危也。」「危」「苦」義近。《爾雅》釋文：「矜，作矝。」《玉篇》：「矝，苦也。」按：「矝」字非郭義，蓋俗作耳。

〔一〕 矜，原誤「矝」，楊胡本同，據《經解》本改。

鹹者，《説文》云：「銜也，北方味也。」《書》：「潤下作鹹。」鹹極必苦。故《淮南·墬〔一〕形》篇云：「鍊苦生鹹。」今驗海水鹹，煑鹽味苦，是其證矣。

干、流，求也。《詩》曰：「左右流之。」流，覃也。覃，延也。皆謂蔓延相被及。

求者，《玉篇》云：「用也，見也，索也。」《曲禮》注：「求，猶務也。」《檀弓》注：「求，猶索物。」《學記》注：「求，謂招來也。」《穀梁·定元年傳》：「求者，請也。」按：祈、請竝訓求。《説文》：「祈，求福也。」「求」「祈」聲轉，故祈福即求福，祈雨即求雨矣。

干者，《説文》：「犯也。」「犯」與「求」其義相反而相近。故《詩·旱麓》及《假樂》傳、箋竝云：「干，求也。」《小爾雅》云：「干，得也。」得又緣求而生也。通作「奸」。《漢書·孔光》及《黄霸傳》注竝云：「奸，求也。」奸、干俱訓犯，古字通用。故《左氏·成十六年傳》：「奸時以動。」《釋文》：「奸，本或作干。」是其證矣。

流者，《釋詁》云：「擇也。」「擇」與「求」義近。故《詩·關雎》傳：「流，求也。」「流」「求」疊韵。又流動延移，亦會旁求之意，故訓求矣。

〔一〕墬，原誤「墜」，楊胡本同，《經解》本此字漫漶，據陸刻本改。

流又訓覃者，《説文》云：「䡮，長味也。」是「覃」有「長」義。「覃」與「尋」同，尋亦訓長。故《方言》云：「尋，長也。」《釋文》：「覃，本又作蕁字。孫叔然云：古覃字，同。」按：「蕁」即「尋」字。孫炎以爲「古覃字」者，古讀「覃」「尋」聲近。《釋草》之「蕁，莸藩」，孫炎以爲「古藫字」，亦其證也。然則覃尋竝訓長，流有衍長之義，故又訓覃矣。

覃又訓延者，延亦長，故《釋詁》云：「延，長也。」郭云「蔓延相被及」者，蓋覃有延義，延移亦相被及，故《詩・葛覃》傳：「覃，延也。施，移也。」又流亦有移義。故《考工記・弓人》及《禮・中庸》注竝云：「流，猶移也。」然則「流」「覃」「延」三字轉相訓，其義同。

佻，偷也。 謂苟且。

偷者，《説文》作「愉」，云：「薄也。」《大司徒》云：「以俗教安，則民不愉。」鄭注：「愉，謂朝不謀夕。」通作「偷」。《表記》云：「安肆日偷。」鄭注：「偷，苟且也。」《左氏・昭十年》正義引孫炎亦曰：「偷，苟且也。」皆郭所本。偷又單訓苟，故《晉語》云：「人孰偷生？」韋昭注：「偷，苟也。」

佻者，《説文》云：「愉也。」引《詩》：「視民不佻。」通作「恌」。今《詩》作「視民不恌」。毛傳：「恌，愉也。」《玉篇》引《爾雅》亦作「恌，偷也」。今《爾雅》仍作「佻」。故《左氏·昭十年傳》：「佻之謂甚矣。」《正義》引李巡曰：「佻，偷薄之偷也。」《周語》云：「而卻至佻天之功以爲己力。」韋昭注：「佻，偷也。」按：佻猶佻也。佻、侻皆輕也，「輕」「薄」義近。「佻」「偷」「侻」俱聲相轉。「佻」通作「嬥」。《詩》「佻佻公子」，《韓詩》作「嬥嬥公子」。

潛，深也。潛、深，測也。「測」亦水深之別名。

深者，《玉篇》云：「邃也，遠也。」《考工記·梓人》注：「深，猶藏也。」藏伏即潛之訓也。潛者，《説文》云：「藏也。」《書》之「沈潛」，馬融注：「潛，伏也。」《易》之「潛龍」，崔憬曰：「潛，隱也。」《方言》云：「潛，亡也。」亡、隱、伏、藏，其義又皆爲深。故《後漢書·班彪傳》注：「潛，深也。」《方言》又云：「潛，沈也。」沈亦深也。「沈」「深」「潛」「測」俱聲相轉也。

潛、深又爲測者，《説文》云：「測，深所至也。」《淮南·原道》篇注：「度深曰測。」是「測」兼度深及深所至之名。《考工記·弓人》云：「漆欲測。」測當訓深，漆有幽深之意也。《淮南·説林》篇云：「以篙測水，篙終而以水爲測。」測亦當訓深，故郭此注以「測」爲「水深之別名」，是矣。高誘訓測爲盡，鄭注訓測爲清，似失之。

穀、鞠，生也。《詩》曰：「穀則異室。」

生者，活也。《説文》云：「進也。象艸木生〔一〕出土上。」《文選・魏都賦》注引劉巘《易義》云：「自無出有曰生。」《周禮・太宰》注：「生，猶養也。」是「生」兼活也、養也二義，《爾雅》之「生」亦猶是矣。

穀者，《釋詁》云：「善也。」《釋言》云：「禄也。」善與生活義近，禄與生養義近。故《詩》「穀則異室」，「自何能穀」，傳、箋竝云：「穀，生也。」是皆以生活爲義也。《小弁》《蓼莪》《四月》皆言「民莫不穀」，箋竝云：「穀，養也。」是皆以生養爲義也。「穀」字之訓二義盡之，今攷經傳，參以《爾雅》，「穀」蓋皆「㝅」之叚借也。何以明之？《説文》云：「㝅，乳也。人及鳥生子曰乳。」是乳訓生，㝅訓乳。《左氏・宣四年傳》：「楚人謂乳穀。」穀即㝅字。故《莊卅年傳》：「鬬穀於菟。」《釋文》引《漢書・敘傳》「穀」作「㝅」。《論語・公冶長》篇《集解》：「姓鬬，名穀。」《釋文》：「㝅，本又作穀。」是「穀」「㝅」通。故《荀子・禮論》篇云：「臧穀猶且羞之。」楊倞注：「孺子曰穀，或曰穀。讀爲鬬㝅於菟之㝅。㝅，乳也。」然則《左傳》「乳穀」本作「乳㝅」。故《荀子》注及《論語集解》《漢書・

〔一〕生，原誤「注」，據楊胡本、《經解》本改。

敘傳》竝作「彀」字，而《左·宣四年》釋文缺載，其「穀」音「奴口反」，此讀又失也。「穀」「彀」二字竝古豆反，與「轂」音近。《說文》「穀」「彀」、「轂」俱从𣪊聲。又云：「穀，續也。」續亦相生之義矣。

鞠者，上文云：「稺也。」「稺」「養」義近。故《詩·蓼莪》傳：「鞠，養也。」通作「育」。《釋詁》云：「育，長也。」「長」「養」義皆爲生。又通作「毓」。《大司徒》云：「以毓草木。」《晉語》云：「怨亂毓災。」注竝以「毓」爲生也。「毓」與「鞠」聲近義同，故《爾雅》之「鞠稺」，《詩·鴟鴞》正義引郭璞曰：「鞠，一作毓。」是「毓」「鞠」通。

啜，茹也。啜者，拾食。

茹者，《說文》云：「飤馬也。」《玉篇》云：「飯牛也。而預、而與、而諸三切。」《方言》云：「茹，食也。吴、越之閒，凡貪飲食者，謂之茹。」郭注：「今俗呼能麤食者爲茹。」《漢書集注》：「食菜曰茹。」是茹爲人食之通名。《說文》《玉篇》但云「飤馬」「飯牛」，義未備也。證以《詩》言「柔則茹之」，又《禮運》云「茹毛」，《孟子》云「茹草」，《莊子》云「不茹葷」，竝以「茹」爲食也。蓋雲翔爲余言。今萊陽人謂牛噉長草曰「茹」，人噉生菜連莖葉吞之，亦曰「茹」。然則茹爲吞咽之名。《方言》謂之「貪食」，郭注謂之「麤食」，其義與今俗語同矣。

啜者，《説文》云：「嘗也。」《釋名》云：「啜，絶也，乍啜而絶於口也。」然則啜但訓食。郭云「拾食」者，蓋取掇拾爲義，非《爾雅》之恉也。知者，《左氏·定四年》正義引舍人曰：「啜，茹食也。」是啜訓茹，茹訓食。趙岐《孟子》注以啜兼飲言，亦非。今閩粵人謂喫爲「唼」，登萊人謂喫爲「攝」。「攝」與「唼」俱「啜」聲之轉。

茹、虞，度也。皆測度也。《詩》曰：「不可以茹。」

度者，《釋詁》云：「謀也。」度本丈尺之名。《詩》「予忖度之」，忖即寸，寸度言若以尺寸量度之也。《左氏·昭廿八年傳》：「心能制義曰度。」《賈子·道術》篇云：「以人自觀謂之度。」皆寸度之義也。

茹者，《釋詁》云：「如，謀也。」「如」「茹」同。《詩》「不可以茹」，「玁狁匪茹」，「來咨來茹」，傳、箋竝云：「茹，度也。」

虞者，《詩》「有虞殷自天」，「無貳無虞」，傳、箋竝云：「虞，度也。」《晉語》注：「虞，備也。」《太玄·玄瑩》注：「虞，憂也。」憂與備其義亦皆爲度矣。

試、式，用也。見《詩》《書》。

用者，《説文》云：「可施行也。」《方言》云：「行也。」「行」與「由」同。由亦用也，「小大由之」言小大用之也。《一切經音義》七引《蒼頡篇》云：「用，以也。」以亦用也。「雖不吾以」，言雖不吾用也。通作「庸」。《説文》云：「庸，用也。」《書》「五刑五用哉」，《後漢書·梁統傳》作「五刑五庸哉」。

試者，《説文》云：「用也。」引《虞書》曰：「明試以功。」試又嘗也，驗也，其義亦皆爲用。故《詩》「師干之試」，《論語》「吾不試」，傳、注竝云：「試，用也。」

式者，《説文》云：「法也。」法制人所用，故「法」「庸」《釋詁》竝訓常。庸即用也，言常用也。《詩》「式微式微」，「式夷式已」，傳竝云：「式，用也。」《秦策》云：「式於政，不式於勇。」高誘注亦云：「式，用也。」《方言》云：「由，式也。」然則式亦由也，由亦用矣。

誥、誓，謹也。皆所以約勤〔一〕謹戒衆。

謹者，慎也。亦通作「慎」。《詩》「謹爾侯度」，《左氏·襄廿二年傳》作「慎爾侯度」。

〔一〕勤，《爾雅》宋刊十行本作「勒」。

「謹」與「諴」同義。《説文》云：「諴，敕也。」「諴」「謹」一聲之轉。

誥者，《釋詁》云：「告也。」《荀子·大略》篇云：「誥誓不及五帝。」楊倞注：「誥誓，以言辭相誡約也。」《漢書·刑法志》注：「誥，謹也，以刑治之，令謹敕也。」通作「詁」。《大司寇》及《布憲》注竝云：「詁，謹也。」《刑法志》注：「詁字或作誥。」是「誥」「詁」通。

誓者，《説文》云：「約束也。」《釋名》云：「誓，制也，以拘制之也。」拘制、約束皆所以爲謹敕也。故《曲禮》云：「約信曰誓。」《文王世子》云：「曲藝皆誓之。」鄭注：「誓，謹也，皆使謹習其事。」《大戴禮·子張問入官》篇云：「故儀不正則民失誓。」盧辯注：「誓，敕也。」敕亦謹也。《大射儀》注：「誓，猶告也。」是「誓」「誥」義同。

競、逐，彊也。皆自强勉[一]。

彊者，《説文》云：「弓有力也。」《釋名》云：「彊，畺也。」通作「强」。《釋詁》云：「强，勤也。」《學記》云：「知困然後能自强也。」鄭注：「自强，修業不敢倦。」《法言·五

[一] 强勉，《爾雅》宋刊十行本作「勉彊」。

百》篇云：「或性或强。」李軌注：「强者習學以至也。」

競者，《説文》云：「彊語也。一曰逐也。从誩，从二人。」按：二義俱本《爾雅》，从〔一〕誩故訓彊語，从二人故訓逐也。《詩·桑柔》《烈文》傳及《抑》《執競》箋竝云：「競，彊也。」「職競用力」，「不競不絿」，箋又云：「競，逐也。」《淮南·原道》及《俶真》篇注亦云：「競，逐也。」《吕覽·分職》篇注：「競，進也。」進亦逐也。《離騷》篇注：「競，並也。」並亦彊也。通作「倞」。《説文》竝云：「彊也。」又通作「傹」。《周禮·鍾師》注引吕叔玉云：「《繁遏》，《執傹》也。」即《執競》之異文。又通作「竟」。《逸周書·度訓》篇云：「揚舉力竟。」即力競也。《史記》篇云：「竟進争權。」即競進也。《水經·江水注》引之，蓋「傹」省作「竟」，非誤也。今或改《逸周書》爲「競」，則非矣。

逐者，《説文》云：「追也。」「追，逐也。」「逐」與「競」同意。故《左氏·昭元年傳》：「諸侯逐進。」杜預注：「逐，猶競也。」《漢書·五行志》晉灼注：「競走曰逐。」《後漢書·馮異傳》注：「逐，争也。」争亦競矣。

〔一〕从，原誤「以」，楊胡本同，據《經解》本改。

禦、圉，禁也。禁制。

禁者，《説文》云：「吉凶之忌也。」《玉篇》云：「止也，錮也。」《吕覽・離謂》篇注：「禁，法也。」《淮南・氾論》篇注：「禁，戒也。」戒與法亦止之義也。

禦者，《玉篇》云：「禁也，又當也。」《小爾雅》云：「抗也。」抗與當皆禁止之義。《文選・西京賦》云：「禁禦不若。」是禦亦禁也。「禦」與「篽」同。《説文》云：「篽，禁苑也。」引《春秋傳》：「澤之自篽。」「篽」或作「魰」。按：《左氏・昭廿年傳》：「澤之萑蒲，舟鮫守之。」「舟鮫」即「舟魰」之譌。《説文》「自篽」亦「舟篽」之譌也。通作「御」。《釋文》：「禦，本或作御。」《詩》：「亦以御冬。」毛傳：「御，禦也。」言「御」「禦」同。「以禦亂兮」，《大射儀》注作「以御亂兮」。又通作「敔」。《説文》云：「敔，禁也。一曰樂器。」《釋名》云：「敔，衙也。衙，止也，所以止樂也。」《一切經音義》一云：「禦，古文敔，同。」又通作「衙」。《周禮・田僕》注：「衙還之，使不出圍。」《釋文》：「衙，本又作御。」《石門頌》云：「綏億衙彊。」即禦彊也。《北海相景君碑》云：「强衙改節。」即彊禦也。

圉者，《逸周書・寶典》篇云：「不圉我哉？」孔晁注：「圉，禁也。」《謚法》篇云：「威德剛武曰圉。」孔注：「圉，禦也，能禦亂患也。」《一切經音義》九引舍人曰：「禦圉，未有而預防之也。」防亦禁止之義。通作「禦」。《詩》「曾是彊禦」，《漢書・敘傳》作「曾是彊圉」。「不畏彊禦」，《王莽傳》作「不畏彊圉」。「孔棘我圉」，鄭箋：「圉，當作禦。」《管子·輕重甲》篇云：「守圉之國用鹽獨甚。」尹知章注：「圉與禦同。」又通作「御」。《詩》「我居圉卒荒」，《韓詩外傳》作「我居御卒荒」。又通作「敔」。《樂記》注：「謂柷圉也。」《釋文》：「圉，本作敔。」又通作「圄」。《説文》云：「囹圄，所以拘罪人。」今作「囹圄」。《玉篇》云：「圄，禁囚也。」

窒、薶，塞也。謂塞孔穴。

塞者，「𡨄」之叚借也。《説文》云：「𡨄，窒也。」通作「塞」。《既夕·記》云：「瑱塞耳。」鄭注：「塞，充窒。」《詩·定之方中》箋及《祭義》注竝云：「塞，充滿也。」又通作「𡫳」。《説文》云：「𡫳，實也。」引《虞書》曰：「剛而𡫳。」今《書》作「塞」。《中庸》云：「不變塞焉。」鄭注：「塞，猶實。」實與充滿義近也。按：「塞」，《説文》作「𡫼」，云：「隔也。」與𡫳𡨄異，今則同之。故《玉篇》云：「塞，蘇代切，隔也。又蘇得切，實也，滿也，蔽也。」皆其義也。

窒者，《詩·七月》及《東山》傳、箋竝云：「窒，塞也。」《廣雅》云：「窒，滿也。」《論語》云：「惡果敢而窒者。」鄭注：「魯讀窒爲室，今從古。」按：「室」，《説文》云：「實也。」實即塞之訓也。「實」「室」「窒」三字聲近義通。《一切經音義》九云：「窒，古文懫，同。」懫訓止，與塞義亦近矣。

薶者，《説文》云：「瘞也。」瘞、薶互訓，義俱爲塞，故《詩》傳以「塞」爲瘞，《爾雅》以「薶」爲塞也。通作「貍」。《周禮・大宗伯》「以貍沈祭山林川澤」，即《爾雅》之《釋天》云：「祭地曰瘞薶也。」又通作「埋」。《詩・鳧鷖》箋有「瘞埋之象」。《釋文》：「埋，字亦作薶。」《祭法》云：「瘞埋於泰折，祭地也。」

黼、黻，彰也。黼文如斧。黻文如兩己相背。

《説文》：「彰，文彰也。」《廣雅》云：「彰，明也。」通作「章」。《書》「彰厥有常」，《史記・夏紀》作「章其有常」。《孝經》云：「神明章矣。」《釋文》：「章，本又作彰。」推是而言，如《考工記》畫繢之事，云：「雜四時五色之位以章之。」鄭注：「章，明也。」《周語》云：「其飾彌章。」韋昭注：「章，著也。」《鄭語》云：「其子孫未嘗不章。」韋注：「章，顯也。」凡此，皆以「章」爲彰也。

黼、黻者，《説文》云：「黼，白與黑相次文。黻，黑與青相次文。」本《考工記》爲説也，而不言所象爲何物。《爾雅・釋器》但云：「斧謂之黼。」於黻字仍無説。《書・益稷》

傳及《左氏・桓二年》注、郭氏此注竝云：「黻，兩己相背。」唯《漢書・韋賢傳》集注：「紱，畫爲𢎘文。𢎘，古弗字也。」與舊說異。阮雲臺師曰「自古畫黻作𢎘形，明兩弓相背，非兩己相背也。兩弓相背義取于物，與斧同類。兩己之己，何物耶？得非兩弓相沿之誤與？《漢書》師古注：『黻，畫爲𢎘文，𢎘，古弗字。』今俗本《漢書》及《文選》皆譌爲「亞」。此語必有師傳，非師古所創」云云。今按：以音義推之。「黼」，从甫聲，其訓爲「斧」。「黻」，从犮聲，其訓爲「弗」。又兩弓相竝爲弜，其兩切。兩弓相背爲𢎘，似有意義。《釋文》：「黼黻，或作黼黻。」又云：「黻，戾也。」「戾」即「弗」字之意。師古之說蓋有徵矣。黼、黻訓彰者，《荀子・富國》及《禮論》篇竝云：「黼黻文章。」章即彰矣。《書・益稷》言「黼黻」，又言「彰施」，亦此義。

⿸厂倩、身，親也。謂躬親。

親者，《說文》云：「至也。」《祭義》云：「其親也愨。」鄭注：「親，謂身親。」又云：「如親聽命。」其義亦同。《文王世子》注：「親，猶自也。」《公羊・莊卅二年傳》注：「親，躬親也。」通作「寴」。《說文》云：「寴，至也。」《汗簡》云：「寴出《尚書》。」是「寴」，古「親」字矣。

膺者，《説文》云：「匈也。」匈與躬身義近，故竝訓親。《少儀》云：「執箕膺擖。」鄭注：「膺，親也。」通作「應」。《釋詁》云：「應，當也。」「當」與「親」義亦近。「應」从心與「膺」从肉，其義又近也。

身者，《説文》云：「躬也。」躬、身互訓，其義同。《詩》云：「弗躬弗親。」《吕覽・孟春紀》注：「躬，親也。」《士昏禮・記》注：「躬，猶親也。」《樂記》注：「躬，猶己也。」己即身。《釋詁》云：「身，我也。」己與我皆親之之詞，亦即身訓親之義也。

愷悌，發也。發，發行也。《詩》曰：「齊子愷悌。」

發者，《廣雅》云：「開也。」《釋名》云：「發，撥也，撥使開也。」開則明。故《詩・長發》釋文：「撥，《韓詩》作發。發，明也。」《論語》「亦足以發」，「不悱不發」，發俱訓明。發又進也，行也。《詩》「履我發兮」，「遂視既發」，傳、箋竝云：「發，行也。」《爾雅》之「發」則以開明爲義，不兼行進爲義也。

愷悌者，「闓圛」之叚音也。《説文》云：「闓，開也。」《廣雅》云：「闓，明也。」圛者，《説文》引《尚書》「曰圛」：「圛，升雲半有半無。讀若驛。」今《書・洪範》即作「曰驛」，古文本作「曰圛」。《史記集解》引鄭注曰：「圛者，色澤而光明也。」是圛訓明。「曰圛」，

《宋世家》作「曰涕」，聲之叚借。故《詩》：「齊子豈弟。」箋云：「豈，讀當爲闓。弟，古文《尚書》以弟爲圛。圛，明也。」《正義》引舍人、李巡、孫炎、郭璞皆云：「闓，明；發，行。」是諸家竝以「闓明」訓豈弟，與鄭義同。唯以「發」爲發行，則異。今郭注但有「發行」之文，而無「闓明」之語，以校《正義》所引，蓋有缺脱矣。愷悌訓發者，愷悌即豈弟。經典豈弟訓樂易，此訓闓明，蓋經師舊説相傳謂然，故鄭箋云：「此豈弟，猶言發夕也。」然則發訓明，不訓行，發夕猶旦夕也。《釋文》引《韓詩》云：「發，旦也。」旦亦明也。故《説文》引《禮》「旦明五〔一〕通爲發明」，《詩·小宛》又云「明發」，其實皆一義耳。

髦士，官也。取俊士，令居官。

官者，《説文》云：「吏事君也。」《玉篇》云：「宦也。」《古微書》引《春秋元命苞》云：「官之爲言宣也。」《周禮·宰夫》云：「掌小官之戒令。」鄭注：「小官，士也。」《士相見禮》注：「居官，謂士以下。」《祭法》注：「官師，中士、下士。」然則官爲總名也。

髦士者，《釋文》云：「毛中之長豪曰髦，士之俊傑者借譬爲名。」是髦士爲俊選之嘉

〔一〕五，原誤「互」，據楊胡本、《經解》本改。

稱，故下文云：「髦，選也，俊也。」選士、俊士，司馬辨論官材，論定然後官之，故曰「官」也。

畯，農夫也。今之「嗇夫」是也。

農者，《一切經音義》引《説文》云：「農，耕人也。」今本脱「人」字。《春秋繁露》云：「農者，民也。」《莊子・讓王》篇釋文引李頤云：「農，農人也。」《爾雅》之「農夫」則謂農官耳。

畯者，《説文》云：「農夫也。」本《爾雅》。畯不言田，省文也；農不言大夫，亦省文也。實則田畯是官名，大夫是爵號。故《詩》：「田畯至喜。」毛傳：「田畯，田大夫也。」田大夫即農大夫。或疑《爾雅》「農夫」之閒當脱「大」字。據《周語》云：「命農大夫咸戒農用。」韋昭注：「農大夫，田畯也。」以此爲證。今謂不然。古人文字不拘。故有稱「農大夫」者，《周語》是也；有稱「農夫」者，《爾雅》是也；有稱「農父」者，《書・酒誥》是也；亦有稱「農正」者，《周語》云「農正再之」，韋昭注「農正，后稷之佐田畯也」；亦有單稱「農」者，《郊特牲》云：「饗農」，鄭注「農，田畯也」。是皆「農」不必稱大夫之證。猶之田畯亦單稱「畯」，《爾雅》此文是也。亦單稱「田」，《月令》云「命田舍東郊」，鄭注「田謂田畯，主農之官」是也。是又「田」「畯」二字不必兼稱之證。然則田畯即農官，故《詩·七月》正義引孫炎曰：「農夫，田官也。」郭云「今之嗇夫」者，《詩·甫田》箋：「田畯，司嗇，今之嗇夫也。」是郭所本。嗇夫者，《漢書·百官公卿表》及《晉書·百官志》具有其文。

蓋、割，裂也。蓋，未詳。

裂者，與「列」同。《説文》：「列，分解也。」《廣雅》云：「裂，分也。」《内則》云：「衣裳綻裂。」《釋文》：「裂，本又作列。」《莊子·天下》篇云：「道術將爲天下裂。」是裂、列俱以分解爲義也。

蓋者，《釋文》云：「古害反。舍人本作害。」是「害」「蓋」通。又與「割」同。割者，害也。《釋名》云：「害，割也，如割削物也。」《説文》云：「割，剥也」从害聲，故「割」與「害」同，又與「蓋」同。見《禮記·緇衣》注。是「蓋」「割」「害」三字以聲爲義也。阮雲臺師曰：「害、曷、蓋、末、未，古音皆相近，每加偏旁，互相叚借，若以爲正字，則失之。《書·吕刑》云：『鰥寡無蓋。』蓋即害字之借，言堯時鰥寡無害也。《孟子》『謨蓋都君』，兼言井廩，亦當訓害也。」「害」字與「割」音義最近。《書·堯典》「洪水方割」，

《大誥》「天降割」之類，皆害字之借也。「害」字與「蓋」亦近。《爾雅》釋文：「蓋，舍人本作害。」《書・君奭》云：「割申勸寧王之德。」鄭氏《緇衣》注：「割之言蓋是也。」「盍」與「曷」同音。故《孟子》「時日害喪」，害即曷也。蓋與末未亦最近。故《公羊・襄廿七年傳》曰：「昧雉彼視。」何休注：「昧，割也。邵公之意，若曰有渝盟者，視此割雉也。」

邕、支，載也。皆方俗語，亦未詳。

載者，《說文》云：「乘也。」《釋名》云：「戴也，戴在其上也。」通作「戴」。《詩》「載弁俅俅」，此篇下文郭注引作「戴弁俅俅」。

邕者，《釋文》云：「又作擁。」邢疏引謝氏云：「邕，字又作擁。釋云：擁者，護之載也。」

支者，邵氏《正義》云：「支與榰通。榰柱所以承載。詳見下文。」

諈諉，累也。以事相屬。累爲諈諉。

累者，《說文》作「纍」，云：「綴得理也。」《玉篇》云：「纍，力隹切，繫也。又力僞切，延及也。」「累」同「纍」，是「纍」爲正體，隸省作「累」。今讀「累」，力僞切；「纍」，力佳切，以爲二字，非矣。《釋文》：「累，本又作纍。字又作絫。」是「絫」「纍」又通矣。

諈諉者，《説文》云：「諈諉，纍也。」「諉，纍也。」是「諈」「諉」連文及單文俱訓纍也。《釋文》引孫炎云：「楚人曰諈，秦人曰諉。」是「諈」「諉」疊韵，二字義同。《玉篇》云：「諈，託也。」《漢書·賈誼傳》注引蔡謨曰：「諉者，託也。」是諈、諉竝訓託。屬託與屬累義亦同。

漠、察，清也。皆清明。

清者，《説文》云：「腺也。澂水之皃。」《文選·思玄賦》云：「懲澳泓而爲清。」舊注：「清，静也。」《易·象上傳》虞翻注：「清，猶明也。」是「清」兼「明」「静」二義。静猶净也。《方言》云：「清，急也。」急，猶激也，故《方言》又云「激，清」矣。

漠者，《説文》云：「清也。」《釋文》引樊光云：「漠然，清貌，音莫。」《漢書·賈誼傳》注：「漠，静也。」是漠爲静之清矣。

察者，審之清也。《釋詁》云：「察，審也。」《禮器》注：「察，猶明也。」《老子》云：「俗人察察。」河上公注：「察察，急且疾也。」又與清急義合。

庇、庥，廕也。今俗語呼樹廕爲「庥」。

廕者，「蔭」之或體也。《説文》：「蔭，艸陰地。」《玉篇》引作「草蔭地也」。是「蔭」从草，其實樹木之陰亦謂之「蔭」。故《淮南·説林》篇云：「蔭不祥之木。」《人閒》篇云：「蔭暍人於樾下。」皆以樹陰爲蔭也。通作「陰」。《詩》「既之陰女」，箋以「陰」爲覆陰。《釋文》：「陰，鄭音蔭，覆蔭也。」《左氏·昭元年傳》：「趙孟視蔭。」《釋文》：「蔭，本亦作陰。」又通作「廕」。《爾雅》釋文：「廕，字亦作蔭。」《詩·雲漢》釋文：「蔭，本亦作廕。」

庇者，《説文》云：「蔭也。」《表記》注及《考工記·輪人》注竝云：「庇，覆也。」覆亦蔭。故《一切經音義》九引孫炎曰：「庇覆之廕也。」《左氏·文十七年》正義引舍人曰：「庇，蔽也。」蔽亦覆蔭也。《方言》云：「庇，寄也。」寄、託義亦同也。通作「芘」。《雲漢》釋文：「芘，本亦作庇。」又通作「庀」。《周禮·遂師》釋文：「庇，本又作庀。」

庥者，《説文》與「休」同，云：「息止也。从人依木。」《釋詁》云：「休，息也。」《左傳》正義引舍人曰：「庥，依止也。」「止」「息」義皆爲蔭。《淮南·精神》篇云：「得庥越下。」高誘注：「庥，蔭也。」三輔人謂休華樹下爲庥也。《釋文》：「庥，字又作休。」按：作「休」爲正，「庥」借聲也。

穀、履，禄也。《書》曰：「既富方穀。」《詩》曰：「福履將之。」履，禮也。禮可以履行。見《易》。

禄者，《釋詁》云：「福也。」《廣雅》云：「善也。」「善」與「福」同義。《周禮·天府》注：「禄之言穀也。」《孝經》注：「食廩爲禄。」是「禄」兼二義，《爾雅》亦然也。

穀者，上文云：「生也。」《釋詁》云：「善也。」「善」與「禄」義同，「生」與「養」義近。《詩》「俾爾戩穀」，「薪薪方有穀」，傳、箋竝云：「穀，禄也。」《孟子》：「穀禄不平。」趙岐注：「穀所以爲禄也。」亦與此義合矣。

履者，《釋詁》與「禄」竝云：「福也。」《詩》：「福履綏之。」傳：「履，禄也。」「履」「禄」聲轉義同。《説文》云：「禮，履也，所以事神致福也。」亦與此義合。餘詳《釋詁》。

履訓禮者，《祭義》云：「禮者，履此者也。」《仲尼燕居》云：「言而履之禮也。」《坊記》云：「履無咎言。」皆以「履」爲禮也。《詩》「履我即兮」，「率履不越」，傳竝云：「履，禮也。」郭云「見《易》」者，《序卦》云：「履者，禮也。」「履」「禮」疊韵，「履」「禄」雙聲，故古皆以爲訓。「履」「禮」字通，亦詳《釋詁》。

隱，占也。隱度。

占者，《漢書·陳遵傳》云：「口占書吏。」《集注》：「占，隱度也。口隱其辭，以授吏也。占音之贍反。」《敘傳》云：「大臣名家皆占數于長安。」《集注》：「占，度也。自隱度家之口數而箸名籍也。」然則占者，億度之詞，與占候之義亦近。《釋文》無音，蓋讀如字。《玉篇》：「占，之鹽切，候也。」候伺亦隱度之言。是占亦不必音之贍反矣。

隱者，《文選·郭有道碑文》注引劉熙《孟子》注曰：「隱，度也。」《管子·禁藏》篇注亦同。《少儀》云：「隱情以虞。」鄭注：「隱，意也，思也。」按：意與億則屢中之億同。億謂以意度之。故《禮運》云：「非意之也。」鄭注：「意，心所無慮也。」無慮亦隱度之義。然則意亦隱也。「隱」「意」聲轉字通。故《左氏·昭十年經》云「季孫意如」，《公羊》作「季孫隱如」。

逆，迎也。

《釋詁》云：「迓，迎也。」迎者，《說文》云：「逢也。」「迎」「迓」「御」俱音轉字通，已詳《釋詁》。又與「輅」同。《左氏·僖十五年傳》：「輅秦伯。」《宣二年傳》：「狂狡輅鄭人。」「輅」俱訓迎。「輅」「御」又疊韵字矣。

逆者，迕之迎也。逆本違迕之名，而有逢迎之義，故以「逆」爲迎。《考工記·匠人》云：「逆牆六分。」鄭注：「逆，猶卻也。」《齊策》云：「故專兵一志以逆秦。」高誘注：

「逆，拒也。」拒與迎義相反者，逆對順言，故有拒意；逆以迎言，故有逢遇之意。詁訓有相反而相同者，此類是也。

憯，曾也。發語辭。見《詩》。

曾者，《說文》云：「詞之舒也。」蓋曾之言增，增者重累，故其詞舒。曾猶嘗也。凡言「嘗如是」者，亦言「曾如是」。《左氏·昭十二年傳》注：「昆吾，曾居許地。」《釋文》：「曾，一本作嘗。」是「嘗」「曾」通。曾又訓乃。趙岐《孟子》注：「何曾，猶何乃也。」

憯者，「朁」之叚音也。《說文》：「朁，曾也。」引《詩》：「朁不畏明。」通作「憯」。《詩·民勞》《節南山》《十月之交》傳、箋竝云：「憯，曾也。」又通作「慘」。《民勞》釋文：「慘，本亦作憯。」《左氏·昭廿年傳》作「慘不畏明」。《釋文》：「慘，曾也。」「慘」「憯」聲同，「憯」「曾」聲轉。

增，益也。今江東通言「增」。

益者，《說文》云：「饒也。」《玉篇》云：「加也。」《易·繫辭》云：「益德之裕也。」是益以增多、增長爲義也。

增者，《説文》云：「益也。」《廣雅》云「加也」，「重也」，「累也」。《爾雅·釋訓》云：「增增，衆也。」是皆增多、增長之義。通作「曾」。《説文·會部》云：「會，从曾省。曾，益也。」《詩》：「曾孫篤之。」箋：「曾，猶重也。」《離騷》云：「曾歔欷余鬱邑兮。」王逸注：「曾，累也。」又通作「層」。《招魂》篇云：「層臺累榭。」王逸注：「層，重也。」《魏大饗碑》云：「蔭九增之華蓋。」增即層也。又通作「譄」。《説文》云：「譄，加也。」又通作「橧」。《禮運》云：「夏則居橧巢。」《釋文》：「橧，本又作增，又作曾。」今按：《玉篇》：「橧，才陵、子登二切。」即「曾」「增」之音。橧巢與營窟對文，橧亦重累之義。然則橧依義當作「增」與「曾」，叚借作「橧」耳。

寠，貧也。謂貧陋。

貧者，《説文》云：「財分少也。」《莊子·讓王》篇云：「無財謂之貧。」是「貧」从財省，會意。《説文》「从貝，从分」，貝即財，分即少矣。

寠者，《説文》云：「無禮居也。」《詩·北門》傳：「寠者，無禮也。貧者，困於財。」《一切經音義》一引《蒼頡篇》云：「無財曰貧，無財備禮曰寠。」又引《字書》云：「寠，空也。」《類聚》卅五引《字林》云：「寠，貧空也。」按：「寠」，从婁聲。婁訓空，故以空言，聲兼意也。《釋名》云：「寠數，猶局縮，皆小意也。」「小」與「貧」近，故《荀子·堯問》篇有寠小之言。小與空又與「無禮居」近也。《詩》云：「終寠且貧。」是貧寠爲二，寠謂無財可以爲禮；貧并無以自給。故言「且」以見意。實則貧、寠是一，故《書》「六極」「四曰貧」，不言「寠」，從可知也。

薆，隱也。謂隱蔽。僾，唈也。嗚唈，短氣。皆見《詩》。

隱者，《釋詁》云：「微也。」《玉篇》云：「不見也，匿也。」皆藏伏、翳蔽之義也。薆者，《説文》作「篓」，云：「蔽不見也。」《玉篇》云：「隱也，蔽也。」亦作「薆」。《華嚴經音義》上引《珠叢》云：「薆，蔽也。」《離騷》云：「衆薆然而蔽之。」《方言》注：「薆，謂蔽薆也。」引《詩》：「薆而不見。」蓋薆而即薆然，薆然又即隱然矣。通作「僾」。《廣韵》云：「僾，隱也。」《説文》云：「仿佛也。」引《詩》：「僾而不見。」又通作「愛」。今《詩》作「愛而不見」。説者因以愛爲可愛，非也。「愛」即「僾」之省。故《廣雅》云：「愛，僾也。」《詩》「愛莫助之」，傳：「愛，隱也。」是其證。

唈者，「悒」之或體也。《説文》：「悒，不安也。」《文選·長門賦》云：「舒息悒而增欷兮。」李善注：「悒，於悒也。」《一切經音義》四引《蒼頡篇》云：「悒悒，不舒之貌也。」

通作「邑」。《漢書·成帝紀贊》云：「言之可爲於邑。」《集注》：「於邑，短氣貌。」《文選·與滿公玉書》云：「良增邑邑。」李善注：「邑邑，不樂也。」又通作「唈」。《玉篇》云：「唈，烏合切，嚘也。」引《爾雅》。《淮南·覽冥》篇云：「孟嘗君爲之增欷歍唈。」高誘注：「歍唈，失聲也。」按：歍唈即於悒，或作「嗚唈」，亦作「嗚咽」，竝字音小異耳。「於」「嗚」聲同。於悒又即悒悒，聲相變也。

僾者，《詩》「亦孔之僾」，傳：「僾，唈。」《正義》引孫炎曰：「心唈也。」《荀子·禮論》篇云：「悍詭唈僾而不能無時至焉。」楊倞注：「唈僾，氣不舒，憤鬱之貌。」然則唈僾即僾唈也。《爾雅》古本當作「僾悒」，故孫炎云：「心悒。」从邑，旁心也。《詩》正義據《爾雅》今本作「僾唈」，故引孫炎云：「心唈。」从邑，旁口矣。《荀子》今本亦作「唈僾」，宋本則作「悒僾」，可證。

基，經也。基業所以自經營。基，設也。亦爲造設。

經者，理也，歷也。《考工記·輈人》注：「經亦謂順理也。」《詩·靈臺》傳：「經，度之也。」《楚語》注：「經謂經度之，立其基址也。」是皆以「理」爲義也。《釋名》云：「經，徑也。」《小爾雅》云：「經，過也。」《文選·魏都賦》注：「直行爲經。」是皆以歷爲義也。

《爾雅》之「經」主前義，亦包後義也。《鬼谷子·抵巇》篇云：「經起秋豪之末。」注云：「經，始也。」始即基之訓也。

基者，《釋詁》云「始也」，「謀也」。俱與經理義近。故《賈子·禮容》篇云：「基者，經也。」《書》「周公初基」，基謂經度之也。《正義》引鄭注：「基訓爲謀。」謀亦經度之義。《詩》：「經始靈臺。」「經始」即初基也。《周語》云：「自后稷之始基靖民。」始基亦即初基。韋昭注：「基訓爲始。」非也。通作「期」。《士喪禮》注：「古文基作期。」《士虞禮·記》注：「古文朞皆作基。」按：「朞」，《說文》作「稘」，云：「復其時也。」然則朞者，周而復始。經歷一月，謂之朞月；經歷一年，謂之朞年。基之訓經，亦其義矣。「基」「經」雙聲。設者，《說文》云：「施陳也。」陳列、施設俱與經理義近。《禮容》篇云：「基者，勢也。」形勢與造設義亦近。

祺，祥也。謂徵祥。祺，吉也。謂〔一〕吉之先見。

祥者，《釋詁》云：「善也。」《說文》云：「福也。」《賈子·大政》篇云：「祥者，福之榮

〔一〕謂，《爾雅》宋刊十行本作「祥」。

也。」按：榮謂先見其徵應，若草木之有華榮也。《士虞禮・記》注：「祥，吉也。」《漢書・五行志》云：「祥，猶禎也。」禎、吉亦福善之義也。

祺者，《士冠禮》云：「壽考維祺。」鄭注：「祺，祥也。」《詩》：「維周之禎。」傳：「禎，祥也。」《正義》引《釋言》文。是「禎」，本作「祺」，《釋文》亦作「祺」，云：「祥也。《爾雅》同。」故《正義》又引舍人曰：「祺，福之祥。」某氏曰：《詩》：「維周之祺。」臧氏據宋本改。定本、《集注》「祺」字作「禎」。《釋文》亦引徐云：「本又作禎。」與崔本同。然則今《詩》作「禎」，蓋據徐邈及崔靈恩《集注》所改。《釋文》《正義》俱作「祺」，今《正義》亦作「禎」，則誤矣。臧氏琳《經義雜記》十一云：「唐石經作禎，故今本多作禎。《說文》：『禎，祥也。』崔蓋本此。今注疏本作禎，則非。」

吉者，《說文》云：「善也。」《釋名》云：「實也，有善實也。」《文選・東京賦》注：「吉，福也。」《周禮・大祝》云：「吉祝。」鄭衆注：「祈福祥也。」然則吉包福、善二義，與祥同訓。故《逸周書・武順》篇云：「禮義順祥曰吉。」是吉即祥矣。祺既訓祥，又言吉者，蓋祥之一字本兼吉、凶二義。《書序》云：「亳有祥桑穀。」此以妖怪爲祥也。《周語》云：「襲于休祥。」此以福善爲祥也。故申釋之。

兆，域也。謂塋界。肈，敏也。《書》曰：「肈牽車牛。」

域者，《説文》作「或」，云：「邦也。或又从土。」《玉篇》云：「域，居也，封也。」《詩》：「蘞蔓于域。」傳：「域，營域也。」《周禮·典祀》注：「域，兆表之塋域。」《廣雅》云：「塋域，葬地也。」按：「塋」「營」通。域本邦之界限，不獨葬地有域。故《漢書·禮樂志》云：「躋之仁壽之域。」《集注》：「域，界也。」是凡界稱「域」矣。

兆者，「垗」之叚借也。《説文》云：「垗，畔也。爲四時界，祭其中。」引《周禮》曰：「垗五帝於四郊。」通作「兆」。今《小宗伯》「垗」作「兆」，鄭注：「兆爲壇之營域。」《樂記》云：「行其綴兆。」《士喪禮》云：「兆南北面。」鄭注竝云：「兆，域也。」又通作「肈」。《書》「肈十有二州」，《大傳》作「兆十有二州」。鄭注：「兆，域也，爲營域以祭十二州之分星也。」《詩》：「以歸肈祀。」箋：「肈，郊之神位也。」「后稷肈祀」，《表記》作「后稷兆祀」。鄭注：「兆，四郊之祭處也。」《詩》「肈域彼四海」，「肈」當作「兆」。兆域，正天下之經界。

敏者，《説文》云：「疾也。」肈者，《釋詁》云：「謀也。」「謀」「敏」古音相近。《中庸》：「人道敏政。」鄭注：「敏或爲謀。」是「謀」「敏」通。《詩》：「肈敏戎公。」《釋文》引《韓詩》云：「肈，長也。」長有敏意。肈之言猶趙也。《穆天子傳》云：「天子北征趙行。」

郭注：「趙，猶超騰也。」超騰與敏疾義近。《詩》：「其鎛斯趙。」傳：「趙，刺也。」按：肇，擊也。擊刺與敏疾義又近。

挾，藏也。今江東通言挾。浹，徹也。謂霑徹。

藏者，懷也。《説文》作「褭」，云：「藏也。」《學記》云：「藏焉脩焉。」鄭注：「藏，謂懷抱之。」按：「藏」，古書作「臧」，後人通借爲「藏」耳。

挾者，《説文》云：「俾持也。」《玉篇》云：「懷也，持也。」《廣韵》云：「藏也，護也。」《漢書·惠帝紀》云：「除挾書律。」應劭注：「挾，藏也。」通作「俠」。《説文》云：「褭，俠也。」褭俠猶褱藏。《左氏·隱九年經》云：「挾卒。」《公》《穀》作「俠卒」。是「俠」「挾」通。又與「匧」同。「匧」或作「篋」。《説文》云：「匧，藏也。」

徹者，《説文》云：「通也。」《小爾雅》云：「達也。」《爾雅·釋訓》注：「徹亦道也。」道、達義俱爲通也。

浹者，古無正文，借「挾」與「接」爲之。接亦通達之義。故《小爾雅》云：「接，達也。」《廣雅》云：「接，徧也。」周徧亦霑洽之義。此皆以「接」爲浹也。以「挾」爲浹者，《詩》：「使不挾四方。」毛傳：「挾，達也。」《釋文》：「挾，子協反。」《周禮·大宰》及《大司馬》竝云：「挾日而斂之。」《釋文》：「挾，子協反。字又作浹。」《越語》云：「浹日而令大夫朝之。」韋昭注：「從甲至甲曰浹。浹，帀也。」《淮南·原道》篇云：「不浹于骨髓。」高誘注：「浹，通也。」《漢書·禮樂志》云：「於是教化浹洽。」《集注》：「浹，徹也。」唯《荀子》書「浹」俱作「挾」。《儒效》篇云：「盡善挾洽之謂神。」挾洽即浹洽也。《禮論》篇云：「方皇周挾。」周挾即周浹也。故楊倞注竝云：「挾，讀爲浹。」與《詩》及《周禮》合，爲它書所未見。

普〔一〕，廢也。普，滅也。亦爲滅絶。

廢者，《釋詁》云：「舍也。」舍謂廢置不用，故又訓退也，罷也，止也，已詳《釋詁》。

普者，《說文》云：「廢，一偏下也。」通作「替」。《詩》「勿替引之」，「胡不自替」，《離騷》云：「謇朝誶而夕替。」毛傳及王逸注竝云：「替，廢也。」《晉語》云：「薦可而替否？」韋昭注：「替，去也。」去亦廢，故《一切經音義》九引李巡曰：「替，去之廢也。」《釋詁》云：「替，止也。」止亦廢。又云：「替，待也。」待亦止之廢也。

滅者，《釋詁》云：「盡也，絶也。」《晉語》注：「滅，除也。」除去與廢止義近。替又訓滅

〔一〕普，《爾雅》宋刊十行本作「替」。

者，《魯語》云：「令德替矣。」《晉語》云：「君之冢嗣其替乎？」韋昭注竝云：「替，滅也。」

速，徵也。徵，召也。《易》曰：「不速之客。」

徵者，求也。《說文》云：「召也。」「召」「求」義近。《呂覽・達鬱》篇云：「桓公樂之而徵燭。」《漢書・五行志》云：「徵褰與襦。」高誘注及顏師古《集注》竝云：「徵，求也。」

速者，疾之徵也。《文選・思玄賦》云：「速燭龍令執炬兮。」舊注：「速，徵也。」徵亦召。故《詩》「何以速我獄」，「以速諸父」，傳竝云：「徵，召也。」《鄉飲酒》及《鄉射禮》「速賓」注同。

召者，《說文》云：「評也。」《呂覽・分職》篇云：「令召客者酒酣。」高誘注：「召，請也。」請猶徵也。

經典徵訓召者，《周禮・司市》云：「成賈而徵價。」《縣正》云：「縣之政令徵比。」《典祀》云：「徵役于司隸。」及《鄉飲酒》《鄉射禮》云：「徵唯所欲。」鄭注竝云：「徵，召也。」凡〔一〕《左傳》「徵會」「徵聘」「徵師」之類，其義亦同。召猶招也。《說文》：「招，手呼

〔一〕凡，原誤「几」，據楊胡本、《經解》本改。

也。」「呼」當作「評」。然則召以口評；招以手評。故《楚辭·招魂序》云：「以手曰招；以言曰召。」《詩·匏有苦葉》傳：「招招，號召之貌。」號召亦評召也。招又求也，致也，竝與召義同。

琛，寶也。《詩》曰：「來獻其琛。」

寶者，《說文》云：「珍也。」「珍，寶也。」通作「保」，又作「葆」。《易·繫辭》云：「聖人之大寶曰位。」《釋文》：「寶，孟作保。」《書》「無墜天之降寶命」，《史記·魯世家》作「無墜天之降葆命」。《留侯世家》集解：「徐廣曰：『《史記》珍寶字皆作葆。』」又通作「宲」，亦作「珤」。《書》云「陳寶」，《說文》引作「陳宲」。「寶器」，《穆天子傳》作「珤器」矣。

琛者，《詩·泮水》傳：「寶也。」《正義》及《釋文》引舍人曰：「美寶曰琛。」莊氏述祖說，「琛」字古無正文，當依《說文》作「珍」。余按：「琛」字見《詩》與「金」相韵，若作「珍」，則失韵，其說非也。《玉篇》：「琛，別作賝。」《廣韵》：「賝，賮也。」與《玉篇》異。《文選·思玄賦》云：「獻環琨與琛縭兮。」舊注：「琛，質也。」「質」與「寶」異。琛質之訓與《爾雅》又乖，疑未能定也。

探，試也。刺探嘗試。

試者，上文云：「用也」，此訓嘗試。《廣雅》云：「試，嘗也。」《秦策》云：「臣請試之。」高誘注：「試，猶嘗視也。」然則《易·无妄》云：「不可試也。」試亦嘗矣。《釋文》訓試爲驗，驗與嘗近，嘗與用亦近矣。

探者，《釋詁》云：「取也。」又訓刺探，刺亦采取之義，刺探猶伺探也。故軍中閒諜，用以探取敵情，謂之「探子」。然則探之言占也，試之言伺也。《方言》云：「占，伺視也。」「占」與「覘」同，「伺」與「覗」同，皆竊視之意。「試」與「弑」古通用。石經《公羊》殘碑云：「何隱爾試也？」試即弑矣。《白虎通》云：「弑者，試也。」《釋名》云：「弑，伺也，伺〔一〕閒而後得施也。」並與「探」「試」義近。

髦，選也。俊士之選。髦，俊也。士中之俊如毛中之髦。

選者，《説文》云：「擇也。」《玉篇》云：「數也。」《廣雅》云：「入也。」《逸周書·常訓》篇云：「夫民羣居而無選。」孔晁注：「選，行也。」《漢書·武帝紀》云：「知言之選。」

〔一〕伺，原誤「同」，據楊胡本改。

應劭注：「選，善也。」然則選之言善，謂德行道藝可入成均充選數。故《王制》云：「命鄉論秀士，升之司徒，曰選士。」《白虎通》引《禮別名記》曰：「十人曰選，言材過十人也。」

髦者，上文云：「髦、士，官也。」《釋文》：「毛中之長豪曰髦。」然則髦之言豪也。在毛謂之豪；在士謂之選，故選士曰「髦士」，亦曰「豪士」矣。

俊者，《禮別名記》曰：「百人曰俊。」《説文》云：「俊，材過千人也。」《書》：「俊乂在官。」馬、鄭注竝云：「材德過千人爲俊。」《鶡冠子·能天》篇云：「德萬人者謂之俊。」不同者，百、千、萬雖爲數懸殊，要皆才德出衆之稱。故《書》：「克明俊德。」鄭注：「俊德，賢才兼人者。」是其義俱通矣。《王制》云：「司徒論選士之秀者而升之學，曰俊士。」通作「儁」。《左氏·莊十一年傳》：「得儁曰克。」《釋文》：「儁，本或作俊。」髦又訓俊者，《詩·甫田》《棫樸》傳及《士冠禮》注竝云：「髦，俊也。」

俾，職也。使供職。

職者，《釋詁》云：「主也。」《周禮·掌固》云：「民皆有職焉。」鄭注：「職，謂守與任。」《考工記》云：「國有六職，百工與居一焉。」然則職不必居官也，凡事也，業也，主者皆謂之職。《大宰》以八職任萬民，任即任使之義也。俾者，《釋詁》云「使也」，「從也」。從順、使令皆與「職」義近。以從順爲職，職之卑者也；以使令爲職，職之尊者也。通作「比」。《詩》「克順克比」，《樂記》引作「克順克俾」。鄭注：「俾當爲比，聲之誤也。擇善從之曰比。」按：「比」訓從，則與「俾」同，故古字通，非誤也。在《易》比與師對。比即俾也，師猶尸也。《釋詁》云：「尸、職，主也。」

紕，飾也。謂緣飾。見《詩》。

飾者，《論語·鄉黨》篇皇侃疏引鄭注云：「飾，謂純緣也。」《玉篇》云：「純，之閏、之允二切，緣也。」「緣，於絹切，邊緣也。」

紕者，《玉篇》云：「必二、扶規二切，冠緣邊飾也。」按：緣邊之飾，衣冠皆有之。故《玉藻》云：「縞冠素紕。」鄭注：「紕，緣邊也。紕讀如埤益之埤。」是冠緣邊曰「紕」也。《雜記下》云：「紕以爵韋六寸。」鄭注：「在旁曰紕。」《深衣》云：「純袂緣純邊。」鄭注：「緣邊，衣裳之側。」《既夕·記》注：「飾裳在幅曰綼。」按：在幅即裳之邊側。《釋文》：「綼，音毗支反。」綼即紕也。是衣裳緣邊俱曰「紕」也。郭云「見《詩》」者，「素絲紕之」，毛傳：「紕，所以織組。總紕於此，成文於彼。」鄭箋：「縫紕旌旗之旒縿，或以維持之。」

是毛、鄭説「紕」義異，要爲緣飾之義則同，故《爾雅》總云：「紕，飾也。」

凌，慄也。凌懅戰慄。慄，慼也。戰慄者，憂慼。

慄者，「溧」之叚借也。《説文》云：「凓，寒也。」通作「栗」。《詩》：「二之日栗烈。」傳：「栗烈，寒氣也。」

凌者，「凌」之叚借也。《説文》：「勝，或作凌，仌出也。」引《詩》：「納于勝陰。」今《詩》作「凌陰」。毛傳：「凌陰，冰室也。」《爾雅》「凌慄」，古本作「凌溧」。故《釋文》引樊注作「凌，冰凜也」。凜亦寒，樊光蓋以冰凜釋溧字。「凜」「溧」「凌」俱一聲之轉。《漢書・楊雄傳》云：「馳閶闔而入凌兢。」《集注》：「入凌兢者，亦寒涼戰栗之處也。」與樊光義合。郭所據本「凌」作「淩」，「溧」作「慄」。故《釋文》云：「淩，力升反。」又云：「郭注淩當作倰。」《埤蒼》云：「倰，慄也。」然則郭本「淩慄」即《埤蒼》之「倰慄」。其注云：「淩懅亦當爲倰遽。」《楊雄傳》云：「虎豹之淩遽。」《集注》：「淩，戰栗也。遽，惶也。」《文選・西京賦》云：「百禽倰遽。」薛綜注：「倰，猶怖也。」竝郭所本。

慄、慼者，當作「栗」、「蹙」，亦叚借也。《釋名》云：「蹙，遒也，遒迫之也。」《詩・小明》及《召旻》傳竝云：「蹙，促也。」促、迫皆急疾之意。故《燕禮・記》云：「凡公所辭皆栗階。」鄭注：「栗，蹷也。謂越等急趨君命也。」《聘禮》云：「栗階升。」鄭注：「栗階，趨君命尚疾不連步。」《公食大夫禮》云：「賓栗階升，不拜。」鄭注：「栗，實栗也。不拾級連步，趨主國君之命。」然則《儀禮》「栗階」凡三見，鄭俱以「栗」爲疾速。其「栗，蹷」之文，唯《燕禮》注一見，明其餘同。是《爾雅》「慄，慼」即「栗，蹷」，故鄭據以釋經。郭氏緣詞生訓，而云「戰慄者憂慼」，失之矣，今訂正。

蠲，明也。蠲，清明貌。茅，明也。《左傳》曰：「前茅慮無。」明，朗也。

明者，《説文》云：「照也。」《周語》注：「顯也。」《祭義》注：「明，猶潔也。」蠲者，《説文》云：「馬蠲也。」引《明堂月令》曰：「腐艸爲蠲。」今《月令》「蠲」作「螢」，是蠲爲蟲之明也。《方言》云：「病愈或謂之蠲。」郭注：「蠲亦除也。」是蠲爲除之明也。《周禮·宫人》云：「除其不蠲。」鄭注：「蠲，猶潔也。」是蠲爲潔之明也。故《書》云：「不蠲烝。」《左氏·襄十四年傳》云：「惠公蠲其大德。」馬融及杜預注竝云：「蠲，明也。」《爾雅》邢疏引樊光云：「蠲除垢穢，使令清明。」是樊注亦兼潔除爲義矣。通作「圭」。《詩》「吉蠲爲饎」，《韓詩》作「吉圭爲饎」。《士虞禮·記》注及《周禮·蜡氏》注亦竝作「圭」，云：「圭，潔也。」《孟子》「圭田」注同。然則「圭」「蠲」聲轉義同。

茅者，郭引《左氏・宣十二年傳》云：「前茅慮無。」杜預注：「茅，明也。」《正義》引舍人曰：「茅，昧之明也。」杜注又引或曰：「時楚以茅爲旌識。」然則茅旌亦取顯明爲義。故朝會以茅蕝表位，祭祀用菁茅縮酒。菁亦明也，所以《郊特牲》云：「縮酌用茅，明酌也。」是皆茅訓明之義也。《齊語》云：「首戴茅蒲。」韋昭注：「茅，或作萌。」按：古讀「明」若「芒」，「萌」亦若「芒」，「萌」「茅」「明」，竝雙聲字也。

明訓朗者，《詩・既醉》傳：「朗，明也。」《左氏・昭五年傳》正義引樊光云：「高朗令終，日月光明。」《楚語》云：「其聖能光遠宣朗。」《淮南・原道》篇云：「新而不朗。」韋昭及高誘注竝云：「朗，明也。」

猷，圖也。《周官》曰：「以猷鬼神祇。」謂圖畫。猷，若也。《詩》曰：「寔命不猷。」

圖者，《釋詁》云：「謀也。」《廣雅》云：「畫也。」《周禮・小宰》鄭衆注：「圖，地圖也。」按：圖謂模寫其形象也。

猷者，《釋詁》云：「謀也。」謀亦圖也。「猷」與「猶」同。《詩》：「猶之未遠。」傳：「猶，圖也。」《小旻》《白華》《抑》《訪落》《般》箋竝同。《周禮》凡以神仕者，以猶鬼神示之居。《小行人》云：「猶犯令者。」《儒行》云：「猶將不忘百姓之病也。」鄭注竝云：「猶，圖也。」此皆圖謀。郭引《周禮》作「圖畫」，於義亦通。

若者，如也。《考工記·梓人》云：「毋或若女不寧侯。」《公羊·莊四年傳》：「則襄公得爲若行乎？」鄭及何休注竝云：「若，如也。」「若」「如」古通用。《有司徹》云：「若是以辯。」鄭注：「今文若爲如。」「如」「若」雙聲字也。

猷訓若者，「猷」「如」《釋詁》竝云：「謀也。」如即若也。猷之爲若，亦如如之爲若也。《詩·小星》《鼓鐘》傳竝云：「猶，若也。」《郊特牲》云：「猶明清與醆酒於舊澤之酒也。」《内則》云：「子弟猶歸器。」鄭注竝云：「猶，若也。」「猶」「若」亦雙聲字。

偁，舉也。《書》曰：「偁爾戈。」稱，好也。物稱人意亦爲好。

舉者，《説文》作「擧」，从手，與聲，云：「對舉也。」則與「舁」同。「舁，共舉也」。「舉」與「動」義近，故訓起也，拔也，用也，行也。又訓言也。《雜記》云：「過而舉君之諱則起。」鄭注：「舉，猶言也。」按：舉訓言，則與稱説同義。又爲銓衡之名。《小爾雅》云：「兩有半曰捷，倍捷曰舉。」是「舉」與「稱」又俱爲器名矣。

偁者，「爯」之叚借也。《説文》云：「爯，并舉也。」通作「偁」。《説文》：「偁，揚也。」揚亦舉，故《釋訓》云：「偁偁，舉也。」又通作「稱」。《書》「敢行稱亂」，《史記·殷紀》作

「敢行舉亂」。《士相見禮》云：「聞吾子稱贄。」《聘禮》云：「賓稱面。」《檀弓》云：「言在不稱徵。」鄭注竝云：「稱，舉也。」蓋稱、舉俱兼言、行二義。凡稱述、稱道皆言之類也；稱量、稱度皆行之類也。「舉」義亦同。

好者，《說文》云：「美也。」徐鍇曰：「子者，男子之美稱。會意。」《玉篇》云：「好，呼道切，美也。又呼導切，愛好也。」《釋文》亦兼二音，與《玉篇》同。以愛好爲義者〔一〕，《詩》：「好是正直。」箋：「好，猶與也。」「與」即「舉」字之聲，「與」「舉」古字通也。以美好爲義者，《詩》：「緇衣之好。」傳：「好，猶宜也。」宜即稱之訓也。稱者，《漢書·刑法志》云：「一物失稱。」《集注》：「稱，宜也。」《荀子·禮論》篇云：「貧富、輕重皆有稱者也。」楊倞注：「稱謂各當其宜。」按：今俗語謂之「廝稱」，亦謂之爲「恰好」。故《考工記·輪人》云：「欲其肉稱也。」鄭注：「肉稱，弘殺好也。」《輿人》云：「謂之參稱。」鄭注：「稱，猶等也。」然則稱以等爲義，稱等與物適平，然後爲好。後世有稱，又有等子，二者竝爲衡器之名矣。郭云「物稱人意亦爲好」者，《釋文》：「稱，尺證反。」是矣。然「好」字既兼二音，稱字亦有二讀。如《祭義》云：「國人稱願然曰：『幸哉！有子如

〔一〕者，原誤「音」，楊胡本同，據疏文上下文意改。

此。』」是稱爲嘉美之詞，又當音尺陵反矣。《釋文》蓋失之。

坎、律，銓也。《易·坎卦》主法。法、律皆所以銓量輕重。

銓者，《説文》云：「衡也。」《廣韵》云：「量也，次也，度也。」《文選·文賦》注引《蒼頡篇》曰：「銓，稱也。」《聲類》曰：「銓，所以稱物也。」《廣雅》：「稱謂之銓。」《吴語》云：「無以銓度天下之衆寡。」通作「硂」。《廣雅》云：「硂，度也。」《廣韵》「硂」同「銓」，是矣。

坎者，水也。水主法者，《左氏·宣十二年》杜預注：「坎爲法象。」《説文》云：「法，刑也，平之如水。从水。」《考工記·輪人》云：「水之以眂其平沈之均也，權之以眂其輕重之侔也。」然則水主均平，權知輕重。水即坎也，權亦銓也，銓衡所以取平，故「坎」訓銓矣。

律者，上文云：「述也。」《釋詁》云：「常也，法也。」法、律同類。故《易集解·師》《坎》下竝引九家注：「坎爲法律。」《淮南·覽冥》篇注又云：「律，度也。」蓋律、度、銓、衡竝主法之器，故展轉相訓。《左·宣十二年傳》正義引樊光曰：「坎卦，水也。水性平，律亦平，銓亦平也。」

矢，誓也。相約誓。

誓者，上文云：「謹也。」《説文》云：「約束也。」《釋名》云：「誓，制也，以拘制之也。」《曲禮》云：「約信曰誓。」《周禮・典命》注：「誓，猶命也。」《大射儀》注：「誓，猶告也。」告、命皆謂以言相約結信。故《易・晉・象傳》虞翻注：「誓，信也。」《詩》云：「信誓旦旦。」亦其義也。

矢者，《釋詁》云：「陳也。」陳布與約信義近。故《論語》：「夫子矢之。」《釋文》引孔、鄭、繆播皆云：「矢，誓也。」蔡謨云：「矢，陳也。」「陳」「誓」義近。《易・晉・象傳》：「矢得勿恤。」《集解》引虞翻注：「矢，古誓字。」然則「矢」「誓」古通用。《書》云「出矢言」即「出誓言」矣。《釋文》引馬融注，以爲《盤庚誥》。「誥」「誓」義同。

舫，舟也。竝兩船。

《説文》云：「舟，船也。」《釋名》云：「船又曰舟，言周流也。」通作「周」。《詩》：「舟人之子。」箋：「舟，當作周。」《考工記・總目》云：「作舟以行水。」鄭注：「故書舟作周。」鄭衆云：「周，當爲舟。」《漢修堯廟碑》云：「委曲舟帀。」《韓勑後碑》云：「舟口牆域。」竝以「舟」爲周。周訓帀徧與方訓旁行，其義又同矣。

舫者，「方」之叚音也。《詩》云「不可泳思」，「不可方思」。又云「方之舟之」，「泳之游之」。具有成文，故《爾雅》此及下條分釋之。蓋謂方本訓泭，亦舟之類，故即云：「方，舟也。」泳本訓潛，亦游之類，故即云：「泳，游也。」此皆《爾雅·釋言》之意。郭氏未達，以爲「竝兩船」者，蓋據《釋水》之「方舟」爲「併兩船」，而欲移注此文，不思彼云「大夫方舟」，則「方舟」二字連讀，此加「也」字分釋，則别爲兩義，郭欲一之，蓋爲失矣。通作「舫」。《文選·贈蔡子篤詩》云：「舫舟翩翩。」李善注：「舫與方同。」按：古讀「方」若「旁」，亦若「謗」。《釋水》之「方舟」當讀若「謗」，「謗」「併」聲轉也。此文當讀若「旁舟」，周流旁行也。《書》「方行天下」，即旁行也。

泳，游也。潛行游水底。

游者，「汓」之叚音也。《説文》云：「汓，浮行水上也。」「汓，或从囚聲」，作「泅」。《列子·説符》篇云：「人有濱河而居者，習於水，勇於泅。」通作「游」。《禮·緇衣》云：「故大人不倡游言。」鄭注：「游，猶浮也。」《列子·黄帝》篇云：「能游者，可教也。」《詩·兼葭》傳：「順流而涉曰遡游。」《周禮·萍氏》云：「禁川游者。」竝以「游」爲浮水之名也。

泳者，《釋水》云：「潛行爲泳。」郭注：「水底行也。」必知泳爲「水底行」者，《黄帝》篇云：「彼中有寶珠，泳可得也。商丘開復從而泳之，既出，果得珠焉。」據開得珠，不容浮行水上，故知泳爲潛行水底也。潛則非浮，而云「泳，游也」者，《方言》云：「潛，沈也。楚郢以南或曰潛。潛又游也。」郭注「潛行水中亦爲游。」此言與《爾雅》合矣。《説文》又云：「古或以汓爲没。」没，沈也。讀若沬。然則汓又爲没，没謂沈入水中，與潛行水底之義又合。

迨，及也。東齊曰迨。

及者，《釋詁》與「逮」俱云：「與也。」此篇下文又云：「逮，及也。」「逮」與「迨」同。通作「隶」。《説文》云：「隶，及也。」又通作「隸」。《説文》：「隸，及也。」引《詩》曰：「隸天之未陰雨。」今《詩》「隸」作「迨」。《摽有梅》《匏有苦葉》《伐木》俱作「迨」字。《方言》云：「迨，及也。東齊曰迨。」蓋「隸」「逮」別作「迨」矣。

冥，幼也。幼稚者冥昧。

幼者，「窈」之叚音也。《説文》云：「窈，深遠也。」《詩·關雎》傳：「窈窕，幽閒也。」

「窈」「窕」疊韵，窈之言幽，「幽」「窈」雙聲也。通作「窅」。《史記・項籍紀》集解：「徐廣曰：『窈，一作窅。』」又通作「杳」。《文選・西都賦》云：「又杳窱而不見陽。」杳窱即窈窕也，故李善注：「窈與杳同。」又通作「幼」。「窈」从幼聲，因省作「幼」。故《詩・斯干》釋文：「幼，本或作窈。」《正義》云：「幼，《爾雅》亦或作窈。」是「窈」爲正體，「幼」爲借聲。《大戴禮・誥志》篇云：「幽，幼也。」亦以聲同爲義。郭注以「幼稚」爲言，蓋失之矣。

冥者，《説文》云：「幽也。」幽亦幼，故《斯干》傳：「冥，幼也。」幼亦窈，故《正義》引孫炎曰：「冥，深闇之窈也。」又引某氏曰：「《詩》『噦噦其冥』，爲冥窈，於義實安。」然則毛傳之「冥幼」即「冥窈」，審矣。且「冥」「窈」連文，經典非一。《老子》云：「窈兮冥兮，其中有精。」《莊子・在宥》篇云：「至道之精，窈窈冥冥。」《史記・項籍紀》云：「窈冥晝晦。」《文選・魏都賦》云：「雷雨窈冥而未半。」皆《爾雅》「冥窈」之正文也。《文選・舞賦》云：「獨馳思乎杳冥。」李善注：「杳冥，謂遠而出冥也。」《莊子・逍遥遊》篇釋文引簡文注：「窅冥無極，故謂之冥。」《説文》云：「窅，窅冥也。」皆《爾雅》「冥窈」之異文也。《史記・司馬相如傳》云：「紅杳渺以眩湣兮。」《索隱》引晉灼云：「杳渺，深遠。」《楚辭・湘君》篇云：「美要眇兮宜修。」王逸注：「要眇，好貌。」按：要眇即杳渺，蓋意態深遠之貌。杳渺又即窈冥，「冥」「渺」一聲之轉。

降，下也。

「下」「降」《釋詁》竝云「落也」。此云「降，下也」，轉相訓。《釋文》：「降，古巷反，一音户江反。」按：降，古户紅反；下，户古反，「降」「下」一聲之轉。

傭，均也。齊等。

均者，《釋詁》云：「易也。」《説文》云：「平徧也。」按：均之言匀也。匀者所用以旋轉調匀，故均又訓調也，同也。《詩》「秉國之均」，此即借匀爲言，故毛傳：「均，平也。」「六轡既均」，亦借匀爲比，故傳云：「均，調也。」通作「鈞」。又通作「旬」，旬亦徧也。

傭者，《説文》云：「均也，直也。」《詩》：「昊天不傭。」傳：「傭，均也。」通作「庸」。《釋文》：「傭，《韓詩》作庸。庸，易也。」易亦均也。《公羊·莊卅二年傳》：「庸得若是乎？」何休注：「庸，猶傭。傭，無節目之辭。」《魏都賦》云：「超百王之庸庸。」李善注：「庸，謂凡常無奇異也。」是「庸」有「均」義。《玉篇》：「傭，恥恭切，均也，直也。又音庸，賃也。」「傭」與「鴻」聲義近。故《考工記》：「摶身而鴻。」鄭注：「鴻，傭也。」傭亦均。鄭意蓋以龍蛇之屬，其身搏圜，前後均等，故訓鴻爲傭，義本《爾雅》。

强，暴也。强梁，凌暴。

暴者，《説文》作「𣋡」，云：「疾有所趨也。」《玉篇》作「𣋡」，云：「𣋡，猶耗也，猝也。」今作「暴」。《穀梁·宣二年傳》：「而暴彈之。」范甯注：「暴，殘暴。」通作「虣」。《釋文》：「暴，字又作虣，同。蒲報反。」《周禮·序官》「胥師」注：「司虣禁暴亂。」《文選·蕪城賦》注引《字書》云：「虣，古文暴字。」

强者，《一切經音義》六引《蒼頡篇》云：「强，健也。」健捷與猝暴義近。通作「彊」。《詩·蕩》傳云：「彊禦，彊梁禦善也。」彊梁即麤暴。

窕，肆也。輕窕者，好放肆。肆，力也。肆，極力。

肆者，《説文》云：「極陳也。」陳之爲言伸也。伸有展放之意，故肆又訓放也，縱也。縱有舒長之意，故肆又訓長也，緩也。緩長有直遂之意，故肆又訓直也，遂也。是皆從陳義而生也。凡陳設必有區域，故縣鍾磬全爲肆，《周禮·小胥》所言是也。市廛貨物所居亦爲肆。《論語》「百工居肆」，是也。是又從陳義而推也。

窕者，下文云：「閒也。」閒有寬意，與深遠義近，故《説文》云：「窕，深肆極也。」既言深，又言肆者，義本《爾雅》。言肆又言極者，肆之至極，極即力也。是《説文》以一句兼釋二義。郭云：「輕窕者，好放肆。」蓋讀「窕」爲「佻」，《釋文》因之而云：「窕，吐彫反。」此皆誤矣。唯《説文》與《爾雅》義合，今據以訂正。

肆又訓力者，力猶極也。《説文》：「肆，極陳也。」「窕，深肆極也。」皆以「極」「肆」連言，可知肆有極義。故《小爾雅》云：「肆，極也。」《左氏·昭十二年傳》：「昔穆王欲肆其心。」《周語》云：「藪澤肆既。」《晉語》云：「肆侈不違。」《吕覽·仲春紀》云：「無肆掠。」《淮南·俶真》篇云：「無所肆其能也。」注皆訓肆爲極。極即盡力之義，故《説文》以「肆」爲極，《爾雅》以「肆」爲力，其義同。「力」「極」之聲又近。

俅，戴也。《詩》曰：「戴弁俅俅。」

戴者，《説文》云：「分物得增益曰戴。」《釋名》云：「戴，載也，載之於頭也。」通作「載」。經典「載」「戴」通用。《詩》「載弁俅俅」，郭引亦作「戴」矣。

俅者，《説文》云：「冠飾皃。」引《詩》：「戴弁俅俅。」所引正與郭合。服亦戴也。《釋訓》云：「俅俅，服也。」郭注：「謂戴弁服。」《釋文》：「俅，本亦作絿。」

瘞，幽也。幽亦薶也。

氂，罽也。毛氂所以爲罽。

罽者，「瀱」之叚借也。《説文》云：「瀱，西胡毳布也。」又云：「紕氏人瀱也。」通作「罽」。《王會》篇「伊尹四方令」曰：「正西紕罽爲獻。」《後漢書・西南夷傳》：「冉駹夷，其人能作旄氈斑罽。」蓋罽之有文者稱「斑」矣。

氂者，「毳」之譌文也。《説文》：「毳，獸細毛也。」《周禮・司服》注引鄭衆云：「毳，罽衣也。」然則鄭以「毳」爲罽衣，許以「瀱」爲毳布，證以《釋文》云：「氂，李本作毳，昌鋭反。」可知《爾雅》古本「氂罽」作「毳罽」矣。「毳衣如菼」，經有成文，故此釋之。今本「毳」作「氂」。「氂」，《説文》以爲「犛牛尾」，非可作罽，經典借爲「豪氂」之「氂」，又以爲毛氂。故《一切經音義》九引《三蒼》云：「氂，毛也。」《書・禹貢》正義引舍人曰：「氂，謂毛罽也。胡人績羊毛作衣。」又引孫炎曰：「毛氂爲罽。」《詩・韓奕》正義引郭璞云：「氂，音貍。」又引舍人與《書》正義小異，舍人所以知罽爲羊毛作者，據《内則》云：「羊泠毛而毳羶。」《一切經音義》二引《三蒼》云：「毳，羊細毛也。」又引《字林》義同。然則羊毛細者稱「毳」，舍人所據《爾雅》本正作「毳」，與李巡同。唯郭本誤作「氂」，有「氂音貍」三字可證。《正義》引舍人及孫炎亦作「氂」，蓋因郭本作「氂」，致誤耳。

烘，燎也。謂燒燎。煁，烓也。今之三隅竈。見《詩》。

燎者，《説文》云：「放火也。」《廣雅》云：「燒也。」「燒」「燎」義同。在野曰「野燒」，在庭曰「庭燎」，其義一耳。

烘者，《詩》：「卬烘于煁。」傳：「烘，燎也。」《正義》引舍人曰：「烘，以火燎也。」《釋文》：「烘，火東反。徐又音洪。《説文》巨凶、甘凶二反。孫炎音恭。」《爾雅》釋文：「郭巨凶反。」餘音略同。今按：「烘」，从共聲，孫音是也。今讀火東反矣。

烓者，《説文》云：「行竈也。从圭聲。讀若同。」《玉篇》：「口同、烏圭二切。」《釋文》引顧與《玉篇》同，「郭音恚。《字林》口穎反」。《詩》釋文又「丘弭反」。《詩》正義云：「烓者，無釜之竈，其上然火謂之烘。本爲此竈上亦然火照物，若今之火爐也。」按：此火爐蓋如今燒炭所用。郭云「三隅竈」者，蓋如今之風爐，形如筆筩，缺其上口爲三角以受風，謂之風竈，形制大小，隨人所爲，舟車皆可攜帶，故《説文》謂之「行竈」也。又今登萊人謂竈爲「鬲音「鍋」烓」，其音正作口穎切，此古音矣。

煁者，《説文》云：「烓也。」《玉篇》云：「竈也。」《詩·白華》傳：「煁，烓竈也。」《正義》引舍人與毛傳同。

陪，朝也。陪位爲朝。

朝者，《曲禮》云：「天子當宁而立，諸公東面，諸侯西面曰朝。」《白〔一〕虎通》云：「朝者，見也。」《大宗伯》云：「春見曰朝。」鄭注：「朝，猶朝也，欲其來之早。」然則朝兼朝旦爲義也。《文選·古意酬到長史溉登琅邪城詩》云：「金溝朝灞滻。」李善注：「小水入大水曰朝。」《説文》作「淖〔二〕」，云：「水朝宗于海。」是朝又取水淖爲義也。

陪者，《説文》云：「重土也。」《玉篇》云：「貳也，隨也，加也，助也，益也。」是陪有加益之義，朝亦所以助益人君，如土壤增崇於山，細流益潤於海，故參乘曰「陪乘」，加鼎曰「陪鼎」，侍朝曰「陪位」，皆其義矣。「陪」「培」通。

康，苛也。謂苛刻。

苛者，《説文》云：「小艸也。」按：苛爲小艸，故又爲細也，煩也，重也，又擾也。《一切經音義》十六引《國語》賈逵注云：「苛，猶擾也。」通作「荷」。經典多借「荷」爲「苛」。

〔一〕白，原誤「自」，據楊胡本、《經解》本改。
〔二〕淖，原誤「淖」，楊胡本、《經解》本同，據陸刻本改。

如《晏子春秋·諫上》篇云："執法之吏竝荷百姓。"《漢衡彈碑》云："吏無荷擾之煩。"皆以"荷"爲苛也。

康者，《釋器》云："康謂之蠱。"康亦細碎，與苛擾義近，聲又相轉。

樊，藩也。謂藩籬。

藩者，《詩》："價人維藩。"傳："藩，屏也。"《一切經音義》廿引《蒼頡篇》云："藩，蔽也。"《易·大壯》馬融注："藩，籬落也。"通作"蕃"。《詩》"四國于蕃"，"蕃"即"藩"字之省，故《大司徒》"九曰蕃樂"，杜子春讀"蕃樂"爲"藩樂"，《大司馬》"蕃畿"即《職方》之"藩服"矣。

樊者，"棥"之假借也。《説文》云："棥，藩也。"通作"樊"。《詩》"折柳樊圃"，"止于樊"，傳竝云："樊，藩也。"《正義》引孫炎曰："樊，圃之藩也。"按：樊又訓邊也，傍也，崖也，皆從藩籬之義而生也。"止于樊"，《説文》引作"止于棥"，《漢書·昌邑王傳》作"止于藩"，《史記·滑稽傳》作"止于蕃"，竝同聲通借字。

賦，量也。賦税所以評量。

量者，《説文》云："稱輕重也。"《玉篇》："力姜、力尚二切。"《釋文》亦具二音。《周禮・序官》「量人」注：「量，猶度也。」《禮運》：「月以爲量。」鄭注：「量，猶分也。」《華嚴經音義》上引《國語》賈逵注：「量，分齊也。」

賦者，《説文》云：「斂也。」《詩・烝民》傳：「賦，布也。」《吕覽・分職》篇注：「賦，予也。」《方言》云：「賦、與，操也。」是賦兼取、予，其義則皆爲量也。故《魯語》云：「賦里以入而量其有無。」然則賦斂、賦税即爲量入；賦布、賦予即爲量出。賦之爲言橅也，橅揣料量。郭注但以「賦税」爲言，失之。

粻，糧也。今江東通言粻。

糧者，《説文》云：「穀也。」《詩》：「乃裹餱糧。」又爲乾食之名。故《周禮・廩人》注：「行道曰糧，謂糒也。」是「糧」爲總名。通作「粮」。《玉篇》云：「粮同糧。」《公劉》釋文：「糧，本亦作粮。」《論語》釋文：「糧，鄭本作粻。」是「粻」「糧」又通矣。

粻者，《詩》「以峙其粻」，《王制》云：「五十異粻。」箋、注竝云：「粻，糧也。」《雜記》云：「載粻。」鄭注：「粻，米糧也。」是「粻」亦兼二義。通作「餦」。《集韵》：「餦與粻通。」《方言》云：「餅或謂之餦餛。」「長」「渾」兩音。是乾食亦名「粻」。

庶，侈也。庶者衆多爲奢侈。庶，幸也。庶幾，僥倖。

侈者，《説文》云：「奢也。」《玉篇》云：「泰也。」《集韵》引《字林》云：「汰也。」汰亦泰，泰即大，侈泰即侈大也。通作「移」。延移與侈大義近，又俱从多聲也。

庶者，《釋詁》云：「衆也。」衆多即侈泰。故《公羊·成十年傳》：「婦人以衆多爲侈也。」《楚語》云：「不陳庶侈。」通作「胗」。《詩》：「爲豆孔庶。」箋：「庶，胗也。」《正義》引舍人曰：「庶，衆也。胗，多也。」又引孫炎曰：「庶，豐多也。」《釋文》：「胗，字又作侈。」

幸者，《説文》作「㚔」，云：「吉而免凶也。」《晉語》云：「德不純而福禄竝至，謂之幸。」《小爾雅》云：「非分而得謂之幸。」《華嚴經音義》上引《韵圃》云：「幸，賴也。」又引《公羊傳》劉兆注：「幸，遇也。」遇偶、賴利亦與僥倖義近。

庶又爲幸者，《説文》云：「钦，㚔也。」钦猶覬也，覬亦幾也。庶、幾皆僥倖之意。

筑，拾也。謂拾掇。

拾者，《説文》云：「掇也。掇，拾取也。」《匡謬正俗》云：「拾者，猶言一一拾取。」

按：射著臂韝以斂衣遂弦謂之爲「拾」，亦取收拾爲義也。

筑者，《書》云：「盡起而築之。」《釋文》及《正義》引馬、鄭、王皆云：「築，拾也。」《史記·魯世家》集解引馬融曰：「禾爲木所偃者，起其木，拾其下禾。」通作「筑」。《金縢》釋文：「築，本亦作筑。」又通作「督」。《小爾雅》云：「督，拾也。」又省作「叔」。《説文》云：「叔，拾也。」《詩》：「九月叔苴。」毛傳同。

奘，駔也。今江東呼大爲「駔」。駔猶麤也。

此有二本。郭本作「奘，駔也」。《説文》：「奘，駔大也。」「奘」與「壯」同。《釋詁》云：「壯，大也。」此皆郭義所本。樊光、孫炎本竝作「將，且也」。「將」「且」皆未定之詞。故《秦策》云：「城且拔矣。」《吕覽·音律》篇云：「陽氣且泄。」《淮南·時則》篇云：「雷且發聲。」高誘注竝云：「且，將也。」且既訓將，將亦訓且。故《詩》「方將萬舞」，「將恐將懼」，箋竝云：「將，且也。」《燕燕》及《簡兮》《丰》《楚茨》《文王》《既醉》《烝民》《敬之》傳竝云：「將，行也。」《樛木》《那》《烈祖》箋竝云：「將，猶扶助也。」行與助有趑趄之意，「趄」「且」古字通，古讀「且」七余切，「將」「且」聲轉，故同義、同訓。《檀弓》云：「夫祖者，且也。」鄭注：「且，未定之辭。」是亦以「且」爲將。「且」音七余切，今讀七也切，非古音矣。此皆樊、孫所本。郭氏不從，據「奘，駔」別本爲之作注。但「奘，駔」理新，而於經典無會，「將，且」習見，而爲經典常行。《廣雅》亦作「將，且」，所據蓋即樊、孫之本。唯沈旋《集注》作「奘，朁也」，合「將且」爲一字，猶依郭本「奘」字，意在兩存，則誤甚矣。賴有《釋文》備列諸家，今得依以申明古義，用袪疑惑焉。

集，會也。

會者，《釋詁》云：「合也。」《公羊·隱元年傳》：「會，猶最也。」《月令》及《樂記》注：「會，猶聚也。」「聚」「最」古字通，皆合衆之詞。諸侯相見曰「會」，亦合衆之稱也。集者，《説文》以爲「雧」字之省，云：「羣鳥在木上也。」集，从雥。雥，三隹也。會，从亼。亼，三合也。」故「會」「集」其義同。《詩·小毖》箋：「集，會也。」《小旻》及《大明》傳竝云：「集，就也。」成就與會合義近，「集」「就」與「聚」、「最」聲又相轉。

舫，泭也。水中簰筏。

泭者，《説文》云：「編木以渡也。」《方言》云：「泭謂之簰，簰謂之筏。筏，秦、晉之通語也。」《楚辭·惜往日》篇注：「編竹木曰泭。楚人曰泭，秦人曰撥也。」按：「撥」即「筏」字。《詩·漢廣》釋文引郭云：「木曰簰，竹曰筏，小筏曰泭。」不同者，泭、筏簰皆同類，其竹木隨地所宜耳。《釋文》：「泭，本亦作⿰氵府，又作桴，或作柎，竝同。」又引樊光《爾雅》本作「柎」。今《爾雅》釋文：「樊本作坿。」「坿」即「柎」字之誤矣。

舫者，亦「方」之假借也。上訓舟，此訓泭者，泭、舟同類。《釋水》云：「士特舟，庶人乘泭。」《齊語》云：「方舟設泭。」皆其義也。《詩》「不可方思」，「方之舟之」，傳、箋竝云：「方，泭也。」《正義》引孫炎云：「方，水中爲泭，筏也。」《爾雅》釋文：「方，樊本作坊。」坊蓋「枋」字之誤。「枋」與「舫」同，見《史記·張儀傳》索隱。

洵，均也。謂調均。洵，龕也。未詳。

均者，已詳上文。

洵者，「旬」之假借也。《說文》云：「旬，徧也。」徧即均，故又云：「均，平徧也。」十日爲旬。旬之言宣也。「宣」「徧」亦見上文。《詩》：「來旬來宣。」傳：「旬，徧也。」「其下侯旬」，傳：「旬，言陰均也。」《易》「雖旬无咎」，《管子·侈靡》篇云「旬身行」，注皆以「旬」爲均也。「旬」「均」古通用。故《內則》云：「旬而見。」鄭注：「旬，當爲均，聲之誤也。」《易·說卦》「坤爲均」，今亦或作「旬」也。《周禮·均人》注亦同茲說。今按：「雖旬无咎」，《釋文》：「旬，荀作均。」亦其證矣。通作「洵」。《詩》：「洵直且侯。」傳：「洵，均也。」《桑柔》正義云：某氏引此詩。李巡曰：「洵，徧之均也。」又通作「詢」。《尚書大傳》云：「詢十有二變。」鄭注：「詢，均也。」

洵又訓龕者，借「洵」爲「恂」。恂，信也；借「龕」爲「堪」，堪任也，言信可堪任也。此義本錢氏《荅問》，今依用之。《釋文》：「龕，字或作含，本今作龕。」按：「龕」上从今，即含字之省，含亦聲。今《説文》「从含聲」誤，宜訂正。「龕」或作「含」者，《方言》云：「鈐、龕，受也。齊、楚曰鈐，楊、越曰龕。受，盛也，猶秦、晉言容盛也。」然則容受與堪任義近。《釋文》作「含」，與《方言》合。

逮，遝也。今荆、楚人皆云「遝」，音「沓」。

遝者，《説文》云：「迨也。」《玉篇》云：「迨〔一〕，遝行相及。」《方言》云：「遝，及也。關之東西曰遝，或曰及。」然則遝、逮俱訓及，「逮」「遝」聲又相轉。《釋文》云：「遝，孫、郭徒荅反。」又云：「沓與上同，亦徒荅反。」今按：宋雪窗本及明吴元恭本郭注「遝」下俱有「音沓」二字，今本則無，據《釋文》則唐以前本有之，今補。

〔一〕迨，原誤「迨」，據楊胡本、《經解》本改。

是，則也。是事可法則。

則者，《釋詁》云：「法也。」

是者，「徥」之假音也。《説文》云：「徥徥，行皃。」引《爾雅》曰：「徥，則也。」《詩》「好人提提」，《釋訓》作「媞媞」，與此義合。《方言》云：「徥，行也。」又云：「自關而西，秦、晉之閒，凡細而有容謂之嫢，或曰徥。」《説文》云：「嫢，媞也。」是「媞」「徥」古字通。然則儀容、行動俱謂之「徥」，容止可法故謂之「則」，正與下文「威，則也」同義。「徥」，从是聲，因省作「是」。郭蓋未檢《方言》《説文》，故緣詞生訓耳。

畫，形也。畫者爲形象。

形者，《説文》云：「象形也。」《釋名》云：「形，有形象之異也。」按：容、色、體、貌皆形之類。形謂表見，故又訓見也。

畫者，《釋名》云：「繪也，以五色繪物象也。」《説文》云：「畫，介也。象田四介，聿所以畫之。」按：畫繪之事，起於古之畫井經田。古者山川域地皆有圖畫，《周禮》一書言圖非一。《遂人》云：「以土地之圖，經田野，造縣鄙，形體之灋。」鄭注：「形，謂制分界也。」然則田有界畫，以觀縣鄙之形體；地有圖畫，以寫天下之形勢；物有圖畫，以盡萬物之形容。此皆晝訓形之義也。

賑，富也。謂隱賑富有。

富者，《説文》云：「備也。一曰厚也。」《論語·顔淵》篇《集解》及皇侃疏竝云：「富，盛也。」按：「富」，从畐聲，有盛滿之義也。

賑者，《説文》云：「富也。」郭云：「隱賑富有。」「隱」與「殷」同，殷訓衆盛。故《文選·西京賦》云：「鄉邑殷賑。」薛綜注：「殷賑，謂富饒也。」《蜀都賦》云：「邑居隱賑。」劉逵注：「隱，盛也。賑，富也。」《羽獵賦》云：「殷殷軫軫。」李善注：「殷軫，盛貌也。」是殷軫即隱賑，音轉字變又爲「賑賰」。於尹、式尹二切。《玉篇》云：「賑賰，富有也。」是皆疊韵之字，其義即存乎聲也。

局，分也。謂分部。

分者，《説文》云：「别也。」《淮南·本經》篇云：「各守其分。」高誘注：「分，猶界也。」《禮運》注：「分，猶職也。」《樂記》注：「分，猶部曲也。」皆有分别之義也。

局者，《説文》云：「促也。从口在尺下，復局之。一曰博，所以行棊。」按：局促即守分位之意，慱局亦有分限。故《曲禮》云：「左右有局。」鄭注：「局，部分也。」《詩·正月》傳：「局，曲也。」《采緑》傳：「局，卷也。」卷曲亦局促也。《小爾雅》及《廣雅》竝云：「局，近也。」迫近亦局促也。

懠，怒也。《詩》曰：「天之方懠〔一〕。」

怒者，《説文》云：「恚也。」《匡謬正俗》云：「怒字古讀有二音。」按：古音不分上、去，二音實一音也。

懠者，《詩·板》傳云：「怒也。」《正義》引舍人曰：「懠，怒聲也。」舍人知「怒」爲聲者，《素問·五運行大論》云：「其志爲怒。」王砅注：「怒，直聲也。」是怒亦有聲，然非通義。

僁，聲也。謂聲音。

聲亦音也。通作「𩏩」。《大射儀》注：「古文聲爲𩏩。」按：《説文》：「聲，从殸聲。」

〔一〕「懠」下《爾雅》宋刊十行本有「音薺」二字。

殸，籀文磬也。」

僁者，《説文》云：「聲也。讀若屑。」《玉篇》云：「僁，小聲也。」《字書》「㑰」同。《釋文》云：「僁，動草聲也。字又作㑰。」《廣韻》同，「又鷙鳥之聲，又僁僁呻吟也」。《龍龕手鑑》一作「㑰㑰呻吟也」。今按：《説文》《玉篇》但言聲，《廣韻》乃有「鷙鳥」「動草」「呻吟」之説，今竝未聞。「㑰」即「屑」之或體，「屑」，从肖聲，與「僁」从悉聲音本相近，郭讀音「契」則聲轉矣。通作「屑」。《漢書・武帝紀》云：「著見景象，屑然如有聞。」屑即僁也。《祭義》云：「肅然必有聞乎其容聲。」「肅」「僁」聲亦相轉。

葵，揆也。《詩》曰：「天子葵之。」揆，度也。商度。

揆者，《説文》云：「葵也。」按：此雖本《爾雅》，但《爾雅》本爲解經，經有「葵」字，乃「揆」之假借，故此釋云葵即揆也，亦如「甲，狎」「幕，暮」之例。至於《説文》本爲訓義，不主假借，當言「揆，度」，而言「揆，葵」，則義反晦矣。疑此許君之失也。

葵者，《詩》「天子葵之」，「則我莫敢葵」，傳、箋竝云：「葵，揆也。」

度者，《釋詁》云：「謀也。」經典揆俱訓度。《一切經音義》九引孫炎曰：「揆，商度也。」

逮，及也。

惄，飢也。惄然，飢意。

惄者，《釋詁》云：「思也。」《説文》云：「憂也。」「憂」「思」義同。又訓飢者，蓋言憂思之意，迫切如飢耳。故《詩·汝墳》傳云：「惄，飢意也。」意即思，故箋云：「惄，思也。」《説文》以「惄」爲飢餓，餓蓋「意」字之誤，本於毛傳也。《正義》引李巡曰：「惄，宿不食之飢也。」蓋本毛傳「朝飢」而於《詩》及《爾雅》意又失也。知者，《詩》有二「惄」，「惄焉如擣」，毛亦訓思，可知「飢」非惄之本義。

眕，重也。謂厚重。見《左傳》。

眕者，《説文》云：「目有所恨而止也。」《玉篇》作「目有所限而止」。限，謂隔閡。故耳有所限謂之「重聽」，目有所限今謂之「蒙視」，蒙亦重矣。重者，重也，累也。郭引《左氏·隱三年傳》：「憾而能眕者，鮮矣！」杜預注：「恨則思亂，不能自安自重。」經典「眕」字，唯此一見。通作「㐱」。《詩·雲漢》釋文：「瘨，《韓詩》作疹，恥吝反，云重也。」按：「疹」，籀文「胗」字。《一切經音義》六引《三蒼》云：

「胗，腫也。」「腫」與「重」聲義同。

獮，虐也。淩獮，暴虐。

虐者，《説文》云：「殘也。」殘兼暴害、賊惡諸義。

獮者，畋獮逐禽，亦爲殘害於物也。邵氏《正義》云：「古者以殺爲虐。《書·吕刑》『惟作五虐之刑』，《墨子·尚同》篇作『惟作五殺之刑』。《左氏·宣十五年傳》：『虐我伯姬。』獮訓爲虐，與《釋詁》『獮，殺也』義同。」

土，田也。别二名。

田者，《説文》云：「陳也。樹穀曰田。」《一切經音義》一引《蒼頡篇》云：「田，種禾稼也。」《釋名》云：「已耕者曰田。田，填也，五稼填滿其中也。」

土者，《釋名》云：「土，吐也，能吐生萬物也。」然則土爲田之大名；田爲已耕之土。對文則别，散則通也。

戍，遏也。戍守所以止寇賊。

遏者，《釋詁》云：「止也。」《一切經音義》一引《蒼頡篇》云：「遏，遮也。」按：遮謂遮迾守之，與戍義正同。

戍者，《説文》云：「守邊也。从人持戈。」《詩・揚之水》傳：「戍，守也。」「守」有止定之義，又有遮迾之義，皆與「遏」同意。

師，人也。謂人衆。

人者，統詞也。對衆而言，則人爲寡詞，《周語》云：「人三爲衆。」是也。對寡而言，則人爲衆詞，《穀梁・莊十七年傳》：「人者衆辭。」是也。《爾雅》此義即本之《穀梁》。

師者，《釋詁》云：「衆也。」二千五百人爲師，是師爲人衆之稱。

硈，鞏也。硈然，堅固。

硈者，《釋文》云：「苦角反。」則當作「硞」，但《説文》「硞，石聲」與鞏義遠。硈訓石堅，則與鞏近。《釋詁》「劼」「鞏」竝云：「固也。」《釋文》：「劼，或作硈，古黠反。」是「劼」

「硈」通。疑此作「硈」，是也。

棄，忘也。

忘者，《説文》云：「不識也。」不識即今云「不記得」。

棄者，《説文》云：「捐也。」捐棄與遺忘義近。忘猶亡也；棄猶去也，「去」「亡」義又同。經典棄訓忘者，如《詩》「將安將樂，女轉棄予」，言安樂相忘也。又云「棄予如遺」，對上「寘予于懷」而言，忘我之甚如遺失物也。故下遂言「忘我大德」，以結上二章，傳、箋或失之。又《左氏·昭十三年傳》：「南蒯子仲之憂，其庸可棄乎？」亦以「棄」爲忘也。

䦘，閑也。䦘然，閑暇貌。

閑者，「閒」之假借也。經典「遊閒」「燕閒」及「閒習」「閒暇」，通假爲「閑」。故《詩·十畝之閒》釋文：「閒，本亦作閑。」《史記·留侯世家》云：「良嘗閒從容步遊下邳圯上。」《索隱》曰：「閒，閑字也。」

䦘者，《説文》云：「聲也。」《詩》「選徒囂囂」，《左氏·成十六年傳》「在陳而囂，合而加囂」，又「甚囂且塵上」，竝以「囂」爲聲也。軍中無聲，好整以暇，唯選數車徒，囂囂有聲，然仍閒暇整齊。是囂爲聲之閒也。故《爾雅》釋以囂閑。「囂」「閑」又一聲之轉。《釋文》：「囂，許嬌反。」此音是也。又五刀反，非矣。五刀乃「敖」字之音，應在《釋訓》，《釋文》此「囂」讀如字。

謀，心也。謀慮以心。

心者，《釋名》云：「心，纖也，所識纖微無物不貫也。」《白虎通》云：「心之爲言任也。」《管子·心術》篇云：「心者，智之舍也。」然則智藏於心，心任於思，思與智即謀慮所從出矣。

謀者，《説文》云：「慮，謀思也。」本《釋詁》文。《洪範》云：「聰作謀。」此云「謀，心也」者，《論衡·超奇》篇云：「心思爲謀。」「謀」「心」「思」於《易》竝屬《坎》。

獻，聖也。《謚法》曰：「聰明睿智曰獻。」

《白虎通》云：「聖者，通也，道也，聲也。」《詩·凱風》傳：「聖，叡也。」《洪範五行傳》云：「心之不睿，是謂不聖。」

獻者，《莊子・大宗師》篇釋文引向秀注：「獻，善也。」《論語・八佾》篇《集解》引鄭注：「獻，猶賢也。」賢、善皆與聖近。故《賈子・道術》篇云：「且明且賢，此謂聖人。」《謚法》云：「稱善賦簡曰聖。」「聰明叡哲曰獻。」蔡邕《獨斷》「叡哲」作「睿智」，郭注本此。

里，邑也。謂邑居。

《說文》云：「邑，國也。」《釋名》云：「邑，猶俋也。邑人聚會之稱也。」《小司徒》注「四井爲邑，方二里」，《初學記》引《尚書大傳》「五里爲邑」，《管子・小匡》篇「六軌爲邑」。不同者，以《周禮》「九夫爲井」準之，四井則三十六家；以《管子》「五家爲軌」計之，六軌則三十家，故《齊語》云：「制鄙三十家爲邑也。」然《論語》又云「十室之邑」，「千室之邑」，蓋「邑」爲通名，大不過千室，小不過十家，其中容有畸零，十與千舉成數耳。

里者，《說文》云：「居也。」《御覽》一百五十七引《風俗通》云：「里者，止也。」止即居。故《左氏・襄九年傳》正義引李巡云：「里，居之邑也。」《遂人》云：「五鄰爲里。」里二十五家也。《小匡》篇云：「十軌爲里，里五十家也。」《古微書》引《論語譔考文》云：

「古者七十二家爲里。」《公羊·宣十五年傳》注:「一里八十户。」《雜記》注引《王度記》云:「百户爲里。」《管子·度地》篇亦云:「百家爲里。」是里數不同,亦猶邑名靡定。古者「邑」「里」通名。故《詩》「于蹶之里」,傳云:「里,邑也。」《里宰》云:「掌比其邑之衆寡。」鄭注:「邑,猶里也。」是「邑」「里」通。

襄,除也。《詩》曰:「不可襄也〔一〕。」

《玉篇》云:「除,去也,開也。」《曲禮》注:「除,治也。」《周禮·典祀》注:「修除芟埽之。」是除又兼埽除、芟除爲義也。

襄者,《謚法》云:「辟地有德曰襄。」辟即開除之義。《説文》引漢令「解衣而耕謂之襄」,耕亦芟除之義。故《詩·牆有茨》及《出車》傳竝云:「襄,除也。」通作「攘」。《離騷》云:「忍尤而攘詬。」《詩·車攻》序「外攘夷狄」,《史記·龜策傳》「西攘大宛」,竝以「攘」爲除也。《龜策傳》集解:「徐廣曰:『攘,一作襄。』」是「襄」「攘」通。《爾雅》釋文:「襄,或而羊反。」「而羊」即「攘」字之音。

〔一〕 也,《爾雅》宋刊十行本無。

振，古也。《詩》曰：「振古如茲。」猶云「久若此」。

古者，《釋詁》云：「故也。」故有久舊之義。

振者，聲近「塵」。《釋詁》云：「塵，久也。」「久」「故」與「古」義近。《詩·載芟》傳：「振，自也。」自有始義，亦與古近。箋云：「振亦古也。」皆本《爾雅》。故《正義》云：「毛義與鄭不殊。」郭云「久若此」者，本《詩·南有嘉魚》箋云：「烝，塵也。」塵然猶言久如也。

懟，怨也。

縭，介也。縭者，繫，介猶閡。

介者，《說文》云：「畫也。」《文選·魏都賦》注引《韓詩章句》云：「介，界也。」是介訓界畫，即分別之義也。

縭者，《說文》云：「以絲介履也。」「介」字義本《爾雅》，亦取分限爲義也。《釋文》引李、孫、顧、舍人本竝云：「緉，羅也。介，別也。」按：字書無「緉」字，《集韵》「補」或作「緉」，與《爾雅》不合。今以緉訓羅推之，疑「緉」即「縭」之譌，縭猶離也。「離」「羅」聲轉而義亦同。故《方言》云：「羅謂之離；離謂之羅。」然則離訓爲羅，介訓爲別，正與李、孫、顧、舍人之義合矣。臧氏琳《經義雜記》廿五以「絺」爲「縛」字之譌，束縛有羅維意，郭義亦通，蓋所傳本異也。

號，謼也。今江東皆言謼。

謼者，《説文》云：「評，謼也。」通作「嘑」。《説文》：「嘑，唬也。」《周禮·雞人》云：「夜嘑旦。」又通作「虖」。《説文》：「虖，哮虖也。」按：哮虖猶號謼也。又通作「呼」。《曲禮》云：「城上不呼。」《釋文》：「呼，號叫也。」《詩·蕩》釋文：「呼，崔本作謼。」《爾雅》釋文：「謼，又作呼。」

號者，《詩·碩鼠》傳：「呼也。」《説文》同。通作「諕」。《説文》云：「諕，號也。」又通作「唬」。《冀州從事郭君碑》云「卜商唬咷」，即《易》云「號咷」也。

凶，咎也。

苞，稹也。今人呼物叢緻者爲稹。

稹者，《説文》云：「穜概也。」引《周禮》曰：「稹理而堅。」《考工記》注：「稹，致也。」

《詩·鴇羽》箋："「稹者，根相迫迮捆致也。」「致」與「緻」同，「稹」與「縝」同。故《聘義》云："「縝密以栗。」鄭注："「縝，緻也。」《鴇羽》釋文："「稹，本又作縝。」

苞者，《釋詁》云："「豐也。」是豐之稹也。《鴇羽》傳："「苞，稹也。」《正義》及《書·禹貢》正義竝引孫炎曰："「物叢生曰苞。齊人名曰稹。」《文選·六代論》注引《易》鄭注云："「苞，植也。」「植」即「稹」之形譌耳。

逜，寤也。相干寤。

寤者，臧氏琳以爲「啎」之假借也。啎者，《説文》云："「逆也。」通作「迕」。《一切經音義》七引《聲類》云："「迕，逆不遇也。」又通作「悟」。《史記》《漢書》注竝云："「悟，逆也。」皆「啎」之通借也。

逜者，當作「午」。《釋文》："「孫本逜字作午。」此蓋古本。證以《説文》云："「午，啎也。五月，陰气午逆陽，冒地而出。」是午爲啎逆。孫炎義與《説文》同。故臧氏《經義雜記》六本此爲説。又引《史記·鄭世家》以爲「寤生」者，謂啎逆難生，久不得下，故驚武姜也。然則寤之言啎，因其啎逆，故「名之曰『寤生』，遂惡之」。《左傳》與《史記》義尤合矣。

頲，題也。題，額也。《詩》曰：「麟之定。」

題者，《説文》云：「額也。」《莊子·馬蹏》篇云：「齊之以月題。」《釋文》引司馬、崔云：「題，馬額上當顱如月形者也。」「題」「顛」聲轉，故《詩·麟趾》傳釋文：「題，本作顛矣。」

頲者，即下文云：「顛，頂也。」「顛」「頂」「頲」又一聲之轉。《釋文》：「頲，字又作定。」《詩》釋文：「定，《字書》作頲。」今按：作「定」爲正。

猷、肎，可也。《詩》曰：「猷來無棄。」肎，今通言。

可者，《説文》云：「肎也。」按：意所善曰可。故《檀弓》云：「夫子曰可也。」鄭注：「善其能廉。」意已盡亦曰「可」。故《少儀》云：「即席曰可矣。」鄭注：「可，猶止也。」然則可兼意盡、未盡二義。凡言「可矣」，意已盡之詞也；或言「可也」，意未盡之詞也。《論語》：「期月而已可也。」皇侃疏：「可者，未足之辭。」是未足之辭亦得言可，但意猶未盡耳。

猷者，上文云：「若也。」《釋詁》云：「已也。」已訓止，則與可訓止近；若訓善，又與可訓善近，「猷」與「猶」通。故《詩》「猶來無止」，「之子不猶」，傳竝云：「猶，可也。」《公羊·文六年》《宣八年傳》竝云：「猶者何？通可以已也。」《穀梁傳》云：「猶之爲言可以已也。」又云：「猶者，可以已之辭也。」是皆猶訓可之證，亦猶兼「已」「若」二義之證。猶者，意未盡，又與可訓未足之義合矣。

肎者，《春秋·宣四年經》云：「公及齊侯平莒及郯，莒人不肎。」不肎即不可也。《詩》「惠然肎來」，「噬肎適我」，箋竝云：「肎，可也。」《齊策》云：「客肎爲寡人來靖郭君乎？」高誘注亦云：「肎，猶可也。」可之言快也，快意即可意，「快」「可」「肎」俱一聲之轉。

務，侮也。《詩》曰：「外禦其侮。」

侮者，《説文》云：「傷也。」「傷」當作「傷」，傷，輕也。《玉篇》云：「侮，慢也。」《方言》云：「秦、晉之閒，罵奴婢曰侮。」然則侮人而以奴婢遇之，輕慢之甚也。

務者，「侮」之假音也。《詩》「外禦其務」，《左氏·僖廿四年傳》及《周語》竝作「外禦其侮」。是「侮」借爲「務」。故《詩·常棣》箋本《爾雅》云：「務，侮也。」明「務」即「侮」字，非以侮訓務也。經典此例極多，如《爾雅》「甲，狎」「幕，暮」之類皆是。

貽，遺也。相歸遺。

遺者，《説文》訓亡，經典以爲饋遺字。《曲禮》云：「凡遺人弓者。」《楚辭·湘君》篇云：「將以遺兮下女。」《釋文》及王逸注竝云：「遺，與也。」《詩·北門》傳：「遺，加也。」加亦與也。

貽者，「詒」之或體也。《説文》云：「詒，遺也。」《詩·雄雉》《天保》傳及《谷風》《小明》《思文》《有駜》箋又《梓人》及《表記》注竝云：「詒，遺也。」《文王有聲》箋：「詒，猶傳也。」傳付亦遺與也。通作「台」。《釋詁》云：「台，予也。」台即詒，予即與也。別作「貽」。《詩·雄雉》及《静女》釋文竝云：「貽，本作詒。」《斯干》釋文又云：「詒，本作貽。」蓋「貽」、「詒」二字經典通用，實則「詒」爲正體，「貽」乃別體耳。

貿，買也。廣二名。

賄，財也。

財者，《説文》云：「人所寶也。」《玉篇》云：「所以資生者，納財，謂食穀也，貨也，賂也。」《大宰》「以九賦斂財賄」，鄭注：「財，泉穀也。」《坊記》：「先財而後禮。」注：「財，幣帛也。」然則財賄實泉帛、穀粟之通名矣。

賄者，《説文》及《詩·氓》傳竝云：「財也。」《玉篇》：「贈送財也。」《聘禮》注：「賄，予人財之言也。」然則經典言「賄」實兼財、贈二義。《爾雅》但云「財」者，「財」「賄」通名，贈人以財，亦爲賄也。

甲，狎也。謂習狎。

狎者，《釋詁》云：「習也。」

甲者，《詩·芄蘭》傳：「甲，狎也。」言「甲」即「狎」字。《釋文》：「甲，《韓詩》作狎。」是《韓》用本字，《毛》假借也。

菼，騅也。菼，薍也。《詩》曰：「毳衣如菼。」菼，草色如騅，在青白之閒。

「菼，薍」見《釋草》。此云「騅」者，《説文》云：「菼，雚之初生。一曰薍。一曰騅。」《詩·大車》傳：「菼，騅也。」箋云：「菼，薍也。」皆本《爾雅》。「騅」，《釋文》从馬旁，云：「如騅，馬色也。」《詩》正義从鳥旁，《鄭志·荅張逸》云：「鵻鳥青，非草色。薍亦青，故其青者如鵻。」是蓋《正義》所本。馬瑞辰説鄭君據毛傳本作「鵻」，从鳥旁，不从馬旁，《釋文》蓋據《爾雅》改毛傳也。

粲，餐也。今河北人呼食爲餐。

《説文》云：「餐，吞也。」「飧，餔也。」是二字義别。郭本作「餐」，《釋文》作「飧」，故云：「飧，本又作餐。《字林》作飧，云：『吞食。』」然吞是餐之訓，而以詁飧，則非。《詩·緇衣》釋文亦云：「餐，飧也。」此皆非矣。

粲者，《漢書·惠帝紀》注：應劭曰：『坐擇米使正白爲白粲。』」是粲爲米名，非食名。《爾雅》以「粲」爲餐，明其假借。蓋據《詩》言「授子之粲」，即謂與之以食。知者，《詩》言「素餐」，猶素食耳。

渝，變也。謂變易。

《説文》云：「變，更也。」「渝，變汙也。」《詩·羔裘》傳及《板》箋竝云：「渝，變也。」通作「輸」。《廣雅》云：「輸，更也。」更亦變也。《左氏·隱六年經》：「鄭人來渝平。」《傳》云：「更，成也。」《公羊》《穀梁》「渝」竝作「輸」，《傳》云：「輸，墮也。」墮壞亦變更之義。《爾雅》釋文：「渝，舍人作繻。」「繻」蓋「渝」之或體，見《玉篇》。

宜，肴也。《詩》曰：「與子宜之。」

肴者，《説文》云：「啖也。」《玉篇》云：「俎實，又啖肉也。」按：「肴」，从肉，故訓啖肉，知《説文》「啖」下脱「肉」字。《初學記》廿六引《説文》作「肴，雜肉也」。此蓋别本。《廣雅》云：「肴，肉也。」通作「殽」。經典「殽」「肴」通用。《詩》《禮記》《公羊》釋文詳矣。

宜者，《詩》：「與子宜之。」傳：「宜，肴也。」《正義》引李巡曰：「宜，飲酒之肴也。」今按：《周禮·食醫》：「凡會膳食之宜。」是膳肴稱宜。「宜」「肴」聲又相轉。此與「粲」「餐」同意，竝釋《詩》言，非達詁也。

夷，悦也。《詩》曰：「我心則夷。」

悦者，《釋詁》「怡」「悦」竝云：「樂也。」怡猶夷也。

夷者，《詩》云「胡不夷」，「既夷既懌」，「亦不夷懌」，傳、箋竝云：「夷，悦也。」《楚辭·九懷》篇注：「夷，喜也。」喜亦悦也。郭引《詩》「我心則夷」，此「夷」，毛傳訓平。以上章已云「我心則説」，故此變爲「平」，實則和平亦悦懌也。「夷」，《釋文》作「恞」，俗。

顛，頂也。頭上。

頂者，《説文》云：「顛也。」「顛，頂也。」《方言》云：「顛，頂上也。」按：上謂頭上，頭上即顛，頂。「顛」「頂」雙聲，義亦互訓。

耋，老也。八十爲耋。

老者，《説文》云：「考也。」《釋名》云：「朽也。」《獨斷》云：「老謂久也，舊也，壽也。」

耋者，《詩・車鄰》傳：「耋，老也。八十曰耋。」《正義》引孫炎曰：「耋者，色如生鐵。」《爾雅》釋文引作「老人面如鐵色」。《釋名》云：「耋，鐵也，皮膚變黑色如鐵也。」按：「耋」，《説文》及《釋名》俱本毛傳，以爲八十。《易》釋文引馬融注及《詩》正義引《左傳》服虔注竝云：「七十曰耋。」《左傳》正義又引舍人云：「年六十稱也。」杜預《僖九年》注從服虔，何休《宣十二年》注從舍人。是「耋」無正訓，故有六十、七十、八十之異。要爲老壽之稱，則同。故《爾雅》以「耋」爲老，《曲禮》云：「七十曰老。」

輶，輕也。《詩》曰：「德輶如毛。」

「輕」「輶」，《説文》竝云：「輕車也。」《詩·駟鐵》及《烝民》傳、箋竝云：「輶，輕也。」《文選·幽通賦》注引曹大家曰：「輶德，德輕而易行也。」

俴，淺也。《詩》曰：「小戎俴收。」

淺者，《説文》云：「不深也。」俴者，《詩·小戎》傳、箋竝云：「淺也。」《管子·參患》篇云：「甲不堅密，與俴者同實。」尹知章注：「俴，謂無甲單衣者。」又云：「將徒人，與俴者同實。」尹注：「俴，單也。」按：單薄亦淺略也。《小戎》釋文引《韓詩》云：「駟馬不著甲曰俴駟。」是《管子》注所本。通作「踐」。《詩》：「有踐家室。」傳：「踐，淺也。」又通作「翦」。《既夕禮》云：「緇翦。」鄭注：「翦，淺也。今文翦作淺。」又聲轉爲「竊」。《釋獸》云：「虎竊毛謂之虦貓。」郭注：「竊，淺也。」今按：不獨此也，《釋鳥》説諸鳸之名，有「竊藍」「竊黄」「竊脂」「竊丹」，竝以「竊」爲淺也。

絢，絞也。糾絞繩索。

「絞」本切直之義，又爲繩索之名。《喪服》傳云：「絞帶者，繩帶也。」是繩爲絞。絞者，交也。《雜記》疏云：「兩股相交謂之絞。」是其義也。

絢者，《詩》：「宵爾索綯。」《正義》引李巡曰：「綯〔一〕，繩之絞也。」是綯爲繩。《方言》云：「車紂或謂之曲綯。」郭注「綯亦繩名」，是也。此注「糾絞」失之。

訛，化也。《詩》曰：「四國是訛。」

化者，《説文》云：「教行也。」《華嚴經音義》上引《珠叢》云：「教成於上，而易俗於下，謂之化。」今按：「化」與「匕」同。《説文》云：「匕，變也。从到人。」然則化亦變易舊形之義也。

訛者，「吪」之或體也。《説文》云：「吪，動也。」動作與變化義近。故《詩》：「四國是吪。」傳：「吪，化也。」通作「訛」。《節南山》箋：「訛，化也。」又通作「譌」。《方言》云：「譌，化也。」郭注：「譌，化聲之轉也。」

〔一〕 綯，原誤「繩」，《經解》本漫漶，據楊胡本改。

跋，躐也。《詩》曰：「狼跋其胡。」疐，跲也。《詩》曰：「載疐其尾。」

躐者，「獵」之或體也。獵有從旁陵獵之義，不陵節之謂遜，反遜爲獵。獵猶捷也。捷，行出前也。

跋者，「䟫」之假音也。《說文》云：「䟫，步行獵跋也。」獵即躐，跋即䟫也。《說文》：「跋，蹎也。」《一切經音義》十五引《聲類》云：「狼䟫，顛䟫也。」顛即蹎，䟫亦跋，是《詩》之狼跋即狼䟫，俗作「狼狽」，誤矣。《爾雅》「跋」當讀爲「䟫」。《釋文》「跋，蒲末反」，非也。又云：「郭音貝。」是郭正讀「跋」爲「䟫」。臧氏琳《經義雜記》廿九論之詳矣。

跲者，《說文》云：「躓也。」《中庸》注同。《玉篇》：「跲，渠劫、居業二切。」《釋文》：「郭又音甲。」《廣雅》云：「跲，代也。」更代與疐義近。

疐者，「躓」之假音也。《說文》：「躓，跲也。」引《詩》：「載躓其尾。」通作「疐」。《說文》：「疐，礙不行也。」《詩》正義引李巡曰：「跋前行曰躐；跲卻頓曰疐。」

烝，塵也。人衆所以生塵埃。

塵者，《釋詁》云：「久也。」通作「填」。《詩》：「倉兄填兮。」傳：「填，久也。」又通作

「寘」。「寘」與「填」同也。

烝者，《釋詁》云：「衆此。」云「塵」者，《詩・南有嘉魚》箋：「烝，塵也。」塵然猶言久如也。《東山》箋：「烝，塵也。」傳：「烝，寘也。」《常棣》傳又云：「烝，填也。」鄭箋：「古聲填、寘、塵同。」《東山》箋亦云：「古者聲寘、填、塵同也。」是「寘」「填」俱「塵」之假音。「烝」「塵」亦語聲轉。然則「烝」「塵」二字以聲爲義，不須訓詁。《詩・桑柔》正義引孫炎曰：「烝，物久之塵。」郭注申之而云：「人衆所以生塵埃。」均爲失矣。

戎，相也。相佐助。

相者，《釋詁》云「導也」，「勴也」。

戎者，《詩》：「烝也無戎。」傳：「戎，相也。」《爾雅》釋文：「戎，本或作搣。顧，如勇反。」是「搣」與「搑」音義同。搑有翼戴之義，與相義亦近。

飫，私也。宴飲之私。

私者，「厶」之假借也。《説文》引韓非曰：「蒼頡作字，自營爲厶。」通作「私」。《方言》云：「私，小也。」凡物小者謂之私。然則私有纖嗇之意，對公爲小也。

飫者，《説文》作「醧」，云：「私宴歓也。」《文選》注引薛君《韓詩章句》曰：「飲酒之禮，下跣而上坐者謂之宴，《東都賦》注。能者飲，不能者已謂之醧。《魏都賦》注。」通作「飫」。《説文》：「饫，燕食也。」《詩》：「飲酒之飫。」傳：「飫，私也。不脱屨升堂謂之飫。」《正義》引孫炎曰：「飫非公朝，私飲酒也。」馬瑞辰曰：「飫有二義。《周語》云：『王公立飫，則有房烝；親戚宴饗，則有餚烝。』又云：『飫以顯物，宴以合好。』此『立飫』之『飫』與燕異禮者也。《爾雅》云：『飫，私也。』《説文》：『饫，燕食也。』《韓詩》作饇，此『飫私』之『飫』與燕異名同實者也。」「飫私」，即《楚茨》所云「備言燕私」，傳謂「燕而盡其私恩」者耳。毛傳：「飫，私也。」本《爾雅》爲義。又云：「不脱屨升堂謂之飫。」本《周語》「立飫」爲説。蓋廣異義也。箋云：「私者，圖非常之事，若議大疑於堂，則有飫禮焉。」是以「飫私」即爲立飫，誤矣。

孺，屬也。謂親屬。

屬者，《説文》云：「連也。」《釋名》云：「續也，恩相連續也。」

孺者，《詩》：「和樂且孺。」傳：「孺，屬也。」《正義》引李巡曰：「孺，骨肉相親屬也。」《曲禮》云：「大夫曰孺人。」鄭注：「孺之言屬。」

幕，暮也。幕然，暮夜。

暮者，古字作「莫」，《説文》云：「茻，日且冥也。」按：「莫」有二讀，《説文》之「茻」音慕故切，《爾雅》之「莫」當音慕各切。《左氏·莊廿八年傳》：「狄之廣莫。」《小爾雅》云：「莫，大也。」宋咸注：「莫府言大也。」莫府即幕府矣。

幕者，《説文》云：「帷在上曰幕，覆食案亦曰幕。」《方言》云：「幕，覆也。」《釋名》云：「幕，幕絡也，在表之偁也。」又云：「煑繭曰莫。莫，幕也。貧者著衣可以幕絡絮也。」然則《釋名》以「莫」爲幕，《爾雅》以「幕」爲莫，其義正同。「幕絡」，《新序·雜事》二作「莫絡」，古字通用。推是而言，《詩》「維葉莫莫」，莫莫猶幕幕也。《内則》注：「皾謂皮肉之上魄莫也。」魄莫猶幕絡也。是《爾雅》古本作「幕，莫」，聲義相兼，今本作「幕，暮」，傳寫誤改。郭氏望文生義，以幕爲暮夜，聲義俱乖矣。

煽，熾也。熾，盛也。互相訓。煽義見《詩》。

熾者，《説文》云：「盛也。」《詩·六月》傳同。

煽者，「傓」之或體也。《説文》：「傓，熾盛也。」引《詩》：「豔妻傓方處。」通作「扇」。《漢書·谷永傳》注引《魯詩》作「閻妻扇方處」。又通作「煽」。《毛詩·十月之交》傳：

「煽，熾也。」是煽訓熾，熾訓盛，《説文》簡略，故總曰：「傓，熾盛也。」

柢，本也。 謂根本。

本者，《説文》云：「木下曰本。」《醢人》注：「昌本，昌蒲根。」是矣。柢者，《説文》云：「木根也。」《士喪禮》云：「進柢。」《士虞禮・記》云：「載，猶進柢。」鄭注竝云：「柢，本也。今文柢爲胝。」《泉府》云：「買者名從其抵。」鄭注：「抵，實柢字。柢，本也。」通作「邸」。《典瑞》云：「四圭有邸。」鄭注引《爾雅》曰：「邸，本也。」按：《釋器》云：「邸謂之柢。」郭注：「根柢皆物之邸。邸即底，通語也。」又通作「氐」。《詩》：「維周之氐。」傳：「氐，本也。」《周語》云：「本見而草木節解。」韋昭注：「本，氐也。」是「氐」「柢」同。亢、氐二星之閒名曰「天根」，正以此也。聲轉爲「杜」。《方言》云：「杜，根也。東齊曰杜。」

窕，閒也。 窈窕，閒隙。

閒者，《釋文》：「音閑，或如字。」蓋因郭注「閒隙」，故存此音，即實非也。閒，暇也，静也，寛也。《齊語》云：「處士使就閒燕。」韋昭注：「閒燕，猶清净也。」《楚辭・招魂》

篇云：「像設君室，静閒安些。」王逸注：「空寬曰閒，清静寬閒也。」是皆「閒」音「閑」之義也。

窕者，上文云：「肆」，是深肆之閒也。《詩·關雎》傳：「窈窕，幽閒也。」毛蓋以「窈」爲幽，「窕」爲閒，皆本《爾雅》。鄭箋「幽閒處深宫」，亦申毛義，唯有《正義》誤會鄭箋，以爲幽閒深宫，亦猶郭注誤會《爾雅》，以爲窈窕閒隙，胥失之也。王照圓《詩經小記》云：「窈，意之幽也；窕，心之閒也。」其説是矣。《爾雅》釋文：「窕，舍人本作誂，云：『誂者，躍之閒。』」此則師授之異，不可通於今本及《毛詩》。

淪，率也。相率使。

率者，當讀如「律」。《史記·老莊申韓傳》云：「大抵率寓言也。」《正義》曰：「率猶類也。」然則「率」「律」聲同，「律」「類」聲轉，古皆通用。凡言「相類」，或云「普律」，或云「一律」，或云「大率」，是其聲義俱通矣。

淪者，《詩》「淪胥以鋪」，「無淪胥以亡」，「無淪胥以敗」，傳、箋竝云：「淪，率也。」「淪」或爲「勳」。《後漢書·蔡邕傳》注作「勳胥以痡，勳，帥也」。《漢書·敘傳》注：「晉灼曰：『齊、魯、韓詩作薫。薫，帥也。』」是三家作「薫」，毛作「淪」，「淪」「薫」古音相近，皆有普徧之義，故其字通。「淪」「率」雙聲，「淪」「薰」疊韵也。

罹，毒也。憂思慘毒。

毒者，《廣雅》云「痛也」，「惡也」，「苦也」。

罹者，《釋詁》云：「憂也。」「憂」「苦」義相成。

檢，同也。模範同等。

同者，共也，俱也，皆也。《詩·車攻》傳：「齊也。」《吉日》箋：「聚也。」《説文》：「合，會也。」聚亦合會之義，皆、俱、共即齊之義也。

檢者，禁也，局也，又法度也，皆無同義。錢氏《荅問》云：「檢當爲僉，郭本譌作檢。」今按：《小爾雅》云：「僉，同也。」是其證。邵氏《正義》引《詩》「僭始既涵」，鄭箋：「涵，同也。」今按：《釋文》：「涵，鄭音咸。《韓詩》作減，从咸聲。」咸訓爲同，是鄭所本。下文又云：「弇，同也。弇，蓋也。」「弇」「檢」聲義又近。洪頤煊引《孟子》：「狗彘食人食而不知檢。」《漢書·食貨志》引「檢」作「斂」，《隸釋·任伯嗣碑》「姦軌檢手」，「檢」即「斂」字也。

郵，過也。道路所經過。

過者，上文云：「逸、儥，過也。」過謂失誤，凡非議人及罪責人亦爲過也。

郵者，古本作「尤」。《文選・弔屈原文》注引犍爲舍人《爾雅》注曰：「尤，怨人也。」《列子・楊朱》篇釋文引《爾雅》亦作「尤，過也」。是皆「郵」本作「尤」之證。故《詩・載馳》傳及《四月》箋，又《洪範五行傳》注及《論語・爲政》篇包咸注竝云：「尤，過也。」俱本《爾雅》。通作「郵」。《詩・賓之初筵》箋及《王制》注又《晉語》《楚語》注竝云：「郵，過也。」是皆借「郵」爲尤。郭緣詞生訓，以郵爲「郵驛」之「郵」，誤矣。然「郵」固借聲，「尤」字亦非正體，依文「尤」當作「訧」。《詩》：「俾無訧兮。」傳：「訧，過也。」唯此爲正。《說文》：「訧，罪也。」引《周書》曰：「報以庶訧。」今《呂刑》「訧」作「尤」。《載馳》釋文：「尤，本亦作訧。」《綠衣》釋文：「訧，本或作尤。」是「尤」「訧」古通用。

遜，遯也。謂逃亡〔一〕。

「遯」與「遁」同。《說文》竝云：「逃也。」《玉篇》云：「退還也，隱也。」經典「遁」「遯」

〔一〕亡，《爾雅》宋刊十行本作「去」。

通。《易》下經釋文：「遯，字又作遂。」《爾雅》釋文與《易》同。「遯」又作「遁」矣。

遜者，《說文》云：「遁也。」通作「孫」。《詩》：「公孫碩膚。」箋：「孫讀當如『公孫于齊』之『孫』。孫之言孫遁也。」《正義》引孫炎曰：「遁，逃去也。」

弊，踣也。前覆。　僨，僵也。卻偃。

踣者，《說文》云：「僵也。」引《春秋傳》：「晉人踣之。」《左·襄十四年》。又云：「䞳，僵也。讀若匐。」是「䞳」「踣」同。《爾雅》之「踣」，古本作「仆」。《說文》云：「仆，頓也。」《釋名》云：「仆，踣也，頓踣而前也。」《釋木》釋文：「踣，或作仆。」是「仆」「踣」古字通。

弊者，《說文》云：「頓，仆也。或作斃。」《檀弓》及《表記》注竝云：「斃，仆也。」《左氏·定八年傳》正義引《釋言》云：「斃，仆也。」又引孫炎云：「前覆曰仆。」《釋文》引同。是皆《爾雅》古本〔一〕「踣」作「仆」之證。《釋文》：「獘，字亦作弊。」《玉篇》：「弊，俗獘字。」

僵者，《說文》云：「僨也。」「僨，僵也。」《釋名》云：「僵，正直畺然也。」然則僵、仆皆顛頓之名，但細分之：「仆」是前覆，「僵」爲卻偃。「僨」「弊」亦然。故《左氏·隱三年

〔一〕本，原誤「今」，楊胡本同，據《經解》本改。

傳》：「鄭伯之車僨于濟。」《正義》引舍人曰：「背踣意也。」按：背踣謂仰仆，即卻偃之意。

昣，殄也。 謂殄絶。

殄者，《釋詁》云：「盡也。」

昣者，田界之盡也。上文云：「昣，致也。」「致」與「盡」義亦近。「昣」「殄」俱从㐱聲，又以聲爲義也。

曷，盍也。 盍，何不。

盍者，《廣雅》云：「何也。」《玉篇》云：「何不也。」通作「蓋」。《檀弓》云：「子蓋言子之志於公乎？」鄭注：「蓋皆當爲盍。盍，何不也。」今按：「蓋」，从盍聲，古字通用。故《秦策》云：「蓋可忽乎哉？」蓋即盍也。又通作「闔」。《管子·小稱》篇云：「闔不起爲寡人壽乎？」《莊子·天地》篇云：「夫子闔行邪？」《釋文》：「闔，本亦作盍。」「闔」亦从盍得聲也。

曷者，《説文》云：「何也。」《詩》内「曷」字，箋竝訓何。通作「害」。《詩》「害澣害否」，「不瑕有害」，傳、箋竝云：「害，何也。」《菀柳》及《長發》傳竝云：「曷，害也。」經典多以「害」爲曷。故《書》「時日曷喪」，《孟子》作「時日害喪」。《書・大誥》凡言「曷」，《漢書・翟方進傳》竝作「害」。《詩・葛覃》釋文：「害與曷同。」《廣雅》云：「害、曷、盍，何也。」「害」「曷」「盍」俱一聲之轉。

虹，潰也。 謂潰敗。

潰者，《説文》云：「漏也。」《文選・西都賦》注引《蒼頡篇》云：「潰，旁決也。」《詩・召旻》傳：「潰潰，亂也。」

虹者，「訌」之假借也。《説文》云：「訌，讃也。」引《詩》曰：「蟊賊内訌。」今《召旻》傳作「訌，潰也」，《抑》傳又作「虹，潰也」。《爾雅》釋文：「虹，李本作降，下江反。」今按：「降」，古讀若「洪」。《水經・河水》「東北過黎陽縣南」注云：「《尚書・禹貢》曰：『北過降水。』不遵其道曰降，亦曰潰。」《説文》云：「洚，水不遵道。」《玉篇》：「胡公、胡江二切。」又洚，潰也。「胡公」即「虹」字之音，是「洚」與「降」同，故李巡以「降」爲訌，酈注以「洚」爲降。《説文〔一〕》「訌讃」之「讃」，云：「中止也。」與「潰」字之義亦近。

〔一〕文，原誤「云」，楊胡本同，據文意改。

陪，闇也。陪然，冥貌。

闇者，《說文》云：「閉門也。」《玉篇》云：「幽也。」《廣韵》云：「冥也。」《玉篇》：「與暗同。」

陪者，《玉篇》：「與晻同。」《釋文》：「陪，《字林》或作晻，同烏感反。」《一切經音義》十二又以「晻」「陪」二形爲古文「暗」字，皆非也。「陪」於經典無見，疑「陰」之別體也。《說文》云：「陰，闇也。」錢氏《荅問》云：「陪，本當爲陰。」《論語》「高宗諒陰」，鄭訓陰爲闇。《說文》亦訓陰爲闇。皆據此文。古書「陰」與「音」通。《左傳》：「鹿死不擇音。」是也。本借音爲「陰」，後人妄加𨸏旁。景純不援引經典而望文生義，由於未通六書之旨。

翻，膠也。膠黏〔一〕。

膠者，《釋詁》云：「固也。」固之言黏也。黏訓黏也。

黏者，當作「昵」。《說文》云：「膠，昵也。」「昵」與「暱」同。《釋詁》云：「暱，近也。」暱近與膠固義近。聲借爲「翻」。《說文》「翻」「䵒」同，云：「黏也。」引《春秋傳》曰：「不

〔一〕黏下《爾雅》宋刊十行本有「翻」字。

義不䵒。」今《左氏·隱元年傳》「䵒」作「暱」。《考工記·弓人》注：「杜子春引作『不義不昵』，云：『昵，或爲䵒。』」是「䵒」「昵」通。

孔，甚也。

厥，其也。

戛，禮也。謂常禮。

戛者，《釋詁》云：「常也。」秩亦常也。禮爲天秩，秩爲天常，故《周禮·大宰》注：「禮經常所秉，禮法常所守也。」

闍，臺也。城門臺。

臺者，門臺也。《禮器》云：「不臺門。」古者天子、諸侯門皆有臺，城門亦然也。闍者，《説文》云：「闉闍也。」城内重門也。《爾雅》以爲「臺」者，門有臺也。故《詩·出其東門》傳：「闍，城臺也。」《釋文》引孫炎云：「積土如水渚，所以望氣祥也。」郭義本毛傳，詳見《釋宫》「闍謂之臺」。

囚，拘也。謂拘執。

拘者，《説文》云：「止也。」按：止如「晉人止公」之「止」。止猶執也，《説文》：「執捕罪人。」是也。

囚者，《説文》云：「繫也。」《詩·泮水》傳及《周禮·序官》「掌囚」注竝云：「囚，拘也。」《樂記》云：「釋箕子之囚。」《史記·留侯世家》作「釋箕子之拘」。《集解》：「徐廣曰：『拘，一作囚。』」是「囚」「拘」通。古讀「拘」如「鉤」。《易·説卦》云：「艮爲拘。」虞翻注：「拘，舊作狗。」亦其例。是「囚」「拘」以聲近爲義也。

攸，所也。

所者，《一切經音義》二引《三蒼》云：「處也。」所又語詞，所之言是也。故《公羊·文十三年傳》注：「黨，所也。所猶是齊人語也。」「所」又與「許」同。《文選·在郡卧病詩》云：「良辰竟何許。」李善注：「許，猶所也。」按：《詩》「伐木許許」，《説文》引「許許」作「所所」，是其證。「所」「許」聲近，「所」「是」聲轉也。

攸者，經典俱訓所。通作「逌」。《説文》作「攸」，云：「气行皃。讀若攸。」按：《漢書》之「攸」多借「逌」爲之。如《地理志》「酆水逌同」，「九州逌同」；《五行志》「彝倫逌敘」，「彝倫逌斁」，竝以「逌」爲攸也。《地理志》注：「逌，古攸字。」

展，適也。得自、申展皆適意。

適者，《一切經音義》一引《三蒼》云：「悦也。」《廣雅》云：「善也。」善與悦皆快適之意。

展者，《釋詁》云：「信也。」本以誠信爲訓，亦兼屈信之義。古屈伸字皆借「信」爲之，故展又訓伸也，舒也。《方言》云：「舒勃，展也。」舒亦自伸適之義。「舒」「伸」「適」又俱一聲之轉。

鬱，氣也。鬱然，氣出。

「氣」與「气」同，「鬱」與「鬱」同。鬱本香草，以爲鬱鬯，其氣芬芳，故以氣言之。《一切經音義》二引李巡曰：「鬱，盛氣也。」《詩·雲漢》釋文引《韓詩》云：「鬱隆烔烔。」《素問·至真要大論》云：「諸氣膹鬱。」《左氏·定二年傳》：「鬱攸從之。」杜預注：「鬱攸，火氣也。」是皆鬱爲盛氣之義。

宅，居也。

居者，《説文》作「凥」，云：「處也。」《玉篇》：「凥與居同。」

宅者，《説文》云：「所託也。」《釋名》云：「宅，擇也，擇吉處而營之也。」《玉篇》云：「人之居舍曰宅。」宅皆訓居，《説文》訓「託」者，「託」「宅」倶从乇聲。故《士相見禮》注：「今文宅或爲託。」是「託」「宅」通。又通作「度」。《方言》云：「度，凥也。」《詩》「度之薨薨」，「爰究爰度」，傳竝云：「度，居也。」《書》「何度非及」，《史記·周紀》作「何居非其宜」。是皆度訓居之證。古書「宅」多作「度」。故《書》「宅西」，《縫人》注作「度西」。《詩》「宅是鎬京」，《坊記》作「度是鎬京」。「此維與宅」，《論衡·初稟》篇作「此惟予度」。是皆「宅」作「度」之證。「宅」「度」古同聲，「度」「居」聲又近。

休，慶也。

慶者，《説文》云：「行賀人也。」《詩》「慶既令居」，《祭統》云「作率慶士」，箋、注竝云：「慶，善也。」《月令》注：「慶，謂休其善也。」

休者，《釋詁》云：「美也。」「美」「善」義同。故《廣雅》云：「烋，善也。」《玉篇》云：「烋，美也，福禄也，慶善也。」「烋」與「休」同。《周語》云：「晉國有憂未嘗不戚，有慶未嘗不怡。」又云：「爲晉休戚。」是休訓慶也。韋昭注以「慶」爲福，「休」爲喜，其義亦近。

祈，叫也。祈祭者，叫呼而請事。

叫者，《説文》云：「嘷也。」《詩・北山》傳：「叫，號呼召也。」「叫」與「訆」通，又與「嘂」通。《説文》「嘂」「訆」竝云：「大呼也。」

祈者，《釋詁》云：「告也。」又訓叫者，「叫」「告」義同。故《一切經音義九》引孫炎曰：「祈，爲民求福叫告之辭也。」《大祝》注：「祈，嗥也。」嗥即叫。

濬、幽，深也。濬亦深也。

深者，《玉篇》云：「邃也，遠也。」

濬者，《説文》作「容」，云：「深通川也。」引《虞書》曰：「容畎澮距川。」或作「濬」。古文作「濬」。《書》：「濬哲文明。」《正義》引舍人曰：「濬，下之深也。」通作「浚」。《詩》：「莫浚匪泉。」傳：「浚，深也。」《穀梁・莊九年傳》：「浚洙者，深洙也。」

幽者，《釋詁》云：「微也。」微有深藏之意。故《詩・伐木》傳：「幽，深也。」《斯干》傳：「幽幽，深遠也。」

哲，智也。

智者，《説文》作「𥏼」，云：「識詞也。」《釋名》云：「智，知也，無所不知也。」哲者，《説文》《方言》竝云：「知也。」《書·舜典》正義引舍人曰：「哲，大智也。」「知」「智」古字通。「智」「哲」聲相轉。經典「哲」亦多作「智」。

弄，玩也。

尹，正也。謂官正也。皇、匡，正也。《詩》曰：「四國是皇。」

正者，《釋詁》云：「長也。」長亦君。故《廣雅》云：「正，君也。」《詩》傳、箋竝云：「正，長也。」是正兼官長、君長二義。尹者，《説文》云：「治也。」治亦董正之義。故《詩·都人士》傳及《書·益稷》，鄭注竝云：「尹，正也。」《廣雅》以「尹」爲官，官之正也。《説文》从尹爲「君」，君之正也，君尊，所以尹正天下者也。故經典「君」「尹」二字通。

又言「正」者，《釋詁》云：「董、督，正也。」《説文》云：「正，是也。」《士冠禮》注：「正，猶善也。」《玉藻》注：「正，直、方之閒語也。」是「正」又兼「直」「方」二義。

皇者，君之正也。《釋詁》皇爲君，又爲美。美、善同意，君、尹同尊，皆正之義。故《詩·漸漸之石》箋：「皇，王也。」王即君，君即正矣。

匡者，《玉篇》云：「方正也。」方、直皆正之訓。故《詩·六月》箋及《夏官·序官》「匡人」注竝云：「匡，正也。」「匡」「皇」聲近。故《詩·破斧》傳：「皇，匡也。」《詩考》引董氏云：「皇，《齊詩》作匡。」是「匡」「皇」同。毛傳以「皇」爲匡，本於《齊詩》，其義互相證明也。

服，整也。服御之，令齊整。

整者，《説文》云：「齊也。」《文選·東京賦》注：「整，理也。」服者，《釋詁》云：「事也。」事之整也。《詩》「服之無斁」，「好人服之」，鄭箋竝云：「服，整也。」按：整之言治也。今俗猶言整治。箋義亦以「整」爲治。郭以「服御」爲言，失之。

聘，問也。見《穀梁傳》。

問者，《説文》云：「訊也。」《詩·女曰雞鳴》傳：「問，道也。」按：道謂道説，猶今問候人道萬福、道勝常也。

聘者，《説文》作「娉」，云：「問也。」通作「聘」，云：「訪也。」訪亦問。故《詩》：「靡使歸聘。」傳：「聘，問也。」郭引《穀梁·隱九年傳》同。

愧，慙也。

殛，誅也。《書》曰：「鯀則殛死。」

誅者，《説文》云：「討也。」《曲禮》注：「罰也。」《大宰》注：「責讓也。」今按：「誅」有二義。《左氏·莊八年傳》：「誅屨於徒人費。」《襄卅一年傳》：「誅求無厭。」此皆以責讓爲義也。《易·雜卦》云：「明夷，誅也。」《釋文》引荀云：「誅，滅也。」陸、韓云：「傷也。」《秦策》云：「使復姚賈而誅韓非。」此皆以殺戮爲義也。以殺爲義，則「誅」與「殊」同。

殛者，《説文》云：「殊也。」引《虞書》曰：「殛鯀于羽山。」段氏玉裁《説文注》謂《爾雅》「殛」當作「極」。今略採其説云：「《尚書》『鯀則殛死』，《釋文》：『殛，本作極。』『我乃其大罰殛之』，《釋文》：『殛，本作極。』《毛詩》『致天之届』，鄭箋：『届，極也。』罰極紂於商郊牧野。』《正義》：『「届，極」，《釋言》文。《釋言》又云「極，誅也」。武王致天所罰，誅紂於牧野。定本、《集注》「極」皆作「殛」，殛是，殺非也。』據此箋、疏可證，《爾雅》是『極』非『殛』。又《菀柳》『後予極焉』，鄭箋：『極，誅也。』《正義》曰：『「極，誅」，《釋言》文。』此又一證。又《周禮》：『八柄廢以馭其罪。』鄭注：『廢，放也。舜極鯀于羽山是也。』又《昭七年·左傳》：『昔堯殛鯀於羽山。』《釋文》：『殛，本又作極。』此又兩證。又《魏志·武帝紀》：『致届官渡。』裴注引《鴻範》『鯀則極死』作『極』可證。又《鄭志·荅趙商》：『鯀放居東裔，非誅死。』《左傳》説流四凶族，投諸四裔而已。舜實未嘗殺鯀，而鯀死於放所。作『極鯀』者爲正，『殛』爲叚借字。極，窮也。窮與誅義相足。《説文》曰：『誅，討也。』討不必殺之。」

克，能也。

翌，明也。《書》曰：「翌日乃瘳。」

翌者，「昱」之假音也。《説文》云：「昱，明日也。」《玉篇》作「日明」。通作「翌」。《廣韵》：「翌，明日也。」《漢書·武帝紀》云：「翌日親登嵩高。」應劭注：「翌，明也。」《書》：「王翼日乃瘳。」郭引「翼」作「翌」。「越翼日癸巳」，《漢書·律曆志》作「若翌日癸巳」。

訩，訟也。言訟[一]譊。

訟者，《説文》云：「争也。」《易·訟》釋文：「言之於公也。」然則訟之爲言猶公也。《史記·吕后紀》云：「未敢訟言誅之。」訟言猶公言也。

訩者，《説文》作「訽」，或省作「訩」，云：「訟也。」《詩》「降此鞫訩」，「不告于訩」，傳、箋竝云：「訩，訟也。」《釋詁》云：「訩，盈也。」盈謂發言盈庭，亦争訟之義。通作「匈」。《荀子·天論》篇云：「君子不爲小人匈匈也輟行。」楊倞注：「匈匈，喧譁之聲。與訩同。」又通作「兇」。《素問·移精變氣論》云：「麤工兇兇。」按：「訩」，《説文》或作「説」，是《素問》「兇」即「説」之省。《荀子》「匈」亦「訽」之省矣。「訩」「訟」以聲爲義也。

晦，冥也。

冥者，上文云：「幼也。」《説文》云：「幽也。」《易·豫》釋文引馬云：「冥，昧也。」《詩·斯干》箋：「冥，夜也。」

晦者，《説文》云：「月盡也。」月盡則光闇昧，故《詩·酌》傳：「晦，昧也。」昧則幽

[一] 訟，《爾雅》宋刊十行本作「訩」。

昏，故《風雨》傳：「晦，昏也。」昏、昧皆冥之義，故《公》《穀·僖十五年傳》竝以「晦」爲冥也。「冥」，讀如字，《釋文》「亡定反」。

奔，走也。

走者，《說文》云：「趨也。」《釋名》云：「疾趨曰走。走，奏也，促有所奏至也。」奔者，《說文》云：「走也。」《釋名》云：「奔，變也，有急變奔赴之也。」按：《釋宮》云：「中庭謂之走，大路謂之奔。」是奔、走異，經典則同。故《吕覽·權勳》篇云：「齊王走莒。」走即奔也。《晉語》云：「見王必下奔。」奔即走也。《説文》「奔」「走」字皆从夭，故「奔」「走」同意。

逡，退也。《外傳》曰：「已復於事而逡。」

退者，《説文》作「復」，云：「卻也。」《檀弓》注：「去也。」《鄉射禮》注：「少退，少逡遁也。」《聘禮》注：「三退，三逡遁也。」《玉藻》注：「俛逡遁而退箸屨也。」「遁」皆與「巡」同，鄭俱本《爾雅》爲訓也。

逡者，《説文》云：「復也。」「復」即「復」字，形近而譌。《玉篇》：「逡，巡也，退也，卻也。」《廣韻》……用《爾雅》，可證矣。《方言》云：「逡，循也。」「循」與「遁」古音同。遁有去義，故或言「逡遁」，或言「逡循」，又言「逡巡」，竝古字假借，皆言卻退不進也。漢《鄭固碑》云「逡遁退讓」，正與此合。《山陽太守祝穆後碑》云：「鄉黨逡逡。」今《論語》作「恂恂」，亦是讓之義也。《齊語》云：「有司已於事而竣。」韋昭注：「竣，退伏也。」《文選·東京賦》云：「已事而踆。」薛綜注：「踆，退也。」是「踆」「竣」皆「逡」之叚借。

疐，仆也。頓躓，倒……

上文云：「……跲也。」「斃，踣也。」「踣」與「仆」，「疐」與「躓」俱聲義同。《釋文》：「仆，音赴。」……踣」之聲變。

亞，次也。《說文》云：「不前不精也。」《玉篇》云：「敘也，近也。」敘、近皆次弟之義。……食禮》：「亞獻尸。」注：「次，猶貳也。」按：「次」，从二聲，「二」與「貳」同，其義……貳矣。

亞者，《説文》引賈侍中説，以爲次弟也。經典亞皆訓次。通作「惡」。《易・繫辭》「而不可惡也。」《釋文》：「惡，於嫁反。荀作亞。亞，次也。」《尚書大傳》云：「王升，鼓鐘惡，觀臺惡。」鄭注：「惡，讀爲亞。亞，次也。」

諗，念……

諗者……思念。

……・四牡》傳：「念也。」箋云：「告也。」《説文》云：「深諫也。」引《春秋傳》：「辛伯……桓公。」閔二年。諫告與念不同者，念爲心中諷誦，與諫告之義相足成，故以告諫爲念……《説文》「諗」，从念聲；「念」，从今聲。是「念」古音奴枕切，與「諗」聲近。今奴店切，……與「諗」聲較遠。

屆，極也。有所限極。

極者，《釋詁》云：……至亦極也。

屆者，《釋……至。《説文》云：「屆，極也。」本此爲訓。《詩》內「屆」字，傳、箋……「逡，巡退也。」皆用……「……極」其義同也。「屆」亦借爲「戒」。《詩》：「既戒既平。」……矣。「屆」「極」一聲之轉。

弇，同也。《詩》曰：「奄有龜蒙。」弇，蓋也。謂覆蓋。

同者，上文云：「檢，同也。」此云「弇，同」者，弇訓覆蓋，與「同」義近，故又爲同也。洪頤煊引《考工記・鳧氏》「侈弇之所由興」，「弇謂鐘口歛。歛即檢，故檢、弇皆訓同矣」。通作「奄」。《詩》：「奄有四方。」傳：「奄，同也。」又通作「掩」。《方言》云：「掩，同也。」《文選・高唐賦》云：「越香掩掩。」李善注：「掩，同也。」

蓋者，《説文》作「盇」，云：「覆也。」通作「蓋」。《玉篇》云：「掩也。」《釋名》云：「蓋，加也，加物上也。」

弇者，《説文》云：「蓋也。」《詩・閟宮》正義引孫炎曰：「弇，覆蓋。」亦覆之義。按：《釋魚》説龜云：「前弇諸果，後弇諸獵。」是弇爲覆蓋也。通作「奄」。上文云：「蒙、荒，奄也。」郭注：「奄，奄覆也。」又通作「掩」。《文選・懷舊賦》注引《埤蒼》云：「掩，覆也。」《説文》作「揜，覆也」。《禮器》云：「豚肩不掩豆。」《聘義》云：「瑕不揜瑜。」俱以「揜」爲覆蓋也。又與「盦」同。《説文》：「盦，覆蓋也。」《玉篇》云：「於含切。」是「盦」「弇」聲義同。奄訓蓋者，《墨子》曰：「周公旦非關叔，辭三公，東處於商蓋。」《韓非子》曰：「周公旦將攻商蓋，辛公甲曰：『不如服衆小以劫大。』乃攻九夷，而商蓋服矣。」商蓋即商奄也。以奄訓蓋，因而借「奄」爲蓋，見段氏《説文》注「郁」篆下。

恫，痛也。《詩》曰：「神罔時恫。」

痛者，《説文》云：「病也。」《廣雅》云：「慯也。」「慯」與「傷」同。《方言》注：「痛，怨痛也。」

恫者，《説文》云：「痛也。一曰呻吟也。」《匡謬正俗》云：「今痛而呻者，江南俗謂之呻唤，關中俗謂之呻恫，太原俗謂恫唤云通唤，此亦以痛而呻吟，其義一也。」又引《爾雅》郭音：「呻哃音通，亦音恫，字或作侗。」所引即郭《音義》之文也。《説文》引《詩》作「神罔時侗」，云：「侗，大皃。」與郭音同義異。《詩·思齊》傳本《爾雅》。《桑柔》云：「哀恫中國。」《史記·燕世家》云：「百姓怨恫。」皆以「恫」爲痛也。《桑柔》釋文：「恫，本又作痌。」「痌」蓋「恫」之或體，見《玉篇》。

握，具也。謂備具。

具者，《釋詁》云：「供、峙、共，具也。」

握者，《釋文》引李本作「幄」，云：「居位處之具也。」今按：「幄」，《説文》作「楃」，云：「木帳也。」《釋名》云：「帳，張也。」然則張施、陳設與供具義近。通作「屋」。《詩·夏屋》箋：「屋，具也。」《正義》云：「《釋言》文。」又通作「握」。《易·萃》云：「一握爲笑。」《釋文》引鄭云：「握當讀爲夫三爲屋之屋。」《周禮・巾車》云：「組總有握。」《釋文》：「握，劉音屋，馬本作幄。」是「幄」「握」「屋」俱古字通。

振，訊也。振者，奮迅。

訊者，「迅」之叚借也。

振者，《説文》云：「奮也。」《文選・甘泉賦》注引《韓詩章句》同。振奮即振訊。故《廣雅》云：「奮，振也。」又云：「奮，訊也。」訊即迅。故《樂記》注：「奮，迅也。」《管子・勢》篇云：「大周之先可以奮信。」信亦迅也，「迅」爲正體，「信」「訊」俱假音，故《詩・雄雉》《七月》釋文及《樂記》《公羊・莊八年》釋文竝云：「訊，本作迅。」迅訓疾，疾有奮厲之意，與振動義近。「振」「迅」之聲又近也。

鬩，恨也。相怨恨。

恨者，當作「很」。《玉篇》云：「很，戾也，諍訟也。」《一切經音義》三引《國語》注：「很，違也。」「違」「戾」其義同。

鬩者，《説文》云：「恒訟也。」引《詩》：「兄弟鬩于牆。」「从門，从兒。兒，善訟者也。」《詩·常棣》傳：「鬩，很也。」《曲禮》注：「很，鬩也。」是毛、鄭俱作「很」。《爾雅》釋文引孫炎亦作「很」，云：「相很戾也。很音户懇反。」《左氏·僖廿四年傳》正義引《釋言》亦作「鬩，很」，又引李巡本作「恨」，云：「相怨恨。」郭注從李巡。今按：「恨」「很」聲近，義雖相成，但作「很」於義爲長，郭從李，非也。

越，揚也。謂發揚。

揚者，《説文》云：「飛舉也。」《易》：「揚于王庭。」鄭注：「揚，越也。」越者，踰也。踰舉足，故爲揚。《聘義》云：「叩之，其聲清越以長。」鄭注：「越，猶揚也。」《周語》云：「汩越九原。」又云：「以揚沈伏而黜散越。」韋昭注竝云：「越，揚也。」《詩》「對越在天」，對越即對揚，猶云「對揚王休」也。鄭箋對訓配，越訓於，似失之。又「干戈戚揚」，傳：「揚，鉞也。」揚鉞即揚越，本《爾雅》爲訓也。「越」「鉞」聲同，「越」「揚」聲轉。「鉞」字古止作「戉」，與「越」通用。《明堂位》云：「越棘大弓。」越即戉也。鄭注以爲國名，恐非。

對，遂也。《詩》曰：「對揚王休。」

遂者，申也，進也，達也，通也。俱與對荅義近。《文選》注引《春秋孔演圖》宋均注云：「遂，道也。」道亦進達之意。《閒居賦》注引《聲類》云：「遂，從意也。」《穀梁傳》云：「遂，繼事也。」繼從與當對之義又近矣。

對者，《詩》「以對于天下」，「對揚王休」，「流言以對」，毛傳竝云：「對，遂也。」《祭統》云：「對揚以辟之。」鄭注亦云：「對，遂也。」「對」「遂」古音相近，以聲爲義也。《廣韻》云：「對，揚也。」對訓揚，所未詳。

燬，火也。《詩》曰：「王室如燬。」燬，齊人語。

火者，古讀如「喜」。《左氏·襄卅年傳》：「或叫於宋大廟曰譆譆出出。鳥鳴於亳社如曰譆譆。」「譆譆」即「火火」之聲也。《詩》「七月流火」與「九月授衣」韵，是皆「火」讀如「喜」之證。又讀如「毁」。《説文》「燬」「火」互訓，明其聲同。《釋名》云：「火，化也，消化物也。亦言毁也，物入中皆毁壞也。」《詩》「七月流火」與「八月萑葦」韵，是皆「火」讀如「毁」之證。二讀實一聲之轉也。今音又轉爲呼果切，故《詩·汝墳》釋文引郭璞：「燬，又音貨。」是今音矣。《詩》正義引李巡云：「燬，一名火。」《爾雅》釋文引作「燬，一音火」。孫炎云：方言有輕重，故謂火爲燬」。此皆以音讀爲訓，於義亦通。「燬」，《説文》引作「焜」，字異音同。《方言》云：「煤，呼隗反。火也。楚轉語也，猶齊言焜火也。」

《周禮·序官》「司烜氏」注：「烜，讀如衛侯燬之燬。」是「燬」「烜」同。《説文》以「烜」爲爟之重文，與鄭異。

懈，怠也。宣，緩也。謂寬緩。

懈怠、宣緩竝以聲爲訓也。「懈，怠」，郭氏無注。《一切經音義》十八引《集注》云：「按：梁沈旋有《爾雅集注》。懈者，極也。怠者，嬾也。」今按：極謂疲劇也。「懈怠」與「賣苔」聲近，今登萊人謂懈惰爲「賣苔」。《匡謬正俗》云：「怠懈之字通有苔音。」是也。「懈」「解」古字通。故《易·序卦》云：「解者，緩也。」《廣雅》云：「懈，緩也。」是懈怠與宣緩義同。

緩者，《説文》云：「綽也。」《釋名》云：「緩，浣也，斷也，持之不急則動摇浣斷，自放縱也。」是緩有縱弛之義。下文云：「舒，緩也。寬，綽也。」其義同。

宣者，《説文》作「絙」，云：「緩也。」《樂記》云：「其聲嘽以緩。」「嘽」字亦假音，《説文》作「繟」，云：「帶緩也。」又云：「縒，偏緩也。」音義皆相近。宣無緩義，經典亦無此訓。「宣」與「絙」俱从亘聲，《爾雅》蓋借「宣」爲絙矣。

遇，偶也。偶爾相值遇。

偶者，偶爾，言不常也。

遇者，逢也，言不期而相值。「逢，遇」，已見《釋詁》，又訓偶者，「偶」「遇」聲同也。《大宗伯》注：「遇，偶也，欲其若不期而偶至。」《文選》注兩引《爾雅》竝作「偶，遇也」。《一切經音義》二亦引作「偶，遇也」。《釋名》云：「耦，遇也，二人相對遇也。」「耦」與「偶」同。然則《爾雅》古本或作「偶，遇」。但偶遇、遇偶二義俱通。「遇」「偶」俱从禺聲，古音在侯部，是二字聲義同。

曩，曏也。《國語》曰：「曩而言戲也。」

曏者，《說文》云：「不久也。」《玉篇》云：「少時也。」《莊子·秋水》篇云：「證曏今故。」《釋文》引崔注：「曏，往也。」《華嚴經音義》下引《珠叢》云：「曏，謂往時也。」

曩者，《說文》云：「曏也。」《釋詁》云：「久也。」《爾雅》以「曩」爲久，《說文》以「曏」爲不久，其義兩通。故《檀弓》云：「曩者爾心或開予。」是曩爲未久之詞。《文選·北征賦》云：「豈曩秦之所圖？」是曩爲久詞。其義則皆爲曏也。郭引《晉語》文，韋昭注：「曩，向也。」《北征賦》注亦云：「曩，猶向時也。」「向」與「曏」音義同。又作「嚮」，或作

「鄉」，竝古字通也。「曩」之聲轉爲「乃」。《趙策》：「蘇秦謂趙王曰：『秦乃者過柱山。』」《漢書·曹參傳》云：「乃者我使諫君也。」《集注》：「乃者，猶言曩者。」是「曩」「乃」聲轉義同也。「乃」與「卤」「迺」又通。《説文》云：「卤，往也。」《一切經音義》十八引《蒼頡篇》云：「迺，往也。」「往」與「鄉」其義同。鄉爲曩日，亦爲往日。「往」「鄉」「曩」俱字之疊韵。

偟，暇也。《詩》曰：「不遑啓處。」

暇者，《説文》云：「閑也。」與「閒」同。《左氏·襄八年》正義引舍人曰：「閒暇無事也。」通作「假」。《書》：「須夏之子孫。」《詩·皇矣》箋：「須夏作須假。」《釋文》：「假，户嫁反，本又作暇。」《正義》引《書·多方》鄭注：「夏之言暇也。」《詩》：「昭假遲遲。」箋亦以「假」爲暇矣。

偟者，經典通作「遑」，皆「皇」之或體也。皇與假俱訓大，又俱爲「暇」，其義實相足成。後人見經典「皇暇」之「皇」皆作「遑」，遂以「遑」爲正體，遑變作「徨」，又省作「偟」，反以「皇」爲通借，殊不知《書》云「則皇自敬德」，《表記》云「皇恤我後」，皇皆訓暇。又《左氏·襄廿五年傳》「皇恤我後」，《昭七年傳》「社稷之不皇」，《襄廿六年》及《哀五年傳》「不敢怠皇」，是皆「遑」作「皇」之證。《襄廿九年》正義引李巡曰：「遑，閒暇也。」《詩·殷其靁》釋文：「遑，本或作偟。」《爾雅》釋文亦云：「遑，或作偟，通作皇。」是陸德明亦不知「皇」爲本字矣。「暇」古讀如「户」，「偟」「暇」一聲之轉。

宵，夜也。

《說文》云：「夜，舍也，天下休舍也。」又云：「宵，夜也。」《司寤氏》注：「宵，定昏也。」《書·堯典》正義及《爾雅》釋文竝引舍人曰：「宵，陽氣消也。」

懊，忨也。謂愛忨。愒，貪也。謂貪羨。

忨者，《說文》云：「貪也。」引《春秋傳》：「忨歲而激日。」《左氏·昭元年傳》文。《晉語》作「忨日而激歲」，韋昭注以「忨，愉；激，遲」爲訓，其說未明。杜預注謂「翫、愒皆貪」，是也。「翫」與「忨」，「愒」與「激」竝古字通。《易·繫辭》云：「所樂而玩者。」《釋文》引馬云：「玩，貪也。」鄭作「翫」，《易》「翫」「玩」竝「忨」之假音矣。

懊者，《玉篇》云：「於六切，貪也。」「忨，五亂切，貪也，愛也。」是「忨」「懊」聲相轉。貪者，《說文》云：「欲物也。」《釋名》云：「貪，探也，探取入他分也。」

愒者，《説文》以爲「愒」字，其引《左氏》作「潡」，云：「欲歠也。」欲歠、欲物，其義俱爲貪也。《玉篇》：「愒，居例切，貪羨也。」按：「居例」乃「愒」字之音，「愒」本「潡」之通借，當苦葛切。《爾雅》釋文：「愒，苦蓋反。」此音是矣。

楮，柱也。相楮柱。

柱者，《説文》云：「楹也。」《玉篇》訓楹者，音「雉縷切」；訓塞者，音「株主切」。塞謂樽塞，即楮柱之義也。

楮者，《説文》云：「柱砥。古用木，今以石。」《玉篇》云：「楮，柱也。」《釋文》「楮柱」作「揞拄」，俱从手旁，非也。「楮」通作「支」。《周語》云：「天之所支不可壞也。」韋昭注：「支，柱也。」又通作「枝」。《莊子·齊物論》篇釋文引司馬云：「枝，柱也。」然則「枝柱」猶言「枝梧」，省作「支吾」，皆相撐持之義也。「楮」「柱」之聲又相轉。

裁，節也。

節者，止也，有儉省之意。故《賈子·道術》篇云：「費弗過適謂之節。」《釋名》云：「節，有限節也。」

裁者，制也，有減損之義。《易》云：「后以財成天地之道。」鄭注：「財，節也。」《釋文》：「財，荀本作裁。」

竝，併也。《詩》曰：「竝坐鼓瑟。」

併者，并也。竝者，比也。《説文》「併」「竝」互訓，二字音同，經典通用。故《儀禮》注：「今文竝皆爲併。」又云：「古文竝皆作併。」

卒，既也。既已。

既者，如《春秋》「日食既」之「既」，《公》《穀·桓三年傳》竝云：「既，盡也。」《詩·汝墳》傳：「既，已也。」《鄉飲酒禮》注：「既，卒也。」

卒者，《釋詁》云：「盡也。」

慒，慮也。謂謀慮也。

慮者，《釋詁》云「謀也」，「思也」。

懵者，《說文》云：「慮也。」《玉篇》云：「謀也，又慮也。」《釋文》云：「懵，音囚，《字書》作悰。」按：《玉篇》「懵」字雖有「囚」音，又殂冬切，即「悰」字之音。然《玉篇》既本《說文》別出「悰」字，云：「樂也。一曰慮也。」是「悰」「懵」字異音義同。《說文》則二字異矣。

將，資也。謂資裝。

資者，「齎」之假音也。《說文》云：「齎，持遺也。」《外府》注：「齎，行道之財用也。」《掌皮》注：「齎，所給予人以物曰齎。」《小祝》注：「齎，猶送也。」《莊子·列禦寇》篇云：「萬物爲齎送。」是齎訓送與將義同。

將者，上文云：「送也。」送即持遺之義。「將」「齎」又一聲之轉。「齎」通作「資」。《外府》注：「鄭衆云：『齎或謂資。』」《典婦功》及《典枲》注竝云：「故書齎爲資。」《莊子·德充符》篇云：「不以翣資。」《釋文》引李云：「資，送也。」是借「資」爲齎，其證甚明。《爾雅》之「資」亦「齎」之通借，郭訓資裝，與「將」義遠矣。

黹[一]，紩也。今人呼縫紩衣爲黹。

紩者，《説文》云：「縫也。」《廣雅》云：「納也。」《急就篇》注：「納刺謂之紩。」按：今時亦呼縫紩爲「納」也。《方言》云：「紩衣謂之褸，秦謂之緻。」又云：「緻而紩之謂之襤褸。」又云：「其緻者謂之緻。」郭注：「緻縫納緻，故名之也。」然則「緻」與「紩」同矣。

黹者，《説文》云：「箴縷所紩衣。」又云：「襦，紩衣也。」《玉篇》：「黹或作襦。」是「襦」「黹」同。借作「絺」。《書》云：「絺繡。」鄭注：「絺，讀爲黹。黹，紩也。」《司服》注引作「希繡」，云：「希，讀爲絺，或作黹。」

遞，迭也。更迭。

迭者，《説文》云：「更迭也。」《文選·西都賦》云：「更盛迭貴。」通作「佚」。《方言》云：「更、佚，代也。」《穀梁·文十一年傳》：「兄弟三人佚宕中國。」范甯注：「佚，猶更也。」

〔一〕黹，《爾雅》宋刊十行本作「黼」。

遞者，《説文》云：「更易也。」《書・益稷》正義引李巡云：「遞者，更迭。」《吕覽・蕩兵》篇云：「遞興遞廢。」《西京賦》云：「遞宿迭居。」是「遞」「迭」同。「遞」「迭」雙聲，亦兼疊韵。

矧，況也。譬況。

況者，「兄」之假音也。《詩》：「倉兄填兮。」傳：「兄，滋也。」「職兄斯引」，傳：「兄，兹也。」《常棣》《出車》傳、箋又云：「況，兹也。」是「況」「兄」「兹」「滋」俱音義同，古字通用。況訓爲滋，滋訓爲益，既已如是，況又如是，即爲滋益之詞。又爲「譬況」者，凡譬況之詞，皆於此詞之外有所增益故也。古讀「兄」爲「荒」，與「況」同音。《白虎通》云：「兄者，況也。況，父法也。」《管子・大匡》篇云：「兄與我齊國之政也。」《修華嶽碑》云：「兄乃盛德。」皆以「兄」爲況也。故《詩・常棣》釋文：「況，或作兄。」《桑柔》釋文：「兄，音況，本亦作況。」陸德明既知「兄」本作「況」，而於《常棣》「況，或作兄」又以爲非，蓋不知《毛詩》古文「況」俱作「兄」。《常棣》《出車》二詩作「況」，由人妄改，陸氏習其讀而妄其義也。「兄」既通「況」，又通「皇」。故《書》云「無皇曰」，漢石經作「無兄曰」。《尚書大傳》云：「皇于聽獄乎？」鄭注：「皇，猶況也。」是皆音同假借字耳。

矤者，「弞」之或體也。《説文》云：「弞，況詞也。从矢，引省聲。」今經典通作「矤」，不省。《玉篇》又作「敓」，亦或體字也。經典凡〔一〕矤俱訓況。《廣雅》云：「矤，長也。」《方言》云：「弞，長也。」「長」與「益」義近。矤之訓爲長，亦猶兄之訓爲長矣。況之訓爲益，亦猶兄之訓爲滋矣。是皆古義之展轉相通也。

廩，廯也。或記〔二〕云：「即倉廩。」所未詳。

廯者，《玉篇》云：「倉也，廩也。」

廩者，《説文》作「㐭」，云：「穀所振入，宗廟粢〔三〕盛，蒼黄㐭而取之，故謂之㐭。」或从广稟〔四〕。是「廩」爲或體。經典俱作「廩」。《詩·豐年》傳：「廩，所以藏齍盛之穗也。」《地官·序官》「廩人」注：「盛米曰廩。」按：毛云「藏穗」，鄭云「藏米」，二説不同，

〔一〕凡，原誤「風」，據楊胡本、《經解》本改。

〔二〕記，《爾雅》宋刊十行本作「説」。

〔三〕粢，原誤「稟」，楊胡本同，據《經解》本改。

〔四〕稟，原誤「廩」，楊胡本同，據《經解》本改。

要爲倉之總名。故《豐年》釋文「稟，倉也」，是矣。《爾雅》釋文引舍人云：「稟，少鮮也。」孫炎云：「廯，藏穀鮮潔也。」是孫炎及舍人俱以「廯」爲鮮，或取鮮少，或取鮮潔，可知古本「廯」止作「鮮」，後人淺俗，妄以意作「廯」耳。郭云「未詳」，蓋以經典無「廯」字故也。若作「鮮」，鮮訓少也，稟亦少意。故《公羊·文十三年傳》：「羣公稟。」何休注：「稟者，連新於陳上財令半相連爾。」鄭氏《易》注引作「羣公濂」，濂猶廉也。廉亦少意，是稟爲鮮少之名。《釋名》云：「稟，矜也。」矜惜亦少之義，與舍人合。然則稟訓爲鮮，其證明矣。

逭，逃也。亦見《禮記》。

《説文》云：「逃，亡也。」「逭，逃也。」《書·大甲》正義引樊光云：「行相避逃謂之逭。」郭云「見《禮記》」者，《緇衣》引《太甲》文。鄭注用《爾雅》。

訊，言也。相問訊。

言者，對語之稱。則直言曰言，對訊之稱，則相問爲言。《廣雅》云：「言，問也。」《曲禮》：「君言不宿於家。」鄭注：「言，謂有故所問也。」《聘禮》：「若有言。」鄭注：「有言，有所告請，若有所問也。」《家人》云：「言鸞車象人。」鄭衆注：「言，言問其不如灋度者。」是皆言訓問之證。《釋名》云：「言，宣也，宣彼此之意也。」然則自言與問人通謂之言矣。

訊者，《說文》云：「問也。」經典訊多訓問，問亦言也。故《詩·出車》箋及《小司寇》《司刺》注竝云：「訊，言也。」《出車》傳又云：「訊，辭也。」「辭」與「言」同。然則訊言即訊問。《詩》「執訊獲醜」，即執言而問也。《小司寇》「用情訊之」，即以言推問也。《司刺》「訊羣臣」，亦訊言訪問也。《玉篇》《廣韵》竝云：「誶，言也。」「誶」「訊」聲轉，古字通用，已詳《釋詁》「誶，告也」下。

閒，俔也。《左傳》謂之「諜」，今之細作也。

俔者，《說文》云：「譬諭也。一曰閒見。」本《爾雅》爲訓也。《詩》：「俔天之妹。」《韓詩》「俔」作「磬」，云：「譬也。」又《說文》所本矣。

閒者，《釋詁》云：「代也。」閒謂空隙，居其中則爲閒代，出其外則爲閒見。閒見猶言不常見也。凡譬況之詞，必取非常所見，故云：「罕譬而諭。」《方言》謂之「代語」，見《方言》十。《說文》謂之「閒見」，其義一也。郭訓閒爲諜，非矣。「閒」「俔」雙聲疊韵，俔，牽遍反。見《詩》釋文。《爾雅》釋《詩》，當「俔」在「閒」上，今本誤倒耳。

沄，沆也。水流漭沆。

《説文》云：「沆，莽沆，大水也。」《風俗通》云：「沆者，莽也，言其平望莽莽，無涯際也。」《一切經音義》七引《通俗文》云：「水廣大謂之漭沆也。」

沄者，《説文》云：「轉流也。讀若混。」《楚辭·哀歲》篇云：「流水兮沄沄。」王逸注：「沄沄，沸流。」按：沸流即轉流。「沄」讀若「混」，亦與「沆」爲雙聲。

干，扞也。相扞衛。

扞者，《説文》云：「忮也。」《玉篇》云：「衛也。與捍同。」《華嚴經音義》下引《聲類》「扞」作「捍」。通作「敦」。《書》「汝多修扞我于艱」，《説文》引作「敦我于艱」，云：「敦，止也。」止有禁禦之義，與衛義同也。

干者，「戰」之假借也。《説文》云：「戰，盾也。」經典借作「干」。《詩·兔罝》《采芑》傳竝云：「干，扞也。」「公侯干城」，《左氏·成十二年傳》引又曰：「此公侯之所以扞城其民也。」《書》正義及《詩》釋文竝引孫炎曰：「干，楯，所以自蔽扞也。」《説文》云：「盾，所以扞身蔽目。」是孫義所本。

趾，足也。足腳。跸，刖也。斷足。

《釋名》云：「足，續也，言續脛也。」《廣韵[一]》云：「滿也，止也。即玉切。」又「將喻切」，云：「添物也。」按：添物與滿止義亦相成。故《老子》上云：「常德乃足。」河上公注：「足，止也。」

趾者，《説文》作「止」，云：「下基也。象艸木出有址[二]，故以止爲足。」《士昏禮》云：「北止。」鄭注：「止，足也。古文止作趾。」《海内經》云：「渠股豚止。」《漢書·禮樂志》云：「獲白麟爰五止。」皆以「止」爲趾也。《老子》下云：「知足不辱，知止不殆。」《詩·相鼠》釋文引《韓詩》云：「止，節。」亦即止足之義。經典「止」「趾」通用。故《釋名》云：「趾，止也，言行一進一止也。」「趾」「足」聲相轉。

跸者，「跀」之假借也。《説文》云：「跀，斷足也。或从兀，作䠒。」「刖，絶也。」經典

[一] 韵，原誤「雅」，楊胡本同，據《經解》本改。
[二] 址，原誤「趾」，楊胡本、《經解》本同，據《説文解字》改。

俱借「刖」爲跀。故《書・呂刑》正義引李巡云：「斷足曰刖也。」《莊子・養生主》篇釋文引崔云：「𧿹，斷足也。」

䠊者，《說文》云：「跀也。讀若匪。」通作「剕」。《釋文》：「䠊，本亦作剕。」經典俱以「剕」爲䠊，蓋或體字也。

襄，駕也。《書》曰：「懷山襄陵。」

駕者，加也。《玉篇》云：「上也。」《廣雅》云：「椉也。」《小爾雅》云：「淩也。」「淩」與「陵」，「椉」與「乘」同。《左氏・昭元年傳》：「猶詐晉而駕焉。」杜預注：「駕，猶陵也。」然則駕取乘陵之義，乘陵亦加上之言，不獨馬在軛中稱「駕」矣。

襄者，「驤」之假借也。《說文》云：「驤，馬之低仰也。」《玉篇》云：「驤，駕也，超也，低卬也。」《廣韵》云：「驤，馬騰躍又速也，低昂也，馳駕也。」是「襄駕」之「襄」當作「驤」。省作「襄」。故《詩》「兩服上襄」，「終日七襄」，鄭箋竝云：「襄，駕也。」《史記・趙世家》正義云：「襄，舉也，上也。」《文選・西京賦》注：「襄，謂高也。」高、上、舉皆駕之義，即「驤」字之訓。故《文選・琴賦》云：「參辰極而高驤。」李善注：「驤，與襄同。」

忝，辱也。

燠，煖也。今江東通言燠。

煖者，《説文》與「煗」竝云：「温也。」《玉篇》云：「煗、煖同。」又「暝、暖同」，蓋即「煗」「煖」之或體。又云：「煗[一]，乃管切。煖，火園切。」分爲二音，非也。「煖」，从爰聲；「煗」，从耎聲，二字音同，與「燠」相轉。今讀「煗」，乃管切；「燠」，於六切，其音遂不復通矣。

燠者，《説文》云：「熱在中也。」《詩·無衣》傳：「燠，煖也。」《小明》傳：「奥，煖也。」「奥」與「燠」同。《書》云「燠若」，《史記·宋世家》作「奥若」。《洪範》正義引舍人曰：「燠，温煖也。」

塊，堛也。土塊也。《外傳》曰：「枕凷以堛。」

堛者，《説文》云：「凷也。」「凷，墣也。」凷或从鬼，作塊。」又云：「墣，凷也。」墣或从卜，作圤。」《吴語》云：「涓人疇枕王以墣。」郭引「墣」作「堛」，「堛」「墣」義同。注作

〔一〕煗，原誤「煖」，楊胡本同，據《經解》本及《玉篇》改。

「凷」，字形之誤也。《既夕·記》疏引孫炎云：「塩，土塊也。」

將，齊也。謂分齊也。《詩》曰：「或肆或將。」

齊者，《少儀》注：「和也。」《亨人》注：「齊，多少之量。」《酒正》注：「齊者，每有祭祀，以度量節作之。」《文選·長笛賦》注：「齊，分限也。」然則齊有限節之義，又有和調之義，故食醬所掌食飲羹醬，皆謂之「齊」。齊之爲言劑也，劑亦兼調劑、分劑二義。故《漢書·藝文志》云：「百藥齊和。」《集注》：「齊，與劑同。」是矣。

將者，上文云：「資也。」又訓齊者，「齊」「資」與「將」俱以聲轉爲義。《詩》：「或肆或將。」傳：「將，齊也。」《正義》及《爾雅》釋文竝引王肅云：「分齊其肉所當用也。」又「既齊既稷」，《釋文》：「齊，鄭音資，一音才細反，謂分齊也。」皆與郭義合。

餬，饘也。糜也。

饘者，《説文》云：「糜也。」糜訓糝，與鬻别，而亦以爲鬻之通名。《説文》「鬻」「鍵」互訓，鬻即粥字，今讀若「周」，此古音也。《説文》「饘」云：「周謂之饘，宋謂之餈。」本皆作「饘」，从段本改。「餈」與「鍵」同。鍵是鬻之稠者。《内則》釋文：「饘，厚粥也。」然則

《爾雅》之「饘」當作「餰」矣。

餬者，「鬻」之假音也。《説文》：「鬻，餰也。」鬻餰即餬饘。《説文》餬訓寄食，與饘義別。《玉篇》：「鬻，或作糊。」「糊」即「餬」之或體。是「餬」「鬻」通。

跽，跪也。小跽。

跪者，《説文》云：「拜也。」《釋名》云：「跪，危也。兩膝隱地，體危阢也。」《玉篇》及《文選·月賦》注竝引《聲類》云：「跪，跽也。」

跽者，「跽」之假音也。《説文》云：「跽，長跪也。」《史記·滑稽傳》云：「帣韝鞠䠊。」《集解》：「徐廣曰：『䠊，與跽同，謂小跪也。』」《索隱》曰：「䠊，音其紀反，與跽同音，謂小跪。」是䠊即跽也。經典借作「跽」。《詩·四牡》《采薇》傳、箋竝云：「跽，跪也。」《左氏·襄八年》及《廿九年》正義竝引李巡曰：「跽，小跪也。」是郭所本。注「小跽」亦當作「小跪」。《釋名》云：「起，跽也，跽一舉體也。」按一舉體即小跪之義。

鞫，密也。謂緻密。

密者，緻也。《説文》云：「緻密也。」《釋名》云：「密，蜜也，如蜜所塗，無不滿也。」

矊者，説文作「矈」，云：「目旁薄緻宀宀也。」按：薄緻謂文理緻密。宀宀猶綿綿。《説文》云：「綿，聯微也。」《釋訓》孫炎注：「綿綿，言詳密也。」《文選・洛神賦》注：「綿綿，密意也。」是綿密即矈密，俱雙聲字。

開，闢也。《書》曰：「闢四門。」

袍，襺也。《左傳》曰：「重襺衣裘。」

襺者，《説文》云：「袍衣也。以絮曰襺，以緼曰袍。」引《春秋傳》：「盛夏重襺。」《左氏・襄廿一年傳》文也。今《左傳》及經典俱省作「繭」。《玉藻》云：「纊爲繭，緼爲袍。」鄭注：「繭、袍，衣有著之異名也。」《爾雅》釋文：「襺，本亦作繭。綿衣也。」

袍者，《釋名》云：「袍，丈夫著下至跗者也。袍，苞也。苞，内衣也。婦人以絳作衣裳，上下連，四起施緣，亦曰袍。義亦然也。」《方言》云：「褒明謂之袍。」按：古人以袍爲裏衣。故《喪大記》云：「袍必有表不禪。」鄭注：「袍，褻衣。」《詩》「與子同袍」與「與子同澤」對，箋亦云：「澤，褻衣。」然則袍、襺俱私褻之服。《左傳》言「重襺衣裘」，亦非禪服。《公羊・哀十四年傳》：「涕沾袍。」蓋謂霑溼裏衣。何休注以袍爲「衣前襟」，誤矣。

障，眕也。謂壅障。

眕者，《説文》云：「井田閒陌也。」《文選·東京賦》注引宋衷《太玄經》注：「眕，界也。」《詩·載芟》傳：「眕，埸也。」「埸」「障」聲義近也。

障者，《説文》云：「隔也。」《釋文》：「又界也。」然則障、眕皆有界限之義，界限所以隔别也。《文選·北征賦》注引《蒼頡篇》云：「障，小城也。」按：城垣爲限與田陌爲界，其義亦近。「障」「眕」又一聲之轉。

靦，姡也。面姡然。

婚者，《説文》云：「面醜也。」「醜」蓋「靦」字形譌。《詩·何人斯》正義引作「面靦」，是也。《方言》云：「婚，娗也。」「婚」「娗」聲轉。又云：「婚，獪也。」「獪」「婚」亦聲轉也。

靦者，《詩》傳用《爾雅》。《説文》云：「面見也。」《詩》正義引作「面見人」，無「也」字。若依舍人注，《説文》「面見」當爲「面皃」，亦字形之誤也。《越語》云：「余雖靦然而人面哉。」韋昭注：「靦，面目之貌。」是靦爲面皃。故《釋文》引舍人云：「靦，擅也。一曰面貌也，謂自專擅之貌。」《玉篇》云：「靦，慙貌。」又引《埤蒼》「䩄同靦」，亦見《説文》。

又引《字書》：「䫌、𩈶竝䩄之或體也。」䩄訓姡者，《釋文》引孫、李云：「䩄，人面姡然也。」《方言》云：「楚、鄭或謂㚿獪爲姡。姡，猶獪也。凡小兒多詐謂之姡。」是李、孫義同，所引《方言》，臧鏞堂《爾雅漢注》定爲孫引也。

鬻，糜也。淖糜。

糜者，《說文》訓糝，糝，「以米和羹，一曰粒也」。蓋以米和羹爲糝，以米煑鬻爲糜，「糜」「鬻」通名。故《釋名》云：「糜，煑米使糜爛也。粥，淖於糜，粥粥然也。」鬻者，經典省作「粥」而訓糜。《玉篇》：「粥，糜也。」《旣夕禮》云：「歠粥。」鄭注：「粥，糜也。」「粥」皆「鬻」字之省。《左氏·僖廿八年》《昭七年》正義及《釋文》竝引孫炎云：「鬻，淖糜也。」是郭所本。上文「餬饘」，郭云「糜也」，此云「淖糜」，然則四者同類而異名，稠者曰糜，淖者曰鬻，今俗語猶然也。又《左傳》正義俱連引「餬饘」「鬻糜」二文。今隔別者，或傳書者誤分之。

舒，緩也。謂遲緩。

上云「宣，緩也」，此云「舒，緩」者，「舒」「宣」聲轉。《釋詁》「舒」兼敘、緒二義，《詩》

傳「舒」兼徐、遲二訓，實則其義俱爲緩也。通作「紓」。《説文》及《詩・采菽》傳竝云：「紓，緩也。」

翢，纛也。今之羽葆幢。纛，翳也。舞者所以自蔽翳。

纛者，「翿」之别體也。《説文》云：「翿，翳也。所以舞也。」引《詩》曰：「左執翿。」《君子陽陽》傳：「翿，纛也，翳也。」《釋文》：「纛，俗作纛。」《爾雅》釋文：「纛，字又作翿。」是「纛」，古本作「翿」，今作「纛」，俗作「纛」耳。《詩》正義引孫炎云：「纛，舞者所持羽也。」

翢者，無正體，經典作「翿」，《爾雅》宋本作「翢」。《玉篇》云：「翢，纛也。」「翿，翳也。翿、翢竝同。」郭云「羽葆幢」者，《雜記》云：「匠人執羽葆御柩。」《鄉師》注引作「執翿以御柩」。鄭衆注：「翿，羽葆幢也。」《爾雅》曰：「纛，翳也。」《詩・宛丘》傳及《方言》竝云：「翿，翳也。」《釋名》云：「翿，陶也，其貌陶陶下垂也。」《詩》正義引李巡云：「翿，舞者所持纛也。」是「翿」「翿」「纛」竝音同字通。又通作「翿」。《廣雅》云：「幢，謂之翿。」

纛又訓翳者，翳，蔽也。《説文》：「翳，華蓋也。」

隍，壑也。城池空者爲壑。

「壑」「隍」《釋詁》竝云：「虚也。」隍又訓壑者，「隍」「壑」雙聲。《詩·韓奕》正義引舍人云：「隍，城池也。壑，溝也。」李巡云：「隍，城池壑也。」

芼，搴也。謂拔取菜。

搴者，《説文》作「攓」，云：「拔取也。」《方言》云：「攓，取也。南楚曰攓。」是「攓」「搴」俱「攓」之或體。《釋文》引郭《音義》云：「本又作毛搴。」俱假借字耳。芼者，亦假借字。《説文》：「覒，擇也。讀若苗。」《玉篇》引《詩》：「左右覒之」，「覒，擇也。」本亦作芼」。是「芼」「覒」通。《詩·關雎》傳：「芼，擇也。」《正義》引孫炎云：「皆擇菜也。」又引某氏云：「搴，猶援也。」援引與擇義近。《儀禮》及《内則》注：「芼，菜也。」《説文》：「芼，艸覆蔓。」皆非《爾雅》之義。

典，經也。威，則也。威儀可法則。

「典」「則」《釋詁》竝云：「常也。」經本經緯之字，又借爲常也，道也，法也，皆與典義合。故《釋名》云：「典，鎮也，制教法，所以鎮定天下。」「經，徑也，常典也，如徑路無所不通，可常用也。」《大宰》注：「典，常也，經也，灋也。」皆其義也。

則者，《釋詁》云：「法也。」

威者，《詩·有客》傳：「威，則也。」按威之言畏，法則人所畏。古讀「君」若「威」。君人所畏而法則也。郭注但云「威儀可法」，似疏矣。

苛，妎也。煩苛者，多嫉妎。

妎者，《説文》云：「妒也。」

苛者，《方言》云：「怒也。」「怒」「妒」聲義俱近，「苛」「妎」聲轉義又相成，故以爲訓。《方言》：「齘、苛，怒也。小怒曰齘。陳謂之苛。」是「苛齘」與「苛妎」同。又《内則》注：「苛，疥也。」聲義亦近。疥，癢也，亦煩苛多嫉怒也。齘者，齒相切也。此皆詁訓之相通者。

芾，小也。芾者，小貌。

「芾」即「市」字，市音芳勿切。本蔽厀之名，經典作「芾」，借爲蔽芾音芳味切。之字而訓小，會意。《釋詁》云：「蔽，微也。」微亦小。故《説文》云：「蔽蔽，小艸也。」是「蔽」「芾」俱有「小」義。故《詩・甘棠》傳：「蔽芾，小貌。」《易・豐》釋文引《子夏傳》：「芾，小也。」通作「茀」。《詩・卷阿》傳：「茀，小也。」「蔽芾甘棠」，《韓詩外傳》作「蔽茀甘棠」。茀又訓蔽，蔽、茀皆以微遮爲義，亦猶蔽、芾皆以微小爲義也。「蔽」「茀」二字疊韵。

迷，惑也。

狃，復也。狃忕復爲。

復者，又也，重複之義。

狃者，「𢓜」之假借也。《説文》云：「𢓜，復也。」《玉篇》云：「習也，忕也。或與狃同。」經典俱作「狃」。《詩・大叔于田》傳：「狃，習也。」箋云：「復也。」《小爾雅》云：「忕也。」按：《魯語》云：「夕而習復。」是「習」「復」同義。忕，音「逝」。慣習也。《釋文》引李巡云：「狃能屈申曰復。」音服。《詩》正義引孫炎云：「狃忕前事復爲也。」郭與孫同。「復」音扶又切。「狃」以聲近爲義也。《説文》：「狃，犬性驕也。」與慣習義亦近。

逼，迫也。

般，還也。《左傳》曰：「般馬之聲。」

還者，與「旋」同，回也，轉也，圜也，便也。經典「旋」與「還」多通用。般者，《説文》云：「辟也。象舟之旋。」按：周旋本此。「周」「舟」古字通。齊華周字還亦作「華舟」，是其證也。《易》：「夷于左股。」《釋文》引馬、王肅作「般」云：「旋也，日隨天左旋也。」是「股」「般」形近而義亦通。又《吳語》云：「將還玩吾國於股掌之上。」「股」亦當爲「般」。今俗呼掌爲巴掌，即「般掌」之聲轉。推之《易》云「盤桓」即般還也。「還」亦音「環」。故《爾雅》釋文：「還，音旋，或音環。般，郭音班，一音蒲安反。」俱兼二音是也。

班，賦也。謂布與。

賦者，上文云：「量也。」《説文》云：「斂也。」《詩·烝民》傳又云：「賦，布。」「布」即「班」聲之轉。布猶鋪也，敷也，皆與「班」義近也。

班者，《説文》云：「分瑞玉。」《廣韻》引同。《玉篇》引云：「分瑞也。」無「玉」字，蓋本《詩》「班瑞」而爲説。《周語》注：「班，分也。」《方言》云：「列也。」《小爾雅》云：「次也。」《廣雅》云：「序也。」序次、分别皆賦布之意。故《周語》云：「其適來班貢。」韋昭注：「班，賦也。」《一切經音義》十四引李巡云：「班，徧賦與也。」《書·舜典》正義引孫炎云：「謂布與也。」按：「班」有「徧」義，故李巡以「班，徧」爲言。「徧」與「辨」同。《士虞禮·記》注：「古文班或爲辨。」《公羊·僖卅一年傳》注：「班者，布徧還之辭。」與李巡合。通作「頒」。《小爾雅》云：「頒、賦，布也。」《祭義》注：「頒之言分也。」《文選·馬汧督誄》注：「頒與班古字通。」又與「朌」同。《王制》：「名〔一〕山大澤不以朌。」鄭注：「朌，讀爲班。」

濟，渡也。濟，成也。濟，益也。所以廣異訓，各隨事爲義。

渡者，《説文》云：「濟也。」《廣雅》云：「過也。」

濟者，《詩·匏有苦葉》傳及《檀弓》注竝云：「濟，渡也。」省作「度」。《方言》云：「過度謂之涉濟。」郭注：「猶今云濟度。」《楚辭·惜賢》篇云：「年忽忽而日度。」皆借

〔一〕「名」上原衍「注」字，楊胡本、《經解》本同，據《十三經注疏》本《禮記正義》删正。

「度」爲渡，渡以過去爲義也。

濟又訓成者，成，就也。「就」「濟」聲轉。《樂記》云：「事蚤濟也。」《祭統》云：「夫義者，所以濟志也。」鄭注竝云：「濟，成也。」《詩·載馳》傳：「濟，止也。」止亦成就之義。

濟又爲益者，益，饒也，多也，又增也。「增」「濟」亦聲相轉。《左氏·桓十一年傳》「盍請濟師於王」，《文十八年傳》「世濟其美」，竝以「濟」爲益也。《詩·旱麓》傳：「濟濟，衆多也。」衆多亦增益之義。

緍，綸也。《詩》曰：「維絲伊緍。」緍，繩也。江東謂之「綸」。

綸者，《釋詁》「貉縮，綸」注云：「綸者，繩也。」《詩》：「言綸之繩。」傳：「綸，釣繳也。」

緍者，《說文》云：「釣魚繁也。」《詩·何彼穠矣》傳：「緍，綸也。」《正義》引孫炎云：「皆繩名也。」《史記·平準書》言「緍錢」，《酷吏傳》言「告緍」，緍皆錢貫之名。

辟，歷也。未詳。

辟者，《釋詁》云：「法也。」

歷者，「厤」之假借也。《説文》云：「厤，治也。」「治」「法」義近，「辟」「歷」聲近，凡聲近之字，古人多以爲訓。如「霹靂」，《説文》作「劈歷」，《釋名》作「辟歷」。《釋采帛》云：「并者，歷辟而密也。」然則「歷辟」「辟歷」俱以聲爲義也。《説文》「厤」，从秝聲，「秝」讀若「歷」。又「𢍨」與「辟」同而訓治，厤亦訓治，是皆義同之字，以聲爲義者也。

漦〔一〕，盝也。漉漉出涎沫。

盝者，與「漉」同，滲也。《素問·瘧論》云：「無刺漉漉之汗。」王砯注：「漉漉，言汗大出也。」

漦者，《説文》云：「順流也。」《釋文》引李巡云：「吐沫漦也。」《鄭語》注：「漦，龍所吐沫。」按：《説文》「漦」，从𠩺聲，𠩺，力之切。「漦」「盝」一聲之轉。

寬，綽也。謂寬裕也。

綽者，《説文》云：「緩也。」《晉姜鼎銘》有「綽綰眉壽」之言，即綽緩也。

〔一〕漦，《爾雅》宋刊十行本作「漦」。

寬者，本爲屋寬大。寬亦緩也。故《詩》「寬兮綽兮」，「綽綽有裕」，毛傳：「綽綽，寬也。」《坊記》注：「綽綽，寬裕貌也。」《爾雅》邢疏引孫炎云：「性之裕者。」

衮，黻也。衮衣有黻文。

衮者，《説文》云：「天子享先王，卷龍繡於下幅，一龍蟠阿上鄉。」《釋名》云：「衮，卷也，畫卷龍於衣也。」按：「卷」「衮」古音近。經典借「卷」爲衮。衮訓黻者，黻爲弗文，取拂弼爲義。衮龍有蟠屈之形，示不得伸以受弼正也，故曰：「衮職有闕，惟仲山甫補之。」

華，皇也。《釋草》曰：「葟、華，榮。」

皇者，「葟」之假音。《釋草》釋文：「葟，本亦作皇。」是也。《詩》正義及《爾雅》疏引樊光云：「《詩》云：『皇皇者華。』孫炎云：『皇皇，猶煌煌也。』」按：郭注《釋草》引此作「華，皇也。」此《釋文》亦先「華」後「皇」，石經及宋本竝同。今本誤倒作「皇華」。邵氏《正義》及臧氏《漢注》辨之，是矣。然邵氏不知《説文·舜部》所引《爾雅》「𩇯華」乃《釋草》之文，臧氏未載樊光、孫炎二注，皆失檢也。

昆，後也。謂先後，方俗語。

昆者，「䍃」之假借也。《説文》云：「周人謂兄曰䍃。」《玉篇》省作「䍃」，云：「今作昆䍃，同。」經典通作「昆」。《左氏・哀十八年傳》：「昆命于元龜。」《晉語》云：「延及寡君之紹續昆裔。」杜預及韋昭注竝云：「昆，後也。」按：「䍃」爲兄而字从弟、从罒，蓋取次敘連及之義。「罒」，从隶省。隶者，从後及之。然則「䍃」字从罒、从弟，二體俱有後義，故曰「昆後」矣。

彌，終也。終，竟也。

終者，《釋詁》云：「卒、就，終也。」終有充滿之義。彌者，《説文》作「镾」，云：「久長也。」久長與「終」義近。故《易・繫辭》釋文引荀注及《詩・生民》《卷阿》傳竝云：「彌，終也。」按：彌又益也，廣也，滿也，徧也。《方言》云：「镾，合也。」又云：「镾，縫也。」縫合亦徧滿之義，徧滿即終矣。